赵省伟 主编

| 第十四辑 |

找寻遗失在西方的中国史

东方历史评论·影像

西洋镜

法国画报记录的晚清 1846—1885（上）

张霞 李小玉 译

SPM 南方出版传媒·广东人民出版社

·广州·

图书在版编目（CIP）数据

西洋镜：法国画报记录的晚清 1846—1885/ 赵省伟主编；
张霞，李小玉译 . —广州：广东人民出版社，2018.10
ISBN 978-7-218-13102-3

Ⅰ . ①西… Ⅱ . ①赵… ②张… ③李… Ⅲ . ①中国
历史－史料－清后期－图集 Ⅳ . ① K260.6-64

中国版本图书馆 CIP 数据核字（2018）第 163805 号

Xiyangjing: Faguo Huabao Jilu De Wanqing 1846—1885

西洋镜：法国画报记录的晚清 1846—1885

赵省伟 主编　张霞 李小玉 译

出 版 人：肖风华

责任编辑：马妮璐　刘　宇
责任技编：周　杰　易志华
封面设计：柳　菲

**出版发行　**广东人民出版社
地　　址：广州市大沙头四马路 10 号（邮政编码：510102）
电　　话：（020）83798714（总编室）
传　　真：（020）83780199
网　　址：http://www.gdpph.com
印　　刷：北京博海升彩色印刷有限公司
开　　本：787mm×1092mm　1/16
印　　张：34　**字　数：**500 千
版　　次：2018 年 10 月第 1 版　2018 年 10 月第 1 次印刷
定　　价：198.00 元（全二册）

如发现印装质量问题，影响阅读，请与出版社（020－83795749）**联系调换。**
售书热线：（020）83795240

出版说明

　　1843 年 3 月，法国第一份画报《画刊》（*L'Illustration*）在巴黎创刊，只比 1842 年 5 月创刊的世界首份画报《伦敦新闻画报》晚八个月。1891 年，《画刊》成为第一份刊登照片的法国报纸。1907 年，它又成为世界上第一份刊登彩色照片的画报。1944 年盟军解放巴黎后，《画刊》由于在战争期间支持维希政府被取缔。1945 年，改名为《法兰西画刊》（*France-Illustration*）复刊。1957 年宣告破产。

　　《世界画报》（*Le Monde Illustré*）创刊于 1857 年，初期侧重文学性，连载大仲马、乔治·桑等著名作家的小说，版画大多临摹自同时期的英国画报。1860 年起，新老板为了与竞争对手《画刊》《环球画报》（*L'Univers Illustré*）争夺读者，决定将报纸的艺术性提升至与文学性同等的高度，专门聘请了一大批插画师，同时推出相应优惠政策。1886 年，《世界画报》订阅量已达 3.3 万份，其规模与影响堪与《伦敦新闻画报》相媲美。1940 年，德国占领巴黎后《世界画报》被迫停刊，二战结束后才复刊，后几经转手与合并，于 1956 年彻底销声匿迹。

　　以上两种报刊发行伊始，正值第一次鸦片战争之后，法国报界纷纷报道刚刚被迫打开国门的清朝。随之而来的第二次鸦片战争以及中法战争使得清朝成为法国社会关注的焦点，这一时期有关清朝的报道更是数不胜数，出现了众多描绘清朝社会风俗、政治人物，以及相关新闻事件的版画。这些版画根据传教士、外交官、新闻记者、战地摄影师等来华人士的速写或者拍摄的照片绘制，"形象地再现了近代中国丰富多彩的历史，用艺术手法记录了那些重大历史事件和民众日常生活中不起眼的俗人俗事，填补了近代中国早期影像的诸多空白，既是近代中国政治史、艺术史研究的参考资料，又是近代中国生活变迁最实在、最形象的记录"[1]。

　　而中国最早的时事画报《点石斋画报》创刊于 1884 年。自鸦片战争起至 19 世纪 80 年代所发生的重大历史事件的影像资料在中国出版史上是一片空白，但在法国画刊

[1] 赵省伟、李小玉：《遗失在西方的中国史：法国彩色画报记录的中国 1850—1937》，马勇序《兼听则明》，中国计划出版社，2015 年 12 月。——编者注

中却数不胜数，这不能不说既是一种极大的遗憾，也是一件幸事。

这正是"西洋镜"系列丛书自 2015 年起一经推出，便深受读者喜爱的主要原因。

一、本书资料主要来自《画刊》《环球画报》《世界画报》等当时法国知名的画报，共收录 300 余幅图片、近 20 万字的原刊报道。

二、编排上按外文刊载的时间先后为顺序，以年代为章，每篇报道独立为节。小节标题使用中法两种文字，法文均照原刊录入。为保证印刷整齐精美，图片色调做了统一处理。

三、由于能力有限，书中个别地名、人名无法查出，采用音译并注明原文。

四、由于原作者所处立场、思考方式与观察角度不同，书中很多观点与我们的认识有一定出入，为保留原文风貌，均未作删改。这不代表我们赞同其观点，相信读者能够自行鉴别。

五、由于时间仓促，统筹出版过程中不免出现疏漏、错讹，恳请广大读者批评指正。

最后，感谢马勇老师为本书倾情作序，王猛、诸桢干、王秀慧、闫子纯翻译支持。

编　者

读图时代的阅读时尚

前些天，省伟发来《西洋镜：法国画报记录的晚清 1846—1885》书稿，嘱我做一个短序。因忙于琐事，我用了两天的时间大致浏览了一番，获益良多，也非常感慨。

感慨的是，省伟的勤奋。这几年他以个人之力，近乎单枪匹马致力于海外中国近代史资料的收集、整理与出版。短短几年，成绩斐然，只我的书架上就有十余种。省伟告诉我，他的目标是将海外遗留的中国近代史资料，特别是影像资料，尽力征集回来，并尽可能翻译、整理、出版。这是一个宏大的工程，好在省伟已有很好的开端，现在以"西洋镜"名目出版的资料就接近二十种。每一种的发行量也非常可观，成为"读图时代"的阅读时尚，可喜可贺。

所谓近代中国，其实就是对传统中国的颠覆。传统中国两千年的帝制，一直延续的是"兴、盛、衰、亡"四部曲的往复循环。一个王朝诞生了，繁荣了，鼎盛了，往往就是衰败的开始。持久的，或突然的衰败，或其他某种不明原因，就会为一个王朝送终。始皇帝当年期待一世二世以至于万世。莫说万世，千年王朝自秦以来就始终不曾见。即使是寿命比较长的两汉两宋、大唐与大明、大清王朝，每个也不过几百年的时间。

近代，西方国家地理大发现、工业革命、商业革命的效果不断溢出，深刻影响了中国的历史进程。王朝周而复始的循环被打断，家天下的王朝政治渐行渐远，最后退出了历史舞台。公天下的近代民族国家渐渐形成，并最终成为近代政治形态的主流。

家天下让位于公天下，王朝政治让位于近代民族国家。这不是英雄的创造，而是因为从传统体制走到近代民族国家，无论是西方，还是东方，都逐渐萌生出一个新的阶级，即资产阶级。就中国社会情形而言，资产阶级取代了传统社会中的地主、乡绅，成为社会的主导阶级、中坚阶级，引领社会进步。

资本主义的发生，资产阶级的出现，理论上并不影响家天下继续发展。从全球背景看，所谓"走出帝制"并不是历史的必然；英国、日本等众多国家在社会转型时期，既接纳了近代理念，也保留了帝制。就中国而言，"走向共和""走出帝制"则是历史的偶然，是意外。这些年的研究对此已提供了很好的解释。

西方因素不仅影响了中国的社会结构、社会阶级的调整，而且打碎了中国天朝上国的迷梦，近乎强制地将中国拉入全球化轨道，以自我为中心的天朝上国不得不接受万国之一国的事实。在全球化早期，中国的不适应在所难免，但在经历了一系列挫折之后，中国人慢慢接受了这个事实：不仅要向列强学习，而且还要与列强共处。回望中西接触、冲突、合作的三百年，中国从乾隆时代的蛮横、愚昧中走出，逐渐形成了自己对世界的看法，社会各方面早已发生了很大的变化。尽管其中的许多看法与西方国家不太一致，但趋于一致的趋向、诉求，则毋庸置疑。中国的出路，就是世界的未来。世界的出路，也有待于中国能否真正融入世界。

过去，在与列强交往的三百年间，法国一直是一个重要的国家。早期传教士中的法国人由于学识、科学精神、艺术才华，受到康熙大帝的热诚欢迎。地理学家张诚、音乐家徐日昇等，都为中国的进步做出过贡献，也向西方尤其是法国传递过中国的消息。法国早期的启蒙运动、人文主义，也因此受到中国文明的一些影响。

但是，中西之间，主要是中英之间的贸易失衡问题长期得不到解决。这不仅困扰着中英关系，也从整体上影响了中国与外部世界的交往。乾隆皇帝晚年，法国发生了一场后来被誉为"大革命"的骚乱。这又在相当程度上影响了中国人对世界的看法，使宁静的中国不愿变成法国式的不确定。《英使谒见乾隆纪实》写道："法国的动乱促使中国官方加紧提防。假如特使携带礼物在法国国内未发生暴乱时前来谒见，遭遇到的困难要比现在少得多。"历史无法假设，但中国与西方的关系却又因为法国大革命发生了逆转。与西方逐渐疏远的中国躲过了十九世纪前半期的革命、动荡，当然也错失了自己奋发图强，开启自己工业化进程的机遇。

假如从 1793 年马戛尔尼来华算起，中国还错过了 1816 年英国第二个使团即阿美士德使团。中西贸易的严重失衡使贸易无法继续下去，于是爆发了鸦片战争，签订了《南京条约》，有了五口通商。英国人打头阵，法国与美国等也相继跟了上来。中法之间在《南京条约》之后不久便建立了正式外交关系。这也是本书从那时编起的原因之一。

政治关系，是早期中法关系的主轴，这些关系当然也并不都是愉快的。这本书也给予如实地描述，诸如法国军队炮击、攻克广州，马神父事件，英法联军与清军的交锋，中法两国因越南大动干戈等，书中都有极为平实的文字叙述和精美的画面展示。比如，1860 年中法《北京条约》的签字仪式上，既有来自现场的观察，对中法双方相关人员的表情，甚至心理状态都做了极为恰当的描写，也有来自现场专业画家的速写。这些速写作品极为难得，是我们今天还原历史情形的重要依据。比如书中恭亲王奕䜣的画像：

> 亲王脸色看起来很差，似乎急于将条约签完。他看上去至少有 30 岁，而实际上才不过 25 岁。从气色来看，他的身体似乎已经被鸦片和淫欲掏空了。他穿着极其简单，帽子上的顶戴花翎黯淡无光。此外，和所有漂亮的清朝官服一样，他身上暗色的丝质长袍上，双肩、前胸和后背上都绣着色彩鲜艳的龙。脖子上垂下来的朝珠，说不清什么材质，闪着仅有的微弱光芒。

朴实的文字，加上画家的画面，静静回思，似乎有亲临其境之感。

我对这本书最感兴趣的还不是政治史、外交史，而是编者提供的生活史、风俗史。这部书以极大篇幅记录了那几十年中国的小脚、剃头等各式各样的风俗民情，也记录了北京、上海，以及中小城市绍兴、厦门等地的日常生活、邻里情形，还详细记述了圆明园被焚前的繁华奢靡，以及被焚后的情形。这都是重建近代中国历史场景不可或缺的细节，最值得珍惜。

历史的步伐随着科学技术的进步不断加快，我们童年时代的物品、用具，放在短短几十年后的现在恍如隔世。随着全球一体化的步伐日益加快，民族的、区域的文明形态将越来越少，共性的、国际统一标准的物品用具将越来越多。留住过去的图像、文字，就是给人类留住追忆过去的钥匙。从这个意义上说，省伟的规划一旦全部完成，必将在中国出版史上留下辉煌的一页。

是为序。

马勇

2018 年 4 月 20 日星期五

目录

上册

下册

1846 ···

L'ILLUST
RATION

画刊

1846 年 8 月 22 日
星期六 第 182 期

L'ILLUSTRATION

22 · AOÛT · 1846
SAMEDI Nº182

来自清朝和印度的货样及模型展览

EXPOSITION D'ÉCHANTILLONS ET DE MODÈLES RAPPORTÉS DE LA CHINE ET DE L'INDE

近期，商务部在位于圣罗兰大街 17 号的展厅里展览了一批货样及模型。这批货样及模型是由 1843 年底派往清朝的商务代表团从清朝和印度带回来的。代表团经过近两年半的寻访和购买，终于在今年 5 月回到了法国。法国政府已经多次发布了商务代表团撰写的报告。我们也会对代表团出访的结果进行评价。如今，政府通过此次货样及模型展览更加生动地展示了远东的民俗物产和社会风貌。

在进入展厅之前，请允许我简单介绍一下近期清朝发生的一些事件。这也是我国政府向清朝派出一支大规模代表团的原因。

长期以来，清朝实行闭关政策，拒绝与西方"蛮夷"进行通商往来。1840 年鸦片战争爆发，英国人用大炮轰开了清朝的大门，并于 1842 年在南京签署了《南京条约》。它不但打开了清朝巨大的市场，也为我们的商贸活动开辟了一条康庄大道。

欧洲人用武力打败了清朝皇帝，打破了他们天朝上国的幻想，让骄傲的清朝人认识到新式武器的可怕。这个条约对清朝历史的发展将造成深刻的影响，对几个世纪以来禁锢的思想和落后的风俗也将造成巨大冲击。这份条约的主要条款为：

割让香港岛，除了广州外，再开放四个新的港口，建立更符合欧洲习惯的关税制度。之后，西方各国与清朝政府签订的条约都可以援引该条约。

不过，英国没有独享特权，而是把好处分享给了大家。我国以及美国等国家都可以根据该条约把军舰开到清朝的港口。但是美国人不愿接受这种从属地位，他们想自己签订条约。于是在 1843 年，中美也签署了一份条约，内容与中英条约基本一致。法国紧

随其后，于 1844 年签署了中法条约，更加明确完整地将之前不确切的条款囊括进来。另外，我们又降低了关税。

法国用坚船利炮向清朝介绍了自己，这显然比依靠中英条约更加有效。清朝人对我国所处的地理位置非常模糊，几乎一无所知，以至于他们完全无视法国在欧洲所起的作用以及"法国"这个名称所代表的实力。

为了更快地从与清朝的贸易中获利，法国政府在向清朝派驻大使和舰队的同时，还派出主要工业企业家代表到清朝和印度实地考察当地的生产、消费以及市场。接下来我们看到的这些货样，将会告诉法国外贸企业这些地区的生活和消费习惯。

商务部曾于 4 月举办了一次关于于勒·埃及尔（Jules Alphonse Eugène Itier）[1]先生在清朝收集的各种商品展。展览中展出了糖、咖啡、烟草等货样并标注了明确的价格和产地，还有用于烧制瓷器的染料、各种陶器、乐器、衣料及东方国家经常使用的其他物品和器具。上次展览的商品仅是于勒·埃及尔先生一人努力寻找所得，虽然范围有限，但是足够让观众对商务部的这次展览产生更大的兴趣。下文我们将对商务代表团的这次展览进行特别介绍。

展览的物品足足占据了两间展室。一进入展厅，一幅巨大的清朝地图扑面而来，使人们进入了一个全新的世界，仿佛置身于清朝。这是迄今为止我们能找到的最好的清朝地图，显示了清朝人在地理方面奇特的想象力。清朝人绘制的各种生活画卷铺满了墙壁，这比我们屏风上的画面更为精美。展厅左侧陈列的是最近开放的通商口岸福州的景象。这个港口在清朝十分有名。

我们先进入第一间展室。这一间展室展示的几乎全部是奥斯曼男爵（Haussmann）[2] 和隆铎（Rondot）先生收集的棉纺织品和毛纺织品。

奥斯曼男爵展出的棉纺织品应用极为广泛。清朝下层社会大部分人都穿棉纺织品，尤其在冬天以及气候严寒的地区，人们为了抵御寒冷，一层套着一层地穿上两件、三件，甚至四件絮了棉花的棉衣。因此，一旦清朝市场向国外开放，英、美竞争的焦点肯定会

---

[1] 1843 年来到清朝，1843—1846 年间任清朝、印度、大洋洲贸易委员会会长，目前学术界公认的第一位来到清朝从事商业摄影活动的外国摄影师。——译者注

[2] 法国城市规划师，拿破仑三世时期的政要。因主持了 1853—1870 年的巴黎重建而知名。——译者注

◀ 一位清朝官员和妻子的服饰。商务
代表团收藏。

COSTUMES D'UN MANDARIN CHINOIS ET DE SA
FEMME. COLLECTION DE LA DÉLÉGATION.

◀ 丝织业代表埃德先生走访苏州作坊
时所穿的清朝工人的服装。商务代
表团收藏。

COSTUME D'OUVRIER CHINOIS PORTÉ PAR M.
HEDDE, DÉLÉGUÉ DES SOIES, DANS SA VISITE
AUX ATELIERS DE SOU-TCHOU. COLLECTION DE
LA DÉLÉGATION.

▶ 非工作状态的织缎机。商务代表团收藏。

MÉTIER À RUBANS SANS MARCHE. COLLECTION DE LA DÉLÉGATION.

集中在棉纺织品上。在清朝，棉纺织品从种植到制造需要雇佣大量工人。但是，蒸汽机的发明和改进节约了人力成本，欧洲轻而易举地击败了清朝停滞不前的手工业，使得清朝对棉纺织品的进口量与日俱增。清朝沿海地区的南京及江南各省已经受到来自利物浦、曼彻斯特和波士顿的纺织品的冲击。而在不久以前，这些地区的手工制品久负盛名。

清朝巨大的市场已经被打开，我们没有理由不进入。但是，目前为止，我们的生产商并没有成功地进入清朝市场，他们为此付出的努力也十分有限。尽管在贸易和航运条件上，英国和美国整体优于我们，但就棉纺织品而言，我们的印花面料花色精美、品相优雅、色彩多样，丝毫不逊于英国的细棉布和美国的厚斜纹布。在目前出口印花面料的国家中，我们一直处于领先地位；而在清朝，我们印花面料的销售却停滞不前。

清朝的习俗和《礼记》中服饰的标准决定了颜色的使用，所以我们需要根据他们上百年的习俗，因地制宜，模仿并生产符合他们审美习惯的面料。因此，法国制造商可以根据展示的棉纺织品的货样判断模仿的方向。另外，从清朝带回来的各种棉质服装上面清楚地标明了价格。我们还注意到，清朝裁缝的制衣价格非常便宜，制作一身工人穿的衣服只需不到 12 法郎。但裁缝不允许赊账，一切都要现金支付。奥斯曼男爵还从清朝带回了各种棉花（包括南京天然的黄棉、在吕宋岛种植的另一种黄棉）、纺织工具，以及吕宋岛和爪哇岛的原住民制造的织品货样，在此不便赘述。我们只需再看一眼这些收藏品，尽管没有必要永久记住，但是的确值得把它们作为实用性的样品仔细品鉴一番。

毛纺织业代表隆铎先生展示了两百件清朝从英国、德国、荷兰和俄国进口的各种床单被单，以及清朝手工工厂制造的地毯和各种毡帽等毛纺织品。人们可以从展览目录中找到完整详细的分类清单。一些地毯挂在展厅墙壁上展出。它们的图案是某些神兽或是各式花色的方形图案，非常引人注目，让人联想到小丑的戏服。毛纺织品货样的一侧摆放了皮货和皮衣。因为清朝北方地区天气非常寒冷，所以这些在那里非常常见。普通的皮货更受穷苦百姓的青睐。上层社会极为欣赏满洲地区的皮衣，他们为此不惜重金。

在清朝，呢绒的衣服并不像棉质的那样使用广泛，只有达官贵人才穿这种料子的衣服。我们引用商务部发表的一篇隆铎先生的关于清朝人冬装的报告："这种服装主要由三件衣服构成。第一件是一件长裙，商人称作'袍子'。长袍的袖子宽大且长，纽扣从侧面扣，下摆长及脚面，前摆和后摆由一些小盘扣别在一起。长袍没有领子，穿时须另加细布或

▶ 清朝人的帽子。商务代表团收藏。

COIFFURES DES CHINOIS. COLLECTION DE LA DÉLÉGATION.

▶ 清朝妇女的手、脚和鞋

MAINS, PIEDS ET CHAUSSURES DE FEMMES CHINOISES

▶ 清朝妇女的发型。商务代表团收藏。

COIFFURES DES FEMMES CHINOISES. COLLECTION DE LA
DÉLÉGATION.

是丝质的、与袍子同色或是天蓝色的衣领。袍子是商人在自家店铺中非常喜欢穿的一种衣服。无论在家还是工作，他们都习惯穿着袍子。如果有事外出，他们就会披上马褂。马褂是一种袖子特别宽大的上衣，前开扣，长及腰带。长袍马褂是中上等级的广东人最常见的衣着。还有一种官员参加典礼时常穿的服装——大褂。大褂特别宽大，衣长过膝，宽大的袖子会被撩起来，以免妨碍手部活动。"

　　在清朝，虽然毛纺织品远不及棉纺织品重要，但是我们仍可在这方面的贸易中获利。与世界上其他国家一样，清朝上层社会的喜好并不会影响下层社会的习俗。虽然清朝人肯定习惯他们的老传统，但是他们也意识到在冬季，毛织品比棉织品更保暖。长久以来，俄国通过边境城市恰克图向清朝出口了大量的呢绒。德国人、英国人和比利时人正通过港口贸易做着不懈的努力，并取得了一定的成功。我们的制造商要根据展出的货样和价格，判断他们是否能够承受住这种竞争的压力。在清朝，衣服的颜色和尺寸尤为重要，这将在代表团的报告中详细阐明。隆铎先生认为，一些较为轻薄的毛纺织品在清朝市场可能会受到欢迎。在此，祝愿我国的工厂在不远的将来能够向清朝输送货物。

　　隆铎先生还负责考察我们是否有希望向清朝输出葡萄酒和利口酒。但是在这方面，我们的胜算不大。法国的大部分葡萄酒不太符合清朝人的口味，而且这些酒的价格对他们来说太高了。在清朝全权大使耆英的招待酒宴上可以看出，一些清朝官员对我们的香槟和南方的甜葡萄酒表现出强烈的好感。整体而言，他们并不喜欢我们的葡萄酒。但不要就此认为清朝人只喝茶，他们有自己的白酒和知名的白酒产地。清朝的白酒通过对大米、高粱等粮食作物进行发酵蒸馏后酿制而成，还可以通过在酒中添加水果或花朵来增添口感。隆铎先生的报告中说清朝有二十来种白酒。白酒的颜色基本是清澈的，味道特别冲。他们的白酒在法国可能不太受欢迎。

　　接下来，我们来到主展厅欣赏毛纺织业代表的收藏。展厅内尺寸不一的画卷、武器、挂在天花板上的灯笼、丝织品、瓷器、青铜器等形式各异的物品构成了最奇特的展览。我们制作了一幅精美的版画，来描绘那种一进展厅就被深深触动的奇异场景。首先，我们来看丝织业代表埃德（Hedde）先生带来的珍贵货样。

　　中国养蚕及丝织品生产的历史非常悠久。在我们拥有里昂手工工厂之前，中国的丝织业就已经享誉四方。考虑到他们的丝织业可能对我们形成竞争，埃德先生认真细致地

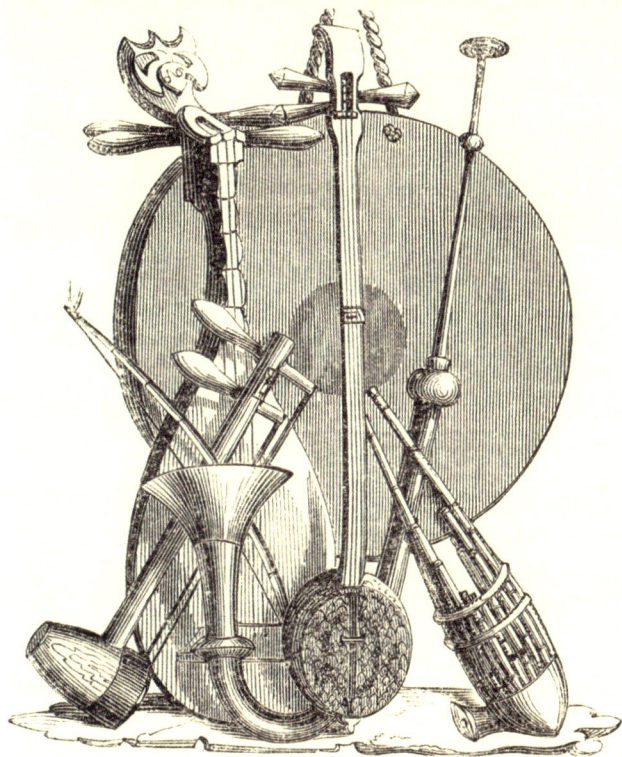

◀ 清朝乐器。商务代表团收藏。

INSTRUMENTS DE MUSIQUE CHINOISE.
COLLECTION DE LA DÉLÉGATION.

▼ 清朝的武器。商务代表团收藏。

ARMES CHINOISES. COLLECTION DE LA DÉLÉGATION.

▲ 清朝的烟斗、青铜器和瓷器。商务代表团收藏。

PIPES, BRONZES ET PORCELAINES DE CHINE. COLLECTION DE LA DÉLÉGATION.

▶ 清朝的藤椅和灯笼。商务代表团收藏。

FAUTEUIL EN CANNE ET LANTERNES CHINOISES. COLLECTION DE LA DÉLÉGATION.

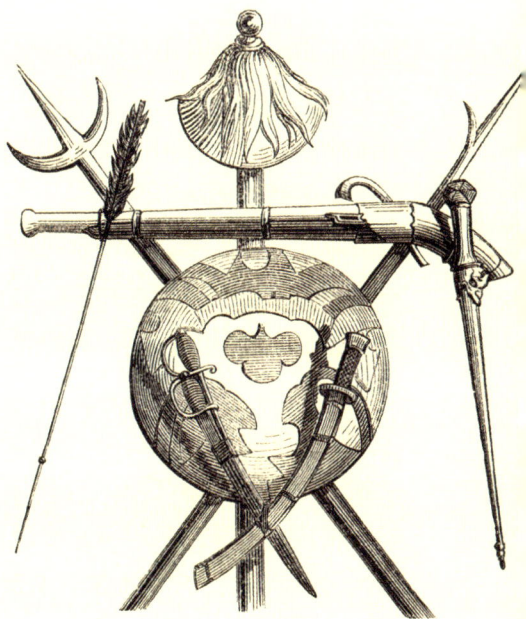

收集了他们丝织品的相关货样。尽管我们的丝织业已取得了非常显著的进步，但是还有很多方面需要向他们学习。因为在某些方面，清朝人依然是我们的老师。他们的丝织业，无论是精细的工艺、简易的手法，还是廉价的劳动力，都令人惊叹不已，值得我们的专业人士进行细致的研究。

在展出的为数众多的纺织机中，其中一架引起了制造商的特别注意。这是埃德先生从清朝南方的重要城市、离上海大约 30 法里[1]（约 120 公里）的苏州城带回来的。埃德先生认为我们有必要引进这种造价低廉、体积小的纺织机。因为这种纺织机不会使丝变形，可以织造一些工艺复杂的织物。顺便提一下，由于苏州不对外国人开放，埃德先生恐怕是多年以来，除了传教士外唯一一个进入苏州的欧洲人。他穿着清朝人的行头，戴着假辫子，没有引起清朝官员的注意。我们还看到他站在其他服装前面。显然，这些服装都是他穿过的。

除了纺织工具，展览会还展出了丝织品。首先映入眼帘的是两条很大的绉纱披肩。一条是在白色的底色上绣着白色丝线，另一条则在黄色的底色上绣着彩线。后一种披肩欧洲人不会佩戴，却远销墨西哥、智利和其他讲西班牙语的国家。除此之外，其他各种丝织品也一应俱全，如丝巾、面纱、锦缎、塔夫绸、纺绸等。最后，我们还看到了清朝人用蚕丝制造的衣服和其他物品——地毯、刺绣的钱袋、烟袋、屏风、鞋子。这些丝织品做工精细、图案奇异。

展览中最吸引人的丝织作品是张肖像画。它是广州的某位艺术家为埃德先生所绣。不过，在清朝我们见到过比这更加精美的丝绸画。有一次，广州的一位高官来到法国领事馆参观我们使团的货样。使团成员挑出最美的一幅作品——在里昂完成的雅卡尔（Jacquart）[2] 的立像。在我们看来，这幅丝绸作品真是一幅杰作。这位高官仔细地研究了一番，派人去家中取来了一幅很久以前在清朝北方制作的丝织作品，说和这幅肖像画属同一类型。这位高官非常看重这幅作品。这幅丝织作品是一幅很大的画，配有一个很大的编织的画轴。画中描绘了佛祖坐在白象拉的二轮车上，一个矮人在前引导着大象，大象的脚下一个印度人在抛洒着玫瑰。这幅作品颜色靓丽，刺绣工艺繁复多样，既有丝织、

[1] 1 法里大约等于 4 公里。——译者注
[2] 世界知名的香槟世家。——译者注

▲ 清朝画师林呱的自画像。于勒·埃及尔先生的特别收藏。

PORTRAIT DU PEINTRE CHINOIS LAM-QUA, MINIATURE, PEINT PAR LUI-M. ÊME. COLLECTION PARTICULIÈRE DE M. ITIER.

▼ 清朝漫画。商务代表团收藏。

CARICATURE CHINOISE. COLLECTION DE LA DÉLÉGATION.

▶ 林呱绘制的清朝妇女。商务代表团收藏。

PORTRAIT DE FEMME CHINOISE, PEINT EN MINIATURE PAR LAM-QUA. COLLECTION DE LA DÉLÉGATION.

刺绣，又有绘画，技艺非常高超。而雅卡尔的这幅肖像是织出来的，亦有很多可取之处。不过，埃德先生的肖像画应该可以绣得更好。

接下来展出的是巴黎工业代表雷纳（Renard）先生带回来的工艺品。这些收藏品没有明确统一的界限，包含的项目和商品很多，除棉、毛、丝织业以外的商品基本都包含在内。和巴黎的商品一样，清朝的商品涵盖范围非常广。虽然清朝人的品位爱好与我们不同，但是和我们一样沉迷于这些与实际生活似乎毫无关系，却又造型奇特、做工繁复、创意非凡的东西。这个民族对美有着无限的热爱和追求，并将这种感情用新奇典雅的方式表达出来。令人尤为惊奇的是，他们的品位与我们的习俗迥然不同，让我们难以适应，但是并没有引起我们的反感和不悦。他们的商品表现出的完美而理性的艺术之光，在法国乃至欧洲都备受推崇。虽然我们常在古董商或古玩爱好者的藏室里看到一两件清朝的产品，但是从未在法国见到过如此完整的关于清朝商品的展览。

我们不能按部就班地将上千件展品一一描述出来。先来看一看《画刊》刊登的几件最有吸引力的物品的图画。其中一张图画是关于清朝服饰的，我们之前已经提到过一些。

整个清朝的女性好像都梳同一种高高的发髻。男人的发式则更加简单，也很特别——唯独在头顶处留一个及腰的发辫。有人还留着比这还长的辫子，这被看成是一种美。如果辫子不够长，人们便会在发辫上绑上丝带延长发辫，以显得体面一些。有时，人们也会戴假辫子，而且假辫子的市场挺大，出现了一些专门卖辫子的商店。我们不知道这些奇特的发饰从何而来，但一个没有辫子的清朝人是不会受到尊重的。在与清朝人的交战中，英国人有时会释放一些被割掉辫子的俘虏。结果，这些俘虏宁愿选择去死也不愿回去。清朝人的头发都是乌黑的，在北方的一些省份也出现过几个金发的人，不过这些人可能是准备进攻那里的英国人。在清朝，和尚是唯一剃光头的人，这跟我们教士的剃发礼一样。和尚也不结婚，也会进行斋戒。

说完了头，该说脚了。展览中，除了蜡质的模型，其他模型的脚上都穿着小鞋，上面绑着带子。我们还看到了清朝妇女光脚和穿鞋的样子。裹小脚的起源和辫子的起源一样不详。有人觉得这是为了防止女性过于轻佻，还有人觉得这是一种过分爱美的表现。如果非得对此做出解释的话，我们能够想到的理由就是清朝人歧视一切体力劳动。把脚趾活生生裹成畸形，只为证明她从来没有做过丢人的工作。有一个事实可以作为佐证，

FINTA. — ALL°.

▲ 于勒·埃及尔先生提供的清朝曲谱

AIRS CHINOIS COMMUNIQUÉS PAR M. ITIER

裹小脚这种陋习只存在于上层社会。必须承认，这种难以解释的陋习带有野蛮的意味，令人作呕。但是，裹小脚这种陋习只存在于汉族人之中，满族妇女是不裹小脚的。她们的鞋子是正常大小，只不过鞋跟非常高，男士的鞋也一样。

我们来看一看清朝的流行乐器。于勒·埃及尔先生之前已经展示过他收藏的清朝乐器。在这次展览中，我们又看到了他的藏品。《画刊》展示了几件乐器以及两首乐谱。这其中有两根、三根、四根弦的吉他，大小不同的笛子、钹、长喇叭、鼓和锣。锣是铜质的、呈圆柱形的，发出的声音最响。人们用木槌来敲锣。在清朝人的生活中，这是一件神圣的、不可或缺的乐器。寺庙里用锣声召集僧人念经，官员的宅邸中用锣声通告主人的出入，城里的窄巷子里用锣声给达官贵人的轿子开路。在管弦乐队中，锣的声音可以完美地盖住大鼓的声音。清朝人一定是进行了特殊的训练，才会喜爱这些对欧洲人来说尖锐刺耳的、不和谐的音调。

我们再来说说书画。清朝的绘画远不及我们，既没有和谐的构图，也没有对感情生动有力的表达。不过在细节方面，清朝绘画还是展现出了特殊的品位和令人惊奇的细腻。展览会上展出了各种各样的画卷。清朝建筑的墙上挂满了表现花鸟、神话人物，或名人典故的图画。有时是几个简单的中国字、几句孔孟的箴言，或者临摹的书法。书法这种艺术十分受人推崇，清朝人大都擅长使用毛笔写字。那些能写一手好字的人不需担心自己的生计，对他来说有这一个技能就足够养家糊口。我们还看到了几幅油画，大部分描绘的是花园或室内景色。其中，最引人注意的两幅画是珠江的景观图和广州最有名的画师林呱先生绘制的雷纳先生的肖像画。《画报》还刊载了一幅林呱先生的自画像。这幅自画像是根据于勒·埃及尔先生拍摄的一张达格雷照片绘制的。清朝人也会画漫画，他们绘制的一些滑稽的人物形象也有可取之处。

总体来看，展出的这些绘画和我们的优秀画作无法相提并论。清朝绘画的表现手法还比较初级，且缺少流派，清朝画家之间也没有竞争意识。确切来说，清朝没有真正意义上的画家。在这里，绘画与其说是一种艺术不如说是一种职业。画家的画室就是一个店铺，而师傅就是一个商人，几个学徒在师傅的看管下不断复制同样的图画，毫无新意。清朝画家有自己的专长，如果一个人一辈子只画人物，或者花草树木，或者船，那么他在这个领域的绘画技艺就会日趋完美，但这主要归功于日复一日的练习而不是灵感。

限于篇幅，其他不再赘述。最后，我们再表达一个心愿。此次展览闭幕之后，使团精心收集的这些有趣的收藏品该何去何从？罗浮宫有一个埃及博物馆，我们为什么不再办一个清朝博物馆呢？内森·邓恩（Nathan Dunn）先生的清朝博物馆已经吸引了全英国的目光。政府不应该放弃这个大好的机遇。我们开设了汉语课，也培养了一些汉学家。他们的著作得到了欧洲学界的普遍好评，他们翻译的文章让我们越来越了解清朝的哲学、思想和习俗。相信用不了多久，法国对这个人们经常谈起却知之甚少的国度会有一个更清晰的认识！建立一个清朝博物馆完全符合政府目前倡导的学习东方语言的构想。现在万事俱备只欠东风，希望大众的期待不会落空。

C. L.

1848

♦♦♦

L'ILLUST RATION

画刊

1848 年 12 月 30 日
星期六 第 305 期

L'ILLUSTRATION

30 · DÉCEMBRE · 1848
SAMEDI Nº305

夜莺

LE ROSSIGNOL

很久很久以前，中国的一位皇帝拥有一座极为富丽堂皇的陶瓷宫殿，还有一处遍布奇花异草的大花园。最奇特的是，那些花儿上都系着银色的小铃铛。每当有人经过的时候，它们就会发出阵阵清脆悦耳的响声，好像在发出召唤："来欣赏我吧，来赞美我吧！"这座花园是那么大，连园丁都不知道它的尽头。有人说，花园的尽头其实是一片广袤的森林，森林的中央则星罗棋布地分布着许多湖泊，湖面宽阔，湖水很深，就像微型的海洋，甚至可以承载巨型船只。森林里住着一只神奇的夜莺，每个听到它歌声的人都会不自觉地停下手中的一切，如痴如醉地欣赏它的歌声。它的歌声如此美妙动听，就连宫殿、花园、森林和湖泊都无法与之相媲美。一听到夜莺的歌声，无论是砍柴的樵夫还是贫困的渔民，都会放下手头的活计，沉浸在这美妙的歌声中。

来到中国的外国人一致认为，皇帝的陶瓷宫殿和奇异花园堪称世间珍品。但是，当他们听到森林中夜莺的歌声的时候，又会异口同声地改口说："这才是中国第一奇迹！"一时间，这只夜莺名声大噪。整个国家，只有皇帝一个人还不知道。因为，他已经习惯了这个世界上没有任何东西能够与他、他的宫殿和花园相媲美。

夜莺的名气越来越大。于是，许多旅行家专门为它撰写了文章。学者们受其启发，发表了一些充满奇思妙想的著作，有人将它的羽毛描写成金色，有人称它的爪子是祖母绿色的、嘴巴是钻石样的；有人说它只有一只爪子，还有人说它有六只爪子。总之，关于夜莺的描写五花八门。诗人们创作了大量的诗篇歌颂这只夜莺，全国的媒体都在为这只无与伦比的夜莺而骚动。描写夜莺的书实在太多了。有一天，其中一本书竟然流传到几乎从不读书的皇帝手中。因为书中有对其宫殿和花园的描述，他耐着性子把它浏览了一遍。一开始他很得意，直到他在所有文章中都读到这样一句话："在中国所有的奇迹中，最神奇的是那只夜莺！"

"这究竟是怎么回事儿？"皇帝惊讶地从巨大的宝座上跳起来，"这只夜莺到底什么来头？怎么从来没人跟我提过？这么重要的事情我竟然是从书里读到的！"

他连忙召见了总理大臣。总理大臣身份显赫，由于颇具威严而说话又言简意赅，被公认为思想深邃的人。如果有人胆敢质疑他，得到的肯定只有："哼！哼！"这不但没有给他带来任何麻烦，还为他赢得了最具智慧和谋略的美誉。

皇帝一看到他，就迫不及待地问道："据说我国有一只神奇的夜莺，而我居然对此一无所知，这是不是太不合情理了？你们内务府平日里到底在干些什么！"

"陛下息怒。"总理大臣跪倒在地，"微臣不知，微臣着实不知情，哼！哼！"

"哼！哼！"皇帝重复着他的话，"可是你应该无所不知才对！"

"陛下，从来没有人向宫里进贡过这种东西！哼！哼！"总理大臣接着皇帝的话茬儿说道。

"好吧，我今天晚上就要见到这只夜莺，我要听它唱歌！"

"听它唱歌！"总理大臣瞠目结舌，边往外走边重复着皇帝的要求，"这也太异想天开了吧！"

他紧急传唤了朝中文武官员，责令他们跟他一起去寻找这只夜莺。

"我们去哪儿才能找到这只声名远播的夜莺呢？"官员们问总理大臣。

"哼！哼！"

"跟我来！"官员们只听到这么一句。他们从走廊找到花园，在宫殿里面到处打听、寻找。但是，皇宫里面没有人知道这只夜莺的丝毫消息。因为在皇宫里，只有皇帝读过的书别人才可以读，而皇帝平常几乎不读书。

总理大臣实在找不到，只好回到皇帝那儿去，言之凿凿地说："这个夜莺的故事肯定是写书人编造出来的，书中所描述的东西只不过是捕风捉影罢了。请陛下不要相信那些无稽之谈。哼！哼！"

总理大臣很久没有说过这样的长篇大论了，累得大汗淋漓，一边说话一边擦拭着额头。

Le Rossignol.

Il y avait une fois en Chine un empereur qui habitait un palais de porcelaine renommé par sa magnificence et les merveilles de ses jardins ornés des fleurs les plus rares, et dont la plupart étaient remarquables par les petites sonnettes d'argent qui tintaient dès qu'on passait près d'elles, comme pour dire à chacun : Regardez-moi, admirez-moi! Quant à l'étendue de ces jardins, elle était telle que les jardiniers eux-mêmes ne la connaissaient pas, et tout ce qu'on pouvait dire de plus précis à cet égard, c'est qu'ils allaient se confondre avec une immense forêt qu'on découvrait au loin, et au milieu de laquelle il y avait des lacs si vastes et si profonds qu'ils équivalaient à de petites mers et qu'ils portaient de grands navires. Il y avait dans cette forêt un habitant qui était encore plus merveilleux que le palais, le jardin, les lacs et les bois, c'était un rossignol qui chantait si délicieusement, que quiconque l'entendait oubliait tout pour l'écouter, et que les bûcherons et les pauvres pêcheurs

eux-mêmes laissaient là, pendant des heures entières, leurs travaux si utiles pour le plaisir d'entendre la voix du rossignol. Tous les étrangers qui venaient en Chine convenaient que le palais de porcelaine et les jardins de l'empereur étaient sans contredit de belles choses; mais, dès qu'ils avaient entendu chanter le rossignol de la forêt, tous tombaient d'accord pour dire que nulle merveille en Chine n'était comparable à ce rossignol; enfin, dans tout le Céleste-Empire, il n'était bruit que de cet oiseau, et, qui le croirait! l'empereur était le seul de son empire qui ne le connût pas, tant il avait l'habitude d'entendre dire et de croire qu'il n'y avait d'étonnant dans le monde entier que lui, son palais et ses jardins.

Cependant la renommée de l'oiseau s'étendait de plus en plus; les voyageurs firent bientôt sur lui des récits incroyables; les savants publièrent des ouvrages incompréhensibles : les uns lui donnèrent un plumage d'or, les autres un bec de diamant et des pattes d'émeraude; ceux-ci lui en donnèrent six, ceux-là ne lui en donnèrent qu'une; les poëtes firent des vers sur toutes les mesures, et toutes les presses de l'empire furent mises en activité pour cet incomparable oiseau. Enfin, il y eut tant de livres écrits à ce sujet que, par un beau jour, l'un d'eux finit par tomber entre les mains de l'empereur, qui ne lisait guère; mais, comme ce livre contenait de pompeuses descriptions sur la beauté de son palais et de ses jardins, il s'était déterminé, par un grand effort qui fut vanté comme une chose remarquable, à parcourir ce livre. Il lut donc pendant quelques instants avec une sorte de complaisance; mais, arrivé à cette phrase qui depuis quelque temps était répétée dans tous les ouvrages chinois : « Mais de toutes les merveilles de la Chine, la plus merveilleuse, c'est le rossignol. »

— « Que diable! s'écria l'empereur en bondissant sur son grand fauteuil d'or massif, qu'est-ce donc que ce rossignol! Comment ne m'en a-t-on jamais parlé, et comment se fait-il que j'apprenne par les livres une chose de cette importance! »

Il manda aussitôt son premier ministre; c'était un grand mandarin qui passait pour un esprit profond à cause de son laconisme imposant; il ne répondait jamais à ceux qui osaient lui adresser une question que par ce mot : « Peuh! peuh! » Et cette réponse, qui jamais ne le compromettait, lui avait donné la réputation de l'homme le plus sage et le plus politique de l'empire.

« N'est-il pas fort extraordinaire, lui dit l'empereur en le voyant, qu'il y ait un rossignol dans mes États et que je n'en sache rien! Que faites-vous donc dans votre ministère!

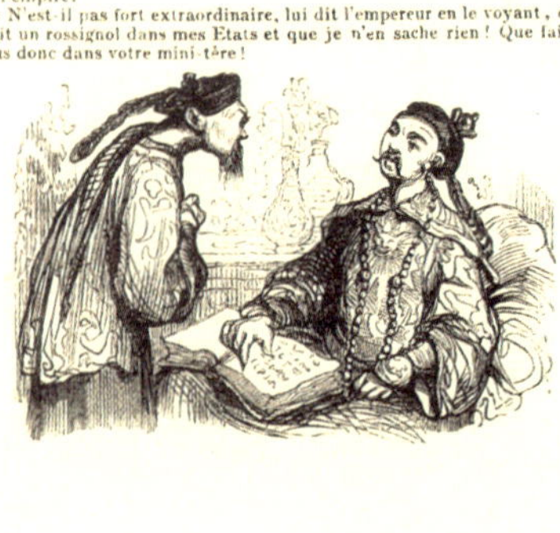

— Sire, répondit le premier ministre en s'inclinant jusqu'à terre, j'ignorais... je ne savais pas... Peuh! peuh!

— Peuh! peuh! répéta l'empereur, vous devez tout savoir.

— Sire, reprit le mandarin, ce personnage n'a jamais été présenté à la cour... Peuh! peuh!

— Eh bien, j'entends qu'il me soit présenté dès ce soir même, et je veux qu'il chante.

— Qu'il chante! répéta en s'en allant le ministre étonné; c'est bien extraordinaire! »

Et sur-le-champ il manda des grands-officiers et des écuyers pour l'accompagner dans sa recherche.

« Où trouverons-nous cet illustre rossignol! demandèrent-ils au ministre.

— Peuh! peuh!

— Suivez-moi » fut toute sa réponse. On chercha dans le palais, dans les galeries d'abord, puis dans les jardins; on demanda, on interrogea; mais personne dans tout l'entourage impérial ne fut capable de donner un renseignement utile sur le rossignol, car personne à la cour ne lisait jamais les ouvrages nouveaux que quand l'empereur les avait lus, et l'empereur ne lisait que peu ou point, comme on sait.

Le ministre, convaincu de l'inutilité de ses recherches, revint trouver l'empereur, et, pénétré de la nécessité de le désabuser, il lui dit que, sans nul doute, cette histoire de rossignol était inventée par les hommes qui font les livres.

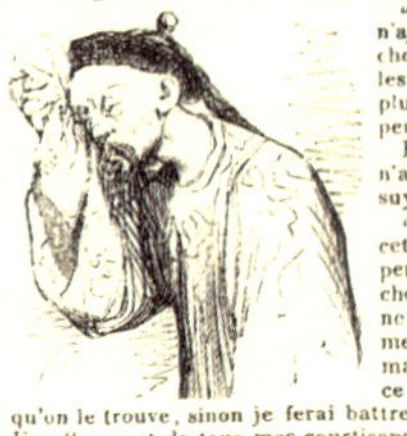

« Que Votre Majesté, dit-il, daigne n'ajouter aucune foi à ce qu'on écrit; les choses que racontent les hommes dans les livres ne sont que des inventions plus ou moins impertinentes. Peuh! peuh! »

Et le ministre, qui depuis longtemps n'avait fait un aussi long discours, s'essuya le front, car il était en nage.

« Mais le livre dans lequel j'ai lu cette histoire m'a été envoyé par l'empereur du Japon, qui ne lit que les choses les plus authentiques; ce livre ne saurait mentir. Allons, qu'on se remette en campagne, car j'ai mis dans ma tête d'entendre le rossignol, et dès ce soir même; qu'on le cherche donc et qu'on le trouve, sinon je ferai battre le tambour sur le ventre de Votre Excellence et de tous mes courtisans. »

A cette terrible menace, le ministre se remit à rechercher le rossignol, montant et redescendant tous les escaliers du palais, toutes les galeries supérieures et souterraines, tous les kiosques, tous les pavillons chinois; la partie connue des jardins fut battue dans tous les sens; la cour entière passa la journée à grimper dans tous les arbres, et personne, même parmi les plus inventifs, ne s'avisa d'aller chercher le rossignol là où seulement on devait le trouver. Il n'y eut pas jusqu'aux cuisines du palais qu'on ne voulût fouiller, jusqu'à la broche qui ne fût visitée. Mais au mot *rossignol* une jeune servante, qui se tenait dans un coin, s'écria :

« Je le connais, moi; je sais où il est, et je l'entends chaque soir quand je vais porter à ma grand'mère les débris qu'on veut bien m'accorder de la table impériale. C'est là-bas, là-bas, au bord du grand lac; et quand, fatiguée de ma longue course, je me repose sous les grands arbres de la forêt, alors j'entends chanter le rossignol, et j'en

éprouve tant de plaisir que les larmes m'en viennent aux yeux, comme lorsque je reçois un baiser de ma mère.

— Petite créature de cuisine, dit le ministre, montrez-nous vite le chemin, et si vous m'aidez à trouver le rossignol, je vous donnerai une permission pour assister au dîner de Sa Majesté et la regarder manger. »

Le ministre et sa suite se mirent donc en chemin, conduits par la petite servante; et après avoir longtemps marché dans la forêt, ils entendirent tout à coup mugir une vache.

« Quelle voix sonore et retentissante! s'écrièrent les jeunes seigneurs, voilà sans doute le rossignol!

— Messeigneurs, dit la jeune servante, vous n'y êtes point, et vous prenez une vache pour un oiseau. »

En passant près d'un étang, ils entendirent le coassement des grenouilles.

« Délicieuse mélodie! s'écrièrent les courtisans; ne serait-ce point cette fois le rossignol! Qu'en pense Son Excellence!

— Peuh! peuh! répondit le ministre, qui ne voulait pas se compromettre.

— Vraiment non, dit la jeune fille avec un sourire malin, vous en êtes encore loin; mais patience, nous l'entendrons bientôt. »

Enfin le rossignol chanta.

« C'est lui! dit la petite; écoutez, écoutez et regardez, car le voilà, l'aimable chanteur! »

Et elle montra du doigt un petit oiseau gris perché dans le haut d'un arbre.

Est-ce bien possible! s'écria le ministre stupéfait et tous les courtisans avec lui; est-ce donc là cette merveille! Quel chétif oisillon! quel insignifiant plumage! J'ai dans l'idée, messieurs, que la vue de tant d'hommes illustres lui aura fait perdre tout à coup l'éclat de ses couleurs; il s'est tu à notre aspect; nous l'avons certainement intimidé.

— Petit rossignol, mon doux ami, lui dit la jeune fille, notre gracieux empereur vous envoie les plus nobles de ses serviteurs pour vous exprimer le désir qu'il a de vous entendre chanter.

— De tout mon cœur, répondit le rossignol, qui accompagna ces mots de délicieuses modulations.

— Oh! ravissant! ravissant! s'écrièrent alors et le ministre et tous ceux qui l'entouraient; ce petit animal aura certainement un prodigieux succès à la cour. Que n'a-t-il un autre plumage!

— Très-merveilleux oiseau, lui dit-il, je vous invite, au nom de Sa Majesté mon maître, à vous présenter ce soir à la cour, afin de lui donner le plaisir d'entendre votre mélodieuse voix.

— Ma voix, répondit l'oiseau, fait un bien meilleur effet au milieu d'une verte forêt; mais, quoi qu'il en soit, j'obéirai, puisque tel est le bon plaisir de Sa Majesté; je serai exact à l'heure indiquée. »

Cette nouvelle apportée, tout le palais prit un aspect de fête : les murs de porcelaine parurent bientôt transparents par l'effet de la clarté que produisaient plus de mille lampes d'or; les plus belles fleurs à sonnettes et celles qui carillonnaient le mieux étaient rangées dans d'énormes vases de porcelaine placés de chaque côté de la grande avenue du palais; et comme il y avait beaucoup de mouvement et un courant d'air perpétuel, les fleurs faisaient avec leurs sonnettes un tel tintamarre, qu'on ne s'entendait pas. On voyait au milieu du grand salon, où se tenait l'empereur entouré de la famille impériale, un perchoir en or qui avait été fait exprès pour le rossignol; toute la cour était présente, jusqu'à la petite servante qui, parvenue au grade supérieur de cuisinière impériale, avait maintenant le droit de se tenir derrière la porte. Les seigneurs et les dames de la cour étaient magnifiquement parés, et tous les yeux étaient fixés sur le petit oiseau gris, dont le plumage insignifiant ne cessait de préoccuper le cerveau vide des élégants et des élégantes de la cour.

Le rossignol, juché sur son perchoir, regardait toute cette brillante assemblée avec le calme le plus parfait, et on eût dit que c'était la chose la plus ordinaire pour lui que la cour d'un empereur de la Chine. Enfin, après quelques préludes de gosier qui prévinrent l'auditoire de la manière la plus favorable, il déploya toutes les richesses de sa voix, et chanta avec tant de pureté, tant de mélodies variées, tant d'expression et de sentiment, que le ravissement général causa à plusieurs grandes dames chinoises des suffocations et des pâmoisons, et que l'empereur lui-même fondit en larmes.

« Que l'on donne sur-le-champ à ce merveilleux rossignol ma pantoufle d'or, afin que désormais il la porte à son cou! » s'écria l'empereur enthousiasmé; mais, à son extrême surprise, le rossignol refusa l'illustre pantoufle, qui était la grande décoration d'honneur dans ce pays.

« Je suis déjà récompensé au delà de mes espérances, répondit l'oiseau, par les larmes que j'ai vues dans les yeux de mon noble souverain; nulle décoration ne vaudrait pour moi une seule de ces précieuses larmes; » et il accompagna cette réponse d'une suite de cadences et de roulades qui achevèrent de tourner la tête aux dames.

« Quel ravissant oiseau! s'écriaient-elles; quel chant délicieux et coquet! C'est ainsi qu'il faut chanter! » Et comme aucune d'elles ne mettait en doute qu'elle n'imitât le rossignol avec succès, elles oublièrent l'étiquette impériale et se mirent à essayer des vocalises et des roulades qui ne servirent qu'à les enrouer et ne plurent à personne; on les pria poliment de se taire pour écouter de nouveau le rossignol, qui termina la séance par une fugue de sa composition, qui lui valut le succès d'enthousiasme le mieux mérité.

On vint alors de la part de l'empereur lui faire de brillantes propositions : une habitation toute en filigrane d'or, ressemblant plutôt à un petit palais tout à jour qu'à une cage, devait être mise à sa disposition : douze laquais en livrée seraient attachés à sa personne emplumée et chargés de tenir chacun un ruban de soie attaché à ses pattes, six d'un côté, six de l'autre, afin de le suivre partout où il lui plairait de voler, ce qui ne laissait pas que d'être un emploi assez difficile à remplir; aussi fit-on choix des meilleurs coureurs connus dans l'empire. Le rossignol eût volontiers rejeté ces propositions, dont il ne se souciait pas plus que de la pantoufle d'honneur; mais, par complaisance pour le bon monarque qu'il avait pris en affection, il consentit à essayer pendant quelque temps de ce brillant esclavage.

Dès lors il ne fut plus question à la cour de Chine, à la ville et dans tout le Céleste-Empire, que du rossignol : toutes les modes prirent son nom; tous les enfants nouveau-nés furent appelés *Rossignol*,

et n'en chantèrent pas mieux pour cela; toutes les réunions n'eurent plus pour but que le rossignol, et les lettres et les cartes d'invitation se terminaient toutes par ces mots : « On parlera rossignol. »

Mais voilà qu'un matin un savant mécanicien demande à être admis devant l'empereur, et il lui remet une boîte sur laquelle il lit ce mot : « Rossignol. »

« Ce sera, sans doute, se dit l'empereur, un nouvel ouvrage sur notre célèbre oiseau, » et il ouvrit la boîte; mais, au lieu d'un livre, que vit-il! un autre rossignol ressemblant exactement à l'oiseau véritable : même grosseur, même plumage, à l'exception que ses pattes étaient de rubis, son bec d'émeraude, et que ses ailes, quand il les déployait, étincelaient de diamants. Le mécanicien s'étant avancé fit jouer un ressort, et aussitôt l'oiseau, qui était effectivement un petit chef-d'œuvre de mécanique, se mit à chanter comme le rossignol : après quoi il remua la queue avec beaucoup de grâce et battit des ailes.

« C'est ravissant! s'écrièrent ceux qui étaient présents et au nombre desquels il y en avait plusieurs qui voyaient avec envie la faveur dont jouissait le rossignol vivant; le chant de cet oiseau est d'une supériorité incontestable sur celui du premier. »

Et l'empereur, facile à se laisser prendre par le charme de la nouveauté, donna l'ordre de faire chanter devant lui les deux rossignols.

« Ce sera, dit-il, un délicieux duo; qu'on fasse assembler ma cour sur-le-champ. »

Les deux rossignols chantèrent donc ensemble, mais l'épreuve ne fut pas favorable à l'oiseau mécanique, et le chant du rossignol vivant n'en parut que plus franc, plus facile et plus enchanteur par sa capricieuse mobilité et ses modulations imprévues et brillantes. Le mécanicien, se rejetant sur la mesure bien plus exacte, bien plus parfaite de son rossignol, qui, disait-il, ne pouvait jamais s'en écarter, même d'un quart de soupir, parce qu'il chantait d'après les combinaisons les plus mathématiques, et non pas d'après son pur caprice, comme le vulgaire oiseau des bois, demanda à ce qu'il fût entendu seul. Il chanta donc, et il chanta jusqu'à trente-trois fois le même air, sans dévier de la mesure et sans se fatiguer, et l'assemblée applaudit, bien que l'air, trente-trois fois répété, eût paru un peu monotone. L'empereur demanda alors que le rossignol naturel fût entendu à son tour.

« Où est-il! où est-il! » entendit-on de tous côtés. On l'appela, on chercha, mais inutilement : l'oiseau s'était envolé. Les douze laquais,

qui avaient eu fort affaire la veille de le suivre au vol, s'étaient endormis de fatigue, et le rossignol avait disparu.

L'empereur entra d'abord dans un grand désespoir, car il aimait le charmant oiseau.

« C'est un ingrat! s'écrièrent les courtisans; il ressemble en cela à toutes ces créatures emplumées qui n'ont d'attachement pour personne. Sa Majesté doit l'oublier; d'ailleurs n'avons-nous pas ici un chanteur aussi habile que lui et bien plus docile; celui-là, du moins, ne s'envolera pas. » Le mécanicien, profitant alors de la circonstance et des dispositions favorables de la cour, vanta son oiseau avec outrance, s'étendit sur la beauté de son chant, la supériorité de son plumage tout parsemé de diamants, son exactitude, son obéissance, les ressorts secrets de son intérieur, qui en faisaient une merveille inconnue jusque-là; enfin il en dit tant que l'empereur commença à l'écouter avec intérêt : ce que le mécanicien observant, il ajouta :

« Remarquez cette particularité, sire, particularité d'une grande importance, c'est qu'avec le rossignol naturel, vous ne pouvez jamais savoir d'avance quel air vous sera chanté; vous êtes entièrement soumis au caprice, à la fantaisie d'un chétif oiseau; tandis qu'avec mon rossignol mécanique, qui chante par le moyen de rouages et de ressorts flexibles, tout se trouve calculé et arrêté d'avance : il chantera tel ou tel air qu'il vous plaira d'entendre, et point d'autre; il se taira quand vous jugerez à propos qu'il se taise, et cela sans prétention, sans altération d'humeur; vous voyez, sire, que sa supériorité est incontestable.

« Incontestable! » s'écrièrent les courtisans; et l'empereur, persuadé par eux, consentit à ce que le lendemain, qui était un jour de fête, l'oiseau mécanique fût entendu en public. Le peuple chinois, émerveillé, cria : « Oh! oh! » en levant l'index et en branlant la tête, et il alla s'enivrer à la chinoise en buvant du thé. Il n'y eut que ceux qui avaient souvent entendu chanter le rossignol dans la forêt, comme les pauvres bûcherons et les pêcheurs, qui ne partagèrent pas l'enthousiasme général.

« C'est une musique assez agréable, disaient-ils, mais ce n'est pas là, tant s'en faut, le chant du rossignol des bois! »

Le véritable rossignol tombé en défaveur fut donc banni du palais, et bientôt oublié de l'empereur et de sa cour. L'oiseau artificiel prit sa place près du lit du monarque; chaque jour il fut admis à l'honneur de chanter pendant le dîner impérial, et l'inventeur du rossignol mécanique fut comblé d'or et de présents de toute espèce, ce qui lui donna un tel redoublement de zèle, qu'il écrivit sur son rossignol et sur l'art de la mécanique vingt-cinq volumes qui abondèrent en mots scientifiques dont personne ne connaissait la signification, ce qui fut justement la raison pour laquelle chacun prétendit les comprendre, de sorte que l'ouvrage en vingt-cinq volumes eut un débit qui acheva de faire la fortune du mécanicien.

La faveur du nouvel oiseau durait depuis une année entière, et, depuis le plus grand seigneur jusqu'au dernier polisson des rues, chacun savait tous les airs qu'il chantait; il n'avait donc plus rien de nouveau à apprendre, et peut-être le besoin de nouveauté allait-il arrêter la marche ascendante de sa faveur et la faire décroître peu à peu, lorsque la catastrophe la plus brusque et la plus imprévue vint précipiter le prétendu rossignol du faîte des grandeurs dans un abîme de niaiserie et de ruine.

Un soir que l'empereur, étendu sur son divan et entouré de toute sa cour, écoutait les airs que l'oiseau lui répétait chaque jour, il s'arrête tout-à-coup au milieu d'une brillante roulade : « Frrr ! brrrr! » les ressorts sont usés, les rouages ne vont plus, l'oiseau se tait. A ce funeste Frrrr! brrrr! l'empereur s'est élancé de son divan, la cour est en émoi, et la stupéfaction est générale. Dans tout le palais on n'entendait plus que ces mots sinistres qui couraient de bouche en bouche :

« Le rossignol a perdu la voix! Frrrr! brrrr! » et l'empereur, qui avait perdu la tête à moitié, criait :

« Qu'on aille chercher mon médecin! » Mais que pouvait faire le médecin aux rouages brisés dans le ventre de l'oiseau! On courut chercher le mécanicien; mais celui-ci, qui avait prévu l'aventure, était parti pour un voyage scientifique. On fit appeler l'horloger du palais, et ce dernier, après plusieurs essais infructueux, parvint à redonner quelque jeu aux ressorts; mais le rossignol avait besoin, déclara-t-il, des plus grands ménagements : son existence factice ne tenait plus à rien, et son chant, désormais, ne pouvait plus se faire entendre qu'une seule fois par an. Quelle décadence! lui qui naguère avait chanté jusqu'à trente-trois fois de suite le même air!

La cour n'était point encore revenue de la stupeur où l'avait plongée un si terrible événement, lorsqu'un autre d'une nature bien plus grave vint jeter l'alarme dans tout l'empire. L'empereur tomba malade et fut bientôt dans un état si désespéré, qu'au milieu de la douleur générale il fallut s'occuper de l'avénement d'un autre empereur. Il était déjà désigné; on n'attendait plus que le dernier soupir du monarque expirant pour proclamer son successeur; et, tandis que le peuple, qui aimait son vieux souverain, pleurait aux portes du palais, les courtisans couraient s'assurer la faveur du nouveau, et le premier ministre, que chacun s'empressait d'interroger sur l'état du malade, répondait par sa phrase ordinaire en branlant la tête :

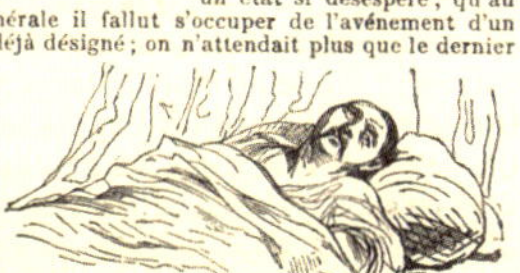

« Peuh! peuh! »

Cependant l'empereur n'était point encore mort : étendu sur son lit magnifiquement impérial, mais qui n'en était pas moins un lit de douleur, il se sentait suffoqué par un horrible poids qu'il avait sur la poitrine et qui l'empêchait de respirer. Au milieu de cette affreuse agonie, il ouvrit les yeux et aperçut la Mort, qui, assise sur sa poitrine, s'était emparée de sa couronne qu'elle avait posée sur sa tête, tandis que d'une main elle tenait son sabre d'or et de l'autre son étendard impérial. Dans

les plis des grands rideaux de velours qui entouraient son lit, il voyait des milliers de têtes étranges, les unes laides, les autres assez jolies, qui toutes parlaient ensemble et racontaient les bonnes et les mauvaises actions qu'il avait faites pendant sa vie, et elles le regardaient tantôt avec douceur, tantôt avec menace, selon ce que chacune avait à raconter : « Sais-tu ceci! » chuchotait l'une; « Sais-tu cela! » chuchotait l'autre; « et encore ceci! et encore cela! » et ces têtes racontèrent tant de choses que le pauvre empereur sentait la sueur inonder son visage.

« Ma musique! ma musique! » s'écria-t-il tout à coup; « qu'on fasse

venir les cymbales, le chapeau chinois, afin que je n'entende plus toutes ces histoires; ma musique! ma musique! Faites chanter le rossignol! rossignol! rossignol!

Mais tout était inutile; les têtes, impitoyables conteuses, ne continuaient pas moins leurs bavardages, et contaient des choses inouïes à la Mort, qui semblait écouter avec plaisir et qui faisait un signe d'approbation à chaque histoire.

« Ma musique! » criait toujours le moribond. « Misérable oiseau mécanique à qui j'ai tant prodigué de trésors, à qui j'ai donné jusqu'à ma pantoufle d'or, ne peux-tu donc chanter une seule fois pour moi! »

Mais l'oiseau était toujours muet; car, tous les courtisans s'étant éloignés, il n'était resté personne pour monter la mécanique et faire chanter l'oiseau. La Mort était donc toujours là assise sur le cœur du pauvre monarque, tandis que les mille têtes continuaient leurs interminables histoires, qui n'étaient pas toutes agréables à son oreille. Il y en avait de telles que, dans l'oubli où il était tombé à l'égard d'un grand nombre de ses actions passées, il s'écriait de temps à autre dans son effroi :

« Cela est faux! ceci n'est pas vrai! » et les têtes contaient toujours.

Mais tout à coup le chant le plus suave et le plus mélodieux se fait entendre; le charme en est si subit, si puissant, que les têtes se taisent à l'instant même pour l'écouter. C'est le rossignol de la forêt, ce rossignol vivant qui, ayant entendu parler aux bûcherons de la maladie de leur bon empereur, est venu se percher dans un arbre dont les branches ombragent une petite fenêtre ouverte au-dessus du chevet du malade. Il chante, et aussitôt le sang recommence à circuler dans les veines du monarque affaibli; les têtes pâlissent peu à peu et s'évanouissent, et la Mort, enchantée elle-même par cette mélodie, écoute attentivement.

« Chante, chante, dit-elle à l'oiseau.

— Je chanterai, lui répondit-il de sa voix la plus caressante, si tu consens à me donner la couronne que tu as sur ta tête, le sabre d'or et l'étendard impérial. »

Et la Mort, fascinée par la voix de l'oiseau, consentit à donner ces brillants hochets pour entendre chanter le rossignol.

L'oiseau, déployant alors toutes les richesses de sa voix, chanta le repos des cimetières, la beauté de leurs roses blanches, le parfum de leurs lilas, la durée de leurs immortelles et la fraîcheur de leurs gazons toujours arrosés de larmes; il chanta toutes ces choses avec un talent si mélodieux, si ravissant, que la Mort, subjuguée et charmée, fut prise d'un subit et irrésistible désir de revoir ses jardins; elle se leva tout à coup, et, semblable à une vapeur blanche et froide, elle sortit par la fenêtre.

« Grâce te soit rendue, ô mon doux rossignol! s'écrie l'empereur soulagé de l'horrible poids qui l'oppressait. Mon charmant oiseau, je t'avais banni de ma cour, et pour prix de cette injustice, tu viens chasser la Mort qui suffoquait ma poitrine; comment pourrai-je jamais te récompenser!

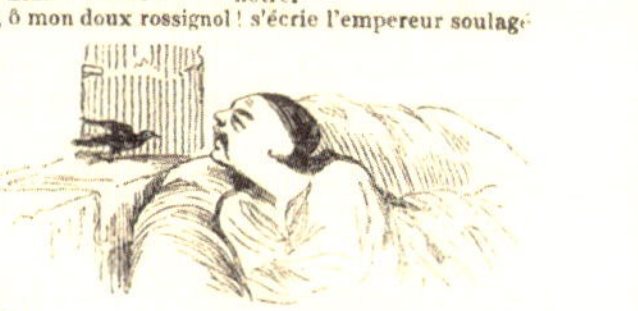

— Tu l'as déjà fait, répondit le rossignol; n'ai-je pas vu tes yeux se mouiller de larmes le jour où j'ai chanté devant toi pour la première fois! ce souvenir ne s'est jamais effacé de ma mémoire, et de telles émotions sont la plus douce des récompenses pour le cœur d'un rossignol. Mais tâche maintenant de t'endormir pour regagner des forces; je resterai près de toi, et je chanterai. »

Il chanta, et l'empereur, bercé par cette douce mélodie, tomba dans le sommeil le plus bienfaisant. Les rayons du soleil éclairaient l'appartement lorsqu'il s'éveilla, fortifié et revenu à la vie. Il regarda alors autour de lui; aucun de ses courtisans n'avait encore reparu; le rossignol seul était resté près de lui, toujours veillant, toujours chantant.

« Je ne veux plus désormais que tu me quittes, lui dit l'empereur; tu seras libre, tu chanteras quand tu voudras, mais reste avec moi; quant à cet oiseau mécanique, je le briserai en mille morceaux.

— Non, répondit le rossignol; il a fait ce qu'il a pu; le briser serait une injustice et une faiblesse. Je ne puis habiter constamment ton palais; il n'est point assez vaste pour moi; j'y serais à la gêne; mon vrai palais à moi est sous l'ombrage des forêts; c'est là seulement où je puis être heureux; mais je te promets de venir chaque soir percher dans ce même arbre qui est devant ta fenêtre, et je t'apprendrai dans mes chants bien des secrets que tu ignores : je chanterai les heureux que tu auras faits et les infortunés dont les plaintes ne peuvent parvenir jusqu'à toi; je chanterai le bien et le mal qui t'environnent, et les sujets fidèles, et les faux courtisans, afin que tu te gardes de leurs perfides conseils et de leurs flatteries empoisonnées. Moi, petit oiseau que rien n'enchaîne, je suis libre de voler partout, de regarder, d'écouter, d'observer ce qui se passe dans la chaumière du paysan et dans la cabane du pauvre pêcheur; par moi tu pourras connaître tous ceux qui vivent éloignés de toi, et tu verras que les vertus sont parmi les humbles bien plus qu'à ta cour. Je reviendrai donc chaque soir ici, et je chanterai, mais pour toi seul et à une condition, c'est que tu ne feras confidence à personne de mon retour. »

L'empereur, qui, pendant que le rossignol parlait, s'était habillé et avait replacé la couronne sur sa tête, promit de garder le secret, et l'oiseau s'envola. Les portes de l'appartement impérial s'ouvrirent en ce moment, et les courtisans entrèrent en foule pour contempler leur empereur mort et lui rendre les derniers devoirs le plus promptement possible, afin de proclamer le nouveau souverain. Mais, à leur grand étonnement, ils le trouvèrent debout, la couronne en tête, le sceptre en main et le sabre au côté : « Bonjour, messieurs, leur dit-il; c'est toujours avec un nouveau plaisir que je me retrouve au milieu de vous. »

Et tous les courtisans, s'inclinant jusqu'à terre, crièrent à l'envi : « Vive le très-gracieux souverain du Céleste-Empire! »

"但是这本书是日本那位只读真实故事的皇帝送给我的，所以书里所讲述的事情不可能是假的。我今天晚上一定要听到这只夜莺唱歌！你们快去田野里继续找，务必找到！否则宫里所有人都要受罚——就拿你们的肚子当鼓敲！"

在这种威逼之下，总理大臣只好跑遍皇宫里每一个台阶，找遍皇宫里每一处走廊、凉亭和阁楼。整个皇宫的人花了一整天的时间，将花园的各个部分都搜了个遍，什么也没找到。所有人，包括最聪明的人都没有办法找到这只夜莺。最后大家来到了厨房，但都不愿意在这儿仔细搜查，意欲草草收场。不过站在角落的一名年轻侍婢听到了"夜莺"这个词儿，急忙说道："我知道，我知道它在哪儿！我获准每天晚上送一点儿剩饭给奶奶吃，每当那个时候我就会听到它唱歌。它就在那个特别大的湖边儿上。有时候，我走路走累了，靠在大树上休息，就能听见夜莺的歌声。每次听到它的歌声，就感觉好像是母亲在亲吻我的脸颊，我的眼泪就流出来了，那是喜悦的泪水。"

"小姑娘！"总理大臣说，"快给我们带路吧！如果你能找到夜莺，我就提拔你，让你服侍陛下用膳，还可以看着他吃饭哟。"

于是总理大臣和他的随从在小姑娘的带领下浩浩荡荡地出发了。他们在森林里走了好一会儿，突然听到一头母牛的咆哮声。

"这声音太洪亮、太有穿透力了！肯定是夜莺！"年轻的官员喊道。

"老爷，"侍婢说道，"你们搞错了，这是母牛的叫声，不是夜莺。"

后来经过一片池塘时，他们听到了青蛙的呱呱声。"多么美妙的旋律！"有官员说道，"这次应该是夜莺了吧？大人您觉得呢？"

"哼！哼！"总理大臣不想搞错出糗，就没理会。

"不是，"侍婢一脸机灵劲儿，回话道，"还远着呢，有点儿耐心，很快就能听到夜莺的歌声了。"

他们终于到了夜莺栖息的大树，听到了夜莺的歌声。

"听！这才是呢！"侍婢说道，"你们听！你们快过来看啊，它就在那儿！"

顺着她手指的方向，大家看到一只灰色小鸟栖息在枝头。

"这怎么可能呢？"总理大臣吃惊地说，其他人也是一副目瞪口呆的样子，"这就是所谓的奇观？这只小鸟儿也太瘦弱了吧！外表也很平凡！我觉得，一定是凭空冒出来这么多人把它吓得失去了神采。它一见到我们就不唱了，肯定是被我们吓到了。"

"我的好朋友小夜莺！"女孩说道，"皇帝陛下专程派人来接您，他想听您唱歌呢。"

"乐意之至！"夜莺用婉转曼妙的语调回道。

"噢！这声音太美妙了！实在太美妙了！"总理大臣和其他人不约而同地嚷嚷起来，"这只小家伙肯定会在皇宫里大受欢迎的，要是外表再讨喜一点儿就好了！"

"神奇的小鸟，我以陛下的名义诚挚地邀请您今晚赴皇宫之约，一展美妙歌喉。"

"可是我的歌声只有在绿树环绕间才能达到最佳效果。"夜莺说，"不过既然是陛下盛情邀约，那就恭敬不如从命了，我会准时赴约的。"

夜莺要去皇宫唱歌的消息传回去之后，整个皇宫都喜气洋洋的。陶瓷的城墙在上千盏金灯的照耀下虚无缥缈，似有若无。那些最美的、系着银色铃铛的花儿装在硕大的瓷瓶中，摆放于皇宫主干道的两侧。人来人往，卷起阵阵微风，铃铛叮叮当当地响起来，人们彼此之间说话的声音都听不到。皇帝端坐在大殿中央，周围都是皇亲国戚。文武百官和后宫嫔妃都盛装出席。他们面前放置着一个专门为夜莺准备的黄金栖架。皇宫里的人都到场了，包括那名侍婢。如今，她已经升迁为御厨长，可以名正言顺地站在门后了。大家的目光全部集中在这只灰色的小鸟身上，连皇宫里最得体的绅士和最优雅的女士都目不转睛地盯着这只毫不起眼的小鸟。

小鸟则异常冷静地站在专属于它的栖架上，环视现场一周。对它而言，中国皇帝的皇宫只是寻常事物罢了。它先清了清嗓子，顺便提醒现场观众演出即将开始，然后它开始纵情歌唱。它声音纯净，歌唱的旋律婉转悠扬，情感丰富动人。所有人都陶醉在歌声中了，甚至有几位女士因窒息而眩晕，就连皇帝本人也热泪盈眶。

"赏赐夜莺金鞋一只，从今以后佩戴于脖颈！"兴奋异常的皇帝下旨了。不过让他吃惊的是，夜莺拒绝了他赏赐的金鞋。要知道在这个国家，皇帝赏赐的金鞋代表了至高无上的荣誉。

"我得到的已经远远超过这些，"夜莺说，"刚才我看到陛下眼含热泪，什么奖赏都不如陛下的一滴眼泪珍贵。"随后，它又开始演唱，最后将头转向了女士们。

她们不禁喊道："多么迷人的鸟儿啊！多么动听雅致的歌声！就应该这么唱！"她们每一个人都坚信自己可以成功地模仿夜莺，纷纷将宫中规矩抛之脑后，开始练声。但是，即使嗓子都哑了，她们的歌声也没有人愿意听。大家都礼貌地奉劝她们闭上嘴巴，好好听夜莺唱歌。最后，夜莺以一首自己创作的赋格曲结束了整场表演，演出获得了空前的成功。

皇帝派人开出诱人的条件：给夜莺提供一只花丝镶嵌鸟笼。与其说是只鸟笼，不如说是一座小小的宫殿。除此之外，皇帝还派了十二名贴身服侍的随从，他们每人手中都握着一根丝带。丝带的另一端绑在小鸟脚上，每只脚上绑了六条。这样，无论小鸟飞到哪里，随从们都可以跟着去。这个活儿相当有难度，所以挑选出的随从都是皇宫里最擅长奔跑的人。夜莺很想拒绝这些要求，它最介意的就是代表荣誉的金鞋了，不过由于刚刚得到皇帝的赏识，所以它暂时同意尝试这种光鲜亮丽的奴役生活。

从此以后，皇宫、京城以及整个中国都在谈论它。它的名字与时尚紧密联系在一起。新生婴儿被唤作夜莺，会议谈论的也是夜莺，邀请函和邀请卡最后的结束语也变成了"谈谈夜莺"。

一天早上，一名博学多才的机械师求见皇帝，并且进贡了一个盒子，上书"夜莺"二字。

"估计这又是一本关于我们这只名鸟的书吧！"皇帝边说边打开盒子。但是，里面并不是一本书，而是一只人造的夜莺。它看起来极其逼真，与真实的夜莺大小相同，毛色一样；不同之处在于它的爪子是红宝石制成的，嘴巴是祖母绿的，翅膀展开之后还能看到闪闪发光的钻石。机械师上前一步，拧了一下发条，这只机械小鸟就开始唱歌了，就像真的夜莺一样，还会优雅地摆动尾巴和扇动翅膀。

"太棒了！"在场的人纷纷惊叹道，除了几个人仍喜欢真实的夜莺外，其他人都觉得："这只小鸟的歌喉比之前那只要动听得多。"

皇帝很容易被新鲜事物吸引，于是下令让两只夜莺同时歌唱。"那不就是美妙的二重唱了嘛！"

两只夜莺被安排在一起歌唱。但是这个办法对于机械小鸟来说行不通。因为真实的夜莺唱歌的时候可以随意变换曲调，抑扬顿挫来得突然却承接自然，歌曲流畅迷人。而机械师带来的夜莺却追求精准，不能有一分一毫的差错，所以不能像森林中活生生的鸟儿那样随心所欲地歌唱。因而，皇帝只能单独听机械小鸟的歌声。而且，即使唱三十三遍，也依然是那个旋律，不会有任何差别，也不知疲倦。歌唱现场掌声雷动，但是三十三次同样的旋律听起来确实有点儿无聊。然后，皇帝要求真实的夜莺开始歌唱。

"它去哪儿了？它去哪儿了？"人们议论纷纷，开始呼唤它，寻找它。但是夜莺早已经消失不见了。那十二名本应该寸步不离的随从，因为疲劳过度，正在呼呼大睡。皇帝非常失望，他还是挺喜欢这只迷人的小鸟的。

"真是薄情寡义！"朝臣们七嘴八舌地说，"就像那些分到财产之后，拍拍屁股就走的人，没有一丝留恋。陛下还是忘记它吧。再说了，我们不是还有一只同样灵活但是乖巧的小鸟嘛，而且它是不会飞走的呀。"

机械师借此拼命鼓吹他的小鸟，从优美动听的歌曲到镶满钻石的羽毛，从歌曲的精准程度到小鸟的顺从态度，以及它内部的弹簧构造，无一不是旷古烁今之作。皇帝被他的三寸不烂之舌鼓吹得动了心，开始饶有兴趣地听他讲。机械师看到情势大好，于是继续鼓吹："陛下，您永远不可能猜到真实的夜莺会唱出什么歌曲。它想唱什么就唱什么，一切全凭它心血来潮，而且它的外表实在太平凡了。但是，我的机械夜莺就不一样了，它由内部的齿轮和弹簧控制，一切都能提前精准地计算好，它只唱您爱听的歌儿！如果您不想听了，它可以马上闭嘴，而且不提任何要求，也不会任性而为。陛下，您看它的这种特性，是不是更胜一筹呢！"

"这毫无疑问啊！"朝臣们七嘴八舌地回应。皇帝也被劝服了，于是下令在第二天节庆的时候让机械小鸟在公众面前表演。国人惊叹不已，他们摇头晃脑，一边饮茶，一边陶醉在美妙的歌声里。只有那些在森林里听过夜莺唱歌的人对此不以为然，其中就有贫穷的樵夫和渔民："唱得确实不错，不过与森林里的夜莺相比还是有天壤之别！"

真正的夜莺在皇宫中彻底失宠了，很快就被皇帝和整个宫廷遗忘。人造小鸟取代了它的位置，陪伴皇帝左右，每天都会在晚餐时间献唱。发明它的机械师也因此得到了丰厚的赏赐，他随即将这只人工夜莺的机械原理整理成书。此书长达二十五卷，里面都是些科学术语，没有人能读懂。可正因为这本书没人能读懂，反而更让大家好奇，于是这本书销量相当可观。借此机会，机械师又发了一笔横财。

一年过去了，从深宫里的皇帝到街头的顽童，都对这只人造小鸟唱出的每个音符耳熟能详，大家再也没什么新东西可以学。人们总是喜欢追求新奇，这样或许会让它逐渐失宠，只是没想到不幸来得这样快，它从巅峰毫无征兆地跌落到了谷底。

一天晚上，像往常一样，皇帝高卧在龙榻之上，与群臣一起倾听每日萦绕在耳边的熟悉旋律。突然，美妙的歌声被"咝咝"的响声所取代。原来是人造小鸟的弹簧断了，内部构件无法运转，鸟儿彻底失声了。皇帝一听到"咝咝"声，便连忙起身。群臣骚动，惊得目瞪口呆。夜莺失声的消息很快传播开来，弄得整个宫廷人心惶惶。皇帝惊慌失措地大喊："快叫御医！"可面对这只人造鸟儿，御医也束手无策。于是，皇帝派人去找那位机械师，可是机械师早已预见到了今天的这种局面，已经云游四方去了。无奈之下皇帝只能寄希望于宫里的钟表匠，钟表匠尝试了很多次，终于把弹簧勉强修好了。不过，他反复强调说，这只鸟儿再也经不起折腾了，今后必须细心保养，且每年只能唱一次。对于一只能连续唱三十三次的小鸟来说，一年一次也太少了吧！

这个悲伤的故事发生后不久，皇宫中又发生了一件雪上加霜的事儿——皇帝病倒了，而且情况不容乐观。爱戴皇帝的百姓们来到皇宫门前痛哭不已，人们在悲痛之余，还要忧心储君的问题。其实储君人选早已确定。大臣们忙着向储君献殷勤，只要奄奄一息的老皇帝撒手人寰，就可以马上将新君昭告天下。总理大臣总被人追问皇帝的病情，他还是摇着头，嘴里依旧是那句一成不变的："哼！哼！"

皇帝还没有咽气，不过此时再华丽的装饰都遮掩不住他的伤痛。他躺卧在床，感觉胸口好像被重物压住，喘不上气来。奄奄一息的皇帝慢慢地睁开双眼，看见头戴着他的皇冠、手里拿着他的宝剑和皇家旗帜的死神就坐在他的胸口，龙床四周的帷幔上浮现出成千上万张陌生的、美丑不一的面孔，七嘴八舌地讲述着皇帝这一生中曾经做过的事情，表情随着事件的好坏时而温和时而凶狠。其中一个人低声说道："你还记得这件事吗？"另外一个人插嘴道："你还记得那件事吗？"大家喋喋不休地说个不停，听得皇帝的脸上冷汗直冒。

"音乐！我要听音乐！"突然间皇帝叫喊道，"快把铙钹拿来！我不想再听这些人讲故事了，我要听音乐，音乐在哪里！快让夜莺唱歌！夜莺！夜莺！"

但是一切都无济于事，那些人毫无怜悯之心，继续喋喋不休地向死神讲述着那些骇人听闻的故事。死神听得津津有味，还不时地点头予以肯定。垂死的皇帝还在叫喊："我要听音乐！我花费巨资打造的小鸟！我慷慨地赐予金靴的小鸟，你就不能为我再唱一次吗？就这一次！"

但是小鸟依然保持沉默。因为所有大臣都不在场，所以没人给小鸟上弦，让它开口唱歌。死神依旧端坐在垂死的皇帝胸口，周围那些人仍然喋喋不休地讲述着没完没了的故事，这让皇帝十分痛苦。有时候听到一些关于他过去行为的描述，皇帝会突然间激动地大喊大叫起来："不是这样的！不是真的！"但是那些人完全没有理会他，自顾自地继续说。

突然，外面传来无比美妙悠扬的、极具感染力的歌声，就连那些喋喋不休的人都闭上了嘴，陶醉在其中。这是那只森林中的夜莺。它听到有人跟樵夫谈起了皇帝的病情，就一路飞来，栖息在他窗外的一根树枝上。一听到它的歌声，皇帝虚弱的身体里血液又开始流动了。那些围在皇帝床边窥伺的人影逐渐模糊。死神也被夜莺的歌声所感染，听得入了神，甚至还对小鸟说："唱吧，继续唱下去吧。"

小鸟温柔地回应："我会唱的。不过您得把头上的皇冠，还有宝剑和令旗交给我。"

死神完全被小鸟的声音所迷惑，同意用这些宝物换得夜莺一曲。于是小鸟开始引吭高歌，它歌颂墓地的安宁，白玫瑰的美丽，丁香的芬芳以及它们不朽的花期，还有那被泪水浸湿的草地。它唱得如此婉转悠扬，彻底征服了死神。死神陶醉在夜莺的歌声里，突然遏制不住地想回去看看自己的花园，于是立马起身，化作一团寒冷的白雾，消失在窗口。

"亲爱的夜莺，看到你回来，真是太好了！"皇帝刚刚获救，就迫不及待地对小鸟说，"你被我从宫中赶走，却以德报怨，将我从死神手中解救出来。我该怎么报答你呢？"

"您已经回报过我了！"夜莺说，"当我第一次在您面前唱歌的时候，您的眼里噙满了晶莹的泪珠，这让我永生难忘。对于一只夜莺来说，感动就是最好的回报。您现在还是快点儿安睡吧，以便恢复体力。我就在旁边，继续为您唱歌。"

于是它又唱起来，伴随着柔和的旋律，皇帝很快就进入了甜蜜的梦乡。当皇帝再次醒来时，看到阳光照亮了整个房间，顿时感觉精力充沛，重获新生。他环顾四周一个朝臣也没有，只有夜莺在他身边，一夜未眠，一直在唱歌。

"请你永远不要离开我！"皇帝说，"我给你自由，你想什么时候唱就什么时候唱，别离开就好。至于那只机械小鸟，我要把它碎尸万段！"

"请不要这样做。"夜莺说，"它已经尽力了，那样做对它不公平。我不能一直住在皇宫里，这里不够广阔，会让我觉得局促不安。我的家在森林里，只有在那儿我才会觉得开心。不过我答应您，每天黄昏时分会在窗外的那根树枝上唱歌给您听。我要歌唱一些您从未注意过的事情，有些人因为您而生活得幸福美满，有些人则满身的冤屈无处申诉。您身边有忠良也有奸佞，有忠诚的国民，也有虚伪的朝臣，我可以帮助您鉴别他们的阳奉阴违甚至是口蜜腹剑。虽然我只是一只小鸟，但是我无拘无束地到处飞，能够看到、听到和观察到贫苦的百姓生活。通过我，您可以了解外面的世界，会发现与宫廷相比，最美好的事物其实在民间。我每天傍晚都会回来唱歌给您听，而且只唱给您一个人听。不过我有一个条件——不要告诉任何人我回来了。"

皇帝一边听夜莺说话，一边穿好衣服，戴好皇冠，他答应会保守这个秘密。夜莺飞走了。房间的门突然开了，大臣们蜂拥而至，想送别他们的陛下，另立新君。然而皇帝却头戴皇冠，手拿权杖，身佩宝剑，精神抖擞地站在那里。他面向众人道："早上好，很高兴又回到大家身边。"大臣们大吃一惊，立即跪倒在地，高呼："吾皇万岁万万岁！"

1850 ♦♦♦

L'ILLUST RATION

画刊

1850 年 5 月 25 日
星期六 第 378 期

L'ILLUSTRATION

25 · MAI · 1850
SAMEDI №378

清朝皇帝

L'EMPEREUR DE LA CHINE

　　如果我们以一个君主所统治的疆域大小或者臣民数量为标准来衡量他的权威，那么从古至今最有权势的君主无疑是清朝皇帝。即使全盛时期的罗马帝国——当时的埃及、毛里塔尼亚、西班牙、高卢和日耳曼各省都并入了它的版图——也没有清朝的领土广阔。而现在的大英帝国及其全部殖民地所统治的百姓数量也才刚刚达到清朝人口的三分之一。

　　相反，如果我们以一个君主的德行，对思想、文明和工业的进步所做出的贡献以及他为臣民树立的道德榜样来衡量他是否伟大的话，那么清朝皇帝就居于下风了。历朝历代的君主都集人性的优点与缺点于一身。回顾历史上统治过中国的数百位君主，不难发现，很多皇帝是暴君，残忍而贪腐，关爱体恤百姓、被子孙后代所敬仰的皇帝较少。这是中国古代的统治制度造成的，也与中国人长期受皇权影响有关。

　　"王者，父天母地，为天之子也。"（《白虎通义》卷一《爵》）"天下乃皇天之天下也，陛下上为皇天子，下为黎庶父母。"（《汉书·鲍宣传》）这并不是宗教中的来世观念，而是认为上天是最高主宰，天和人间是相通的。上天的儿子皇帝是神圣不可侵犯的，他奉天命来统治人间。人民必须绝对服从他们。所以，中国人把皇帝称为"天子"、对皇帝尤为恭敬，一切事物都要根据皇帝的喜好来安排。

　　虽然中国人屈尊皇权，即使饱受伤害也从不要求自己的权利，但也不能由此认为中国人和亚洲其他民族一样，充满奴性。抛开帝制这个因素，中国人和我们一样，崇尚自由的思想。但是，在他们眼中，所有的政治体制都要完全契合君主专制制度，因为他们

▲ 道光皇帝。根据林呱先生的一幅
水彩肖像画绘制，拉葛内先生收藏。

TAO-KWANG, EMPEREUR DE LA CHINE, D'APRÈS UN PORTRAIT PEINT
À L'AQUARELLE SUR PAPIER DE RIZ DANS LE SYSTÈME CHINOIS,
PAR LAM-QUA. TIRÉ DE LA COLLECTION DE M. DE LAGRÉNÉE.

把皇帝看成人类与生俱来的统治者。而皇帝也靠着天赐的专制政令来维持这个幸福的假想。皇帝们还会给他们统治的年份取一个特殊的年号，这个年号会出现在所有的政令以及官方文献或者个人著作当中，从而不断地提醒百姓记住君主向他们反复灌输的思想。刚刚驾崩的皇帝的年号是"道光"。值得注意的是，中国皇帝在登上皇位后从不使用自己当太子时的名字，除了他们的父母不允许其他任何人直呼自己的名字。因此当在一个中国人家里问道光皇帝叫什么时，他会四下看看周围有没有人在偷听，然后才低声告诉你他叫旻宁。我们所有描写清朝的作家通常也会称呼他为"道光皇帝"。

道光皇帝生于 1782 年，他是乾隆皇帝之子嘉庆皇帝的儿子。在幼年时他因为资质平庸，且是嘉庆皇帝的次子，并没有引起太多的关注，人们很难想到他将来会继承皇位。因为一次勇敢的举动，他才在 33 岁那年引起人们的关注。

宫中有一个叫林清 [1] 的太监，极大地左右着嘉庆皇帝的思想，以至于为所欲为，权势超过了任何一个亲王和大臣。他不但在朝廷和军队里不断安插心腹，而且控制了国家税收制定标准。如果地方大员来京觐见皇帝寻求优待，会先试探这位太监的想法，继而判断此次觐见的成败。简而言之，这位太监在替软弱无能的皇帝统治着国家。正因为如此，人们惧怕他，恭维他，顺从他，下层那些想要升迁和寻求庇护的人在他面前就更加卑微了。

间接行使皇权让这个太监的权力欲越来越膨胀，最终他不顾困难和危险决定弑主夺权，篡位自立。趁皇帝正和他的两个儿子在外打猎时，林清在北京聚集了大量效忠于他的军队，悄悄地埋伏在皇宫周围。当晚，嘉庆皇帝在长子也就是太子的陪伴下、在一众文臣武将的护送下回到了皇宫。宫门刚刚在皇帝身后关闭，林清就命令他的大部队包围皇宫，封堵宫门，准备在一场血腥的政变后登上皇位。

按照他的计划，皇子们要和他们的父亲一同归西，这样便没有人与他竞争皇位了。但是，在谋反刚刚策划时，嘉庆皇帝的次子只身一人秘密回到北京，很快获悉了京城出现的巨大动荡和皇宫周围的伏兵。他沉着冷静，穿着平民的衣服一步步走进了谋反的策源地，找到了一直受宠的那个大太监。

经过一番深思熟虑后，皇子混进了骑兵队伍中，将衣服上的小圆金属纽扣当成子弹，像所有的火枪兵一样给自己的猎枪上膛。他瞄准林清，一枪毙命。林清的手下看到林清

---

[1] 实为天理教首领。——译者注

倒地并认出了皇子，便陷入了混乱，纷纷趁着夜色逃回家中，以免被护卫认出。

不难理解，年迈的嘉庆帝是多么感激这个救了自己性命的儿子，即使他是次子，也要把他列为储君。不过正像一些作家写的那样，旻宁并没有因此继承皇位，而是在长兄死后才继承大统，他的这位兄长死在了嘉庆帝前面。由此看来，嘉庆帝并没有因此次救驾事件优待他的次子，尽管根据惯例他完全可以这么做。在立储方面，和路易十四同一时期的康熙帝就曾指定了自己的十四子继承皇位。因为这位皇子是一位能干的武将，为他的父王立下了赫赫战功。但是康熙的四子却伙同丞相修改了遗诏，当人们打开存有先帝遗诏的金匣子时，继承人变成了四皇子，即后来的雍正皇帝[1]。因为皇室成员人数众多，皇子一旦被立为太子就会招来杀身之祸，除非太子雄才大略、果敢善断，否则结局凄惨。

嘉庆二十五年（1820年）伊犁爆发了一场规模相当大的叛乱，一直到道光七年（1827年）才平定。这场叛乱的主要经过、与叛军进行的几场战役、擒获并宣判叛军首领等，所有这些内容都呈现在了一套美观的大型版画里。一名清朝使团代表将其中一个样本献给了巴黎伯爵（Le Comte De Paris）。叛军首领张格尔在判决第二天即被处以火刑，他的骨灰被抛洒到京城的一条河里。根据清朝刑法关于谋反罪株连九族的规定，他所有的亲属乃至九族都处以同样的刑罚，即使罪犯的父母不是同谋。法律规定只对揭发阴谋的人予以优待。

道光统治时期发生的鸦片战争是清朝第一次抵抗欧洲强国的战争，也是清朝历史上的标志性事件。这场战争使得清朝政府将香港岛割让给了英国。这场极不公平的战争的起因一方面是由于英国不顾清朝政府的反对执意要将鸦片输入清朝，另一方面，鸦片的大量输入使得清朝的白银大量外流。清朝人的理由自然是站得住脚的，但是英国人有一个更好的理由，那就是他们更加强大，于是他们获胜了。根据了解内幕的人所说，皇帝并不知道广州、福建、浙江的军队遭到了致命打击，签订《南京条约》也是不想让皇帝知道真相。其实，即使皇帝看到了真相，恐怕也不能改变最后的结果，因为他目光短浅，优柔寡断，不能在困境中扭转时局。人们可能会惊讶，刚刚发生的这场战争如此重要，皇帝怎么可能不知道！如果人们了解了清朝皇帝的生活方式，再理解这件事就没那么困难了。

---

[1] 此说法已被证明为戏说。——译者注

▲ 清朝全权大使黄恩彤。根据林呱先生的一幅油画肖像绘制，拉葛内先生收藏。

HUAN-GAN-TUN, PLÉNIPOTENTIAIRE CHINOIS, D'APRÈS UN PORTRAIT PEINT À L'HUILE SUR TOILE DANS LE SYSTÈME EUROPÉEN, PAR LAM-QUA . TIRÉ DE LA COLLECTION DE M. DE LAGRÉNÉE.

与清朝政府谈判期间，他们的特使黄恩彤经常给我们发来一份份措辞文雅的文书。他身上集合了一个精明的外交家应该具备的所有品质，因此成了耆英的左膀右臂。十年来，皇帝经常让他处理最棘手、最困难的外交事务。担任如此重要的职务，使得黄渐渐成了重臣。他的顶珠为红宝石，下有一眼花翎，这表明他只要再提高一个等级就可以达到最高的官阶。他曾担任广东巡抚，基本上能够接任耆英担任两广总督，甚至还有人提议他担任总理大臣，不过还需加以历练。

可是就在这时，突然从京城传来的一封谕旨除去了黄所有的头衔，将其贬为庶民！因为在广州由黄主持的一次考试中，他让一个不合格的考生通过了考试。这不过是一次很小的贪腐，有哪个官员敢自诩一生正直？正因为舆论对官员腐败已经习以为常，才需要从其他方面找出黄失宠的原因。我们依照深谙清朝官场的人的说法，朝廷里分为两大政治派别：一派主张排外，将清朝孤立于世界其他国家之外；另一派则主张行政改革，并与其他国家结盟。黄是第二个派别最有力的倡导者，他的失宠应该是另一派别暂时胜利的结果。从国际政治的高度看，风向标往往在人们最意想不到的时刻转向。因此当我们得知黄重新受到恩宠，并成了新君宠信的大臣也就不感意外了。这件事对清朝和外国人来说是个好兆头，因为它代表了一种政治思想的胜利。没有这种思想，一个偌大的国家难以繁荣昌盛。

最后我们来通告一下，今年 2 月 25 日道光皇帝驾崩，这一消息在本周由英印快邮运到欧洲的印度和清朝的报纸传开。下面是 5 月 20 日上海道台就这一事件向英国、法国及美国领事馆发布的官方通告。

"我很荣幸地告知您，接到京城的通知，今年正月十四（2 月 25 日），皇帝驾鹤西游，而新君也已登上了皇位。在此我向您特别通报此事，并祝您安康。"

《中国邮报》（The China-Mail）在刊发此事之后还辅以评论：皇帝的身体向来虚弱。据说皇帝此次是因为公务缠身，再加上皇太后一个月前刚刚去世，这些事情让他病情加重，最终逝世。目前人们还不太清楚新皇帝的性格特点，但是现任内阁总理大臣可能会继续处理朝政，因此在政府政策方面不会有实质性的变化，至少与各国的政策会与之前保持一致。

"当今皇帝奕詝是道光帝的第四子，也是道光帝在世的孩子中最年长的一位。据说，道光帝的第一个孩子因为挨了他的一顿打在 1832 年猝然离世。道光帝还有两位公主，现在都已出嫁，且都还在世，除了这三个孩子外还有一位公主两位皇子。"

这起事件在清朝似乎没有引起轰动。香港总督、英国驻华全权公使文咸（Bonham）乘坐着"列那狐"号（Reynard）蒸汽船来到了距京城 80 多公里的白河，代表英国政府向过世的道光皇帝致以深切的悼念，并向咸丰皇帝表示祝贺。

1852

♦♦♦

L'ILLUST RATION

画刊

1852 年 11 月 6 日
星期六 第 506 期

L'ILLUSTRATION

6·NOVEMBRE·1852
SAMEDI N°506

清朝与清朝人

LA CHINE ET LES CHINOIS

　　我记得一份资料中曾提到，一些游客声称清朝有 3 亿人口。这个民族不仅人数众多，而且以近乎传奇的状态从古延续至今。虽然我们也曾谈论过清朝，见过他们的漆器、瓷器、造纸术，但那瓷缸、屏风上奇特的图案和神兽只会让我们对清朝的认识更加模糊不清。

　　经历了四十个朝代的天朝上国依旧隐藏在 4000 古里 [1]（约 16000 公里）外的地方，紧闭着大门。但是认识清朝的时刻终于来了。英国人用大炮和鸦片强行打开了它的大门，大量的清朝移民被输送到了世界各地，其中一些已经来到了我国。第 41 页展示的版画就是最近在英国利物浦登陆的两个清朝年轻人的肖像画。虽然清朝人已经不是第一次在英国出现，但是他们的到来还是引起了一定的轰动。他们希望在那里定居。

　　下面我们来严肃地探讨一下有关我国的话题。继英国之后，法国也想与清朝建立商贸往来。期间，法国并没有用大炮和鸦片，1843 年至 1846 年法国全权代表拉萼尼率领使团来到澳门、广州和香港，并与清朝代表者英在黄埔签署了有关商贸的合约。这支使团包括不少青年才俊，其中就有我们的作者拉佛莱（C. Lavollee）。我们摘录了他撰写的旅途中的许多精彩见闻，以飨读者。

　　到目前为止，我们还不了解清朝。但是，无论是从收集的有关这个遥远民族的资料还是有关清朝的描述来看，清朝人并不像我们一直以来认为的那样是一个愚蠢的、受到专制主义压迫的民族。的确，这个民族对政府十分尊敬，而且非常尊崇政府所推行的原则和秩序，不需要强大的暴力机构来维持社会秩序。人民遵纪守法，服从政府的统治，

[1] 1 法国古里约为 4 公里。——译者注

▲ 香港的港口

PORT DE HONG-KONG

▶ 皇家信使

MESSAGER IMPÉRIAL

官员与人民保持着一种亲密的关系。这让人联想到父权制和封建统治的美好时代——那时的主人和仆人经常同吃同住，与我们如今因学历和财富的不同而产生的地位差别比起来，那时的社会似乎更加平等。拉佛莱先生写道："在一个阶级划分细致、下层阶级对上层阶级的义务被严格界定的社会，人们惊奇地发现，社会各阶层竟然融合在一起。如果你走进一个富有的官员的官邸，会惊叹于这样的情景：在主人的周围，仆人们喝着茶、抽着烟，与主人亲切地攀谈，完全感觉不到压迫和服从。这是父权制的习俗，也是清朝人的性格来源之一。而在欧洲社会，教育和财富造成的鸿沟几乎是难以跨越的。"

在澳门，罗伯济神父也说："正像您看到的那样，当我们走进清朝人的家里，房门都是开着的。清朝人对统治当局有着深深的敬意，这是一种古老的等级制度的传统。"

清朝人有着历史上所有强大种族的主要优点，就像古埃及人、古希腊人、古罗马人、西班牙人、葡萄牙人、荷兰人、英国人和美国人一样，他们也是杰出的殖民者。非常遗憾，我的国家没有给我任何机会，让我在这个名单中加入法国的名字。说实话，我们在过去和现在的所有殖民者中都是最无能、最没有毅力的。拉佛莱先生注意到，在签署中法条约的黄埔，在20多艘欧洲舰船中只飘扬着一面法国国旗，还是插在1艘外国舰艇上，而且黄埔一年几乎只能看到一两次法国的船。虽然这仅代表商贸方面，但是就像我们失去了我们控制的所有海外领地一样，一个胆怯的只会做批发商的民族永远不会成为有力的殖民者。

你知道荷兰人和英国人是如何行事的吗？拉佛莱先生对此有认真而有趣的叙述。在描述英国人治理新加坡时他说道："1818年总督斯坦福·莱佛士（Strafford Rumples）爵士开始管辖新加坡时，岛上仅有150来名马来人。如今，新加坡的人口已经超过6万，港口停满了船只，交易流动的商品数量达到1.25亿件，并给各国航船提供庇护。二十五年前这片土地还不为人知，现今却已成了印度群岛的商贸和政治中心，沟通欧洲和远东的咽喉要地，整个世界的文明和曙光源头。"

我们再来说说清朝。从马尼拉到印度斯坦到处都有清朝的殖民地。清朝人凭借他们在工业、贸易上的天赋和吃苦耐劳的精神，所到之处很快便成了当地的主人。无论在何地，清朝人的社区都是一样的。清朝人对祖国的这种眷恋使清朝拥有了任何政府都期待的最好的殖民地和稳定并不断增长的商品销路。加利福尼亚的清朝人数量非常多，已经

▲ 厦门

AMOY

▲ 宁波

NING-PO

超过 2.5 万人。他们为当地的商业发展做出了巨大的贡献。

清朝，这个世界上最古老的国家，尽管每一片土地都已经用于农业生产，但是人口如此稠密，以至于无法继续保持增长。英国也在试图模仿这种情况。虽然一些奇怪的经济学派认为人口少是一个国家实现富裕最好的条件，但是很明显，在殖民问题上，法国远未达到人口密度的最大值。当法国也达到了这种情况，自然会成为殖民国家。

现在让我们谈一谈拉佛莱先生书中附带的十分生动的一部分。

香港，一个高而不毛的小岛。英国人用了不到三年的时间在那里建造了一座城市——维多利亚，还建立了一个很有权威的权力机构。他们曾经遇到有损健康的气候、贫瘠的土地、极其匮乏的人口和贸易资源等重重困难，然而，所有这些困难都被英国人奇迹般地克服了，这也是我们无法企及的。如今，大批清朝人涌向香港，并将他们的商行总部搬到这里。虽然城里的生活并不是很愉快，生活成本很高，但是商品应有尽有。对于英国这头猎豹来说，香港只是一个前方的港口，一个可以在此稍事休息、继而整装待发进攻清朝的中途停靠点。

《南京条约》签署之后，厦门这个港口城市也终于向欧洲开放。它建立在一个与陆地相隔的小岛上，与陆地之间有一条狭窄的航道。厦门是福建人移居海外的一个重要出口。每年，福建省都会向印度群岛上的大小岛屿输送大批的侨民。这是一群勇敢、智慧并善于航行的居民，他们骨子里还是汉族人，对满族人的统治充满恐惧，因此一有机会他们便移居海外。厦门市本身面积不大，但是它的郊区却很宽广。市郊的民众生活悲惨，居住环境脏乱，时常遭受恐怖的传染病的侵袭。寺庙里的观音像向来受人们的尊崇。1841 年英国人炮轰厦门时，炮弹在寺庙附近爆炸却没有损坏寺庙。自此之后，人们就更加崇拜那里的观音了。

坐落在大浃江 [1] 上的宁波市船运繁忙，被认为是清朝最美丽的城市。宁波市的城墙高 15 英尺，周长为 6 英里，如今已经被严重损坏。城市的周围是广阔的市郊。江上的一座桥将市里的主要街区连接在一起。每条街道将不同类型的工商业集结在一起。"人们时常会遇到搬运污桶的苦力。他们会把里面的污物倒进田里。这真的是一个行当。幸运的是，房东可以在自家房屋旁设计一个合适的排污场所。"清朝人的确要比世界其他

[1] 即今甬江。——译者注

▲ 清朝的年轻人

民族更加懂得循环的秘密。这不是说笑，多亏了对这些污物的利用，清朝才成为世界第一农业大国。在这方面他们远远走在我们前面。

宁波市里有座漂亮的六角塔、一座全国有名的寺院和孔庙。占领宁波期间，英国人就在那里安营扎寨。虽然这座城市在战争中饱受磨难，但欧洲人还是受到了良好的接待。宁波这座灵巧的城市主要制造南京布。受上海的影响，这里刚刚开始吸引外国商人的注意。据说上海平均每平方千米就有946名居民，这也是蛮惊人的。

是时候和我们的读者以及向导说再见了。从上面的引言中我们可以欣赏到拉佛莱先生优秀的文笔。这是一位思想独到、博学，并且善于观察、善于利用自己旅行经历的作家。他四处游历，遇到了各种各样的奇闻逸事，也只有这些才值得远征途中经受的考验与疲倦。

费利克斯·莫尔南（Félix Mornand）

1855

L'ILLUST RATION

画刊	L'ILLUSTRATION
1855 年 1 月 20 日 星期六 第 621 期	20 · JANVIER · 1855 SAMEDI N°621

清朝工艺：文房四宝

TECHNOLOGIE DE LA CHINE-LES QUATRE CHOSES PRÉCIEUSES

　　我的外语老师是一位了不起的人物，他举止文雅、为人和蔼，非常有耐心又十分乐于教授我一些中国的礼仪。他很善于让我记住孔孟著作中最常用的字词。他自称哲子（Schési），是俄国书院的教师，也是俄国埃得广（Hoei Thoung Kouan）修道院的教授。他很惊讶于我讲的俄语没有汉语纯正，我跟他说我不过是一个既聋又哑的法国人时他就会开怀大笑。不过我给他画的水彩画像，以及为他的镶黄旗军官朋友绘制的一些欧洲建筑的图画还是赢得了他不少赞誉和好感。因此他欢迎我常到他家做客，也会非常热心地带我去城里一些比较奇特的地方转一转。

　　有一天，他带我来到了外城，观看文房四宝，也就是笔、墨、纸、砚的制作。那里其实是一个大仓库，盛放着来自世界各地的奇特货物，可它经常被当作是清朝的工厂，不过那里的确非常擅长制造笔墨纸砚。

　　之所以称这四件东西为文房四宝，是因为人们用它们来抄写四书五经。一个熟读四书五经的人才有可能考取功名。无论是在宫殿还是在乡下民宅中，君子所到之处都不能缺少文房四宝。但是文房四宝不能用来写小说，根据清朝最有名的文学家所述，小说就如同匕首、毒药、谎言一样，是害人的东西。

　　我们先走进了一家制作毛笔的作坊。尽管是初次见面，一番寒暄之后作坊主还是向我们展示了各种类别的毛笔。作坊的庭院里堆满了竹子。伙计们在忙着砍竹子制作笔管，几个妇女在用兔毫或狼毫制作笔毫，工人们则把笔毫安在十五到十八厘米长的竹制笔管上。

　　走出这间作坊我们看到一些制砚工匠。他们正在抓紧时间打磨砚材，并将之雕琢成

▲ 清朝人制墨的情景

FABRICATION DE L'ENCRE EN CHINE

一块漂亮的平台，再在平台中央挖出一个浅浅的凹槽[1]，用来研墨。[2]

再走远一点，靠近玻璃工厂的地方有一家制墨的作坊。许多工人在那里制墨。从最常见的墨到朝鲜墨以及最有名的徽州墨，作坊里应有尽有。

在制作普通墨的庭院中，大量的灯芯草和松枝堆放在一间储藏室里。在储藏室里，浓烟从带有五六个小烟囱的炉灶中冒出，熏落在烟道旁和烟道上方的小板上。站在炉灶旁的工匠负责把小板上的烟炱剥掉，放到一个广口瓶里，再把牛皮胶倒进瓶里。人们还会往里面加一些麝香和樟脑。当这种混合物被加工成糊状物时，妇女们负责把它倒进刻有作坊主名字和墨质量的模子里。我所提供的图画展示的就是这个过程。

最贵重的墨制作方法与此不同。庭院另一侧的一排小房间里从早到晚点着灯。油灯的灯芯上方悬挂着漏斗形的铁盖。这些铁盖悬挂在一定的高度，以便能够吸收所有的烟气。铁盖沾上了足够多的烟炱后，人们便用毛笔弹落，再轻扫毛笔底部，让黑色色料落到一页页浸湿的纸上。这便是用来制造优质墨的色料。那些紧紧贴在铁盖上没有随着毛笔掉落的黑色色料是比较粗劣的色料，用来制作劣质的墨。每间房间烧的油不同，制出的墨也不相同。

取出这些黑色色料之后，人们便在大理石的研钵里研磨色料。在研磨过程中，需加入一些麝香等香料来中和油的味道，再加入鹿角做的胶，充分搅拌、杵捣均匀至黑色色料变得粘糯滋润。根据人们的需要，年轻姑娘们把这些色料压入不同形状的墨模成型，将之放置在阳光下晾晒。当墨全部晒干之后，再描上各种镀金饰物。

人们还教我如何识别不同品质的墨。用口水把墨块浸湿，放在一块黑漆上，放至阳光下曝晒。经过曝晒后，颜色像黑漆一样的墨就是上等墨；颜色变得带点青色的墨，质量就稍差一些；如果被晒化了，则为最低等的墨。一般来说，最好的油造出最好的墨。清朝人似乎不太了解橄榄油。这种油其实像花生油一样，能够烧出非常细腻的黑料。

值得注意的是，墨和纸的发明要追溯到文帝时期。[3] 在文帝统治之下，国泰民安，有利于新发明的产生。自秦始皇焚书（焚烧了三千多年的经典著作，包括治国理政的至理

---

[1] 应是砚堂，又称墨堂、砚心。——译者注
[2] 砚台种类多样，实际制作过程颇为繁复。砚台不同，制作工序也不同。——译者注
[3] 墨和纸不是同时期发明的，墨最早可追溯至新石器时代晚期。——译者注

清朝人造纸的情景。根据马沙尔先生的图画绘制。

FABRICATION DU PAPIER EN CHINE. D'APRÉS LES DESSINS DE M. MARCHAL.

名言）坑儒以来，变得愚钝堕落的中国百姓终于又焕发了对知识和思想的热爱与追求。

在那个时代出现了一个神奇的现象：经历了焚书坑儒以来的无知和黑暗的一位百岁老人来到太傅院，为了管理出版物而背诵出五经。因为每个中国人都有责任和义务到太傅那里报告自己的发明，所以文人蔡伦到此献上了造纸术。

在蔡伦献上造纸术之前，人们使用一种叫作"简"的木板或者竹板记录债据、合同和收据。人们将书简一分为二，签署合同的双方各拿一半。节是相当于护照的小木板，通关时需留一半给边境的守卫。

清朝的每个省份都有自己独特的纸张。松树、桑树、榆树、杨树、山毛榉、椴树、无花果树等的韧皮部，及棉花、蚕茧都可以用来造纸。其中，四川人用麻布造纸，北直隶人用桑树造纸，江南人用蚕茧来造纸，湖广人用棉花造纸，而福建人用竹子造纸。

接下来我要去参观一家造纸的作坊。我们的同伴招来了几匹小的蒙古骏马，将我带到市郊，那里的居民都在从事造纸业。村庄的每所房子四周都环绕着石灰刷白的围墙，这一切让我联想到蒙特勒伊[1]。沿着给圆明园的喷泉、瀑布和湖泊供水的河道骑行一个来小时，我们来到了一家造纸厂，工人们正在整理洗净的用来造新纸的旧纸张。在围墙环绕的庭院里，各种各样的废旧纸张堆放着，上面还有墨迹、污斑或者颜色。挑选出比较精细的纸张之后，工人们会把剩下那些抹布一样的旧纸放进篮筐里，带到水边仔细地清洗——用手揉搓，用脚挤压，直到所有污垢都被洗净。之后，这些旧纸张就只剩下不规则的一团，再放到锅里煮、捶打，直到变成纸浆。这时，工人们就可以用模板抽出一页一页的薄纸。这些纸张质量不高，一部分会被上色。那些染成红色的纸可以用来做名片。

在另一个庭院里，工人们正在用竹子造纸。人们告诉我，用竹子造纸需要将新竹与老竹分开。他们只使用当年新长出的且已长出皮的竹子，把竹子放到一个石砌或砖砌的水槽里浸泡、发酵。从槽底开始，工人们铺一层石灰，盖一层竹子，再铺一层石灰，再盖一层竹子，依次交替，填满整个水槽，然后再把水槽注满水。竹子浸泡得差不多了，就从水槽里取出，在木夯上敲打，直到绿色的竹皮完全脱离，只剩下白色的木质部分。这些白色木质部分继续在木夯上捣碎，形成一条条纤细的韧皮纤维。就像我在前一页图中描绘的那样，这些韧皮纤维在一条拉线上伸展晾晒。当这些韧皮纤维完全晒干后，人

[1] 位于巴黎东郊。——译者注

们便按照放整条竹子的方法把它们放进水槽中浸泡。

纤维泡好后，被运送到一个干净的平台上，一层一层地摞起来，等待发酵。这些纤维发酵成一体后，放到一个巨大的锅里煮 80 个小时，期间需不时加入溪水。在熬煮过程中，人们从纤维中抽离出一种类似蜂蜜的胶状物。洗掉这些胶状物之后，人们再把剩下的纤维放到另一口锅里，倒入一种桔梗灰制成的洗涤剂，再把韧皮纤维清洗一遍。人们将清洗好的韧皮纤维一层一层地放入地上挖的深坑里，浇上滚烫的豌豆汁。韧皮纤维变成一团糊状物，在石磨的碾压和木夯的敲打下成为比较稀的糨糊。

水槽的大小要与纸张的大小成比例，与用来印报纸的纸对应的池子是最小的。拨露池（Pe Lou Tchi）的纸有 5 到 6 米长、3 到 4 米宽。我带回了几张纸和 40 来种形状、颜色各异的纸张样品。

一个糊墙的清朝工人，利用窄窄的梯子，自己一个人就能够轻松地把这长长的纸卷糊到墙上。他先把纸的一角粘到墙上，再用沾了鱼胶和明矾的刷子在墙和纸上分别刷上一些糨糊，然后带着纸一直向前走，直到把整张纸都平整地贴在墙上，没有任何气泡或是褶皱。

郊游回来，哲子问我法国人是如何造纸的。我回答说：根据《工业年鉴》（Annales de L'industrie）里的记载，我们一年大概要消耗 4 亿斤破布和棉花来造纸，不过工程师们已经试图用其他材料来造纸，以节省成本，降低纸张的价格。我们学会了使用苔藓、朽木、干草以及巴豆毒素造纸，这一发明非常有效，我们的同伴一致称赞我们是西方的中国人。

马沙尔·德·伦威尔（Marchal de Lunéville）

L'ILLUSTRATION

画刊

1855 年 7 月 7 日
星期六　第 654 期

L'ILLUSTRATION

7 · JUILLET · 1855
SAMEDI N°654

"贞德"号与"科尔贝尔"号护卫舰的全体士兵袭击上海

CHINE-ATTAQUE DE LA VILLE DE SHANG-AÏ, PAR LES ÉQUIPAGES DU JEANNE-DARC ET DU COLBERT

　　在之前的一期报纸中，我们刊登了一篇文章和一幅图画，描述了今年 1 月 6 日在海军准将辣厄尔（Laguerre）以及海军上校饶勒斯（Jaurès）的率领下，"贞德"号与"科尔贝尔"号护卫舰的全体士兵与上海的市民之间进行的战斗。

　　本期莱纳德（Leonard）先生又慷慨地向我提供了一幅新的图画，描绘了为纪念在 1 月 6 日战斗中牺牲的军官和海员而举行的葬礼仪式。我们在此献上《箴言报》（Le Moniteur）上根据目击者的一封信撰写的关于此次葬礼的报道。

　　用于安放不幸在战争中牺牲的同胞们的墓穴已经就绪，葬礼的一切事宜都已安排妥当。葬礼在安放死者遗体的天主教董家渡（Zon-kadon）教堂进行，由大教区主教大人赵方济与助理主教斯波萨（Spotsa）主持。董家渡天主教堂所有的神职人员都在场。在追思祷告后，遗体被庄严地抬进了棺木中。我国长长的传教士队伍吟唱着宗教歌曲穿过上海街道。很多清朝的百姓也出席了仪式。一支基督教的仪式队伍公开地、昂首挺胸地在这座清朝城市里穿行，这真是一件新奇的事情！对此清朝人反应强烈。在队伍穿行的过程中，街上的活动一下子停止了，陷入深深的寂静之中，每个人脸上都挂着恭敬又惊讶的表情。过了好长时间，街上才恢复了原先的热闹。到达墓穴后，尸体便被安放在那里。人们向上帝祈祷，愿上帝能降福于此。布道牧师发了言，深深地感动了在场来宾。上将因为感动早已泪如泉涌，只是断断续续地讲了几句话，接着是领事发言。最后我们集体卸下武器，表达对死者最庄严和最后的告别。

▲ "贞德"号与"科尔贝尔"号护卫舰的全体士兵进攻上海之后的上海城墙

ÉTAT DES MURAILLES DE SHANG-AÏ, APRÈS L'ATTAQUE DES ÉQUIPAGES DU JEANNE-DARC ET DU COLBERT

▲悼念上海一战中牺牲官兵的葬礼。根据莱纳德先生的素描绘制。

CÉRÉMONIE FUNÈBRE CÉLÉBRÉE EN L'HONNEUR DES VICTIMES DU COMBAT DE SHANG-AÏ. D'APRÈS LES CROQUIS DE M. LÉONARD.

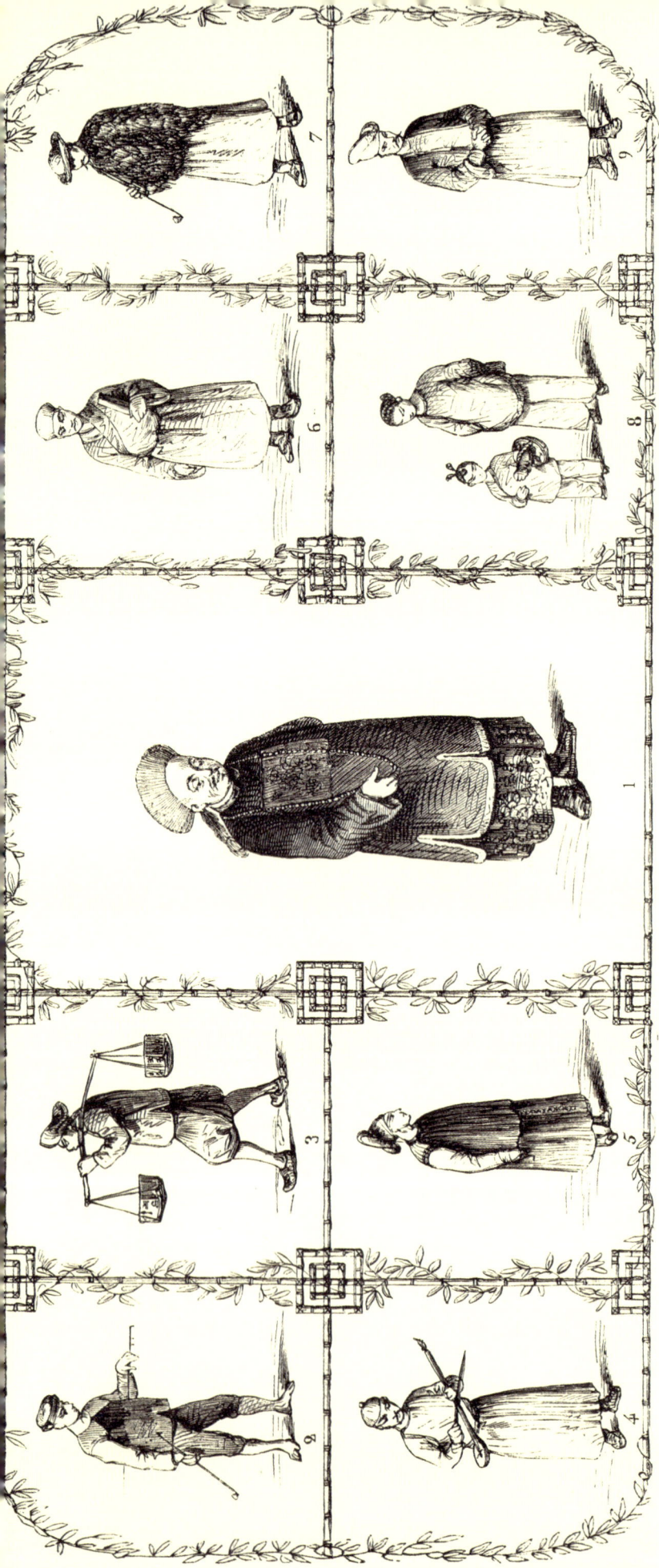

▲ 清朝的服装
1. 齐将军 2. 焊军 3. 苦力 4. 乐师 5. 上海妇女 6. 和尚 7. 内河船员 8. 广州妇女 9. 批发商

COSTUMES CHINOIS
1, GÉNÉRAL KI; 2, BOG; 3, COULIS; 4, MUSICIEN; 5, FEMME DE SHANG-AÏ; 6, BONZE; 7, MARINIER; 8, FEMME DE CANTON; 9, NÉGOCIANT

1857

♦♦♦

L'ILLUST RATION	画刊	L'ILLUSTRATION
	1857 年 1 月 10 日 星期六 第 724 期	10 · JANVIER · 1857 SAMEDI N°724

炮击广州

BOMBARDEMENT DE CANTON

我社通讯员从一位目击者那里获取了刚刚发生的血洗广州城及城郊的相关叙述，他以人格保证该叙述真实可信。

在给您写上一封邮件之时，我万万没想到会发生这么可怕的灾祸。您是知道的，一直以来，香港总督与两广总督之间的关系极大地伤害了英国人的自尊心和利益。今年年初，英国领事阿礼国先生收到了来自清朝当局的一些令人难以忍受的不当言辞。但是，领事先生即将卸任，他认为交由他的继任者来理顺与清朝政府的关系比较妥当，其继任者也试图这样做。

近期以来，香港政府已经授予清朝近海船只年度通航证，允许即使全员都是清朝人的船只悬挂英国国旗。"亚罗"号于 1855 年 7 月 27 日获得年度通航证。该船已经不止一次因为海盗掠夺被告到澳门的葡萄牙当局，不过由于英国国旗的掩护而免受处罚。澳门葡萄牙当局根本不想招惹英国政府，只是要求该船不得在澳门港附近停留，并对该船的老板、船上唯一的英国人说："去别的地方抢吧。"

10 月 8 日，"亚罗"号沿珠江溯源而上，将在广州商馆下游 1 公里的地方停泊。清朝官员已经了解了这艘海盗船以及船上 3 名水手的体貌特征，立刻派了一队士兵截获"亚罗"号，并逮捕了船上的 12 名清朝船员。

"亚罗"号的英国老板立即向英国领事巴夏礼先生投诉。巴夏礼领事刚刚上任，希望通过几次漂亮的行动引起大家的注意，便亲自登上"亚罗"号，以该船悬挂英

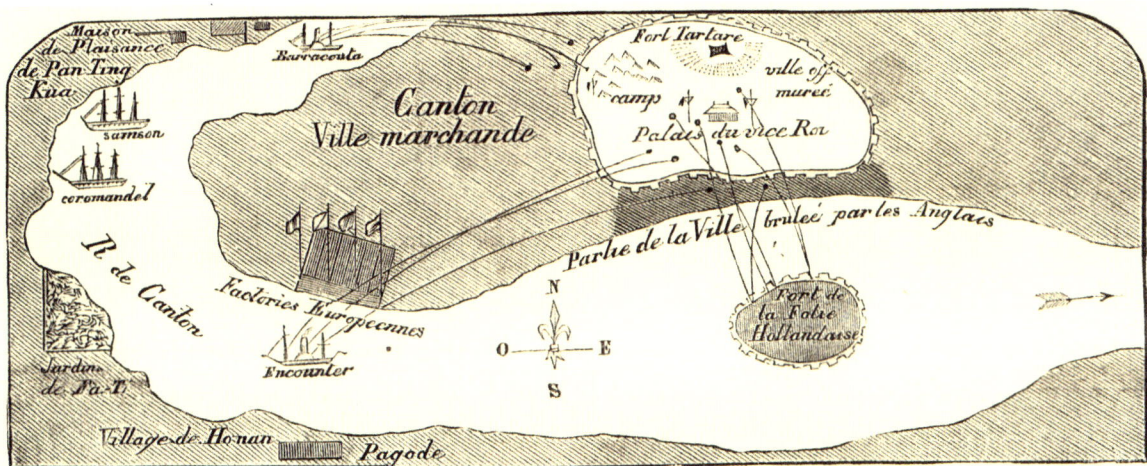

▲ 英国战船炮轰广州的地图

PLAN DU BOMBARDEMENT DE CANTON PAR LES NAVIRES ANGLAIS

国国旗为由要求释放被捕船员。负责逮捕行动的清朝官员得知该船并未悬挂英国国旗，且通航证已过期，便得理不饶人，粗暴地侮辱了英国领事，并扬言如果领事不立即离开便把他扔到海里。两广总督很快便接到照会，要求就侮辱英国领事一事道歉。但是这位清朝高官一向仇视英国人，对此不屑一顾，还说他的手下只是尽了应尽的职责罢了。

但是接下来该事件却发生了逆转，英国全权公使给两广总督发了一封带有威胁性的电报，要求单独会见。这位清朝高官决定派一位六品的官员护送12名船员回英国领事馆。巴夏礼先生对此表示极度不满，认为清朝方面不应该派如此低官阶的官员护送船员。因此断然要求由更高级别的官员将船员带回位于广州商馆前的"亚罗"号上，并且要求在船上升英国国旗时广州的炮台须鸣礼炮以示敬意。

两广总督叶名琛认为上述要求荒唐无理，不予理会。手握兵权的海军少将西马糜各厘强令驻华公使包令先生准许他按照自己的想法行事。西马糜各厘登上装备有80门大炮的"加尔各答"号（Calcutta）驶入珠江。"南京"号（Nankn）护卫舰以及"梭子鱼"号（Barracouta）、"英康特"号（Encounter）、"桑普森"号（Sampson）、"科罗曼德尔"号（Colomonnel）和"尼日尔"号（Niger）蒸汽船紧随其后。而"温切斯特"号（Winchester）和"希比尔"号已经到达了珠江海域。海军少将先是夺取了珠江和澳门通道之间的十个防御工事，只用了几发炮弹就赶走了那里孱弱的驻防部队，钉住了他们的大炮火门，捣毁了他们的弹药库，点着了他们的兵营和战船。

这一事件发生于10月23日，那天是清朝乡试的日子。考试过后，正当两广总督在校场巡视射箭以及其他武术表演时，突然接到英军已经占领沿海要塞工事、开始攻城的消息。总督一怒之下，半夜派人给英国领事送去一封电报：西马糜各厘少将攻击防御工事，行为粗鲁无礼，愧为绅士，他的所作所为应该遭到英国政府的处罚。

10月24日，西马糜各厘少将便率领军队占领了守卫广州两岸及澳门通道的所有工事。25日，他又夺取了位于江心、靠近欧洲代理商行的一个小要塞荷兰花园（Folie-Hollandaise）。27日，他下令搬运几门重型火炮到这个要塞，准备用大炮打开城墙缺口。

战争初期，由于清朝军队消极抵抗，并没有出现大面积的伤亡。两广总督与西马糜各厘少将之间的通讯言辞日益激烈。终于，27日下午一点半，"英康特"号瞄准了总督府前面两根高高的旗杆，炮轰广州城。与此同时，"梭子鱼"号从上午就沿着河流的西侧航行到达盘亭湾（Pan-ting-kwa）的花园，向清朝兵营开火。兵营位于广州北部，建在孔阴（Kouan-in）防御工事所在的山脚下。但是据我观察，朝这个方向发射的33发炮弹只有一发落在了清朝兵营前的一个小棱堡里，其他的炮弹在半路就爆炸了。出现了这样的失误，英军便暂停了攻击。

三点左右，一直作为"英康特"号攻击目标的总督府的两面旗子降了下来。总督叶大人准备进行谈判了。

28日荷兰花园迎来了战斗。这个小堡垒正适合炮轰广州城墙，以打开缺口。在前一天晚上，来自香港的增援炮兵已经连夜把蒸汽船运送来的防御物资垒到堡垒上。下午一点，炮兵便开始向城墙开火。而"英康特"号则继续向总督府发射炮弹。不

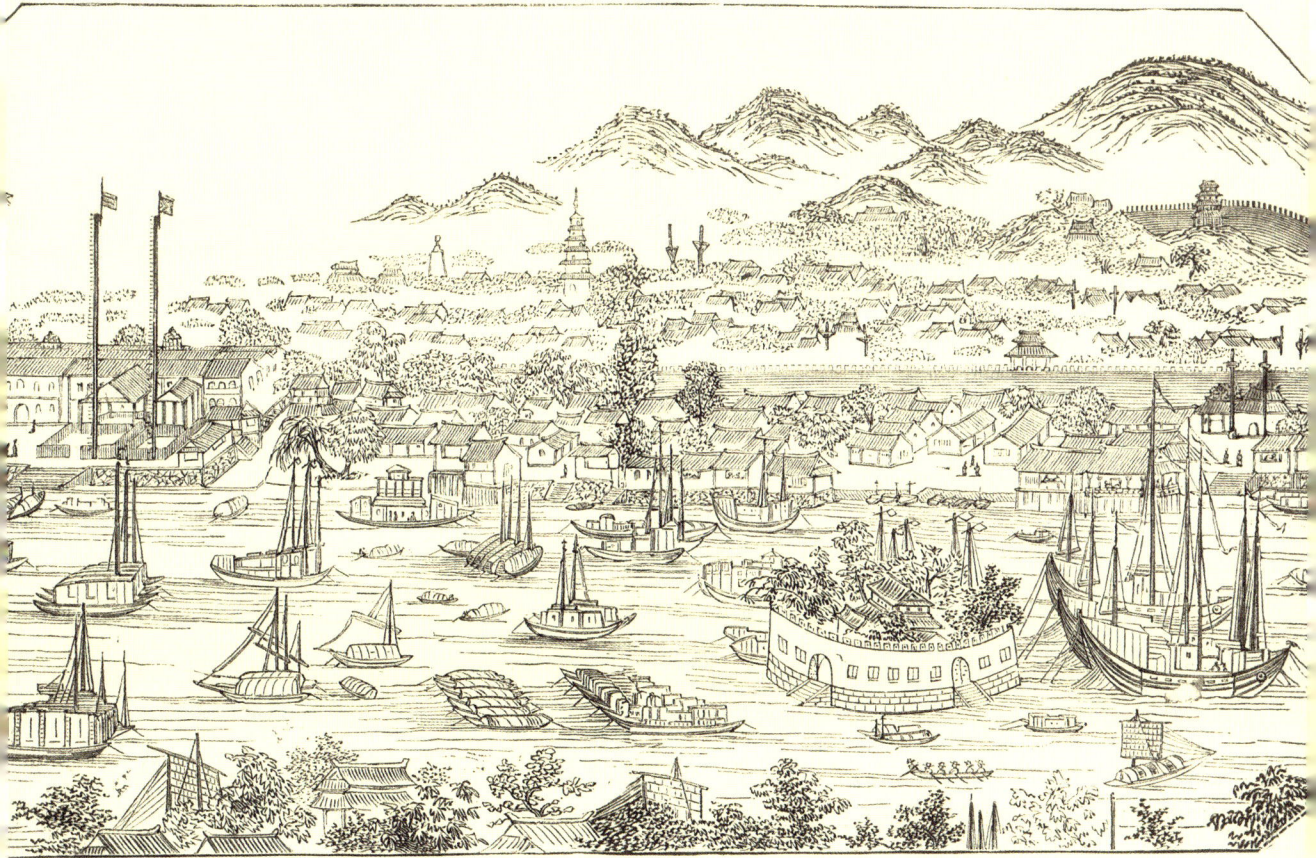

▲ 被炮轰后广州城的部分景象。根据一本名为《府舆图》的清朝图书绘制。

VUE DE LA PARTIE DE LA VILLE DE CANTON DÉTRUITE PAR LE BOMBARDEMENT, D'APRÈS LE LIVRE
CHINOIS FOU-TCHA-TOU-VOYAGE PITTORESQUE EN CHINE.

幸的是，堡垒发射的一发炮弹落到了位于江水和城市之间的一所福建商馆。当时正刮着东北风，风势强劲。没过多久，在大风的作用下，商馆便浓烟滚滚，着起了大火，火势越来越旺。一时间，城墙与江水间的整片区域都陷入了一片火海。尽管英国大炮的火光还在继续亮起，可是与这场吞噬了广州工业化程度最高的一片区域的大火相比就相形见绌了！

大火烧了整整一夜，包括 1845 年法国公使曾经居住过的商馆在内的几个商馆都付之一炬。如果当时刮的是现在这个季节很常见的东风，那么任何人都无法阻止大火烧掉我们所有的商行。就目前这种状况来说，损失已经相当大了，尤其是被大火吞没的许许多多的商馆正负责广东、福建两省的水运供给。

10 月 29 日清晨，广州城郊的废墟上还冒着烟，城墙被打开了一个大大的缺口。清朝人试图用装满糖的袋子把城墙上的缺口堵住。但是，英国士兵没遇到任何抵抗，毫不费力就把袋子搬了下来。英国少将亲自指挥登陆。大约 300 人的部队从商馆的花园出发，从荷兰花园堡垒对面登陆。少将命令两尊野战炮在前面开路。每当出现道路堵塞的情况，大炮就会向人群射击。3 点左右，远征军浩浩荡荡地沿着广州城的街道向总督府行进。在此之前，欧洲人从来没有合法地进驻过广州城。不过，城里迎接入侵者的只剩下死尸和奄奄一息的人们。

我们总是对那些不允许参观的地方存有幻想。无论广州还是厦门，我们一直以为会非常富丽堂皇、雄伟壮丽，现在看来却破旧不堪，基本上不值得我们费尽周折来观看。

虽然总督府已经被炮弹炸得面目全非，但每个人还是想从总督府带点东西走。于是有人拿了女人的衣服、烹调用具、用来祭祀的锡器、金色的木雕佛像、书以及许多废纸，在这些废纸中还发现了一封写给总督夫人的信件。一群清朝士兵开始反攻，重新控制了广州城。在迅速撤离之时，西马糜各厘少将只拿走了一把折扇。

敌对行动几乎每天都在上演，蒸汽船和荷兰花园碉堡轮番向广州城投掷炸弹和炮弹。11 月 6 日，一直顽强抵抗的法国花园（Folie-Francaise）的防御工事遭到了由大约 30 条战船组成的海军舰队的攻击，整个被烧毁。最后，所有保卫广州的防御工事都遭到攻击，并于 11 月 12 日和 13 日被夺取。许多驻防部队只做了微弱的抵抗。

由此推测，清朝军队损失非常惨重。

当英国人大举进攻之时，法国"维吉尼"号（Virginie）护卫舰顺流而上，运送一批海军在广州登陆以保卫法国领事馆。美国全权公使伯驾博士也在同一时间从北部到达了圣哈辛托（San-Jacinto），要求清朝方面就近日来对美方的几次侮辱道歉。

与此同时，因为这次事件，我们现在没有粮食、燃料供应，也没有任何商品可以交易。如果这种情况继续下去，那就需要考虑一下西马縻各厘少将突然发动的这场战争的最大受害者到底是英国人还是清朝人了。其实只要清朝方面允许欧洲人从此自由出入广州城，那么贸易将会很快恢复。不过这场战役带来的后患也是巨大的。一些土匪强盗打着起义的名号在广州城到处烧杀抢掠。果不其然，根据最新的情报，香港政府已经允许这帮土匪在香港的港口组织一队远征军，来广州取代被英国的坚船利炮赶跑的清朝当局。

看来，同样的灾祸又要再次席卷广州城，这座清朝的商贸之都又要火光四起、尸横遍野。之后很长一段时间，欧洲人将没有生意可做。

您可能要问：既然大家预料到战争将带来巨大的灾难和损失，为何战争爆发时却没有任何一个外国代表出面调停，让交战双方冷静下来，以和平的方式处理争议？对此疑问，我可以这样解释：所有的外国人在同一个阵营，团结在一起，时刻准备拿起武器对付清朝人，从来没想过要同清朝人和解。因此，不管英国人表现如何，只要狠狠地教训了清朝人就无可厚非。对此，没有人会有异议。而且，外国派到清朝的代表很少有务实的人，要么是满腹偏见又排他的保守人士，要么是没有经验的年轻人。前者不住在被派往的城市，后者要到离自己的岗位几千公里远的地方休假。只要这帮人不重视同清朝的外交关系，欧洲就无法对清朝产生实质性的影响。但是，这些不堪的、有损文明的行为将会因为抱负或者利益而彻底改变。

此致崇高的敬意！

摘自：波林（Paulin）

J. P. 于广州

1856 年 11 月 14 日

L'ILLUST RATION

画刊

1857 年 5 月 9 日
星期六 第 741 期

L'ILLUSTRATION

9 · MAI · 1857
SAMEDI №741

茹浮华巷上的清朝矮人

LES NAINS CHINOIS DU PASSAGE JOUFFROY

▲ 茹浮华巷上的清朝矮人　　LES NAINS CHINOIS DU PASSAGE JOUFFROY

LE MONDE ILLUSTRÉ

30·MAI·1857
1ME ANNÉE N°7

世界画报

1857 年 5 月 30 日
发行第 1 年 第 7 期

LE MONDE ILLUSTRÉ

北京的国子监牌楼街

LA RUE ZU-PHAÏ-LEOU, À PÉKIN

人人都在谈论清朝，可是欧洲除了俄国人，很少有人真正了解清朝。在这个问题上，俄国人又像清朝人一样守口如瓶。因此我们基本上只对清朝沿海的省份有所了解。如今，公众的视线越来越多地转向这个国家，于是我们想到一位曾到访过清朝的游客未曾发表过的著作。这位旅行者曾在北京居住过一年，这段经历使他了解了北京鲜为人知的一面。他就是马沙尔·德·伦威尔先生。他的好几篇关于清朝科技和工业现状的论文被巴比涅（Babinet）先生提交给了法兰西学院。他向我社提供了好几篇素描和他对清朝人观察研究的文章。今天我们就刊载他著作中的一篇文章。

这是北京城久负盛名的两条街道之一，北到安定门，南到崇文门，全长 3 公里。十字路口的四座牌楼把街道拦腰截断。图画中描绘了牌楼与北城墙之间的街道。

国子监街是北京城中最宽的街道，有 24 步宽。而一般的小街道只有 12 步宽。街道的南边是正蓝旗和镶蓝旗所在的军事领地，街道的北侧是镶黄旗和正白旗所在的军事领地。街道上的商人使这里别有一番生机。

毗邻街道的雍和宫雄伟壮观。这片巨大的宫殿曾经是康熙四子的寝宫。他的继任者乾隆下令拆毁这座宫殿并在此地建造以下建筑：1. 一间富丽堂皇的供奉着乾隆父亲雍正牌位的大厅；2. 一所皇室的住宅；3. 纪念伏羲的神殿；4. 可容纳 300 名西藏喇嘛的寺庙，同时也是一个宗教和教学研究院。喇嘛住所的隔板是用珍贵的沉香木制成的，每间房间都挂着真丝做的门帘，地板上铺着质地柔软的地毯，墙上装饰着西藏地区和中原地区的图画。室内唯一的外国饰物是伦敦生产的挂钟。雍和宫的旁边是一间西藏印刷厂，主要翻译、印刷藏族、蒙古族和满族的书籍。雍和宫的左侧是纪念儒学大师孔子的孔庙。每逢重大节庆或者得胜归来，清朝皇室都会在这里举行纪念孔子的仪式。每当此时，人们就会在竖立着的石碑上面镌刻相关的内容。

沿着街道往前走，人们会遇到一个哨所，就像在其他街道正中安置的哨所一样。官兵会在哨所张贴朝廷的军令或文令。驻防的军官手下有一队人马会按照他的批示行事。

这种司法制度看似过于草率，但考虑到北京街道上大批的民众，考虑到那些不在家工作而拿着工具在各个街角游荡的手艺人，你就见怪不怪了。大部分手艺人要么住在城墙洞里，要么住在荒地中搭建的破茅草房里。在清朝，养活一个八口、十口之家不需要太多东西！

因此我们可以想象北京城三百万居民在这个城市中心或郊区的生活、出行，也可以理解官兵像老师管教小学生一样对百姓发号施令，以维持秩序。在路上，需要担心的不是行人，而是那些骑马或坐轿子的人。他们要注意不要撞到行人或把泥水溅到行人身上。一听到动静，岗哨的士兵就会跑过去，说几句带有威胁性的话，或者抽几鞭子，来阻止各种纷争。夜幕降临，小街上的栅栏都关上了，人们都回到自己家里。整条街上只能听到士兵守夜打更（我们可以在其中一幅版画里看到这个场景）和巡逻队夜巡的声音。巡逻队的努力工作使得北京城里没有入室抢劫或谋杀之类的事情发生。一旦发现火灾，消防员、士兵、手工业者、官员甚至是王公贵族都会从四面八方赶来救火。白天人们会在街道上喷洒好几次水来清扫灰尘。夏天，街道上还设有许多小凉棚，供百姓领取冰水。

在清朝的其他街道上很难发现一栋有 200 多个窗户的房子，三层楼房就更少见了，而在国子监街却可以看到很多。楼上的房间变成了商铺或者店员、仆人的客房。街上设有钱庄、金银首饰铺，其中有些商铺还经营做工精美的玉饰。街上还有书店，当然也少不了各种小饭馆。顾客可在各种丝质或纸质的招牌上看到在店内能品尝到的美味佳肴。街道上还有很多茶馆，一碗茶水卖一钱或一苏。

茶馆里都有乾隆皇帝的题词，大致意思如下："将一个装满雪水的三角杯放到文火上，加热到足可以烫煮鱼蟹，立刻将水倒进一个盛有精选茶叶的茶杯，直到蒸汽从浓云变成轻盈的雾气。此时慢慢品尝这杯茶，便可以有效地排遣人生五味。"

街道上还有些店铺卖蒌叶、槟榔、人参、化妆品以及一大堆让妇女容颜焕发的珍品。蒌叶是清朝人生活的必需品，并且成了文明礼仪的一部分。离别时，人们会把蒌叶放到锦囊里，作为礼物互赠给对方。与达官贵人讲话时，没有人敢不在嘴里衔着蒌叶。女人们还会在各种场合使用蒌叶增加自己的魅力。在拜访他人时，会口嚼蒌叶或者把它拿在

北京的一条街道 | UNE RUE À PÉKIN

手上，在互相问候的时候送给对方。一个蒌叶盒里一般会装有一些蒌叶叶片、贝壳粉、槟榔果、豆蔻、烟叶。人们也会根据自己的品位为蒌叶搭配不同的物品。悬挂在商店门口的布告上还写着这些原料组合在一起具有的特殊功效。其中一个布告是这么写的：蒌叶叶片添加胡椒粉，可以强健牙龈，巩固牙根，清新口气，增加食欲，令人心情愉悦，身强体健。

十字路口处的四座牌楼用来纪念某位亲王或是嘉奖普通百姓。这种建筑一般会建在宽阔的街道上或重要的公共建筑前，建造的目的仅仅是为了增添十字路口的美观。卖饭的流动商贩以及菜贩子一般会选择在十字路口附近做生意，菜贩子的独轮车两旁担着蔬菜。

十字路口向南是灯市口大街。之所以取名为灯市口，是因为这里汇聚了全北京城卖灯笼的店铺。许多女士会因为孩子的降生、生日宴、宴会或晚会来这里购买灯笼。灯笼大小不一，材质也各不相同，有牛角的、玻璃的、丝质的、纸质的、蔓菁的、辣根菜的。在北京，人们白天出门必拿扇子，晚上则一定提灯笼。官员宅前悬挂的灯笼数是人们判断他的品阶和权势的依据。

1850年，两个朋友在这条街上的一家小酒馆喝酒，其中一个是清朝的军官。他喝着喝着就开始聊起他同伴的姐姐。他的同伴是普通市民，突然抽出了军官身上的军刀，自刎了。这个军官也立即被捕，几天后被处决。

沿着国子监街向南走，一直到崇文门，是清朝政府大部分行政部门所在地。离崇文门不远就有礼部、户部、兵部、工部以及一些有名的学府。白天，官兵和雇员通过此门进入北京城；夜晚，崇文门则禁止通行。他们都准备去鲜鱼口（Sian-yeou-kheou）和大栅栏（Ta-cha-lar）这两条街上找乐子。在那烟花柳巷之地住着许多苏州舞女。苏州的女子一向以天生丽质、才能出众、文化素养高而闻名。外城有戏院一条街，也是美食一条街。在清朝，这条街被视为堕落之地，也被视为清朝腐败落后的原因之一。

马沙尔·德·伦威尔

▶ 正在贴赦令和判决书的士兵和
打更的士兵

SOLDAT PUBLIANT LES ORDONNANCES ET
LES ARRÊTS–SOLDAT BATTANT LES HEURES

▼ 菜贩子

MARCHAND DE LÉGUMES

▼ 卖饭的男孩

GARCON RESTAURATEUR

L'ILLUST RATION

画刊

1857 年 5 月 30 日
星期六 第 744 期

L'ILLUSTRATION

30 · MAI · 1857
SAMEDI N°744

清朝的科技：避雷针

TECHNOLOGIE DE LA CHINE-PARATONNERRES À LA CHINE

　　我们来到了渤海平原，天气骤变。当时我们能清楚地看到清朝最重要的堡垒张家口（Tchong-kia-keou），蒙语叫作乌鸦喙（Kalgane）。这时天突然阴沉下来了，乌云聚集在一起，让人感觉好像在热带地区。

　　我们的马匹嘶鸣着，不肯往前走，一百多头驮着货物的骆驼顺着一个斜坡滑了下去，看上去非常可怕。高耸险峻的大山屹立在一边，山脊处是有着两千多年历史的城墙。在山脚下，一个堡垒守卫着一座神秘的城市。在那周围，是六个月来我们从未见过的精心耕作的肥沃田地。这一切，构成了一幅波澜壮阔的图景。

　　空中一道闪电袭来，紧接着便是轰隆隆的雷声。一个闪着电光的塔吸引了我的视线。强烈的雷电击在那塔上，但是这百年的古塔却岿然不动。这蕴含着什么秘密呢？

　　在城里的小客栈休息片刻，我便在两个蒙古人的陪伴下去参观那古塔。它高三十来米，塔顶有一个特殊的仪器。这时我真切地了解到，清朝所有宝塔的顶端都装有一个类似的装置。

　　这些塔在中文里叫作“宝塔”。宝塔是多层结构，从下到上越来越尖。南京的报恩寺塔是其中最著名的一座，建于永乐年间。这也是整个东方保存最完好、最坚固的宝塔，又称为瓷塔。

　　一个专门研究过清朝建筑的英国游客曾经写道：“塔的形状大多一致，一般是八角形。塔身有七八层或者十层高，从下到上每一层的高度和宽度都在降低。每一层都有一个檐口。塔的顶端都会竖立一根周围环绕着许多铁球的长杆。绑在长杆顶端的八条链子一端

固定铁球，另一端绑在宝塔最后一级的檐角上。"

由此看来，清朝人是了解雷电的威力的，他们制作的这种放置在最华丽的建筑之上的装置具有防雷电的功能。雷电的力量在经过这些铁球时会消除一部分，继而随着长长的锁链逐渐变弱。而位于避雷装置中间的木杆可以通过自身的绝缘性避免将雷电吸引到中间位置。铁能够导电在古代就已经为人们所知，这一事实如今人尽皆知。

但是沿着绑在檐角的锁链流到地上的雨水难道不是雷电的天然导体吗？巴托里尼（Bartolini）教授曾经多次观察到雷电沿着塔顶锁链传导，最终失去了所有的威力。这些观察似乎印证了宝塔上这些装置的有效性。经过富兰克林等人的研究之后，人们知道了一个铁质的工具投射到云里可以吸引雷电。宝塔上的铁质尖头正符合科学原理。现在我们还不知道清朝的这种装置是否比富兰克林的杆子更高级。

在 3 月 23 日我们递交给科学研究院的关于清朝仪器的论文中，法国科学界著名的代表之一巴比涅先生说道，即使人们向困在笼中的小鸟引大量的电，如果笼子的四周绑有一些铁杆的话，小鸟永远不会被电击。

马沙尔·德·伦威尔

附言：在大街上或其他地方您有没有遇到一个华丽的矮人车马队？我们在此给您展示的正是这列队伍。

▲ 张家口塔上的避雷针

PARATONNERRE CHINOIS SUR LA TOUR DE KALGANE

LE MONDE ILLUSTRÉ

19 • SEPTEMBRE • 1857
1ME ANNÉE N°23

世界画报

1857 年 9 月 19 日
发行第 1 年 第 23 期

LE MONDE ILLUSTRÉ

远征清朝：英国舰队
与清朝平底帆船组成的舰队之间的海战

EXPÉDITION DE CHINE:
COMBAT NAVAL ENTRE L'ESCADRE ANGLAIS ET UNE FLOTTE DE JONQUES CHINOISES

▼ 英国舰队与清朝平底帆船组成的舰队之间的海战

COMBAT NAVAL ENTRE L'ESCADRE ANGLAIS ET UNE FLOTTE DE JONQUES CHINOISES.

LE MONDE ILLUSTRÉ

世界画报

1857 年 10 月 17 日
发行第 1 年 第 27 期

LE MONDE ILLUSTRÉ

17 · OCTOBRE · 1857
1ME ANNÉE N°27

清朝风尚：广州的街市

MŒURS CHINOISES-MARCHÉ DE KANTON

　　广州是清朝政府根据《南京条约》开放的五处对外贸易通商口岸之一。广州城沿珠江而建，是清朝人与外国人进行贸易往来的唯一一处商业中心，但是明令禁止外国人进入。商船到达黄埔地区以后，只能抛锚停船，利用小型船只运载货物到位于市郊的那些欧洲商行或者美国商行。市郊商铺林立，人们可以在那里买到最稀有、最珍贵的清朝商品——丝绸、呢绒、瓷器、漆器、清漆、银锭等。这个地方的奇特之处还在于，它非常便于生活，能够满足吃穿住用等各种需求。流动商贩们在华丽的商铺间搭建摊位、支起货架，摆上自家的蔬果鱼肉或是一些很不起眼的东西，若干维持治安的官兵穿梭其中，给人热热闹闹又不乏别致的感觉。正是在这丰富多彩的强烈对比之中，我们才能够更加真切地感受到曾经被人们多次描绘却依然不为世人熟知的清朝文化。因此，本报将借助铜版画展示这个如此特别、令人神往的地方。

广州街市 | PLACE DU MARCHÉ, À CANTON

御船

LA JONQUE IMPÉRIALE

清朝人貌似将亚洲腹地古老社会的神秘信仰延续了下来，并且用来巩固皇权。皇帝，称为天子或圣上，是凌驾于常人的存在。很少有人知道当今皇帝的姓名，尽管他是打败了众多皇位继承人才继承大统的。

皇帝享受着众人朝圣般的尊崇，对于臣民来说，他几乎就是神一样的存在。人们在他的画像面前献祭、颂扬、讴歌。他的轿辇、御船所到之处，民众皆匆忙跪拜。下面这幅铜版画描绘的正是这样一幅公开朝拜的场景。更有甚者，人们尊崇他下发的指令，在见到皇帝文书的时候也要跪拜。而且，律法中明确规定，全体人民，不论官否，见皇帝御笔亲书均须行三跪九叩之礼。

莱昂·德·贝纳尔（Léode Bernard）

▼ 清朝的御船

LA JONQUE DE L'EMPEREUR DE CHINE

1858 ♦♦♦

L'ILLUSTRATION

画刊

1858 年 1 月 30 日
星期六 第 779 期

L'ILLUSTRATION

30 · JANVIER · 1858
SAMEDI N°779

白河上的天津城

LA VILLE DE TIEN-SING (SÉJOUR CÉLESTE), SUR LA RIVIÈRE DE PÉ-KING

　　天津城注定在清朝与西方各国亦战亦和中引起欧洲国家的注意。60 年前，英国的马戛尔尼阁下在这座城市受到了清朝皇帝的接见。1816 年，也是在这里，阿美士德阁下因拒绝向清朝皇帝施叩头礼而未能完成使命。不久前，清朝皇帝在天津接见了欧洲各国大使。这座城市开启了皇室接见外宾的盛况。

　　天津坐落在白河左岸，凭借过境贸易、积累的工业财富、庞大的人口、宽阔的城墙以及城内外众多的守城官兵，成了清朝最令人好奇也最为重要的城市。京杭大运河穿城而过，穿行 600 古里（约 2400 公里）[1] 后最终汇入白河。城中还有其他支流一齐汇集到这条发源于直隶最终注入黄海的白河。

　　19 世纪，天津大约有 70 万人口。如果不考虑港口的吞吐量并且忽略欧洲船只和清朝平底帆船的区别的话，那么世界上没有比天津港船舶数量更多的港口了。天津港大约有 1 万艘平底帆船在装卸货物。天津有清朝最大的商店，这里聚集了北京和清朝北方所需的食物资源、各个城市的手工业制品，以及欧洲出产的商品。城里建有一座天子的行宫，是天子在此地的临时住所。天津城里有很多桥，能看到世界上各种各样的交通工具，从骆驼、轿子到狗拉的车，应有尽有。商业街里的商品琳琅满目，让人目不暇接。因为要和众多的外国人做生意，所以这里的百姓更具经济观念。天津还因各色娱乐活动而知名，在这里轻而易举就可以聚敛财富，逐渐成了腐败的温床。各种珍馐在大街上售卖，从燕窝、

---

[1] 此处遵照原文数据，实际与事实不符。——译者注

▲ 白河上的天津。根据马沙尔·德·伦威尔先生的图画绘制。

TIEN-SING, SUR LA RIVIÉRE DE PÉ-KING. D'APRÈS UN DESSIN DE M. MARECHAL DE LUNÉVILLE.

海蛤蝓到各种贝类不一而足。大街上穿行着许多高档的床车，那些以血统高贵、美丽和智慧著称的名城姬妾慵懒地坐在天鹅绒床垫上。她们要前往那些有着高大围墙的华丽住所，或是分散在乡下的雅致的别墅。

一旦发生战争，天津拥有重要的战略物资。成千上万的平底帆船可以成功地阻止敌人靠岸，城墙上到处都有守卫，我们曾经描绘过的类似克里姆林宫的城堡还会射出令人窒息的炮弹。

从大沽口到天津大约有 18 古里（约 72 公里）。白河蜿蜒曲折，经过了大量洼地，河口处只有 13 英尺深。此外，清朝人深谙各种防御方法，他们在河道的两侧秘密布置了一些棱堡，人工添加了一些障碍以阻止正常通行。

如果天津被占领，那么北京马上会陷入四散溃逃的境地，接着便是饥荒。天津不仅是北京的粮仓，还负责向直隶省的众多堡垒提供食物。一旦发生战争，包括运输工人、内河船员和白河纤夫在内的众多百姓都无法摆脱饥荒的命运。

这些纤夫和内河船员是白河上的一道奇观。他们不仅数量众多，能量巨大，而且动作十分灵巧，靠着这些技能使帆船从天津溯源而上到达北京的港口——通州府。白天，乡村里回荡着他们的脚步声，以及为了打破拉纤的单调时光而唱起的歌曲。这些令人新奇的歌曲赞颂着天津秀丽的山川河流、通州府远处高山顶上壮丽的寺庙宝塔。到了夜晚，桅杆上悬挂的灯笼在河水中留下一串串灯影。

从天津溯源而上的所有船舶都停在通州府。清朝政府从来不打算挖一条帆船可以直抵北京城墙的运河，那样众多靠把货物从通州府运到京城生活的家庭将会失业。从天津到通州府，是内河船员和纤夫们挣钱养家的地方；而从通州府到京城的路上，则是运输工人、牵骆驼人谋生的地方。

在清朝人的观念中，劳动是受人尊重的。有人说，正是各行各业的繁荣才聚集了庞大的人口。除了金锭、银锭之外，清朝人没有其他的交易货币，那种小铜钱只能用于小额的交易。在清朝，奢侈也是讲究分寸的，如果有人随意炫富便会被人嘲笑。清朝人与强大的亚述人和米底亚人、奢侈的古波斯人、建造过宏伟建筑的古埃及人、有着灿烂文明的古希腊人以及拥有强大帝国的古罗马人一样历史悠久，已有五千年的历史。

马沙尔

L'ILLUSTRATION

13·FÉVRIER·1858
SAMEDI N°781

画刊

1858 年 2 月 13 日
星期六 第 781 期

L'ILLUST RATION

两广总督叶名琛

YEH, VICE-ROI DE CANTON, GOUVERNEUR GÉNÉRAL DES DEUX KOUANGS

▲ 两广总督叶名琛。绘图蓝本出自跟随葛罗男爵特派使团出使清朝的拿破仑·德·戴维斯专员。

YEH, VICE-ROI DE CANTON, GOUVERNEUR GÉNÉRAL DES DEUX KOUANGS. - D'APRÉS LE DESSIN DE M. LE MARQUIS NAPOLÉON DE TRÉVISE, ATTACHÉ À LA MISSION EXTRAORDINAIRE EN CHINE DE M. LE BARON GROS.

LE MONDE ILLUSTRÉ

世界画报

1858 年 2 月 27 日
发行第 2 年 第 46 期

LE MONDE ILLUSTRÉ

27 · FÉVRIER · 1858
2ME ANNÉE N°46

攻克广州

ATTAQUE ET PRISE DE CANTON

在珠江流域驻扎多日的法国和英国军队终于盼来援军，随即宣称如果清朝政府继续冥顽不灵，拒绝接受合理赔偿，他们将立即对其采取军事手段。

法国舰队构成如下：悬挂黎峨（Rigault de Genouilly）准将旗帜的"复仇女神"号（Némésis）帆船驱逐舰、"果敢"号（Audacieuse）蒸汽驱逐舰、"弗勒格顿"号（Phlégéton）蒸汽巡洋舰、"普利姆盖"号（Primauguet）蒸汽巡洋舰、"卡布里修"号（Capricieuse）帆船巡洋舰、"莫罗"号（Moreau）汽轮护卫舰、"默尔特"号（Meurthe）综合补给舰、"迪朗斯"号（Durance）综合补给舰，还有"雪崩"号（Avalanche）蒸汽炮艇、"龙骑兵"号（Dragonne）蒸汽炮艇、"火箭"号（Fusée）蒸汽炮艇以及"霰弹"号（Mitraille）蒸汽炮艇。该舰队于 12 月 8 日拔锚启航，驶离青山湾后进入珠江，与隐蔽在虎门水域的英国舰队汇合。仅仅八天，联合舰队就以迅雷不及掩耳之势占领了珠江以南地区。

联军已经将停止对峙的最后通牒提交给了两广总督叶名琛。联军司令和美国公使驻守在此，等待通牒的回复。然而迎接他们的却是饱含羞辱与嘲讽的宣言。既然这位官员如此草率，那只有以武力迫使他接受媾和条件了。12 月 28 日清晨，第一缕曙光尚未划破昏暗的天空，一道长长的亮光在舰队前方一闪而过，紧接着各种炮弹像冰雹一样砸向城墙。炮火所到之处，皆成一片废墟。如此猛烈的炮击持续了一整天。

与此同时，大约 12 艘炮艇搭载着远征军，将其运送至河左岸的城东地带。此处地势低洼，正好是清军侦查和火力的盲区。正午时分，联军登陆，包括英国皇家第 56 兵团、

▼ 轰炸广州。

BOMBARDEMENT DE CANTON.

英法海军以及一支炮兵分遣队。他们迅速组成一支由英国将领统一指挥的攻击战队，其中包括 900 名法国海军士兵。登陆地点不远处有一座建在圆形山顶上的堡垒，堡垒对面有一座名为法国花园的建筑物可以居高临下俯瞰四周。这是我们要抢占的第一个阵地，也是联军指挥下令发起第一次冲锋的目标。三股力量同时发动进攻，冲上小山丘，穿越堡垒围墙。清军士兵还没来得及端起他们的武器，就全部乱成一团，四散逃离。法国和英国的旗帜插满堡垒，抢占阵地宣告成功。

海军陆战队上士莫丹·德·巴利和（Mortin des Pallières）是第一个将法国鹰旗插在堡垒之上的人。随后，联军停止进攻，就地搭建营帐。总指挥则开始研究整座城市的防御工事，准备第二天攻城。联军舰队在珠江以南向广州城内的轰炸并未间断，持续了一天一夜，第二天凌晨六点钟才停火。三股兵力已经集结在东面蓄势待发，冲锋的时刻就要到了。我军需要夺取一系列防御工事。这些防御工事地理位置都比较高，相互之间还有围墙相连。冲锋号响起！士兵们一跃而起，勇猛地冲向目标。不过这次遭遇的抵抗要顽强得多，一时间枪声震天。但是不到八点钟，战斗已结束，硝烟散尽。从舰艇上看，堡垒围墙已经全部在我军掌控之中。当然他们并没有满足于这小小的胜利，又迅速向一座塔状建筑聚拢。这座建筑约五层楼高，红砖建造，雄伟而坚固，居高临下地俯瞰着北面城墙，看起来不太像一座庙，反而更像一座城堡。清朝人希望能够在此阻截我军的攻势。他们一路向这个方向撤退，集结在围墙后方。激烈的枪声重新响起，巴特（Bate）上尉率先扶梯攀爬围墙，不幸前胸正中一枪，倒地毙命。同时，热福尔（Gilford）子爵的手臂也被流弹击中。

我军将士满怀复仇之心，发起新一轮更加猛烈的攻势，很快攻下这座堡垒，胜利的旗帜在堡垒顶端迎风招展。各分队并未停下步伐，一路势如破竹，又迅速攻占了另一座堡垒卧乌古（Gough）。正如法国海军中将先前所言，广州已然成为联军的囊中之物。从联军登陆珠江口岸开始不到 24 小时，广州这座历史悠久、人杰地灵、拥有 50 万人口的清朝重要港口城市就已经尽在联军掌控之中了。

马克·维尔诺勒（Mac'Vernoll）

殉教的马赖神父及其同伴 [1]

MARTYRE DU R. P. CHAPEDELAINE ET DE SES COMPAGNONS

蜿蜒曲折的道路尽头有一座庭院，稀疏的灌木将其点缀得略有生机。一栋敞亮的大屋里，青年教士们原有的清净寂寥被打破。这里有一间刑讯室，不，其实更像是一座陈列馆，史无前例并且独一无二的陈列馆。各种直的、弯的、带刺儿的、波纹儿的、螺旋的型号各异的斧子、棍棒、匕首、刀剑，还有各种各样奇形怪状且令人毛骨悚然的锻造铁器、沉重的枷锁、镣铐、颈圈、藤条、鞭子、钳子、已经生锈的血迹斑斑的链子。这都是只有虐待狂和刽子手们才能发明出来的酷刑用具。真不知道有多少人曾经在此受难……

这间展厅，亦可称之为祭台，是年轻教士前往殉道之所。他们德才兼备，淡定从容，承担着光荣而庄严的传道使命。

当今，人们太注重追求物质利益，而忽视在虔诚的祷告中获得的奥义——谦卑的献身抑或崇高的牺牲精神。他们也不太重视那些对整个国家影响深远的利益所在，除非能够从中获得巨大的财富。但是，在许多距法国甚远的地方却激发了强烈的共鸣，包括远东和中非地区的多个民族，以及大洋洲的原始部落。这一切都要归功于谁呢？当然不会是巡洋舰桅杆上迎风招展的旗子，而是传教士！这些传教士在那些遥远的土地上源源不断的发展信徒。很多岛屿，比如甘比尔群岛，已经完全获得了新生！那便是传教士们在尘世的荣耀。有时候，他们也会遇到另一种更大的荣耀：殉道。那时，留下的可能只是凝固在刑具上的鲜血。镣铐、架台还有斧头，它们渐渐充盈着这间陈列馆，见证着它的辉煌。

马赖来到广西，最初想用真理征服这个地方，没想到最后用自己的鲜血将其洗礼。那是 1856 年 2 月的最后一天，再过几天，就是他的忌日了。

被西林县令以煽动百姓造反和利用巫术迷惑百姓等罪名逮捕之时，他已经在广西进

---

[1] 这是当时法国报刊的观点，与我们近代史叙述相反，但作为原始资料，不予改动，特提请读者注意。——编者注

行了长达两年之久的传教。

西林县令眼见基督教发展迅猛，内心忧虑，遂下令将马赖神父逮捕。一名新教徒得知消息后立即跑去通知神父。神父对自己所面临的危险非常清楚，他本来可以立即逃走，在邻省基督教徒的协助下藏匿起来。可是如果他逃走了，就会连累那些跟随他的信众。如果他就这样抛弃了那些一路跟随他的教徒，会不会被人诟病胆小怕事？他怎么可能不担心这一点呢？所以，他不但没有逃跑，反而亲自来到西林县衙，于是即刻被抓，扭送到县令面前。

他死前经受了很多酷刑。他被人扒光衣服，平放在地上，用藤条抽打了三百下，绽开的伤口连成一大片。他甚至连一声叹息或是抱怨都没有。刚开始县令很吃惊，后来看到他的意志如此顽强，就断定他懂巫术。为了破除巫术，县令授意现场杀了一条狗，然后把热狗血涂满神父全身。更加猛烈的鞭笞又开始了，他们一直打到神父彻底不动了才停下来。那时，神父已经全身骨折，满身是血，被人抬到囚室，扔在了地上。

神父惊人的忍耐力已经令人赞叹。此时，另一个奇迹发生了！他从晕厥中苏醒了，还在囚室中溜达，表情很平静，目光充满热情，嘴里念念有词地祷告着。

县令很快就知道了这件事，他感觉自己被冒犯了，于是大发雷霆，琢磨如何更严厉地对付这个通晓巫术的洋人。清朝人在研发酷刑方面确实造诣匪浅，县令很快就找到了一件合适的武器来对付他的死敌。那种将人千刀万剐的刑罚在他眼里实在太普通了，根本不屑一顾（本报中一幅版画所呈现的画面正是这种名为凌迟的酷刑）。他需要的是能够让人忍受更久的折磨、慢慢死去的刑罚。

第二天，即 2 月 27 日，马赖神父被重新押赴刑场。他被人用绳子和木桩绑了起来，半跪在一条特别粗的铁链上。在身体重力的作用下，铁链上的环环扣扣不断磨损他的肌肤。接下来的一天一夜，他一直都在众目睽睽之下承受着这种非人的折磨。

第三天，县令又想出了新花样儿。神父被关到一米左右高的笼子里，只有头伸出笼子外。如此一来，身体既不能用脚支撑，也不能用膝盖支撑，也就是说他能够感受到绞

▲（法国）传教士马赖在广西被施以酷刑。

TORTURES SUBIES PAR LE R. P. CHAPELAINE,
MISSIONNAIRE EN CHINE, MARTYRISÉ DANS LA
PROVINCE DE QUANG-SI.

▲ 清朝酷刑——凌迟处死

SUPPLICE CHINOIS

刑的全部痛苦，但是却不会真的死去。

　　神父生命力之顽强，完全超出了所有人的预期，直到 2 月 29 日早上还没有断气。县令知道这个消息后，非常害怕神父会施展某种不知名的巫术逃脱，于是下令砍了他的脑袋。

　　他们后来的行为更加离谱和骇人听闻。这群疯子把神父的心脏扔在铁盆里，放在火上烤熟，然后分吃掉了。尸体则被抛弃在荒郊野外，也许会被野兽吃掉吧。谨以此文向这位虔诚的使徒致敬。

弗让斯·热拉尔（Fulgence Girard）

L'ILLUSTRATION

画刊

1858 年 3 月 6 日
星期六 第 784 期

L'ILLUSTRATION

6 · MARS · 1858
SAMEDI N°784

夺取广州

PRISE ET OCCUPATION DE LA VILLE DE CANTON

致《画刊》总编：

　　法国史册又要增加浓重的一笔了。在指挥官英明的指挥下，法军发起了一场战役，一举夺取了有着 80 万居民、外国人从未染指的广州城。英法联军早已蓄势待发，水陆两线同时作战。"弗勒格顿"号、"龙骑兵"号、"霰弹"号、"火箭"号、"雪崩"号以及"玛索"号（Marceau）都已停靠在城南，由 25 艘战舰组成的英国分舰队也停靠在一旁。这对广州城构成了严重的威胁。

　　1857 年 12 月 28 日，拂晓时分，一阵猛攻之后，广州城几乎没有了抵抗之力。此次交锋狠狠地打击了一向自负的广州城官员，效果非常明显。许多地方都燃起了熊熊大火。上午 10 点，法国黎峨中将连同其参谋部登陆，英国将军斯托宾齐（Straubenzée）立刻前来会合。这两位军官已经在其他战场上见过面，也都经历了克里米亚战争的种种波折。我军部队大约在上午 10 点半登陆。几位英国士兵从前天晚上起就一直在这个登陆点防守。登陆前已经事先搭建了几座桥，虽然有些仓促，但我军士兵登陆时还是从容不迫。接近 11 点，大约 1000 名士兵组成的法国分舰队在几门大炮的掩护下从左路出发，包抄城墙外的几个村子。正当黎峨中将和英国斯托宾齐将军进行勘查之时，村子前方和树篱后方突然响起了枪炮声。大片的树篱给敌人提供了天然的屏障。一大群清朝士兵从地面的低洼处突然冒出来，只见他们一边挥舞大旗，一边向前冲锋。我军主要负责追击这股清朝军队，重点攻击左路，英国军队则负责右路。黎峨中将派我军的两支部队追击清朝军队，并向市郊和一个村落开火。

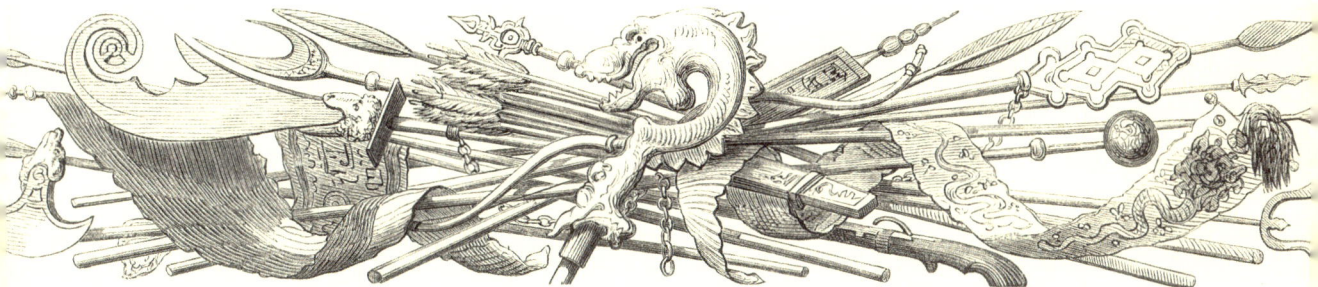

▲ 在广州清军统帅府中缴获的清朝武器。根据黎峨中将的秘书罗乌先生提供的素描绘制。

ARMÉS CHINOISES PRISES CHEZ LE GÉNÉRAL TARTARE À CANTON. D'APRÉS LES DESSINS ENVOYÉS PAR M. E. ROUX, AIDE-COMMISSAIRE SECRÉTAIRE DE L'AMIRAL RIGAULT DE GENOUILLY, SUR LA NÉMÉSIS.

▲ 被英法联军控制的清军总部：1. 清军统帅 2. 把总 3. 两广总督 4. 其他文臣

1, LE GÉNÉRAL TARTARE. 2, LE LIEUTENANT GÉNÉRAL. 3, LE GOUVERNEUR DE CANTON. 4, LEURS LETTRÉS, PRISONNIERS AU QUARTIER GÉNÉRAL DES FORCES ALLIÉES EN CHINE.

　　受海洋因素的影响，英军到达的时间相对较晚，他们需要占领利恩（Lyn）防御工事。英军统帅非常焦虑，担心敌军人数众多会逆转战局。将近11点半时，斯托宾齐将军派人前往黎峨中将所在地，要求派25名士兵组成的海军陆战队占领一处位于圆形山顶上的阵地。这些勇士由莫丹·德·巴利和上士率领，迅速夺取了防御工事，在英军到达前竖起了法国国旗。士兵们大声欢呼：皇帝（拿破仑三世）万岁！他们当着所有人的面欢呼这一辉煌的胜利。我方发射的榴弹有力地回击了北侧防御工事的大炮以及清军火枪或步枪的齐射。最终，英国的大批炮兵、步兵部队，在西马糜各厘少将的率领下到达，但是直到凌晨4点他们才开赴前线。我方占领了利恩防御工事前的高地，向广州城东侧的村子发起猛烈攻击，并在高地上设立了营地，把司令部设在了部队右侧的寺庙里。分舰队整晚都没有停火。我前方部队不断遭到大量清军的射击，几个士兵被击伤。

　　29日拂晓时分，我军部队在利恩防御工事前方的圆形山顶上展开伏击，分舰队则继续向广州城内和城墙射击。英国部队陆续到达，并立刻投入战斗。我军不断向城郊投射榴弹，并摧毁了东城门。清军占据着东侧要塞，但是军队驻守在北侧防御工事的前方，并向联军和利恩工事开炮射击。他们不断向着英军射击，试图击退敌人。黎峨中将率领的部队斗志昂扬，向敌军发起了猛烈攻击。8点半，我军下令发动猛攻，英军负责右侧，法军负责左侧。短短一刻钟，法军士兵们就翻越了城墙。部队一出现在城墙之上，敌军的抵抗便立刻停止了。士兵们爆发出热烈的欢呼声：皇帝万岁！

　　这次行动使我军完全控制了广州城。现在只需要解决城北的防御工事了。这些工事占据了全部制高点，令人望而生畏。但是到了晚上，英军还是占领了这些工事。29日晚，虽然还有零星交火，但是几乎没有遇到大规模的抵抗。广州城已是我军囊中之物。

　　我军沿城墙北门和东门驻扎。晚上，营地灯火通明，与城中的幽暗形成了巨大的反差。炮击对广州城造成了巨大的损害。所有建筑物上都留有炮弹、炸弹爆炸的痕迹，许许多多的房子已经化为废墟。

　　30日，我们在寂静中度过。这里仿佛是一座空城，连一个百姓的身影也看不到，虽然里面还住着很多居民。

　　31日，由大约3000人组成的护卫队跟随着将军们围着城墙进行了视察。所到之处，布满了哨岗。所有建筑物上都插上了白旗。城中百姓神色沮丧。

▲ 莫丹·德·巴利和上士率领海军陆战队第 4 团第 5 连的一个小分队夺取了利恩防御工事。

PRISE DU FORT LIN PAR UN PELOTON DE LA 5E COMPAGNIE DU 4E RÉGIMENT D'INFANTERIE DE MARINE, COMMANDÉ PAR LE SERGENT-MAJOR MARTIN DES PALIÉRES.

▲ 卧乌古防御工事爆炸。

EXPLOSION DES FORTS GOUGH ET BLUE-JACKET.

▲ 村官经过广州东城门来到清军总部呈交请愿书。

MANDARINS DES VILLAGES VENANT PORTER DES SUPPLIQUES AU QUARTIER GÉNÉRAL, PAR LA PORTE DE L'EST DE CANTON.

　　1858 年 1 月 1 日 2 点，公使团、葛罗男爵以及额尔金大人在礼炮声中登陆，并穿越露营地。所到之处，士兵们都高呼：皇帝万岁！ 4 点，众人观看了一个非常壮观的场面：工兵炸掉了城北的防御工事，让它成了一片废墟。

　　如今我们占领了这座傲慢的城市，即使没被占领的那部分也在我们掌控之中，因为我们已经控制了那片区域的防御工事，只要我们愿意就能立刻摧毁它。那残暴的叶名琛下场如何？他还活着，在 12 月 31 日他还下令砍杀了 450 人。

　　1 月 6 日上午 8 点，两军指挥官绕城一周进行了一次严密的勘查。法军从北城门进入，经由法军占领的西城门，沿着城墙脚下一条长长的小路，到达了一个大广场。一座恢宏的建筑竖立在广场前，据清朝人讲这里原先是一个货仓，而现在是关押清军统帅的处所。这是位了不起的人物，头戴红珠和孔雀羽（顶戴花翎）。英军从东城门进入，和法军在

▲ 广州城中英法联军司令部内景

VUE INTÉRIEURE DU QUARTIER GÉNÉRAL DES FORCES ALLIEES À CANTON

广场会合。清朝政府一等文臣被囚禁在清军统帅隔壁的楼上，他也是顶戴花翎。在这次巡视期间，英国领事巴夏礼先生在巡逻队的陪同下对南城、东城进行了搜查，结果发现了乔装打扮的叶名琛。他和另外两名清朝官员以及他们的手下被带到司令部。叶名琛尽管年纪很大，但身材高大魁梧，脸部表情丰富，胡须浓密乌黑，精力旺盛。

　　我希望这次逮捕能够就此结束我们在广州遭遇的困境。广州城现在由我们掌控，原先的三个主要首领都已经成了战俘，没有反抗的能力了。

　　希望我们的读者能够关注我海军此次辉煌的胜利。

远征军的主要外科医生德·科梅拉（J. De Comeiras）

广州，1858 年 1 月 7 日

▼1857 年 12 月 29 日，英法联军占领广州城。根据黎峨中将的秘书罗乌先生提供的素描绘制。
A. 法国远征军　B. 正在试图把城墙轰出缺口的英法炮兵　C. 东城门　D. 东北城门　E. 正在攻打卧乌古防御工事的英国榴弹炮兵　F. 英国远征军　G. 卧乌古防御工事　H. 海军防御工事　I. 大寺庙　J. 清朝军队

PRISE DE CANTON PAR LES FORCE ALLIÉES, LE 29 DÉCEMBRE 1857. A, CORPS EXPÉDITIONNAIRE FRANÇAIS; B, ARTILLERIE FRANÇAISE ET ANGLAISE BATTANT LA MURAILLE EN BRÈCHE; C, PORTE DE L'EST; D, PORTE DU NORD-EST; E, OBUSIERS ANGLAIS BATTANT LE FORT GOUGH; F, CORPS EXPÉDITIONNAIRE ANGLAIS; G, FORT GOUGH; H, FORT DES MARINES; I, GRANDE PAGODE; J, CORPS CHINOIS.-D'APRÈS LES DESSINS ENVOYÉS PAR M. E. ROUX, AIDE-COMMISSAIRE SECRÉTAIRE DE L'AMIRAL RIGAULT DE GENOUILLY.

LE MONDE ILLUSTRÉ

世界画报

1858 年 3 月 6 日
发行第 2 年 第 47 期

LE MONDE ILLUSTRÉ

6・MARS・1858
2ME ANNÉE N°47

英法联军占领广州

PRISE DE CANTON PAR LES ALLIÉES

广州附近黄埔港的一座塔　PAGODE DE WAMPOA, PRÈS DE CANTON

▲ 1857 年 12 月 29 日，莫丹·德·巴利和上士率领海军陆战队第 4 团第 5 连的一个小分队夺取了林恩防御工事。根据黎峨中将的秘书罗乌先生提供的素描绘制。

PRISE DU FORT LYN PAR LA 5E COMPAGNIE DU 4E RÉGIMENT D'INFANTERIE DE MARINE, COMMANDÉE PAR LE SERGENT DES PALIÈRES, LE 29 DÉCEMBRE 1857, D'APRÈS UN CROQUIS DE M. E. ROUX, SECRÉTAIRE DE L'AMIRAL RIGAULT DE GENOUILLY.

▼ 夺取林恩防御工事——攀登工事的地点。根据黎峨中将的秘书罗乌先生提供的素描绘制。

PRISE DU FORT LYN. –POINT DE L'ESCALADE, D'APRÈS UN DESSIN DE M. E. ROUX, SECRÉTAIRE DE L'AMIRAL RIGAULT DE GENOUILLY.

▲ 1857 年 12 月 29 日，英法联军占领广州城。根据黎峨中将的秘书罗书罗乌先生提供的素描绘制。

PRISE DE CANTON PAR LES ALLIÉES, LE 29 DÉCEMBRE 1857, D'APRÈS UN DESSIN DE M. E. ROUX, SECRÉTAIRE DE L'AMIRAL RIGAULT DE GENOUILLY.

清朝的年轻女子和贵妇

JEUNE FILLE ET GRANDE DAME CHINOISES

　　虽然清朝女性的社会地位不像其他亚洲古代文明中那么卑微，但是相对男人而言，女性在社会中还是要卑躬屈膝，处处屈从于男人，成为男人的奴隶，而不是男人的伴侣。

　　在清朝上流社会，这种奴役更为明显。女孩通常在阴暗神秘的环境中度过童年。即使出门，也不过是在几个庭院间的花园活动。她们成长的环境极为朴素，几乎没有饰品，衣服样式极为简单，面料也是最普通的。而女孩一旦结婚则意味着她的人生从此发生了彻底的转变，她的身边突然布满了各式华丽的珠宝首饰。她们孤独的人生中最需要操心的一件事就是打扮自己，让自己变得更美，以取悦自己的夫君，这也是她唯一可以竭尽所能取悦的对象。只要在财力允许的范围内，一切能达成这个目的的方法她都不惜一试，衣服用最上等的布料精心裁制，手、臂、肘佩戴着最名贵的珠宝，就连浓密的头发也掩映在一串串的珍珠项链之下。我们提供的两幅图准确地阐释了女子在人生的两个阶段所呈现的不同面貌。

马克·维尔诺勒

▼清朝的年轻女子

JEUNE FILLE CHINOISE

▼清朝的贵妇

GRANDE DAME CHINOISE

LE MONDE ILLUSTRÉ

世界画报

1858 年 3 月 20 日
发行第 2 年 第 49 期

LE MONDE ILLUSTRÉ

20 · MARS · 1858
2ME ANNÉE No49

一艘清朝的平底帆船

JONQUE CHINOISE

▼一艘清朝的平底帆船。莫莱尔·法蒂奥先生绘制。

JONQUE CHINOISE -DESSIN DE M. MOREL-FATIO.

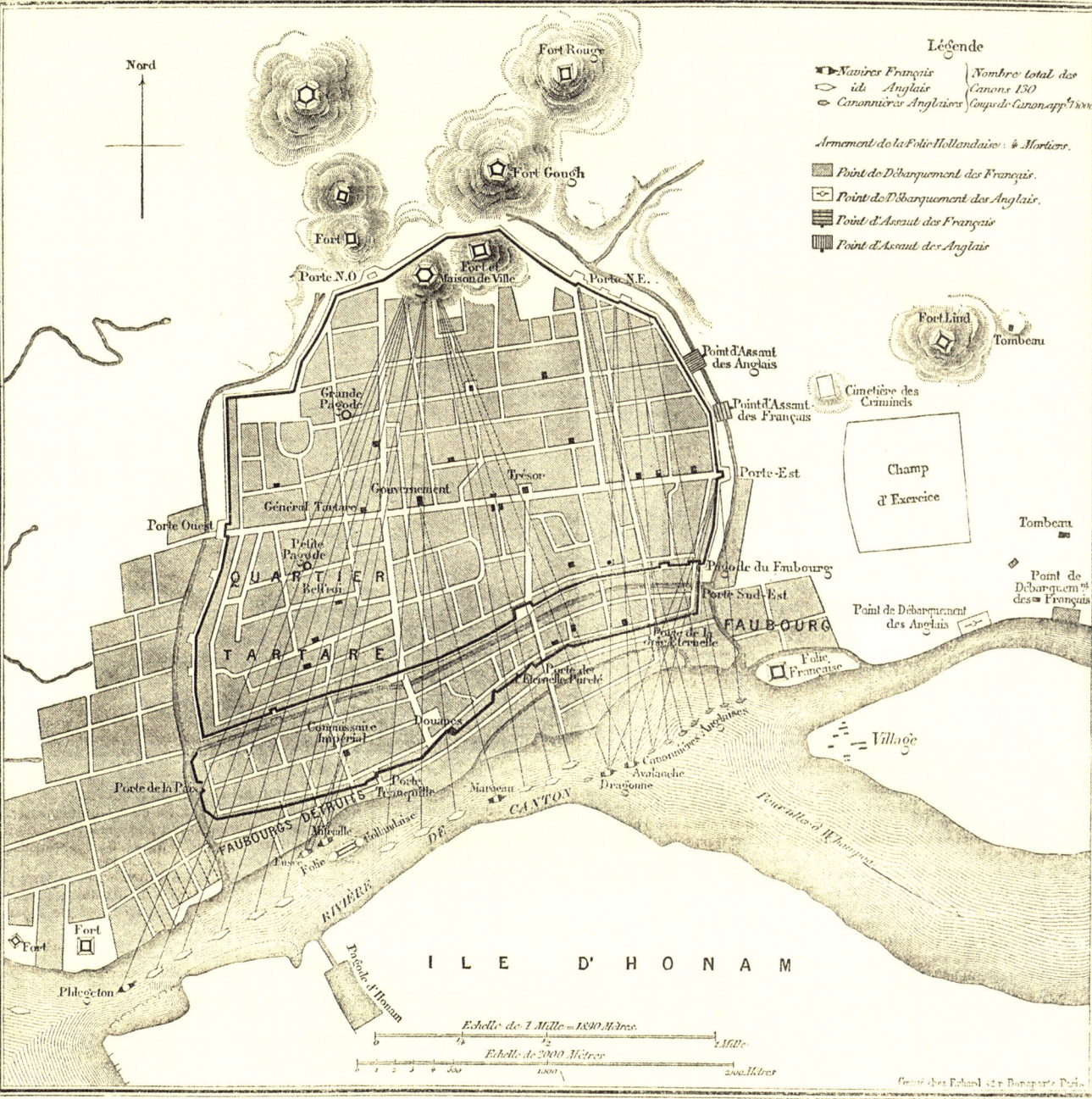

Légende

Navires Français	Nombre total des
idi Anglais	Canons 130
Canonnières Anglaises	Coups de Canon app.t 9000

Armement de la Folie Hollandaise : 4 Mortiers.

Point de Débarquement des Français.
Point de Débarquement des Anglais.
Point d'Assaut des Français
Point d'Assaut des Anglais

Nord

Fort Rouge

Fort Gough

Fort

Porte N.O.

Fort et Maison de Ville

Porte N.E.

Fort Lind

Tombeau

Point d'Assaut des Anglais

Point d'Assaut des Français

Cimetière des Criminels

Grande Pagode

Porte-Est

Champ d'Exercice

Général Tartare

Gouvernement

Trésor

Porte Ouest

Petite Pagode

Tombeau

QUARTIER

Bel-Iton

Pagode du Faubourg

Porte Sud-Est

Point de Débarquem.t des Français

TARTARE

Porte de la Porte Eternelle

FAUBOURG

Porte de l'Eternelle Pureté

Point de Débarquement des Anglais

Folie Française

Commissaire Impérial

Douanes

Porte de la Paix

Porte Tranquille

Marteau

Canonnières Anglaises

Avalanche

Dragonne

Village

FAUBOURGS DÉTRUITS

Afficule

Folie Hollandaise

CANTON

DE

RIVIÈRE

Fort

Fort

Phlegeton

Pagode d'Honam

ILE D'HONAM

Pourulle d'Whampoa

Echelle de 1 Mille = 1890 Mètres.

1 Mille

Echelle de 2000 Mètres.

2000 Mètres

Gravé chez Erhard, 42 r. Bonaparte Paris

▲ 夺取广州路线图。远征军军官 H 先生绘制。

PLAN DE LA PRISE DE CANTON, DRESSÉ PAR M. H …, OFFICIER DE L'EXPÉDITION.

L'ILLUST RATION	画刊 1858 年 4 月 3 日 星期六 第 788 期	**L'ILLUSTRATION** 3 · AVRIL · 1858 SAMEDI N°788

清朝

LA CHINE

　　如果说广州城以及城里的百姓由于约两个月前的战争不可避免地遭受了一些灾难，那么对于他们来说我们的到来就是福祉所在。

　　一年之中广州经历了两次炮击，使这里成了罪犯的天堂。所有的城门都安插了最可恶的间谍，卑劣的警察可以随意滥用私权，只要是有点钱的老实人，都会不经审问以与叛乱分子勾结为名立即被捕，并被送往恐怖的监狱。

　　小偷则利用当局制造的这种恐惧和良民胆怯的心理，在光天化日之下实施抢劫却免受处罚，因为这些人与当局分赃。市民完全失去了信心，一大批店铺关了门，商贸活动也停止了。那些批发商长期无所事事，都没有意识到河上的贸易活动已经被封锁了。

　　但是负责管理广州的英法"占领委员会"刚设立一个月，广州城就重现生机，城市治安也恢复了，之前逃跑的富人又回到了城里。原先藏在货仓里的货物重新出现在市场上，商业活动重新开始运转起来。

　　我们的全权大使提出的在管理过程中保留清朝特色的想法无疑起到了一定作用，因为广州百姓可能会在某种程度上以为还是清朝政府在治理广州。就算百姓感受到了欧洲人的统治，也只是感受到了这一统治带来的好处。

　　我们的特派专员孜孜不倦地改革原来行政管理中滥用职权的行为，我们的部队也在努力维持着城里的秩序，保证城市的清洁与公共安全。

　　在城外，英法联军搭建了几个临时营地，并设置了许多战略性的通道连接各个营地，以保证必要时能同时行动。其中，最重要的营地是我们占领广州后的第二天在北城门搭

▲ 清军重新将金山和瓜洲城掌握在手中

L'ILE D'OR (KIN-CHAN), ET LA VILLE FORTE DE KOUA-TCHEOU,
REPRISE AUX INSURGÉS PAR LES IMPÉRIAUX.

建的那个营地，对该营地的素描我也寄给了您。

高过城门的城楼建筑宏伟。这在清朝人的战术方面发挥了重要作用，因为往往需要攻破城门或翻越城门才能进入城内。这种建筑一般是砖砌的，比清朝的普通建筑更厚重。但是对我们的火炮来说，这些不过是一堆风化了的建筑材料，完全形不成任何抵抗。

我们在所有通往广州城的城楼上都安排了联军的警戒哨，但是特别指令不能妨碍百姓和流动商贩的通行。因为在这片区域，人们一半的时间是在街上度过的，大部分与人们生活息息相关的职业和商贸活动也都是在街上进行的。这边一位理发师被一位路人叫住给他理发，那边一位厨师迎着大风以一碗一钱的价格售卖他煮的各种汤，这个角落一位灵巧的锅匠在焊一口锅，那个角落一位牙医戴着一顶宽大的帽子在给一位路人看牙，路人则给他一块儿蒸热的甘蔗作为酬金。当然还有蹲着的赌徒、抽烟的以及大白天睡觉的人。总之，对于清朝人来说，街道就是进行一切消遣和各种享乐的场所。

我们究竟要和这些怪诞的人们住在一起多久呢？我还无法跟您说清楚。但是西南季风一变，我们的舰队有可能向北方进发，到北京去寻找在这里无法得到的解决方案。虽然广州会失去它外交上的重要性，但是它依旧是东亚最大的商贸中心。

太平天国刚刚受到重创，失去了镇江府和瓜洲（Koua-tcheou）两个足以控制长江的要塞。这两个要塞一向难以攻陷，五年来太平军就是以此为根据地将势力范围扩展到中部省份。如今清兵重新将这两个要塞握在手中，并且消灭了所有抵抗者。

此前，清朝官员用尽了清朝人擅长的各种贿赂手段企图让这两个重要阵地的将领投降，但都徒劳无功。后来，起义军中一位比较精明的将领提出归顺，并要求朝廷保证不降罪于他，且在皇家部队中封他一个高官，他就答应攻下这两座城市。这个建议太理想了，朝廷马上同意了。于是叛徒得到了皇帝的赦免，并成了攻陷镇江府部队的将领。去年12月27日，为了让守城一方疲惫，部队在白天进行了好几轮试探进攻。接近午夜时分，叛军首领张国梁（Tchang-kouo-léang）下令向城南街区投射火箭，引起了熊熊大火。守城军队以为对方会从那里攻城，便匆忙将兵力集中在南侧。但是，借助黑夜的掩护，攻城方却在北侧，没有遭遇太多的阻碍就进入了镇江府。

这意料之外的进攻让太平军措手不及，阵脚大乱，任由对手肆意屠城。于是无论男女老幼，城里的所有人都死在了清军的刀剑之下。

▲ 远征印度支那联邦。从司令部眺望广州城。

EXPEDITION DE L'INDO-CHINE.–LA VILLE DE CANTON. VUE
PRISE DU QUARTIER GÉNÉRAL.

▲ 法国远征军第二营在广州城北门搭建的临时营地。根据海军中将黎峨的秘书罗乌先生寄来的图画绘制。

CAMPEMENT DU 2E BATAILLON DU CORPS EXPEDITIONNAIRE FRANÇAIS A LA PORTE DU NORD, DE CANTON. D'APRÈS LES DESSINS ENVOYÉS PAR M. E. ROUX, AIDE-COMMISSAIRE SECRÉTAIRE DE L'AMIRAL RIGAULT DE GENOUILLY.

▼ 广州的流动商贩和饭摊

CUISINERS ET RESTAURATEURS AMBULANTS À CANTON

▲ 广州的桥和市场。根据波塞尔先生的图画绘制。

PONT ET MARCHÉ À CANTON. D'APRÈS LES DE M. AUG. BORGET.

　　镇江府与瓜洲中间只隔着长江。长江中还屹立着一个可爱的小岛金山（Kin-chan），岛上设立了一个监测站。长江左岸的守城人员很快得知了发生在对岸的袭击，但他们还是难以抵挡兵力众多的敌军，于是便租用了30艘停泊在瓜洲的广州平底帆船，驶向南京。

　　不幸的是，当时水面太浅，风也不大，等到帆船起航时太阳已经出来了。清军首领远远地就发现了正在匆忙登船的敌人，马上便猜到了对方的意图。于是张国梁没有在镇江府过多停留，而是穿过长江，猛攻对方的船队。不到一小时的工夫，太平天国的驻军就被摧毁了，30艘平底帆船都陷入了火海。瓜洲城也重新掌握在了清军的手中。

　　由于这两次失利，太平天国的都城南京完全失去了屏障，对手可以从各个方向攻入南京城，而外援却很难到来。因此清朝官员预测，太平天国不久之后便会衰落，甚至有人还声称一位很有影响力的人物正在和太平军展开秘密的谈判，希望能用金钱换来对方的投降，取得最后的胜利。

　　我刚提到的金山是清朝一个很有名的地方，不仅自然景观优美，那里的佛教建筑也很引人关注。我给您寄了关于它的图画，就不再赘述它优雅的外表了。但我还是要提一点，这座建于唐朝时期的祭奠佛祖的宝塔已经成了众多朝圣者的聚集地。朝圣者除了来自清朝的十八个省份外，还有的来自中亚腹地。历史学家称，在挖掘这座宝塔的地基时，发现了一个储量丰富的金矿。正因为如此，皇帝亲自将这个佛教圣地命名为金山。

　　我们的舰队在1842年签署《南京条约》时曾到过这里，如果将来还要重返这里的话，那么这些信息还是值得记住的。1842年，英国人只从金山夺取了几件佛教艺术品和一件古代的青铜制品。但是下次我们很可能会发现真正的财富，比如开采贵金属矿藏。目前清朝政府严禁开采，因为害怕山神会降罪。

　　我见过叶名琛的肖像，是额尔金手下一位很著名的画师用彩色蜡笔绘制的。肖像与他本人非常像，虽然对他蒙古族 [1] 的相貌特征表现得有些夸张。如果我能在下次发邮件之前得到一张他肖像的复印品，一定会寄送给您。我相信，这有助于您对这位在当下有很大影响力的人物进行骨相学的观察和研究。

摘自：波林
广州
1858 年 2 月 14 日

[1] 叶名琛应为汉族，此处遵照原文，未作修改。——译者注

L'ILLUSTRATION

8·MAI·1858
SAMEDI N°793

画刊

1858 年 5 月 8 日
星期六 第 793 期

L'ILLUST RATION

清朝

LA CHINE

上一期报纸已经刊登了通讯员寄来的信件以及这些图片。与这封信以及葛罗男爵的官方报告一起收到的消息可以补充之前所刊信息，汇集如下：

额尔金爵士及其手下于 3 月 3 日乘坐"愤怒"号（Furious）北上。9 日，到达了苏州府。维多利亚（Victoria）主教也在那里。6 日，皇帝的谕旨到达广州。叶名琛被革职，柏贵与广州将军穆克德讷（Muh-ko-to-ma）以及其他主要官员交由刑部发落。叶被革职后，柏贵署理两广总督。尽管谕旨的翻译人员认为，柏贵和穆克德讷上奏给皇帝的关于外国人已经进入广州城的奏折是在这些官员被囚之前写的，但毫无疑问咸丰皇帝的谕旨非常符合大使的期望。尽管交由刑部发落，柏贵仍然代替被革职的叶名琛署理两广总督。接到谕旨后，柏贵迫不及待地想要开始谈判，但是额尔金爵士已经启程北上了。

不知法国上将的言辞及驻守在江边 6 艘汽船上的 5000 名法国士兵是否吓到了柏贵，但是能够确定的是，星期三西马糜各厘少将一到广州，之前还拒绝向远征军提供向导的柏贵，如今却欣然答应这一请求。需要指出的是，绝大多数人不清楚西班牙政府也参与了法国的远征行动，并派遣了 500 名士兵驻守在马尼拉。

葛罗男爵和英法海军司令目前在香港。英法两国呈给皇帝的照会由英国人俄理范、康特斯（Contades）子爵与英法驻上海领事及美国领事官员一同送达苏州府。

▲ 远征印度支那联邦。从广州将军衙门的花园眺望法国司令部。

EXPEDITION DE L'INDO-CHINE. VUE DU QUARTIER GÉNÉRAL FRANÇAIS, PRISE DES JARDINS DU YAMOUN DU GÉNÉRAL TARTARE, À CANTON.

▼ 从广州将军衙门眺望法国司令部。根据海军中将黎峨的秘书罗乌先生寄来的图画绘制。

QUARTIER FRANÇAIS AU YAMOUN DU GÉNÉRAL TARTARE, À CANTON. D'APRÈS LES DESSINS ENVOYÉS PAR M. ROUX, SECRÉTAIRE DE L'AMIRAL RIGAULT DE GENOUILLY.

L'ILLUSTRATION

22·MAI·1858
SAMEDI №795

画刊

1858 年 5 月 22 日
星期六 第 795 期

L'ILLUSTRATION

清朝

LA CHINE

由于不断听到旅行者们说起清朝有大量人口住在江上，我们便认为清朝的土地不足以承载其为数众多的居民。如今，西方海上军事强国要与这个疆域广阔的国家作战。我们觉得是时候修正这个巨大的错误，从而对清朝有一个正确的认识了。

清朝的人口要比绝大多数欧洲国家的人口都要多，更不用说与中亚、非洲以及其他海外国家相比。在清朝，超过一半的土地没有开垦，如果能够善加利用这些广袤荒芜的土地，那么即使拥有比现在多两倍的人口也能轻松养活。

广东省算是最富饶的省份。但是由于大量砍伐森林，导致水土流失严重，几乎所有的高山和丘陵都变成了不毛之地。而贵州的情况恰恰相反，大量的野生植被覆盖了田地，反而给老虎和豹子等野生动物提供了栖身之所。中部的六到八个省份非常适宜种植庄稼，但是由于两条大河泛滥成灾，呈现出一片极度荒芜之象，为了防洪人们只搭建了些幼稚可笑的堤坝。西北省份就更加不值一提，尤其是其中的甘肃省，其开垦的历史只能追溯到十八世纪。

由此可见，大批清朝百姓在江上居住，并不是因为缺少土地资源。这种现象主要归因于清朝的交通体系、作物的类型、习性以及人民的习俗。

在清朝，陆路方面几乎没有道路可以通车，更不用说便利地从一省到达另一省。平原上只有那种在麦田中间、只能容纳一个行人通过的狭窄小路。在山上，道路狭窄崎岖，保养不到位，连一辆车都不能通行。因此，江河湖泊以及大量的人工运河成了人们交通往来的主要渠道，也因此衍生了大量的小艇和为数众多的船工。

◀清朝的疍家女。广州河道上的船女。

TANKALÈRES CHINOISES. BATELIÈRES DE LA
RIVIÈRE DE CANTON.

◀已婚妇女

FEMME MARIÉE

　　住在江上的清朝人以食鱼为主，比起肉，他们更喜欢吃鱼。所以捕鱼成了一个能够谋生的职业，即使没有工作的懒鬼也愿意以捕鱼为生。

　　清朝的底层社会衍生出了很多夜间行窃的小偷。没有比操作快船的划船工更有利于他们进行夜间行窃的职业了。这些船工把船停靠在一个村落，出其不意地偷窃钱财并悄无声息地卷走，不留下任何犯罪的痕迹。

　　所有这些原因促使在江上生活的人口与日俱增。据估计，广州这类人口接近15万，这还不包括可能从其他省份来的船员。

　　珠江上大部分的船只属于疍民，这些船只一般由两个女人操作，欧洲人把这些妇女叫作疍家女。这些船长3到4米，宽约1.2米，船顶是一个棕榈叶或席子编的圆形舱盖，层层相叠，可以达到密封的效果。这也是他们被称作疍民的缘故，因为一旦舱盖封到了船的两头，这些小艇看上去就像一个鸡蛋[1]。驾船的时候，这两个妇女一个坐在船尾，操纵着相当于舵的装置；另外一个坐在船头，用力划着一个大桨。掌舵的一般是水手或渔民的妻子，比同伴更容易掌握方向。她会把年幼的孩子绑在背上，一面掌舵，一面摇晃着孩子，如果孩子长大点就可以待在船上了。这个狭小的空间仅有2平方米，除了席子和用来当枕头的长凳外没有其他卧具，晚上却要睡好几个人。煮饭的时候，她们就把前座的木板抬起来，在上面起锅做饭。

　　疍女的服饰并不讲究：一般是一条裤子和一件蓝色或棕色的、左侧上排扣的女式短上衣。在冬季，人们会在右侧加一些棉花。妇女的发型同画中呈现的那样，相当烦琐，样式也很古怪；而未婚的年轻姑娘的发型则只是一条编成的发辫，额前留有与眉毛齐平的刘海儿。

　　尽管疍民所用的船没有龙骨，但是它可以随着海浪起伏，轻盈地在海面上航行。然而他们经常丧生于台风之中，因为这些疍民很少会根据天气的变化选择不出海或者躲避在一个封闭的内港。

　　除了疍民的小船，清朝的小艇无论是否用于运输，按用途可以分为好几类：一类是用来捕鱼的渔船，一类是用来运盐的运盐船，一些是用来做稻米、茶叶、木材生意的，另一些则可以作赛船。还有一类专门住着风流女子的花舫，船上设施齐备，是那些骄奢

---

[1] 关于疍民的解释与学术界的惯常说法不符，此处遵照原文，未作修改。——译者注

▲ 清朝人

TYPES CHINOIS

▲ 广州河道上专门停靠联军军官小艇的码头。根据 G. D. B. 先生从清朝寄来的图画绘制。

DÉBARCADÈRE AFFECTÉAUX CANOTS DES OFFICIERS DES ESCADRES ALLIÉES SUR LA RIVIÈRE DE CANTON. D'APRÈS DES DESSINS ENVOYÉS DE CHINE PAR M. G. D. B.

享乐的清朝人的休闲场所。

联军自从控制广州以来，采取了一些有效措施避免船只在卸货的码头出现拥挤的状况。因为疍民总是在这些地点争相运载军官或是普通的欧洲士兵。对她们来说这些都是极好的客源。

如果要描写清朝百姓以水为居的习俗大概能写一本书，但是我们认为对此的描述已十分翔实，足以让人们明白。在习俗上，清朝与欧洲没有丝毫相似之处，所以应该尊重它的本来面目，不要试图把它同化成任何其他事物。

摘自：波林

L'UNIVERS ILLUSTRÉ

环球画报

1858 年 5 月 29 日
星期六 第 2 期

L'UNIVERS ILLUSTRÉ

29·MAI·1858
SAMEDI N°2

香港全貌及泊地

VUE GÉNÉRALE DE LA VILLE ET DE LA RADE DE HONG-KONG

▼ 香港全貌及泊地

VUE GÉNÉRALE DE LA VILLE ET DE LA RADE DE HONG-KONG

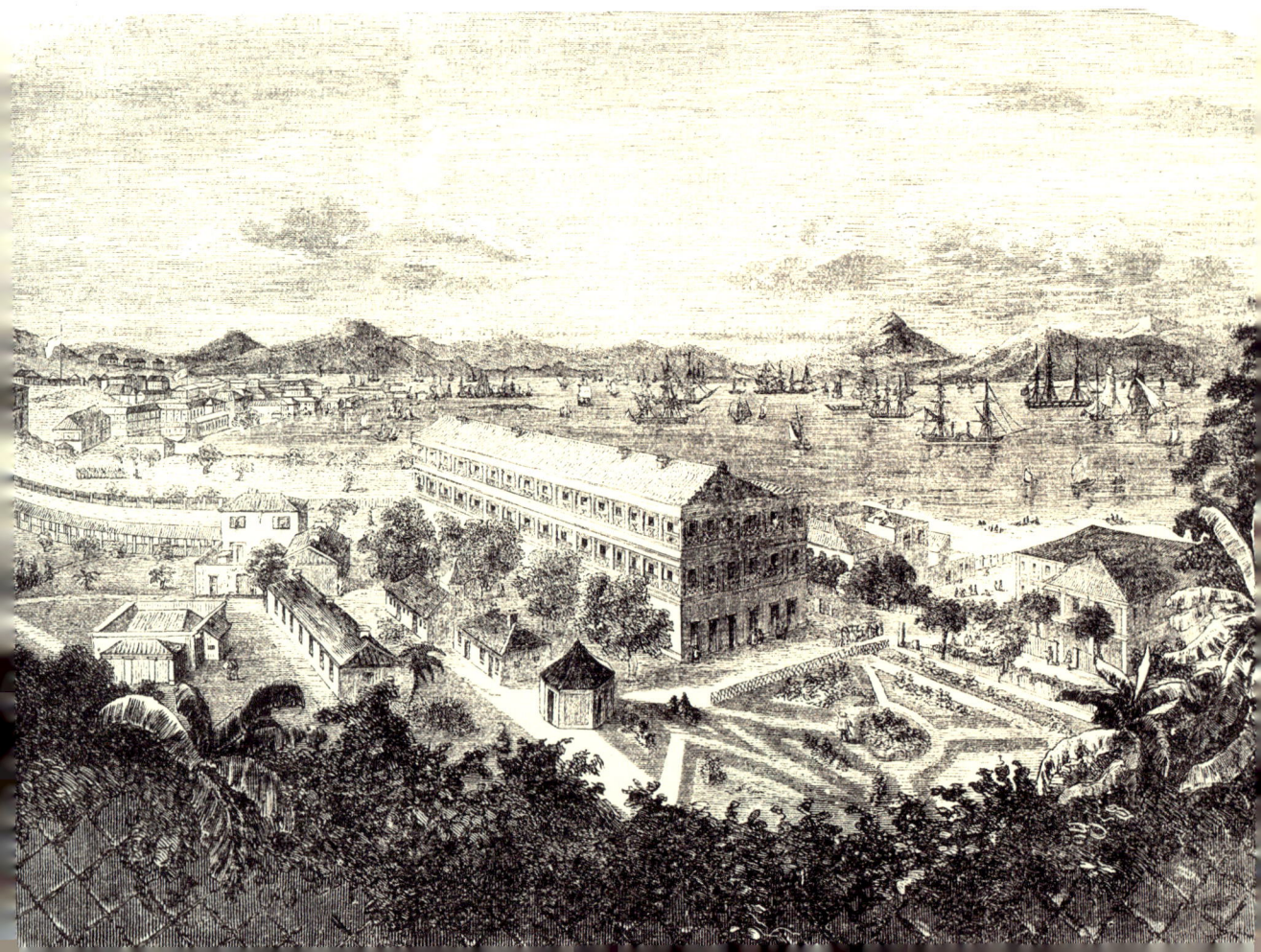

L'UNIVERS ILLUSTRÉ

5·JUIN·1858
SAMEDI N°3

环球画报

1858年6月5日
星期六 第3期

L'UNIVERS ILLUSTRÉ

广州

CANTON

本报先前已经介绍过香港。从香港出发，左边是澳门，顺着珠江逆流而上，一座城市赫然出现，即是刚被英法联军攻下的广州城。

但凡被占领，城市面貌必然会改变。不过到目前为止，广州依然保持着它原来的格局，分为三个主要区域：满城、汉城和十三行商管区。

广州是清朝南方重要省份广东省的省会，人口超过160万。一堵十多米高的砖石混制雉堞高墙将其一分为二——满城和汉城，每个区都各自向外绵延甚远。

另外有一个区域专门划拨给欧洲人。1842年《南京条约》签订以来，该区域迅速扩张。根据该条约，清朝向英国开放广州口岸，并且允许英国人在此派驻领事以及参与协定进出口税款。1842年年底，清朝人曾经试图暴力反抗。他们在广州集会，抢劫了一座欧洲人的房子，还放火烧掉了英国人和荷兰人的工厂，砍倒了悬挂英国国旗的旗杆。广州将军伊里布很快平息了此事。1843年6月26日，伊里布的继任者耆英着手与英国全权特使——时任香港总督的亨利·璞鼎查爵士确认《南京条约》的条款。从那时起，尽管民众反抗行为不断，欧洲区却不断发展扩大，街道四通八达，整个区域形成了犹如活字版的独特格局。区域内的房子有用花岗岩修建的，也有用砖砌的，通常都是两层，每座房子都要悬挂所属国家的国旗。居住于此的主要是来自法国、英国、荷兰、西班牙、葡萄牙、丹麦、瑞典、希腊、美国等十三个国家的领事和商人，因此该区也被清朝人称为十三行地区。

清朝政府禁止外国大型船只靠近欧洲商区。当时的两广总督，即如今被囚禁于加尔各答的叶名琛，还曾经在珠江流域修建过一道巨型堤坝——三条桩基，相互之间浇注灌浆石块，只留一条过道供小型船只通行。距离广州城18公里处有一座名为黄埔的小岛，只有通过岛上的华商行会从中斡旋，欧洲商品才可以在此处中转。

卡尼尔（Garnier）

▲ 广州风情

VUE DE CANTON

L'ILLUSTRATION

17·JUILLET·1858
SAMEDI N°803

画刊

1858 年 7 月 17 日
星期六 第 803 期

L'ILLUSTRATION

广州的流动剃头匠和修补工

LES BARBIERS ET LES RACCOMMODEURS AMBULANTS À CANTON

　　清朝理发业的历史不长。在四千多年的时间里，汉族人并不知道剃刀这种工具，因为他们从前一直都留着长发，任由几根稀疏的胡须在脸上悠闲地长着。

　　直到 17 世纪中叶，清朝掌握了政权，要求被征服的汉族人只在头顶上留下一束头发编成直到腰间的发辫，理发这门技艺才逐渐被引入。虽然汉族人觉得这种改变是一种侮辱，但是他们也渐渐习惯了这种做法。如今就连最下等的百姓也要经常剃头，以保证自己的头光滑而干净。

　　从此以后，剃头匠便成了清朝人保持舒适生活的重要帮手。这些师傅时而在有吃有喝、还能抽烟的店铺里理发，时而出现在只有简易软垫长椅的露天阳伞下，一会儿又被街头拐角处走来的一位客人拦下。因此，即使随处都能看到剃头匠在给人剃头，也无须感到惊讶。

　　那些自己开店铺的剃头匠总是招几个学徒工，教他们简单的理发技艺，然后就派他们到街上给那些没时间或没在出门之前理发的工人、农民剃头，通过不断地练习获取经验。

　　这些流动的剃头匠肩上背着一个袋子，里面装着剃刀、剪刀、刷子、金属材质的盆，还有一个木质或铜质的用来接头发的托盘。有时他们会用扁担挑着一个木质的小箱子，里面装着凉水和小火炉烧着的热水，以及一个放工具和肥皂的抽屉。为了保持平衡，扁担的另一头挑着一个四条腿的小长凳。

　　第一位客人叫住了剃头匠要求理发。剃头匠立刻在街角把剃头的工具放下并铺展开

▲ 清朝的流动剃头匠

INDUSTRIES DE LA CHINE. LES BARBIERS AMBULANTS

▲ 清朝钳工。根据波塞尔先生的图画绘制。

LES SERRURIERS CHINOIS. D'APRÈS LES DESSINS DE M. A. BORGET.

来，迅速开始剃头。周围来来往往的行人并没有对他的工作造成影响，他也无须给快速经过的轿子或是背着体积庞大的包袱的苦力让路。等剃好头洗完发之后，就开始整理辫子。剃头匠将客人的辫子松开、理顺，再编起来。编好辫子，便该清洗耳朵了。剃头匠用一把铁质的小刮刀轻轻清洗耳朵内部。这让我们联想到在清朝发现的为数众多的失聪者。接下来，剃头匠会用同样的工具轻抚客人的眼睫毛，通过这种令人发痒的动作达到疏通泪腺的效果。最后，剃头匠会用手掌干脆利落地拍打客人的脖子、肩膀和后背，从而完成整套的理发过程。这些拍打动作主要是给客人舒展一下脖子和胸部因理发一直保持同一个动作而麻木的肌肉。但是如果这个动作稍有延迟，就会出现一个相当奇特的现象：客人竟然十分享受地睡着了。

　　无论因为什么原因，理发这个行业在清朝人的眼中并不可耻，而且从事这行的人行动都很自由。有时进京赶考的书生为了赚取路费，就在途中做起了流动的剃头匠。

　　修脚师也试图享受同样的特权。他们吹嘘自己即使在皇帝面前也要坐着修脚，而那些剃头匠却不得不像一个奴隶似的站在客人身边。然而文人认为修脚这门技艺与文学相去甚远，而偏爱剃头匠。这种偏爱只要清朝统治中国就会一直持续下去。

　　在广州街头流动剃头匠的一旁，人们经常看到蹲在地上浑身冒烟的男子。这有点像我们刷烟囱的工人，其实这是修补锅和其他家庭厨房用具的工匠。他们看上去很羸弱，使用的工具也极其简单原始。然而这些拥有原始技艺的学徒工，却能做成我们最灵巧的工人都无法完成的事情。就以两件事情为例：他们可以不借助任何钉子就将碎的生铁焊接在一起，也可以用短短的一会儿工夫铸铁。而他们做到这些只需要一个圆柱形的风箱，通过水平地拉动活塞形成灌注器的效果。

　　修补器具的价格会根据不同情况有很大的变化。如果专门为了一个活计而开动锻炉，价格会比较高。而如果好几个人同时拿着废铁来锻造，每个人只需交几文钱就可以了。所以，当迎来第一个顾客的时候，师傅会派徒弟沿街大声叫："快来补锅啦！"百姓一听就知道，在这种情况下他们可以以很便宜的价格补锅，便匆匆忙忙地跑去修理。

　　关于锻造修补的工艺我们不再细说，说多了人们可能也不信。但是我们必须承认，尽管清朝的流动手工艺人使用的工具很简单，但是他们的技艺非常高超。欧洲工商业者如果愿意花些精力，可以从中学到很多东西。

L'ILLUSTRATION

21·AOÛT·1858
SAMEDI N°808

画刊

1858 年 8 月 21 日
星期六 第 808 期

L'ILLUST RATION

清朝

LA CHINE

主编先生:

　　4 月 28 日,联军舰队集结在了白河河口。对于所有运输都依赖水运的清朝来说,这条河流是北方最重要的战略航线,它在天津与皇家运河相汇。载着沿海各省贡品的大型帆船溯源而上,来到了天津城。同比雷埃夫斯[1]一样,天津是北京的门户。我们在到达两天后,进行了海上侦察,并在沙洲上设置了信标。舰队只需拔锚即可攻打并摧毁河流入口处的防御工事。但鉴于清朝是一个文明古国,联军准备以谈判的方式解决问题。联军的炮艇在沙洲以内离堡垒几链[2]远的地方抛锚。大使们跟随舰队而来,然后开始了军事谈判。这场谈判不允许旁听,我们不再赘述。我们仅知道美国公使和俄国公使普提雅廷(Poutiatine)希望成为交战双方的调停人。

　　清朝人对我们的主动接近暂时表示欢迎,直到他们自认为足够强大到可以击退蛮族。在这期间,右岸的三座堡垒和左岸的堡垒及营地被迅速修复了,成千上万的沙袋加固了泥墙,180 门各种口径的大炮大都已经瞄准了舰队将要经过的狭窄航道。他们还在河流第一个转弯处的有利位置建造了一个炮台,以便向我们射击。清军和工匠的数量也与日俱增。随着一支总数达 500 人的骑兵部队的加入,清军的兵力达到了约 6000 人。

　　密切注意这些工事,成了我们唯一的消遣。这片区域平坦而荒芜,放眼望去看不到一座高山。天气晴朗的日子,空气中混杂着滚烫的灰尘。海水和河水一样浑浊。经常刮起的狂风对我国舰队的安全构成了威胁。我们焦急地等待着战斗开始。

---

[1] 希腊的重要港口和海军基地。——译者注
[2] 英制长度单位。——译者注

▲ 1858 年 5 月 20 日，袭击白河上的堡垒。从运载着英法海军司令的"斯莱尼"号上取景。根据黎峨中将的秘书罗兮兮先生的图画绘制。
大口村，南部堡垒（6门大炮）。碉堡护墙炮台（4门大炮）。中部堡垒（6门大炮），岸上（25门排炮）。北部堡垒（10门大炮），炮塔座炮台（10
门大炮），火攻用的纵火小船，炮台（15门大炮），北部堡垒（24门大炮），有堡垒保护的营地（4门重型大炮）。
载着英法经陆部队的英国炮艇："猎人"号，"霰弹"号，"龙骑兵"号，"雪崩"号，"斯莱尼"号，"火箭"号，"鸬鹚"号。

ATTAQUE DES FORTS DE LA RIVIÈRE DU PEI-HO, LE 20 MAI 1858. VUE PRISE DU SLANEY, PORTANT LE PAVILLON DES AMIRAUX FRANÇAIS ET ANGLAIS. D'APRÈS UN DESSSIN DE M. E. ROUX,
SECRÉTAIRE DE L'AMIRAL RIGAULT DE GENOUILLY.
VILLAGE DE TAKOS. FORT DU SUD. 6 PIÈCES. BATTERIE DE COURTINE, 4 PIÈCES. FORT DU MILIEU, 6 PIÈCES. BATTERIE DE SACS À TERRE, 25 PIÈCES. FORT DU NORD, 10 PIÈCES. BATTERIE
BARBETTE, 10 PIÈCES. BRÛLOTS. BATTERIE DE 15 PIÈCES. FORT DU NORD, 24 PIÈCES. CAMP RETRANCHÉ, 4 GROSSES PIÈCES.
CANONNIÈRES ANGLAISES PORTANT LES TROUPES DE DÉBARQUEMENT ANGLAISES ET FRANÇAISES. NIMROD. MITRAILLE. DRAGONNE. AVALANCHE. SLANEY. FUSÉE. CORMORANT.

　　5月20日上午10点，已到所有和谈的最后期限。自天明起，清军就蹲守在大炮前。清朝将军在作战的前一夜对普提雅廷说："让他们放马过来吧，我们等着他们呢。"联军炮艇发动了起来。为了更快地到达战斗地点，即使炮艇遭受了猛烈而致命的打击，也没有予以反击。但是，"霰弹"号炮艇停了下来，它的螺旋桨被漂荡在水中的缆绳缠住了。眼看跟在后方的炮艇就要撞上了。多么混乱的场面啊！这场不幸的事故将带来多么悲惨的后果！但是这艘炮艇勇敢的船长没有迟疑，锚泊了他的舰艇。航道畅通了！"火箭"号、"雪崩"号和"龙骑兵"号都穿行而过，它们抛锚之后就开始开火。

　　至此，我军便胜券在握了。我们的炮艇停在离堡垒不到200米远的地方开始还击，弹无虚发。士兵们在勇敢的中将的带领下奋勇向前。扫射和桅楼上的齐射给敌人造成了重创。即便如此，清朝方面仍在顽强抵抗，敌军的大炮仍不缺炮手，倒下的战士马上有人顶替，最后一门被击毁的清朝大炮至少换了五次炮手。但这勇气是无用的！我军炮手冷静且

▼ 1858年5月23日，为悼念在袭击堡垒时牺牲的远征军水手和士兵而在白河堡垒举行的葬礼仪式。根据德朗德先生的图画绘制。

SERVICE FUNÈBRE CÉLÉBRÉLE 23 MAI 1858, DANS LES FORTS DE PEI-HO, EN L'HONNEUR DES OFFICIERS, MATELOTS ET SOLDATS DE L'EXPÉDITION, TUES A L'ATTAQUE DU FORT. D'APRÈS UN DESSIN DE M. DESLANDES.

射击精准，弹无虚发，每一发炮弹都能使一门大炮丧失作战能力，打开一个缺口。舰队十点十分开火，到了十一点，堡垒上已经没有清朝士兵了。他们带着死者和伤员躲得远远的。我们也受到了沉重的打击，4名军官牺牲，2名军官和20名士兵受伤。

我们为获取战争的胜利付出了沉重的代价。尤其是一个可怕事故的发生，瞬间冲淡了胜利的喜悦。无法通过沙洲而只能停在沙洲以外的舰艇派遣部队乘坐小艇登陆。这些部队和步兵支队组成了一个营，炮击一停就上岸夺取了防御工事。当时法国国旗正在右岸的北部堡垒上飘扬，炮艇上的海员正欢呼着"皇帝万岁"，突然一声巨大的爆炸声响彻天际，堡垒爆炸了！55名士兵和3名军官被烧伤，被带回到了军舰上。一名军官和好几名海员、士兵遇难。如今，其他较轻的病患已经脱离了危险。

联军趁着天黑乘胜追击。此刻，在作战中一直没有任何行动的英国小型炮艇开始溯源而上，向那些较小的炮台射击。很快，黎峨中将率领的"雪崩"号和西马糜各厘少将率领的"科罗曼德尔"号（Coromandel）便跟了上来。如今，联军炮艇停在天津皇家运河的入口处。

本文所附的精美图画对作战过程中舰艇的位置进行了精确的描绘。

谨向您表达最诚挚的问候！

摘自：波林

天津

1858年6月3日

▼ 1858年5月27日，英法炮艇在天津抛锚。
载着黎峨中将的"雪崩"号和载着西马糜各厘少将的"科罗曼德尔"号停在天津皇家运河的入口处。根据罗乌先生的图画绘制。

MOUILLAGE DES CANONNIÈRES ANGLAISES ET FRANCAISES À TIEN-TSING, LE 27 MAI 1858. CANONNIÈRE L'AVALANCHE, PORTANT LE PAVILLON DE L'ANIRAL RIGAULT DE GENOUILLY. LE COROMANDEL, PORTANT LE PAVILLON DE L'AMIRAL SEYMOUR, À L'ENTRÉE DU CANAL IMPÉRIAL. TIEN-TSING. D'APRÈS UN DESSIN DE M. E. ROUX.

L'ILLUSTRATION

4 · SEPTEMBER · 1858
SAMEDI N°810

画刊

1858 年 9 月 4 日
星期六　第 810 期

L'ILLUST RATION

北京

PÉKIN

北京城北群山环绕，于高处向南眺望，京城全景便跃入眼帘。触目所及绿树成荫、风景如画，周边防御工事更是蔚为壮观，灰蒙蒙的色调亦为其添了几分神秘色彩。

我们长途跋涉，经由俄国和西伯利亚入境，一路舟车劳顿，终于来到北京城外，但仅从其外表完全想象不出里面是怎样一副光景。全世界最古老且最庞大的帝国的统治者就居住在这里，他的宫殿就在内城中心，即使从远处眺望亦非常醒目。越接近京城，北京这个名称似乎越不为人知，不过脑海中海市蜃楼般的幻象却逐渐清晰起来。

清朝幅员辽阔，疆土范围从与朝鲜接壤的河畔延伸至里海沿岸，从东北亚山区绵延至印度洋海岸。清朝历史悠久，既经历过亚述人和米底亚人时代，亦曾经与提尔人和波斯人抗争，还见证了罗马帝国的崛起与灭亡。虽然它历经劫难和世事变迁，但是依然矗立于历史长河中，岿然不动。在相对稳定的大环境下，北京作为权力斗争的中心，是多次改朝换代的主场。它是与巴比伦、西顿、底比斯以及孟菲斯齐名的历史名城，也是用鲜血筑就的战场。及至满族人问鼎中原，推翻和瓦解了中国古圣先贤历经千百年才逐步建立起来的政治和伦理体系。

自从北京取代南京成为中国的首都，人们就开始称北京为京城或者顺天府。满大街的蒙古人、满族人用他们各自独特的语言称呼北京。

北京历史悠久，名称几经变化。公元前 1017 年周朝时称为蓟，秦朝时称为上谷郡，宋朝时称为燕山府。1125 年，金人占领北京，随后统治了中国北方地区。1215 年，成吉思汗将北京作为重点城市发展建设，后来他的继任者忽必烈在此修建了宫殿。北京

▲ 从城北眺望北京城

现有格局则始建于明朝洪武年间。

　　1644 年 4 月 15 日，明朝崇祯皇帝在景山自缢身亡，汉族王朝的统治宣告结束。景山是一座人工堆砌而成的山丘，坐落于紫禁城后方，此地视野开阔，视角极佳，是北京城内登高远眺、观赏全城景致的最佳地点。后来发生了一场超大规模的火灾，多个城区付之一炬，紫禁城也未能幸免。当时，火光冲天，照亮了 20 多公里外的燕山山脉，整个直隶地区亮如白昼，火势急速蔓延，如潮水般将这座雕梁画栋的城市吞没。而就在帝都笼罩在一片火海中时，40 公里外的一队人马，满载从皇宫搜刮的奇珍异宝，扬长而去，为首的正是李自成。1662 年，北京城发生地震，约 30 万人死亡。六十年之后，

　　同样的悲剧再次上演，又有约 10 万人死亡。

　　在清朝，存在即合理，一切均可以从孔孟之道找到依据。建筑也不例外，拥有其固定的规则可依，各种尺寸和比例都是统一的；而且在北京这么大规模的城市里，竟然全部只用砖石和木头搭建房屋底层。这着实令人震惊，这种房屋建造标准根本没有考虑到防震需求。不过这些规则亦非千篇一律。在北京城里走一圈儿就会发现，这里的建筑形式丰富多样。普通百姓的房屋简陋朴素，达官贵人府邸的建筑规模必须与其权位相称，房屋大小、高度以及装饰等方面均彰显了主人的地位尊卑以及官职等级。

　　有一本专门的明细表证明，所有房屋的尺寸和花销，从修建到维护，均有法律明文

▲ 从城南眺望北京城。根据马沙尔·德·伦威尔先生的画作绘制。

LA VILLE DE PÉKING, COTÉ DU SUD. D'APRÈS LES DESSINS DE M. MARCHAL DE LUNÉVILLE.

规定，法律甚至还要求申明财富来源。例如一品或者二品官员的府邸需要几千块砖几千块瓦等等。富商巨贾可以在自家庭院或者花园里极尽奢华之能事，但象征地位的门面绝对不能越级扩建。出身低微的富人苦不堪言却又无可奈何，毕竟法不留情。普通百姓的房子是没有立柱的，文人房屋前连同长廊最多可以有三根，高官五根，亲王七根，只有皇帝的是九根。双层建筑只存在于距离紫禁城 8 公里远的圆明园。

　　皇帝与平民百姓一样，也需要遵守法律。皇宫处于内城中心，里面所有的房屋均为单层建筑，而且其大小尺寸、装潢装饰以及颜色搭配都有明文规定，例如皇宫屋顶的瓦是黄色的，亲王府邸屋顶的瓦是绿色的，普通民宅屋顶的瓦是蓝色或者灰色的。无论在

北京城区还是郊区，再雄伟奢华的建筑，我们也只能欣赏到外面的部分，庭院里面的情景是看不到的。就算外面的大门是打开的，也只能看到照壁——一种石质的屏风，人从它的两侧通行。根据照壁的形状以及上面的花纹，大致能够判断主人的身份。

城门前面有一条宽阔的花岗岩石板路，一尘不染，沿路两侧垂柳林立，枝繁叶茂。高粱河从海淀的皇家园林（有"中国凡尔赛"之称）流出，直到京城西郊。河道蜿蜒曲折，有的地方水面宽而水流缓，有的地方水面窄而水流急。不少人在河岸两侧的树荫下伺机捕捞从皇家园林中顺流而下的鱼儿。

北京处于平原地区，适宜各种农作物和树木生长，榛树林、柏树林比比皆是。在一片郁郁葱葱的林木之间，寺庙若隐若现，屋顶造型独特且明亮闪耀。走进寺院，景色生动别致，墓园静谧，绿树成荫，有康熙乃至乾隆年间享誉清朝的法国人长眠于此。

城区通常是一派熙熙攘攘的景象。简陋的小推车在城中穿梭往来，向皇宫运送各种时令果蔬、蒙古酒水和奉天酥油。造型与颜色各异的轿子络绎不绝。一眼望不到头的骆驼队，满载着俄国、清朝东北等地区的特色商品，充满异域风情。各路旅客穿越了长达800多公里的沙漠经由张家口来到京城。他们服饰各异，给京城增添了几分时尚。人们聚在一起，观看街头表演或围观公开审判。我曾经亲眼看见过一场审判，一个和尚和一个年轻女子，都戴着刑具，罪行描述如下："雅琴（Ya-tsin），女，城北大李（Tchali）村人，因色诱出家人，被判有罪。""无斋（Oua-tchai），东山寺出家人，因玷污妇女，触犯法律，伤风败俗，被判披枷带锁游街四个月。"

北京有16座城门，城楼建筑规制极为相似，均为双层蓝瓦塔楼，中间拱门高耸。第一道拱门的后面是练兵场，设有皇家禁军岗哨、海关稽查岗哨以及巡捕岗哨。第二道拱门的后面两侧各有一面缓坡，供骑兵登上城楼。在这16座城门中，9座为内城城门，7座为外城城门。北边有两座城门，一座是德胜门，仅供军队凯旋归来时通行，另一座是安定门。东边有4座城门，从北到南依次是东直门、朝阳门、东便门和广渠门。外城南边依次是左安门、永定门和右安门。西边从南到北依次是广安门、西便门、阜成门和西直门。还有三座城门联通内城和外城。正阳门在中间，位于皇宫正门中轴线上，仅供皇帝参加祭祀典礼时通行，东边是崇文门，西边是宣武门。几乎每座城门都配备有装鞍套笼的骡马，方便士兵每半个小时出城巡逻一次。

城墙周长约40公里，拐角处设有与城门处相同的塔楼，上面有数门大炮。所有城墙外部均筑有雉堞，其中内城城墙高15米，外城城墙高10米，宽皆为10米，可容4辆马车并排通过。

北京拥有700多座寺庙，如果全部介绍需要约20卷内容。其中一座佛教寺院最负盛名，有300名僧侣在此修行。他们白天和晚上都要做功课，年长的僧侣在白色大理石墩子上打坐，年轻的则在沿着寺庙墙壁的石板上打坐。

城内王公大臣府邸的数量堪比寺庙。他们的房屋建筑美观大方，梁柱美轮美奂，只是大部分都被包裹在墙体中或者隐藏在庭院和花园的枝叶间，因而从街上看不到。

　　"琼岛春阴"是燕京八景之一，位于琼华岛上。岛上建有白塔（又名白塔山），且有石桥与岸边相连，这在第一幅图中能看到。白塔前方有 5 根旗杆，每月的初一、十五在此升旗。此岛横贯皇城南北，乃人工掘土堆积而成。拾阶而上，曲径通幽，沿途景色美不胜收。欧洲人认为，清朝人在绘画方面略逊一筹，却能够将艺术巧妙地运用在其他领域。他们天赋异禀，懂得情景结合，联想异常丰富，不但感知力超强，而且极富感染力。他们将艺术融入建筑和农业，辅以物理和化学手段，把人类的各种技能充分利用起来，将艺术发挥到了极致，使得他们所处的这一方天地变得充满诗情画意。这种技艺远远领先于世界其他地方。

　　白塔山周围花园的景色千变万化，各种巧夺天工的精妙设计令人目不暇接。花圃繁花似锦，清香四溢，沁人心脾；假山怪石嶙峋，危峰兀立，触目惊心；岩洞幽暗深邃，变幻万千，别有洞天；瀑布奔泻而下，飞花碎玉，气势磅礴！

　　然而这一切美景移步换景，转瞬即逝。优美的旋律翩然响起，不禁使人沉醉其中；微风在堆叠巧妙的岩石中穿梭而过；铃铛随风起舞，发出悦耳的声音，奏出扣人心弦的曲调。一切都显得那么和谐完美，不知不觉，整个人好像走进了梦幻的世界。登上山顶，触目所及，气象万千。山的一侧是皇宫，庄严肃穆的围墙内是宽敞广阔的庭院以及颇具特色的御花园，阳光下的屋顶熠熠生辉。山的另一侧是一个名为金海的湖泊，岸边有众多庙宇以及亭台楼阁，周围郁郁葱葱，就像第一幅绘图中所展示的那样。

　　看到如此巧夺天工的景色，有人说皇帝太过追求享乐。其实不然。这些园林里面每隔一段距离就设有僻静之处，专供皇帝学习研究或者处理政务，有时甚至没有散步的时间。一年四季，寒来暑往，皇帝每天在凌晨一点钟起床，先去给母亲请安。如果母亲已经过世，则要去牌位前拜祭。[1] 大臣们三点钟集合，等待皇帝上朝。天朝上下，勤勉工作不但是国家律法规定的内容，更受道德规范的约束。作为皇帝，自然要躬亲示范。

　　这里还充满了浓厚的宗教气氛。虽然是宗教，但是并不奉行苦行主义，反而更加偏重理论性。皇室对此亦颇为包容。皇后信奉萨满教，每天都要到灵堂祭拜。灵堂位于皇宫左侧转角，内有男女萨满在此修行。祭拜仪式包括拜天和拜翁衮。在信奉萨满教的人看来，天拥有至高无上的力量，而翁衮则是行善积德之人的灵魂，即便他们离开人世，也能够影响人类。

---

[1] 以前是一幅画像，如今则是在涂漆的牌位上用金色标注名字，就在这牌位前追思逝者。——作者注

祭拜周期分为两种：每天和每月早晚各一次。凌晨时分，祭拜三位翁衮，分别是印度的释迦牟尼、菩萨，以及中国的关圣帝君。下午再祭拜十位翁衮，均为通古斯人，包括阿珲年锡之神（Achem, N'janso）、安春阿雅喇（Antschan Ajara）、穆哩穆哩哈（Muri Muritscha）等等。清晨祭拜仪式包括在三位翁衮的画像前上三炷香，放三碗清水，供奉糕点。男萨满一边弹奏巴拉莱卡琴，一边唱诵祭文。

开始拜祭之前，先把三碗清水拿走，再把用作祭品的牲畜带来，然后关闭大门。用帘子将三位翁衮的画像遮住。男萨满结束唱诵之后，把水倒进牲畜耳朵里，当场宰杀。最后再以新的唱诵结束此次祭拜仪式。世界上的宗教何其多！看来上帝不愿意人类拥有千篇一律的个性，他想要的智慧各有千秋，或许正是这样，人类才能够一直繁衍和发展下去吧！

北京还有一处美景名为蕉园，位于皇宫一侧的太液池湖畔（即康熙年间基督教传教士修建的白石桥下方）。园内林木繁茂，花团锦簇，馥郁芬芳，相映成趣。水中有亭，名为水云榭。置身亭中，四面眺望，皆为水域。每当夏天来临，粉红色的睡莲开满水面，层层叠叠，美不胜收。皇帝在闲暇时，亦会坐游船赏美景。冬天，娱乐项目变成了观赏滑冰，表现好的士兵还有机会得到封赏。

皇宫名为紫禁城，戒备森严。刚刚游览的所有园林都被圈在一堵黄顶红墙里面，墙内侧即属皇城，越过这道城墙，则属于内城。内城有两条宽阔的道路，宽二十四步，牌楼遍布其间。位于皇城右侧的马路上有四座牌楼，称为西四牌楼。位于皇城左侧的那条马路上也有四座牌楼，称为东四牌楼。两条马路都沿内城北侧城墙一直贯通到外城城墙处。路边商铺林立，人潮涌动，每间铺面前的桅杆上都悬挂着丝绸或者纸质的各色招牌，标明店铺以及所售商品类型，供过往行人参考。

清朝人睡觉基本上是不脱衣服的。在北京大约有5000户人家居无定所，只能栖身于荒废的棚屋或者桥洞底下。除此之外，人们还习惯把排泄物收集起来，当作肥料使用。大家能想象出在这偌大的城市中，空气里飘荡的味道吧！

道路上人来人往，一派繁荣的景象。这主要得益于那些流动商贩。他们很少宅居在家，大多数时候在大街上工作。所以在马路上经常会看到这样的场景：化缘的和尚旁边是正在表演的街头艺人，卖糖果的小贩把摊位摆在卖烟草的隔壁，修鞋匠跟货币兑换商凑在一堆儿，古董商卖力兜售周朝或者宋朝时的艺术品，他旁边的膏药贩子则使劲儿吹嘘自个儿的药膏如何神奇，还有人提着灯笼在流动饭摊儿旁边叫卖得不亦乐乎！

当然，有些地段有专门经营某种特定商品的商铺，但是自由游走于内外城的流动商贩颇具竞争力，对固定商铺的生意影响非常大。年鉴宝典中包含的职业，还没有北京这一条大街上的数量多。清朝人求生存、谋生计的精神令其他民族望尘莫及。不过，除了出家人可以化缘以外，这里禁止乞讨。

属于内城的那条街道军事氛围非常浓厚，以前完全归军队管辖，后来清朝的前几任皇帝将其划分为若干区段，归各个旗营掌管。现在那些旗营徒有其名，这里已经逐渐被商贩占据。不过居住在内城的 8 万满族士兵还是会以他们被分配到的区域来命名。北部是正黄旗和镶黄旗，东部是正白旗和镶白旗，然后是正红旗和镶红旗，最后是正蓝旗和镶蓝旗。

京城守卫队归绿营管辖，名为乡勇，然而其职能仅限于夜间街道巡逻。他们从来不去京城东南方向的演武场操练。事实上，满族皇帝刻意弱化汉族人的军事力量，以维持满族人对军队的控制力。

第二幅全景图展示的是外城结构。远远望去，在内外城分隔墙附近，左侧是俄国教堂，右侧是旧天主教堂遗址。有一队皇帝亲兵正在向外城方向行进，目的地是京城最大的祭祀场所——天坛。

皇城通向外城的主要城门叫正阳门。中间拱门仅供皇帝通行，普通百姓只能走东西两侧门。一条笔直宽敞的马路从北向南横贯整个外城，街道两侧店铺林立。

兵将无权居住在外城，也不可以在此过夜。这里有京城的主要休闲娱乐场所，几乎每条马路两侧都有客栈和饭馆，尤其是大栅栏大街和菜市口大街周边。这里有清朝人所谓的烟花柳巷，住着来自苏州的歌舞艺伎。姑娘们天生丽质、谈吐优雅、技艺高超、悲天悯人，让烟花柳巷久负盛名。这个地方不禁令人想起疍船（Chau-dowu），很多官员在初涉官场时都要在此经受历练。

那些唱戏的、卖艺的、拉弦儿的、变戏法的、驯兽的、江湖郎中以及其他行走江湖的，都只能住在外城。他们也是钱庄和赌场等场所的主要客户。外城还有数不清的小作坊，其中以陶瓷和玻璃作坊的数目最多。当然也少不了庙会、集市、菜园、耕地和池塘等等。

　　越往外走，越发觉得荒凉、萧索，原来是到了处决罪犯的场所。那些被判处死刑的犯人每年秋天都在这里被斩首。密谋造反者，则可以随时处决。刽子手上身穿红色罩衫，下身套白色围裙，头发用一块红色布料在后脑勺处绑成一个髻。官兵将罪犯押送过来，并呈上内阁盖章签发的证明文书。监斩官清点犯人名字，刽子手则做各种准备，场面相当瘆人。不过有时即便上了刑场也不一定会被执行死刑，后来又被送回监狱的情况也不少，都已见怪不怪了。太平天国运动爆发以后，朝廷成立京城巡防处，在皇帝侄子的监督下，处决了好多人！

　　继续往东北方向走，我们就到了另外一条马路。马路两侧都是富丽堂皇的珠宝玉器店。您看这位满族大老爷，全身上下都是名贵的苏州丝绸！他下了马车，跟管家一起走进珠宝店。老板拿出一条精美的锡兰珍珠项链给他看，他面无表情，惜字如金，不过好像对这条项链极感兴趣。虽然三个人都没有说话，却完全不影响他们之间的交流。他们把右手隐藏在宽大的袖子里，用手指报价，珠宝商先开价，大老爷再还价，最后管家来砍价。这笔价值两三万法郎的生意，就这样默默地做成了。蒙古人也采用这种交易方式。如此一来，侍从可以从商家那里拿到8%~10%的回扣。这种手语的交流方式，让站在主人背后的侍从也能够随心所欲地表达意愿。就这样，没有任何口头协商，也没有争吵和斗争，大家轮流出价。即便过程中出现了小小的纷争，也可以马上请在街上巡逻的官差当场来个口头裁决。

　　珠宝一条街的南端便是戏院一条街。这里共有六家戏院，每天从中午到晚上都有好戏上演，有时候是悲剧，有时候是喜剧，现场伴奏，现场演唱，热闹极了。高雅人士从来不会踏进这里，因为进戏院和逛窑子都被认为是不得体的行为。满族人更是不允许去戏院，如果他们非要去的话，必须摘下能够彰显身份地位的帽子。

　　沿着戏院街再往前稍微走一走，就来到了书院一条街。新年那天，这地方有个规模不小的庙会。

　　这个区最重要的地方是两座庙，被内外城之间的一条大马路分开了。右边那座庙是天坛，围墙长约两公里。每年冬至，皇帝来此祭天。蔚为壮观的白色大理石台阶尽头便是圣殿，周围四条路各自连接牌楼，全部用上好的石料精工雕刻而成。这是规模最盛大的祭天仪式，天子亲临现场。京城的官兵全体出动，列队布阵保护天子的安全，金灿灿的皇家御旗飘荡在天坛周围。文武百官盛装出席，现场千百名乐官共同演绎那首已有四千多年历史的皇家祭祀乐章。在香炉里冉冉升起的缭绕云烟间，皇室祖先在祭台显灵，随后升天。

先农坛与天坛相对，供奉着农业鼻祖神农氏。每年春天，皇帝都要大张旗鼓地来此扶犁亲耕，亲耕所得谷物被加工成糕点用于祭天仪式。

外城城墙之外，有条马路通向演武场教场，蒙古八旗即驻扎于此，共有10万骑兵。他们奉命离开蒙古，如飓风般来到长城脚下，行至张家口时，牺牲一名骑兵向战神献祭，以求行军顺利。祭祀仪式由僧人主持。这些来自大漠的勇士，从底层士兵到最高统帅，纷纷高举长枪，一边蘸取献祭者的鲜血，一边狂吼嘶叫。仪式结束之后，他们浩浩荡荡地继续行程，直到京郊才安营扎寨，以供天子调遣。大批骆驼随骑兵前行，用于运输沿途所需物资。

节选自尚未出版的游记《从法国到清朝——取道俄国与西伯利亚》

马沙尔·德·伦威尔

| **L'ILLUST RATION** | **画刊**
1858 年 9 月 11 日
星期六 第 811 期 | **L'ILLUSTRATION**
11 · SEPTEMBER · 1858
SAMEDI N°811 |

来自清朝的报道
CORRESPONDANCE DE LA CHINE

到目前为止，我们的远征军经历了两个明显不同的阶段：军事阶段和外交谈判阶段。

您对战争的各个细节应该了然于胸。就算这称不上辉煌的战绩，至少也算得上一次全面胜利，我军正是借此控制了北京周边的主要河道。我们成功地夺取了白河河口的七个堡垒，摧毁了大沽村前面威胁着我方舰队的帆船，轻松地越过了本以为难以逾越的沙

洲。应该说，这些在清朝人的抵抗面前轻松取得的胜利果实，为我们的全权公使和海军司令在谈判时准备了筹码。

因此，战争胜利三天后，炮艇就沿白河溯源而上直到天津。因为我们得到可靠消息，到天津之前的河道一直都保持 2 法寻[1]（约 3.25 米）的平均深度。于是我们将大型军舰停靠在锚地，告别了美丽的大沽村，缓慢地沿着皇家运河溯源而上。联军的炮艇吃水深度都不超过 7 英尺，在此航行对于一个熟悉航道的领航员来说不成问题。然而对于初到此地的人来说，经常移位的浅滩给我们带来了危险，需要通过不断的探测来化解，而最终也没有完全躲开。搁浅在白河沙洲上的英国炮艇自不用说，我们自己也要解救搁浅在沙洲上的"雪崩"号和"火箭"号，所幸没有造成太大损失。

从白河河口到天津的这片区域是广袤而单调的平原，地势平坦，连树也没有。偶尔

---

[1] 法寻，法国古长度单位，1 法寻约合 1.624 米。——译者注

▼ 白河的回忆。1858 年 5 月 26 日，炮艇到达天津。

SOUVENIRS DE LA RIVIÈRE DE PEI-HO. ARRIVÉE DES CANONNIÈRES À TIÈN-TSIN, LE 26 MAI 1858.

能在河岸边见到些低矮破旧的土房或是灰色砖房，房顶上是粗大的玉米秸秆搭成的茅檐。那里住着大量的居民，虽然这片土地看上去很肥沃，但是人们却非常穷苦破落。

我们经过时，河岸两旁的居民都赶来近距离观察我们这些可怕的外国人，官方的告示里曾经把我们这些蛮族描绘成恶人。但是除了出于好奇而表现出的匆忙外，我们没有察觉到任何敌意。所到之处，当地的农民都会对我们鞠躬行礼，好像是在承认我们的权威。

从大沽村到天津的行程历时三天。在这期间，我们没有发现任何抵抗行为或者战前准备的痕迹，只在运河的拐角处出现了一座小型堡垒。几个正在守卫堡垒的士兵立刻逃跑了，我们轻易地进入了防御工事，并且封住了那几门铜质大炮的火门。我们根据碑文得知，这些大炮是康熙年间在耶稣会传教士的指导下打造的。

到达天津前一个小时，就开始出现数不尽的商船桅杆。这时，一队清朝骑兵部队出现在不远处，不断地变换队形，好像在瞄准我们的舰队。英国炮艇"斯坦尼"号（Stanneh）立即精准地射出了一发炮弹，将对方的马匹和骑兵吓得四处奔逃。这时，天津城的大商人们派代表给我们送来了羊、家禽和各种蔬菜瓜果，并且保证城里的居民不会对我们做出任何不友好的举动。

在城前的南侧，皇家运河汇入白河。我们的炮艇就停靠在这个区域，这样一来我们就控制了为直隶省补给粮食的大动脉。必须承认的是，按照运河如今的状态，这项在天津附近有着好几百年历史的工程虽然被历史学家称颂，却已失去了以往的雄姿。如果不是人们告诉我们现在所处的这条运河就是大名鼎鼎的京杭大运河，恐怕所有人都会认为这条小水渠不过是白河的一个小支流。这也让我相信，随着我们对清朝认识的加深，很多旅行者，尤其是耶稣会教士曾经写的关于清朝的奇迹都将大打折扣。因为在他们眼中，清朝可是世界上最理想的圣地。

我们的舰队刚一抛锚，天津城的官员就将不远处一座美丽的寺庙交予我们使用，并且保证和谈的全权代表将很快到来。考虑到对方主动示好，而且眼下没有任何危险，还待在大沽村前的军舰上的额尔金勋爵和葛罗男爵立即带领大批随从启程前往天津。直隶总督得知全权代表到来的消息，便表示皇帝任命两位钦差大臣前来商讨和谈之事，他们很快便会从京城赶到。

6月4日，这两位钦差大臣在一支清朝大型骑兵部队的护送下正式到达天津。其中

▲ "雪崩"号和"火箭"号在白河上搁浅

ÉCHOUAGE DE L'AVALANCHE ET DE LA FUSEE DANS LA RIVIÈRE DE PEI-HO.

▲ 大沽村

LE VILLAGE DE TA-KOU

一位大臣叫桂良，年过七旬，深谙清朝的事务，但是对外交关系却全然不知。另外一位大臣叫花沙纳，和桂良相比，优势只在于年轻。两次会谈之后，第三位代表亲王耆英从京城赶来加入了谈判。这位亲王为欧美各国外交官所熟知，他在之前清朝与英国、美国和法国签署条约的谈判中表现出的宽容妥协得到了各国的高度认可。然而这一次，这位曾经的朋友却表现出截然相反的态度，极为尖刻，以至于额尔金勋爵不得不公开地抵抗他这种不配合的行为。

外交会议一天接着一天，有些会议是四国全权代表统一到场，另外一些则只有作为调停人的俄国和美国公使出席。

6月13日，穆拉维夫将军和普提雅廷就已签署了一份非常有利于俄国的条约。条约对中俄在蒙古地区的边界问题做出了决定，清朝政府割让给俄国更多的领土。但是除了这些比较空泛的信息外，没有人知道条约的详细内容。

与之相反，美国人则将今天与清朝代表签署的条约内容公之于众。这份最新的国际条约共包含二十九项条款，重申了《望厦条约》的所有条款，并且加入了几条非常重要的新条款，比如每年向北京派遣使团、与内阁总理直接沟通、在包括台湾和海南在内的新港口经商、基督教教士可以公开传教等。

这两个条约的签署让我们很吃惊，因为英法的全权公使才是最早进行谈判的对象。但是清朝人好像要首先满足那些要求没那么严格的外交官，并以一项特殊的条款保证给予他们最惠国待遇。于是，额尔金勋爵和葛罗男爵联合起来，继续就最难达成的协议进行谈判，尤其是清朝人最厌恶的赔款方面。如果赔款最终确定为5000万银圆，那么清朝人的厌恶态度也就不足为奇了。

基督教传教的问题似乎没遭遇什么波折。随着我国使馆于1845年取得皇帝的诏书，过去对于基督教的偏见早已发生了巨大的改变。清朝政府特许我国传教士到清朝内陆传教，对此我国全权大使并不满意，因为基督教的各个异端教派同样得到了这样的优待。那么，接下来我们要面对的不再是殉道的问题，而是要与异端教派进行竞争的问题。

我们的谈判人员还担心广州问题的解决。现在叛乱分子的出现使得这一问题更加复杂，而清朝政府对此却没有采取什么行动。如果清朝南方沿海地区都激烈反抗的话，即使我们在直隶省受到了友好的接待也无济于事。毕竟清朝的对外贸易都集中在南方沿海

▲ 江船村。根据法国海军黎峨中将的秘书罗乌先生邮寄的画作绘制而成。

VILLAGE DE KIANG-TSUEN.
D'APRÈS LES DESSINS ENVOYÉS PAR M. A. ROUX, SECRÉTAIRE DE L'AMIRAL RIGAULT DE GENOUILLY.

地区。有人建议在条约中规定占领广州十年，或者干脆永久占领。这样既能避免危害清朝政府的统治，也可以防止破坏欧洲的贸易，有效预防冲突的发生，但是要耐心等待。使团谈判的最后结果就要公布了，届时我会就事态的最新进展进行报道。

摘自：波林

天津

1858 年 6 月 18 日

| L'UNIVERS ILLUSTRÉ | 环球画报
1858 年 9 月 18 日
星期六 第 18 期 | L'UNIVERS ILLUSTRÉ
18 · SEPTEMBRE · 1858
SAMEDI N°18 |

开放的清朝

LA CHINE OUVERTE

清朝开放了！几天前，这个消息就传遍了全世界。法国、英国、俄国还有美国与清朝签订了一系列条约。根据这些条约的规定，清朝承诺开放广州、汕头、台湾等为通商口岸。从此以后，基督教思想可以在清朝自由传播了，而且入教的基督徒也将受到保护。此外，每年我国都可以向北京城派驻一名全权公使，其逗留时间亦无限制。

不过，根据最新消息，清朝人还没有彻底放下武器。北方谈判之时，南方形势可谓一触即发。广州民众在清朝官员的煽动下杀害落单的士兵，把他们像猎物一样绑起来，残忍地割下他们的头和手。我军占领广州城之后，刚刚恢复一点生气的欧洲区现在已是一片死寂。大部分商人都离开了他们曾经居住的房子，躲到了军舰上。面对接二连三的迫害以及夜间偷袭，联军采取了血腥的报复手段。7 月 4 日，英国第 70 军团的厨师遇袭，后背中刀，他的头被人割下来带走了。而这一切都发生在两名印度籍士兵的眼皮底下，当时他们的岗哨距离事发地点不过二十步之遥。科菲尔德队长立即下令扫荡了命案发生的整条街道，所有嫌疑人通通被施以同样的酷刑。

清朝人既蔑视外国人，也仇视外国人，想让他们承认我们的胜利异常艰难。当英法联合舰队攻下白河口堡垒，一路挺进天津之时，有一份清朝官方的报告竟然将其视作胜利："一开始攻击堡垒，蛮夷舰队多艘船只沉没。半夜时分，突然刮起了猛烈的东风，伴随着巨大的海浪，吞噬了白河两岸的一切，堡垒也被夷为了平地。"

清朝人，至少是底层人民，依然在指望神灵的庇佑。信奉孔孟之道或者老子思想的读书人，则不屑于鬼神之说。不过，佛教徒在清朝为数众多，他们会在佛前祈祷，希望

清朝寺庙中战神
歼灭蛮族的表演。

TEMPLE CHINOIS. LE DIEU DE
LA GUERRE S'AVANÇANT POUR
EXTERMINER LES BARBARES.

能够尽歼蛮夷。

　　在这类仪式中，和尚扮演战神，尼姑扮演战神的妻子，即女神。祭坛用象征圣洁的荷花和百合装饰。左右两侧的桌子上摆放着好多碗米，作为供奉给神的食物，让其在出征前饱餐一顿，拥有丰沛的体力。女神祈求丈夫的协助，战神则在锣鼓喧天中一边轻抚须髯，一边自信满满地踱步向前。圈养的雄鹿和母鹿象征着外国人，只待战神用长矛将其刺杀。左侧是战神的下属们，其中一名负责破坏，另外一名负责保护，还有一名指挥战斗。

　　通过这样的宗教仪式，清朝人拥有了高昂的战斗热情。根据现场目击者所述，他们没有丝毫气馁。1858 年 5 月 20 日，根据战场上遗留的尸体数量，就能够判断出清朝军队并未弃守，而是进行了全力抵抗。无奈在欧洲先进的武器面前，他们无能为力。

德·马修（A. De Marchaux）

▼ 广州的欧洲区

FACTORERIES EUROPÉENNES À CANTON

LE MONDE ILLUSTRÉ

25 · SEPTEMBRE · 1858
2ME ANNÉE N°76

世界画报

1858 年 9 月 25 日
发行第 2 年 第 76 期

LE MONDE ILLUSTRÉ

远征清朝

EXPÉDITION DE CHINE

▼ 北方工事的火药库爆炸。

EXPLOSION DE LA POUDRIÈRE DU FORT DU NORD

▲ 战斗中的唐高村

VUE DU VILLAGE DE TANG-KAO PENDANT L'ATTAQUE

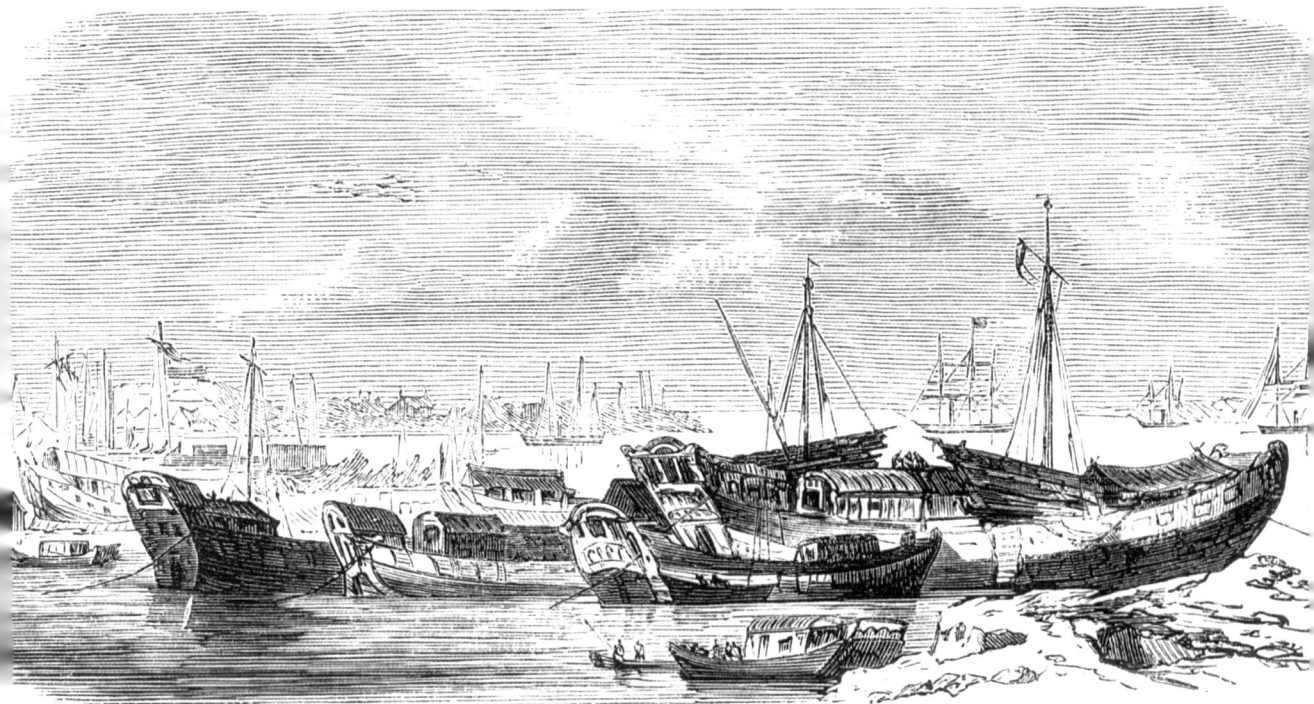

▲ 停泊在白河口的平底帆船

ESTACADE DE JONQUES SUR LE PÉÏ-HO

L'ILLUSTRATION

2·OCTOBRE·1858
SAMEDI N°814

画刊

1858 年 10 月 2 日
星期六 第 814 期

L'ILLUST RATION

葛罗男爵

LE BARON GROS

在日前进行的谈判中，葛罗男爵扮演了重要角色。谈判的最终结果于 1858 年 6 月 27 日形成相关条约，其大致内容已为公众所知。巧合的是，在此重要外交条约正式公布之前，弗兰克（Franck）先生向《画刊》提供了一张他的照片。我们借此机会简单了解一下这位法国驻华公使。

葛罗男爵年逾六十，1823 年开始其外交生涯。七月革命之后，他担任驻墨西哥公使团一等秘书，后来又在波哥大任职，之后辗转各处，承担重要职责。值得一提的是，1849 年他曾经被派驻拉普拉塔和英国。1850 年，他以调停专员和特命全权公使的身份奔赴希腊，协助解决英国和希腊之间的纷争。后又在法国和西班牙划定国界时，担任全权代表之一。经过漫长的谈判，双方最终于 1856 年 12 月 2 日在巴约讷签署条约，解决了困扰两国长达几个世纪的难题。1857 年，葛罗男爵以特使身份携带国书来到清朝。他此行的主要目的是与英国全权代表额尔金勋爵一起调查 1856 年法国传教士马赖被谋杀一事。当然，他可能还肩负着其他任务，最起码额尔金勋爵以及英国方面的想法没那么单纯。这些在所签署条约的内容中均有迹可循。

最终，在法国和英国海军的协助下，葛罗男爵顺利完成使命。不过因两国所遭受的损失不同，英法两国索要的赔款数目存在相当大的差异。除军费外，法国只能针对一件谋杀案索要赔款，而且索赔理由并非名正言顺。另外，据说在广州只有一家法国商号，所出售的商品均为低端产品。而精明的英国商人则深知优质商品才是成功经营之根本，法国商号的发展难以望其项背。

▲ 葛罗男爵。根据弗兰克先生拍摄的照片绘制。

M. LE BARON GROS. –D'APRÈS UNE PHOTOGRAPHIE DE M. FRANCK.

两国与清朝所签订条约的内容摘要最先刊登于《北华捷报》，之后又被《画刊》以及其他众多媒体转载，有最新证据表明其内容真实无误。然而，这篇摘要中并未提及清朝政府给予英国的赔款，原因是赔款相关事宜在条约中被单独列出。英国的索赔理由是广州骚乱给英国造成了巨大的经济损失，索赔数额为二百万两白银，约合六十万到七十万英镑。

根据已经公布的《中英条约》相关内容，该条约自签订之日起一年以后执行换约。

摘自：波林

清朝画作：5 月 24 日的白河现场

PEINTURES CHINOISES DES SCÈNES DU 24 MAI DANS LE PEI-HO

本报日前收到两幅关于白河事件的新奇画作，将其刊登于此。一则有助于我们了解清朝人如何看待欧洲人在自己国土上的所作所为，二则也见证了清朝风俗习惯的重大变迁。

考古学家们发现，自远古时代以来，中国人就不怎么热衷于通过绘画、雕塑或者其他可延续的方式把重大事件记录下来，以至于中国历史上产生了许多简略而又含糊的记载，令人震惊又不无遗憾。在这方面，骄傲的中国人做得还不如印度人和墨西哥人。在印度和墨西哥，人们有自己的一套方法记载历史上发生的故事。当然，前提是那些绘画、浮雕以及庙宇还没有被某些狂热分子摧毁殆尽。

由此可见，联军今日在白河的行动确实触动了清朝人的神经，他们才会想到用绘画的方式来记录这段亲身见证过的历史。本报刊登的正是其中两幅画作。

第一幅画的内容是法国、英国、俄国和美国公使集结于白河口，首次向清朝政府发出照会。四国公使达成一致之后，再分别向时任直隶总督的谭廷襄提交照会，并且抄送

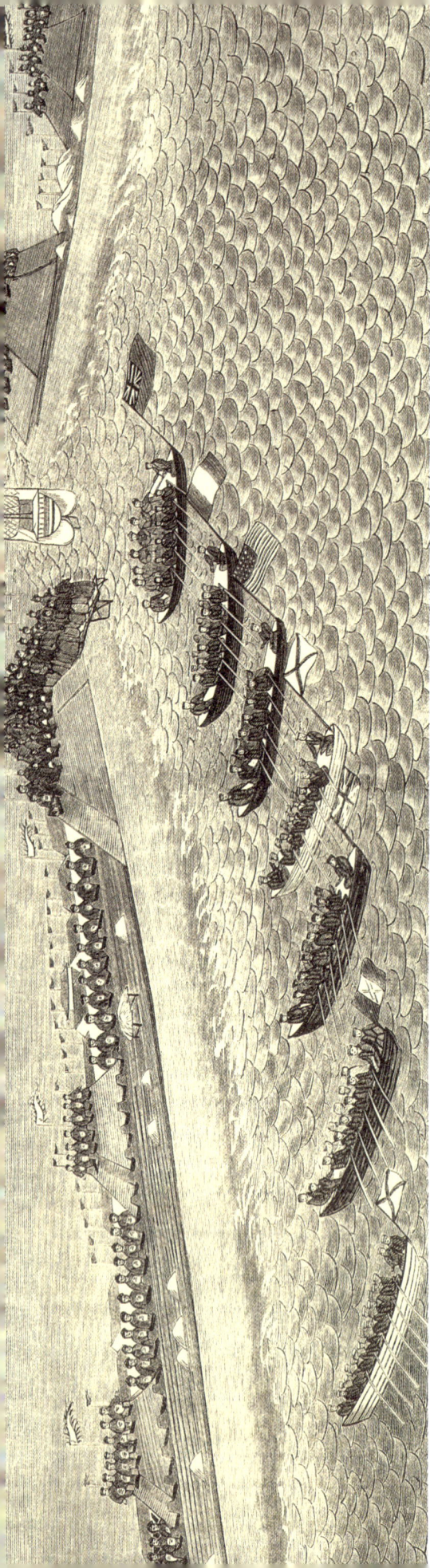

▲ 法国和英国全权代表向直隶总督发出照会。根据一幅清朝画作绘制。

PRÉSENTATION, PAR LES PLÉNIPOTENTIAIRES DE FRANCE ET D'ANGLETERRE, DES DÉPÊCHES ADRESSÉES AU GOUVERNEUR GÉNÉRAL DE PETCHELI. D'APRÈS UNE PEINTURE CHINOISE.

▼英法联军舰队攻占白河。根据一幅清朝画作绘制。

ATTAQUE DE PEI-HO PAR LES FLOTTES ALLIÉES. D'APRÈS UNE PEINTURE CHINOISE.

内阁总理大臣。出人意料的是，普提雅廷主动提出担任调停人，负责向清朝官员传达提交照会的日期、时间以及地点。

5月24日上午十点钟，4艘悬挂各国旗帜的小型船只脱离舰队，在英国"斯莱尼"号蒸汽船的牵引下驶向白河口沙洲。此船速度极快，大大缩短了行驶时间。

白河口沙洲是海洋潮汐在白河河口处形成的一处沙滩。行至此处，小船只能放弃牵引绳索，依靠双桨向前行进，目的地是前一天选定的照会提交地点。清朝官员提前选定第二和第三堡垒之间的一处位置，一大早就搭建好了帐篷，还用竹子建造了一处码头，方便小船靠岸。

河的两岸聚集了大批看热闹的人，他们双眼紧盯着这些西方蛮夷看个不停。这是西方人第一次来到距离北京仅数十公里的地方示威，展现出令人无法小觑的实力。堡垒的四周布满士兵，全副武装地站在火炮旁边，以便应付可能出现的突发状况。帐篷里挤满了清朝各级官员。他们身着官服，头戴顶戴花翎，颈间垂挂朝珠，胸前外罩补服，腰间束带，在庄严肃穆的氛围中等待外交使团的到来。显然，他们并未打算对使团代表此行给予足够重视。

小船靠岸，负责传递照会的官员正要登岸，一名曾经数次到访我方舰队的清朝上校郑（Tchèn）急忙走到码头，彬彬有礼地要求使者不要下船，并且说明：如果他们对此要求置若罔闻，执意下船，皇帝将认为这是一种侵犯国土的行为，从而令其身处险境。使者听从了他的要求，在船上向他转交了照会，由他负责送达，联军随后撤离。清朝人非常满意，不论百姓，还是士兵和官员，都以为一切结束了。

然而，之后的形势急转直下。清朝谈判代表消极应对，企图敷衍了事。5月18日，事态发展已经完全丧失了通过协商解决的可能性，联军遂决定攻占白河堡垒。第二幅画作表现的就是这一事件。作者是白河当地人，事发时正好身处现场，才有机会记录下清朝历史上这场重要的战斗。

5月20日上午十点，我方开始轰炸。英国的"鸬鹚"号高悬法国旗帜在前面开路，溯白河而上，强行冲破清朝人之前在河面上设置的粗重竹编缆绳。十几艘炮艇紧随"鸬鹚"号之后，一齐向两岸堡垒发动了密集持久的猛烈轰炸。不到两个小时，战场便恢复了寂静。我们的队伍在中午时分登陆，只看到炮兵的尸体、损毁的大炮和散乱的弹药，

▼ 1858 年 6 月 27 日，葛罗男爵在前往海光寺与清朝皇帝签约的路上。

LE BARON GROS SE RENDANT À LA PAGODE DE HAI-KOUANG POUR LA SIGNATURE DU TRAITÉ AVEC L'EMPEREUR DE LA CHINE, LE 27 JUIN 1858. (VOIR L'HISTOIRE DE LA SEMAINE.)

以及一片片废墟。看来这些清朝士兵对他们的朝廷还算忠心，所以在战斗刚一打响的时候都能够坚守自己的岗位。不过后来，他们发现双方之间实力相差太过悬殊，于是就溜之大吉了。我们连一个俘虏都没能捉到。

这场持续了两个小时的战斗让清朝政府彻底妥协，他们满足了联军的所有要求。美俄保持一贯的中立。有人将当时的情景用绘画完整地记录了下来，或许这将对清朝外交官们日后行事有所警示。每当他们想恭维俄国或者美国的时候，就可以在公文中言辞考究地提及："咸丰某某年间，在装备精良的英法联军对我国土狂轰滥炸之时，美俄舰队依然保持着中立态度，不愿与邪恶势力狼狈为奸，此举堪称高尚。恶人必将为世人唾弃，天地不容。"为避免将来有人以《画刊》借题发挥，在此事先声明：《画刊》只不过刊登了几幅颇有意思的清朝画而已，一切责任由绘画者承担。

罗伯特（C. Robert）

LE MONDE ILLUSTRÉ

2·OCTOBRE·1858
2ME ANNÉE N°77

世界画报

1858 年 10 月 2 日
发行第 2 年　第 77 期

LE MONDE ILLUSTRÉ

国外专栏

CHRONIQUE DE LA PROVINCE ET DE L'ÉTRANGER

听闻最近有一名周日专栏的作家发表观点：没有历史的民族是幸福的！甚至还补充道：我们目前正在享受这种幸福。

一派胡言！历史洪流滚滚向前，茫茫大地上逐渐充斥纵横交错的铁路和沟渠；城市中宏伟建筑随处可见，老城区却不复往昔风采；码头船坞开始使用清一色花岗岩（始作俑者自然是埃及法老）；炮火就像普罗米修斯的火种一样已经蔓延至古老的中华帝国。不管怎样，现在我们终于有机会了解这个拥有三亿人口的民族。

这是一个非凡的国家，曾经形成的高度文明如今依然辉煌，只是它已是强弩之末，就好像已经燃烧了整夜的蜡烛，正在绽放最后的光芒！这是一个奇特的民族，正经受着衰败的阵痛，垂垂老矣却又散发着孩子般的稚气，它身上同时具备孩童时期的不足以及迟暮之年的无力。

战争中，他们的士兵使用的正是我们的武器：有火枪、火炮，甚至还有英国人的小船……不过这些火枪是火绳枪，火炮只能固定在无法移动的炮架上，还有那些小船，居然装满秸秆，简直是异想天开。一旦秸秆燃烧，船就会偏离航线，很有可能搁浅在沙洲或者陷入淤泥无法移动，直至烧毁。

如今，他们的工艺标准还是很落后，除了某些行业的传统工艺之外，其整体水平非常低下，只能制造出简单的小玩意儿。

在外交谈判中，他们尚存的一丝尊严，完全得益于我方谈判人员自身的能量与灵活。他们应对此怀有感恩之心。一开始，他们故伎重施，再次上演 1842 年与英国人签署《南京条约》时的戏码，甚至连人都没换，还是耆英来负责。

额尔金勋爵拒绝接见这位所谓的外交使节，仅通过书信交流条约相关事宜，就这样以一系列虚假的承诺占据了主动。由于谈判失败，耆英因此获罪，还丢了性命。当葛罗男爵、额尔金勋爵与清朝全权代表签署这份成功打开清朝门户的条约之时，皇帝派出两名密使，将其赐死。一代老臣，当场伏诛。

米歇尔·舍瓦利耶（Michel Chevalier）曾经说过，贸易往来促进思想交流。期待与此泱泱大国之间的商贸往来成果斐然。不管怎样，已经取得的成果就摆在眼前，《天津条约》打开了清朝国门。作为嘉奖，葛罗男爵还被授予了上议院议员席位。

本文图片由黎峨中将提供。

中法全权代表签署《天津条约》。

SIGNATURE DU TRAITÉ DE TIEN-TZIN ENTRE LES PLÉNIPOTENTIAIRES FRANÇAIS ET CHINOIS.

L'ILLUST RATION

画刊

1858 年 10 月 9 日
星期六 第 815 期

L'ILLUSTRATION

9·OCTOBRE·1858
SAMEDI №815

清朝条约

LE TRAITÉ CHINOIS

　　《画刊》的读者可能还记得，上一期我们说过会对中法签约仪式进行详细的描述。读者朋友们通过这周刊登的图画可以看到，我们信守了诺言。我们有幸收到了葛罗男爵的使馆一等秘书杜谢恩·贝勒库尔（Duchesne de Bellecour）先生发来的关于签约的消息，使我们的版画能精确地再现与签约仪式直接相关的三个最有价值的场景，还可以让我们对清朝的奇特习俗增添一些认知。

　　我们已经多次引用《箴言报》（Moniteur）的报道，所以没有必要再次提及那些官方叙述。在此只报道我们取得的信息。

　　当葛罗男爵离开使馆衙门前往佛教寺庙的接待大厅时，清朝的钦差大臣刚从北京到达天津。我们已在文中提及葛罗男爵的队伍，这里不再赘述。而清朝官员则有大批随从相伴。一些人坐着轿子，一些人坐着带篷货车，大部分人坐着马车。车子上全部盖着刺绣精美的绸缎，在阳光的照射下闪闪发光。这些行头和面孔很奇特，给我们留下了深刻的印象。

　　法国大使刚一离开坐轿，清朝的钦差大臣就出现在他面前，双手合十并尽可能高举以表示对大使的欢迎。这是向一位重要人物表现出的最恭敬的态度。双方队伍都携带了武器。由于前一天晚上中方向使馆派出了五名乐师为大使演奏，作为回敬，海军司令黎峨的乐队演奏了乐曲《出发前往叙利亚》（Partant Pour La Syrie）。

　　双方互相致意后，众人走上接待大厅的台阶。接待大厅是按照下面的方式布置的：大厅的尽头是一个高台，周围饰有灯笼，清朝人一般在上面喝茶。高台前面是三张桌子，

▲ 清朝的钦差大臣到达天津。骑马者是花沙纳，坐轿者是桂良。根据 G. de B. 先生从天津带来的素描绘制。

ARRIVEE DES COMMISSAIRES IMPERIAUX CHINOIS À TIENT-SING. HOA-CHANA À CHEVAL. KOUEI-LIANG EN PALANQUIN. D'APRÈS UN CROQUIS APPORTE DE TIEN-TSING PAR M. G. DE B.

▼ 1858 年 6 月 27 日签署中法条约前的准备

PRÉLIMINAIRES DE LA SÉANCE DU 27 JUIN 1858, POUR LA RÉDACTION DU TRAITÉ ENTRE LA FRANCE ET LA CHINE

分别供葛罗男爵和两位钦差大臣就座，另外还有两张桌子是留给军官的。

法国大使被引导坐在了中间的桌子前。清朝礼仪以左为尊，所以第一钦差大臣坐在了左侧的桌子前。法国海军司令被引导坐在了第一钦差大臣的左侧，他身旁的扶手椅上依次坐着杜谢恩·贝勒库尔先生、康特斯先生，以及葛罗男爵使团的随员。清朝官员根据官阶的大小，在右侧依次落座。官员官阶的大小从他们礼帽最高处的顶珠能够反映出来，最高级别的是红珠，最低等级的是金珠。

大使的桌子上摆着一些蜜饯、罐头等食品，以及本地用粮食加上蜂蜜和一些有气味的物质发酵而成的酒。这种酒很难喝，我们不禁怀念起西方美味的葡萄酒。不过与我们的葡萄酒相比，清朝人还是更加喜欢他们的粮食酒。这还需要通过葡萄酒贸易让清朝人懂得，在酿酒方面以及其他许多事情上，我们是优于他们的。

在简短的开场白之后，菜肴被撤了下去，桌子上铺上了桌布。法国秘书们拿出了正式签署的条约样本。清朝人奉行一个奇特的外交传统：双方的秘书独自商讨条约如何撰写。按照清朝的礼仪，为保持大使职位和官阶的权威性，秘书不允许与大使坐在同一张桌子前。

阅读条约之后，双方代表用毛笔签署了条约。这时，皇帝的印章通过一个特殊的桌子送过来，由第一钦差大臣盖在了条约上。之后，葛罗男爵同样加盖了拿破仑皇帝的印章。

在这一庄严的时刻，携带武器的士兵突然爆发出欢呼声，高声呐喊："皇帝万岁！"伴随着士兵的呐喊和军乐队的号声，在和钦差大臣告别之后，葛罗男爵走到了送行的队伍前面。我们早已告别了那个欧洲使节在临行前，需要向清朝皇帝甚至他的画像三跪九叩、并且还要亲吻大地的时代。

如今我们的大使要带着胜利和神圣感前往北京。正是有了这两项武器，200名法国人才得以从沿途聚集的40万人中穿越。比起好奇，这更令他们惊讶和恐惧。

摘自：波林

▲ 签署条约。根据 G. de B. 先生从天津带来的素描绘制。
第二钦差大臣花沙纳、第一钦差大臣桂良、法国全权大使葛罗男爵、黎峨中将、法国军官、法国使馆一等秘书杜谢恩·贝勒库尔、法国使团随员

SIGNATURE DU TRAITÉ. D'APRÈS LES CROQUIS APPORTÉS DE TIEN-T'SING PAR M. G. DE B.
HOUÂ-CHÂ-NÂ, 2E COMMISSAIRE CHINOIS. KOUEI-LIANG, 1ER COMMISSAIRE CHINOIS. LE BARON GROS, PLÉNIPOTENTIAIRE FRANÇAIS. L'AMIRAL RIGAULT DE GENOUILLY. OFFICIERS FRANÇAIS. M. DUCHESNE DE BELLECOUR, 1ER SECRÉTAIRE DE L'AMBASSADE. LES ATTACHÉS À LA MISSION FRANÇAISE.

L'ILLUST RATION	画刊 1858 年 10 月 23 日 星期六 第 817 期	**L'ILLUSTRATION** 23 · OCTOBRE · 1858 SAMEDI N°817

《天津条约》签订仪式及护卫

CORTÉGE ET CÉRÉMONIE DE LA SIGNATURE DU TRAITÉDE TIÉN-TSING

本报日前刊登了一篇有关《天津条约》的报道，此次所刊载的绘画与之可谓一脉相承。首先感谢法国海军黎峨中将的秘书罗乌先生欣然贡献画作并提供文字注解，其所述详情如下：

选定的衙门，即会谈场所，地处人口稠密的市郊，途经诸多蜿蜒曲折的道路才能到达。周围地形空旷，方便护卫队成员分散开来，遮挡部分清朝民众。

我方一行人到达衙门之后，清朝乐队开始演奏专门为此等隆重场合定制的合乎礼法的乐曲。两名全权代表皆为一品官员，头戴红色顶戴；另有 60 名官员站立在侧，构成规模庞大的随行团。这些官员级别不一，因而顶戴颜色各异，其中官位最低的头戴金顶。

两名全权代表行至台阶前迎接公使，礼数相当周全，然后邀请他落座于一张小桌子前，桌面上还铺设着一张绣花桌布。

根据传统的东方礼节，双方代表首先相互问候寒暄，其中有一句很应景：唯愿万世太平。随后有人呈上若干份条约。先由二品官员郑重其事地在上面盖章，再交由全权代表审核。接下来是双方签字环节。此时，殿前乐队奏起颂歌，众士兵挥动手中兵刃，连续五次高呼："皇帝万岁！"

外面武器间的碰撞以及我方士兵的欢呼声引起一阵小小的骚动。不过外交人员以及

《天津条约》签订仪式及护卫。根据法国海军黎峨中将的秘书罗乌先生的画作绘制。

CORTÉGE ET CÉRÉMONIE DE LA SIGNATURE DU TRAITÉ DE TIÊN-TSING. D'APRÈS UN DESSIN DE M. ROUX, SECRÉTAIRE DE L'AMIRAL RIGAULT DE GENOUILLY.

文武官员所在的厅堂内倒是一片祥和的氛围。对方还准备了丰盛的餐食款待我们这些"西方蛮夷"，开始是蜜饯，然后是燕窝，最后是肉汤。一番美餐之后，双方再次相互许下承诺。随后护卫队重新列队，在嘈杂的音乐声中行进。乐队刚开始是二重奏，还好后来换成了更为和谐悦耳的涅墨西斯之歌。

　　黑夜很快降临，我们的船沿着寂静的白河缓缓前行。士兵们人手一支手电筒，借助河水的反光照亮前进的路程。途经英国船队之时，欢呼声不绝于耳。终于到达目的地，在公使踏进房间那一刻，五彩缤纷的焰火在船头桅杆顶端绽放开来，奇异的光芒昭示着此次签约仪式完美收官。

天津
1858 年 7 月 6 日

1859 ♦♦♦

LE MONDE ILLUSTRÉ

世界画报

1859 年 10 月 1 日
发行第 3 年　第 129 期

LE MONDE ILLUSTRÉ

1·OCTOBRE·1859
3ME ANNÉE No129

清朝事件

ÉVÉNEMENTS DE CHINE

今年 6 月 2 日，法国驻华公使布尔布隆和英国驻华公使卜鲁斯离开香港，前往直隶的白河河口，准备从那里溯流而上经由天津到北京，以便完成 1858 年 6 月 27 日签署的《天津条约》的换约任务。

法国公使团乘坐"迪歇拉"号（Duchayla），在舰队侦察艇"诺尔札加拉"号（Norsagaray）的指引下，于 21 日在渤海与英国舰队再次会合。英国舰队由 2 艘大型驱逐舰、3 艘轻巡航舰、2 艘通讯艇和 9 艘炮艇组成。

何伯上将要求清军准许英军炮艇顺利渡过白河河口。他得到的回复是，朝廷有令不允许任何人通过白河河口，请联军前往距白河十英里外的另一条河道。

这个回复被英法公使视为拒绝他们的请求。于是何伯上将便率领"迪歇拉"号，试图通过武力强行通过河道上的三道防栅。25 日两点半，9 艘英国炮艇、2 艘大型炮艇、1 艘运载着"迪歇拉"号指挥官以及 3 名军官和 58 名水手的法国护卫舰呈一字型停泊在白河河道上。"负鼠"号（Opossum）、"鸻鸟"号（Plover）、"庇护"号（Lee）、"高贵"号（Haughty）接到命令，要求到达防栅的位置，为舰队开路。"负鼠"号一到达第二道防栅，躲藏在大沽炮台和地面掩体后的清军将士就操纵 30 到 40 门大炮一齐开火。

三点的时候，"负鼠"号已遭重创，"鸻鸟"号也不能驾驶，何伯上将负伤严重。五点半，"茶隼"号（Kestrel）和"庇护"号被击沉，大量船员死亡。六点半，清军炮台完全停火。我军试图在北部堡垒的外侧棱堡对面登陆。包括裴古（Tricault）先生、三位军官和四名"迪歇拉"号船员在内的进攻小分队在炮火中强行通过了长达 600 米的淤泥。

▶ 在最近发生的"白河事件"中指挥法国远征军的海军中校裴古

LE CAPITAINE DE FRÉGATE TRICAULT, COMMANDANT LE CORPS EXPÉDITIONNAIRE
FRANÇAIS DANS LES DERNIÈRES AFFAIRES DU PEI-HO

▼ 英法公使试图强行通过白河河口。

LES AMBASSADEURS FRANÇAIS ET ANGLAIS CHERCHANT ÀFORCER L'ENTRÉE DU PEI-HO.

▲ 英法联军进攻白河的地形图。A、B、C 分别是河道上的不同防栅。

PLAN TOPOGRAPHIQUE DE PEÏ-HO PAR LES FORCES ALLIÉES.A. B. C. DIFFERENTS BARRAGES DU FLEUVE.

L'UNIVERS ILLUSTRÉ

13·OCTOBRE·1859
JEUDI N°74

环球画报

1859 年 10 月 13 日
星期四 第 74 期

L'UNIVERS ILLUSTRÉ

专栏

CHRONIQUE

　　苏菲教[1]让我们联想到在清朝的某些地区，尤其是西藏地区信奉的一种类似的宗教。接连不断的战争使得苦行禁欲在清朝变成了现实。我们接下来要讲述一个关于神的故事。不要笑，这是一件很严肃的事情，就像版画里的那个清朝人在一间寺庙的圣坛前庆祝活佛转世一样。

　　亚洲人普遍相信，菩萨为了拯救世间未臻完美的灵魂，时不时地下到凡间。在公元前 1029 年，继三位菩萨相继转世后，人们期待的第四位菩萨降生了。当时摩揭陀国的国王净饭王住在迦毗城，娶了摩诃摩耶为妻。结婚不久，他的妻子就产下了一名男婴。这就是转世的第四位菩萨。他出生后就被交给了梵天的化身。梵天给他裹上了天衣。另一位菩萨因陀罗的化身给男婴洗礼，为他取名悉达多，并带他到圣坛的一幅神像前。神像弯下了腰。然后 35 名处女过来侍奉他：7 人为他洗澡，7 人为他更衣，7 人为他摇篮，7 人为他洗浴，7 人给他唱歌、逗他玩儿。男婴长大后，仪表堂堂。有人给他介绍结婚对象，却遭到了拒绝。他坚持要找一位有着 32 项美德的处女。结果，这样的女子还真被他找到了——一位名叫耶输陀罗（Dewodath）的女子。但是结婚两年后，我们的神中之神就厌烦了他的妻子，逃离了他的王国，并把一双儿女丢给了他的妻子，自己改名为乔达摩（Goodam）。他跑到荒漠，剪掉头发，穿上粗布衣服，让自己受戒。这也是后来宗教仪式中"脱去一切饰物、返璞归真"的来历。

　　乔达摩在荒漠里挨饿时，有一只猴子给他递上了蜂蜜和野果，他在食物上撒上圣水后便吃了下去。猴子见状高兴得手舞足蹈，结果掉到了井里。因此所有苏菲教的庙宇里

[1] 苦行禁欲主义。——译者注

▲ 清朝的宗教仪式——活佛转世

LA PRÉSENTATION DE L'ENFANT (CÉRÉMONIE RELIGIEUSE EN CHINE)

都会有一处叫作"猴子奉献食物"的圣地。

耶输陀罗善妒又易怒,当她看到对自己不忠的丈夫回来后便发誓要报仇。她给一头大象喂了许多椰子,又给它穿戴了尖锐的武器,把它带到丈夫的住所,希望兴奋的大象会杀了他。但是我们的神在大象面前只伸出了五个手指,就让大象安静了下来。这就是"驯象"这一宗教仪式的由来。

由此,他名声大噪,共收了5个弟子,在连续斋戒七七四十九天后被称作释迦牟尼,位列众神之首。释迦牟尼宣布了他的继任者,即五千年后的弥勒菩萨,然后就圆寂了。

然而信奉同一佛祖的清朝信徒却把欧洲人当作蛮族,认为欧洲人是魔鬼之子。这里我们将清朝人的精神状态描绘出来:"这些清朝人总是慵懒地躺在床榻上,他们中某一人的夫人在几步外静静地坐着。即便在鸦片的作用下,他们也没有流露出一丝的情欲。"

帕地纳(Pradines)

▲ 吸食鸦片的清朝人

1860 ◆◆◆

LE MONDE ILLUSTRÉ

世界画报

1860 年 2 月 11 日
发行第 4 年 第 148 期

LE MONDE ILLUSTRÉ

11 · FÉVRIER · 1860
4ᴹᴱ ANNÉE N°148

特内里费岛

L'ÎLE DE TÉNÉRIFFE

最先运载我国部队前往清朝的战舰以及一同前往的欧洲舰船在海上行驶了十来天后，中途都停靠在了特内里费岛，并在那里补充了水和新鲜的食物。

经过三十六小时的休整后，士兵们已经准备好进行一次长时间的横渡。再经过三十天的航行，他们将到达巴西附近海域，即此行的第二站停泊地。

我们根据一位远征军军官寄送的素描复制了这张关于特内里费岛的地图。这座岛屿是西属殖民地，也是加那利群岛中最大的岛屿。岛上有 8 万居民，气候宜人，土壤肥沃，岛长 80 多公里，宽 40 公里。其著名的种植葡萄的山坡上出产可口的葡萄酒，其芳香可以与马德拉葡萄酒相媲美。当地的土壤属于火山灰土壤，海边高耸的悬崖峭壁以其深棕红色和起伏的形状表明，这个岛曾经历了剧烈的火山喷发和地震。

"圣十字"（Santa-Cruz）是岛屿的中心地带。大自然精心雕琢了圣十字的全貌。圣十字坐落在海边，倚靠着层层叠叠的山丘，一直延伸到远处的高山，其中的最高峰就是特内里费峰。多年来人们都希望在它的港口建设一个防波堤使其更加安全，然而由于海水的作用，迟迟未能建成。如今，这座港口停泊着大量的商船，其中大部分是英国的。岛上教堂的墙上挂满了数不清的还愿物，成了城里最引人注目的地方。

穿过陡峭的悬崖和火山熔岩的岩屑，来到山脚下一个叫作莱布勒（Ramblette）的地方。经过另一条路，穿过花园和种葡萄的山丘，会到达奥罗塔巴城，从那里也可以一直走到莱布勒。在那里会遇到冰川的裂隙，里面不断有水汽涌出。在山峰的最顶端，可以采摘到一种特别像堇菜的花朵。

▲ 特内里费岛的圣十字，前往清朝的战舰的第一个泊地。根据远征军随员 F 先生寄来的一份素描绘制。

SAINTE-CROIX DE TÉNÉRIFFE, PREMIER POINT DE RELÂCHE DES BÂTIMENTS SE RENDANT EN CHINE, D'APRÈS UN CROQUIS ENVOYÉ PAR M. F...
, L'ATTACHÉ À L'EXPÉDITION.

1794 年 5 月，该地出现了一次火山喷发，1798 年又喷发了一次，从那以后就再也没有观测到火山喷发了。

马克西姆·沃韦尔（Maxime Vauvert）

LE MONDE ILLUSTRÉ

世界画报

1860 年 5 月 12 日
发行第 4 年 第 161 期

LE MONDE ILLUSTRÉ

12 · MAI · 1860
4ᴹᴱ ANNÉE Nº161

清朝和南圻远征军

EXPÉDITIONS DE CHINE ET DE COCHINCHINE

英法军队从克里米亚返回后，注意力开始转向远东贸易。清朝政府违背条约，缩减英法商品的进口量，甚至对一些商品发布禁令，致使两国商品销售锐减。清朝政府还取消了保护外国人的法律。在南圻，商人变得一无是处，我们的传教士更被看作服务英法政府、迫害当地人的中介，西班牙来的传教士也不再得到尊重和善待。

英法代表无力挽回清朝政府的信任，不得不采取措施强迫他们尽快履行承诺。此外还要处罚安南人，尽快为牺牲的传教士报仇。因此，法国、英国以及西班牙政府一致决定派遣一支远征军，用武力完成外交途径未能达到的目的。

"复仇女神"号、"帝朗斯"号（Duranc）战舰，几艘炮舰，以及两支海军陆战队接到了出海命令。海军司令黎峨中将被任命为总指挥，他的军旗就插在"复仇女神"号军舰上。

这支舰队于 1857 年 2 月离开法国，同年 12 月全体船员和军队联合法国海军部队和英国军队攻下了广州，至今仍占领着这座城市。

联军的第一次成功并没有改变现状，法国海军司令预感到还有更多的困难需要克服、更多的战争将要来临，便向政府要求派"纪龙德"号战舰增援远征军队。这艘战舰于 1858 年 2 月离开法国，随即展开第三次大沽口战役。这场精彩的战役直接促成了《天津条约》的签署。条约于 1858 年 6 月 27 日由清朝大使和我们的全权代表签署，于次年 7 月 5 日批准。

联军对条约十分满意，因为这让联军相信，所有条约以后都会被严格遵守。随后，

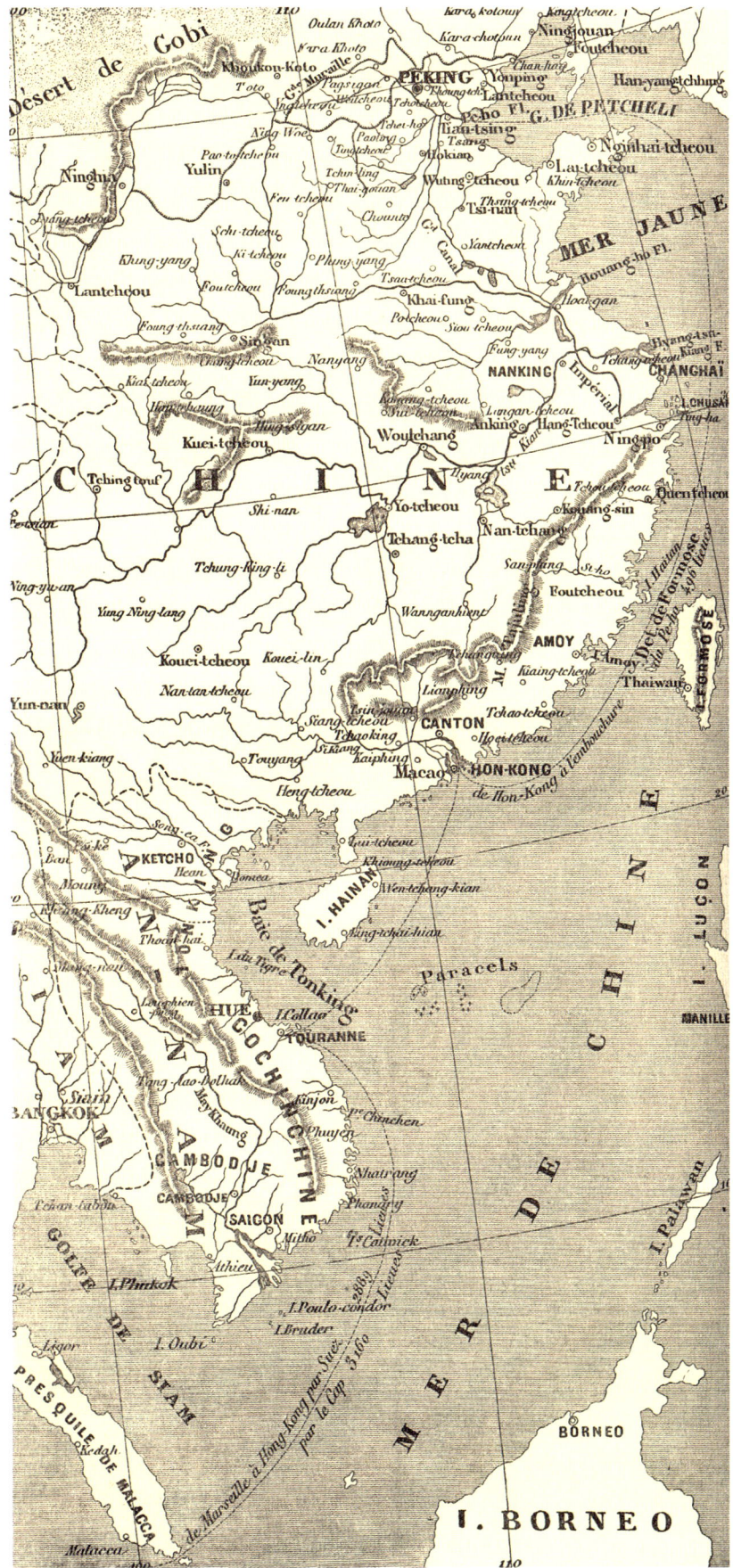

▶清朝和南圻远征军

EXPÉDITIONS DE CHINE ET DE COCHINCHINE

总指挥黎峨命令撤军并且打算启航去南方，以应对南圻人。西班牙军队大力协助这次撤军，他们从驻菲律宾部队和蒸汽护卫舰中抽出一支土著部队前来支援。

法国分舰队于1858年8月离开香港。他们接到命令返回海南岛，并经此前往岘港市。8月31日舰队在岘港抛锚，9月1日，舰队和法国军队摧毁敌军堡垒入驻岘港半岛。

我们在《天津条约》中的条款都形同虚设，清朝人假装不记得自己败北，丝毫不遵守签署的协定，未曾履行任何条款。为施加必要的压力，英国人决定再战大沽口。此番行动引发了激烈的冲突，我们的2艘军舰被清朝的大炮击沉。法国政府为了给英法两国复仇，同时也为了教训无视条约的清朝政府，发起了新一轮的进攻。远征军包括两个步兵团、两个海军陆战营、一个猎兵营，以及炮兵分队、工兵和骑兵。远征军人数等同于步兵部队。这次远征军由蒙托邦（Montauban）将军指挥，在1859年的最后几天从法国启航。而英国人早已指挥分遣部队前往据点参加联军会议。

航海进程缓慢，军事进攻不得不向后拖延。希望这次进攻之后，我国可以拿回应有的权利，扩大远东贸易。

马克·维尔诺勒

北京和清朝人

PÉKIN ET LES CHINOIS

我们到旅馆时天已经快要亮了，我们休息了一个小时后又整装出发。一开始，雾气遮住了我们的视野，等逐渐消散之后，我们终于看清楚了村庄的样子。每隔一段距离，我们都要穿过一条灌溉渠。沿途的桑树伸出嫩黄的枝条，一丛丛的莲花铺满河岸，粗壮的深绿色秸秆上挂着黢黑的高粱穗。靛蓝的天空、芝麻和一些罕见的棉花共同为大地增添不同的色调，绘制出一幅秀丽的画卷。田野中零星散落着被高粱和针叶树包围着的房子，看起来很荒凉，实际上也确实如此，因为不论男人、女人，还是孩子，都在农田里劳作，房子里是没有人的。

晚饭将近，范宁（Ning-fan）绝不会忽视这件事，他敏锐地发现了一处农舍，农舍后面是一座养蚕场。

"从这里过去大约要步行15分钟，我们去看看，希望他们会款待我们。"

"我也这么想。天气这么热，您怎么忘记撑太阳伞了？"

"我还以为身后有仆人跟随呢。"

"难道是鸦片让您忘记了您已经把他们留在北京了？"

我们到蚕场时，暮色已经开始降临。一看到象征权力和地位的徽章，农民们惊恐地赶忙上前两手伏地连续叩拜了九次，他们身后还跟着六只小狗。

"大人在这里迷路了吗？"

"我们前来找点晚饭，顺便在此借宿一晚。有什么可吃的吗？"

"只有些蚕蛹，我拿去给你们做一盘可口的菜。拼拼凑凑还有几个鸡蛋和半只前天杀的狗。"

农民拿出一些菱角、蚕蛹和两根狗里脊招待我们。旁边摆着竹笋，吃起来很香。我们吃的短腿猎犬是清朝人专门供自家食用的牲畜，就像欧洲人养的兔子一样。狗肉口感很好，完全可以与羊肉相媲美。

范宁本以为我们得把租来的马和车夫发配回赛沽（Seè-koo），可是第二天一大早农夫就给我们准备了几头小牛，我们骑着走了。坐在牛背上没有坐骆驼那么累，但高度却不像骆驼，还是不太方便。

"我们永远也到不了城。"我跟范宁说。

"请相信我们能到。您坐稳了吧？"

"是的。"

"别管它，这牲畜给您看着路呢。"

"它知道我们去什么地方吗？"

"当然，因为它就在该走的路上。"

"我怎么才能驾驭它呢？"

"拿它的尾巴当缰绳。"

"您在跟我开玩笑吗，著名的大学问家？"

"亲爱的格雷古瓦（Re-gor，清朝人的发音将这个词读为 Grégoire）先生，我来给您展示一下怎么驾驭它，您想要疾驰还是小跑？"

"飞驰。"

"用力扭动它的尾巴。"

我使劲扭动牛的尾巴大概四五次之后，它就像得了眩晕症一样开始奔跑。没有比这更容易的了，我们既不需要鞭子也不需要棍棒就能驾驭它。这一天，我看到了优美至极的玉米地、烟草作物和一些在欧洲种植的主要作物。奇怪的是，当地用简单的种植手段就能获得丰收。

他们种的玉米有 10 到 15 法尺[1] 高，平均每法尺有 3 到 4 个玉米穗，比我们在比萨拉比亚收的玉米还要多四倍。我恳求范宁带我去询问那位农民用的是哪种肥料、用的是什么方法，以备回俄国后用得上。

途中我们经过几座外国军队的哨所。大部分清朝军队都被外国控制了。哨所有两层，上层周围建有楼台，楼台上持枪巡逻的是长胡子警戒分队。在城市里，这些哨所由警察协助。他们一旦发现醉汉、打架斗殴或者聚众闹事等情况，就会马上汇报给哨所的哨兵。无论发生哪种犯罪、事态严重到何种程度，这群左佩烟杆、右持长矛、步履铿锵的哨兵都是从容自然地前往事发地。如果是晚上，灯笼就会替代他们手里的武器。每个哨所旁边有一间简陋的岗亭，矗立在由 25 法尺（约 8.25 米）高的竹子支撑的高台上，要爬上它需借助一架梯子。岗亭里一般留有一名哨兵观察远方。

这样一群庞大的警察，用棍棒守护、管理着清朝。经过岗亭时，我发现士兵们正在用藤条随心所欲地抽打十来个戴着木枷的人，疼得他们在地上不停地打滚，就像魔鬼附体一样。你不知道这种木枷，这是清朝用得最多的刑具，我以后会给你画一幅刑具的草图。

伊雷内·崴瑞（Irenee Veret）

---

[1]1 法尺等于 1.067877 英尺，约为 0.33 米。——译者注

北京和清朝人

PÉKIN ET LES CHINOIS

在院内，妇女们的活动主要是玩纸牌和纺织，或者聊一些邻里间的闲话。窗户对着路口的妇人还喜欢从窗帘偷偷观察外面的情况。家务对她们来说只是生活的一小部分，就连孩子她们也很少操心。孩子常常被放在席子上，躺着或是坐着任意打滚玩耍。会跑的孩子则被批准到外面玩，但是宅子如果靠近水边，家长会特意在孩子脖颈上系上葫芦或气囊。这样，万一孩子掉进水里，也能给家长争取更多的施救时间。

中产阶级的饮食只是粗茶淡饭，米粥搭配清蒸鸭鹅肉就已经是人间美味了。老百姓如果能早晚吃上一把米、喝上几杯茶就已经很满足了。水果丰收的季节，老百姓的家常菜里还会添些李子、杏、桃子、葡萄、苹果、梨、甜瓜等水果。

北京的道路和广场就是永不休止的集市。在路上摆摊的商贩使这里成了商品集散地。这种水泄不通的局面从早上一直持续到深夜，硬是让宽敞的大道变成了只能用手拨开行人才能前进的狭窄小路。店铺的门帘都镀了金或者刷上了耀眼的颜色。每家商铺上都挂着硕大的布牌，上面用大字写着商品名和商贩祖先的德行。不过千万别被这些幌子欺骗了，更别轻易付钱。有的布牌上写着"货真价实"，也就是"我们不欺骗消费者"。汉语擅长用商业词汇，避开说"牟取暴利"这个词。不管是偶然还是饥饿把你们引到猪肉店或者家禽店里，请你们一定要小心。不管怎么讨价还价，你们可能还是会被骗。不管你们买的火腿肉色泽多么上乘，可能都是肥肉中加土的冒牌货。不管你们买的禽肉看起来多新鲜肥嫩，都可能被添加了东西，鸡蛋可能是孵化的，你们买走的奶酪也有可能是豆腐块。

道路和广场的每个角落都被手艺人占据着，各自从事自己的小行当。糕点师傅用两块石头支起烤炉，做着米饼、玉米饼和栗子糕等糕点；铁匠的篮子里装满了木炭和工具，锻铁炉放在三脚架上，一只手反复捶打着一块铁砧；剃头匠则一丝不苟地给顾客剃着头、编辫子和刮胡子。卖笛子的吹着笛子证明他的商品无可挑剔；书商把书摊在长椅上；皮草商人将皮毛挂在杆子上，就像那些卖老鼠药的把死老鼠标本挂起来一样；卖槟榔的商人把准备好的槟榔和叶子摆在折叠小桌上零售，他们甚至还在巡捕眼皮底下卖鸦片。旁边是生产烟斗的商人，挂在脖子上的篮子里半掩着日本白铜做的容器。清朝政府严惩吸食和贩卖鸦片的人，但却允许售卖用来抽鸦片的器具。

路尽头是个卖菜的商贩，上面放着白菜、萝卜、莴苣和甜瓜，堆得像小山一样。卖药的把他的药膏和药丸摆在席子上，放声吆喝他的驴皮阿胶可以包治百病，从冻疮到霍乱都可以医治，甚至可以把断的胳膊粘起来。一位牙医戴着150条用臼齿和犬齿穿的项链，正在用铁匠钳子给客人拔牙。远处，三位艺术家让观众沉醉在听觉的盛宴中。其中一个用三弦弹奏，另一个拿着便捷的吹管乐器"笙"，这是由十几根空心芦苇排列在一个葫芦里做成的乐器。第三个人使出浑身解数敲打着编钟，这种乐器由两排大小不一的钟组成。人群驻足的十字路口处有卖烧酒的商贩，烧酒可治痛风、去结石、催肥、保持皮肤靓丽。而结石、痛风在清朝是不为人熟知的。

总而言之，穿过两条巷子，就能领略到北京城形形色色的行业。这些流动商贩要么吆喝，要么吹口哨，声音多种多样。在这群喧嚷的人群中，走过一个高大魁梧、身材臃肿的男人，身后尾随着两个人，其中一个抱着两根藤条和一包细绳，另一个则撑着一把晴雨伞。这是位巡捕统领，正做出一副可与皇帝同席的模样。在清朝，即使是芝麻小罪也会受到严惩。财富不代表权力，富人受到的惩罚比流浪汉要多。官宦也不会享受特别照顾，必要时皇帝就会严厉鞭打他们，但这不会影响他们的升迁和地位。

这里没有四轮马车，人们出行靠马或者人抬的椅子和轿子。清朝的马车由一个封闭车身和两个轮子组成。这是皇帝的出行装备，同样也是官宦和农民的出行工具。但只有君主的马车被漆成黄色，这是皇家才能使用的颜色。我们可以参观市中心和郊区。游览某些地方需要皇帝的批准，甚至去山上取矿泉水也要获准才行。

自从我到了这里，就一直想顺着白河走到河口那里。俄国的考察团曾发来许多关于北京及其郊区的珍贵材料，但至今也未能获得任何有关黄海水流和河口的准确信息。请求加入这项任务显然会遭到拒绝，也会引起对方的怀疑。对此，我不抱任何幻想。我和清朝人范宁接洽，他是考察团的勤杂人员。范宁很快找到了一个船夫。清朝人害怕刺藤和麻绳，但热爱银条。

在约定好的那天，我穿上船夫的衣服，剃了头戴上假发帽。我把脸藏在黑纱后面，这是当地用来挡风沙和遮阳的用具。欧洲人的面孔与中国人截然不同，哪怕看上一眼就知道这一点。我在范宁的陪同下偷偷到了通州这座人口稠密的大城市。这里的繁荣主要归功于鱼卵业。几千居民满城奔波，搜集浮在河塘边的里面含有鱼卵的胶状物。他们把鱼卵拿到通州人工孵化然后卖给农民，农民再把孵化的鱼放到灌溉渠养殖。

通州和天津之间的白河水流缓慢，在枯水期，也就是 11 月到次年 5 月期间，船只只能在涨潮时才能航行。两岸田野平坦，到处是精心耕种的痕迹。沿途的各个角落随处可见储水用的水闸，这些水要么用来灌溉，要么在河流干涸时回流回去。河道两岸的村庄构成了连接天津和通州的巨大市郊。如果走运，顺风时穿行整个河道只需要四天，即使河道拥塞了各种渔船、帆船和木筏。

天津就坐落在南运河与白河交汇点的下游，注入这两条河流的还有巧夺天工的大运河，它已经成为皇宫与北京城交易的重要通道、京都生命之河。我们十分小心谨慎，下午四点停船买了一些必需品，晚上九点就重新出发了。天津到黄海预计还有 125 俄里（约 133.35 公里）处，白河开始逐渐拓宽。平均水深在 12 到 15 法尺之间，考虑到四面八方汇集而来的河流，这点儿深度看起来并不起眼。涨潮期和融雪期，水深也从未超过 4.5 法寻（约 7.3 米）。如果说两岸田野看起来荒无人烟的话，那白河可以说是一派生机盎然的景象了。上千条渔船和小帆船纵横交错。生活在水上的居民数量庞大，保守估计，有至少 1.6 万户一直住在船上。从远处传来大沽口已经拥堵的消息。村庄的重要性也就靠这大片的盐田凸显了。停下等待的帆船一定都在等涨潮，不然无法穿过挡住河流入口的沙洲。

冬天，这片沙洲几乎不能通行，尤其是刮西风和西北风时。融雪期，也就是 4 月到 11 月，吃水深度 10 法尺（约 3.3 米）的船借助竹子做的水桩测量水深，可以顺利驶向海面或者江河。只要稍做一些工程，或许就可以改善白河的水流状况、降低沙洲带来的危险。但清朝政府似乎对这条交通命脉忧心忡忡。我认为，他们是打算填平这条河，阻止船只通行。天津因地处白河半腰，位于黄海到北京的必经之路，被称为京城要害，是敌人入侵的首要攻取之地。关闭大运河，北京城就会中断供给，这座骄傲的城市就不得不屈尊让步，不然只能在饥饿中逐渐消亡。

伊雷内·崴瑞

LE MONDE ILLUSTRÉ

世界画报

1860 年 5 月 19 日
发行第 4 年 第 162 期

LE MONDE ILLUSTRÉ

19·MAI·1860
4ME ANNÉE No162

德·蒙蒂尼先生从清朝带来的稀有物品

COLLECTION D'OBJETS PRÉCIEUX RAPPORTÉS DE LA CHINE PAR M. DE MONTIGNY

公众有幸欣赏陈列在罗浮宫的清朝生活艺术品。这些物品都是德·蒙蒂尼先生从清朝带来的，所以命名为"清朝博物馆"。同时展出的还有其他稀罕又实用的物品，比如清朝的农耕器具和家禽，如今都已经被引进到了法国。我们本以为这次兴师动众的考察之后，德·蒙蒂尼先生会停止探索，然而这仅仅是开始。他很快又投入工作中，一次又一次地突破之前的记录。

罗浮宫在香榭丽舍大道旁边。一步入展厅就可以感受到异国风情，一扇新世界的大门由此打开。首先映入眼帘的是一件成色完美的青花瓷。随后是一扇高约 1.5 米的屏风，表面镶嵌着玉和宝石等装饰物。再走近几步，是一件铜胎掐丝珐琅瓶，天蓝色瓶身上镶嵌着花纹和涡卷线式图案，三只雄鹿清晰可见。两柄上各有一条象征皇权的镀金五爪龙，瓶身底部的三只鸟彰显帝王身份，托起整个瓶身。五爪龙和三只鸟已经充分说明了瓶子的来历，其实德·蒙蒂尼先生的大部分收藏品都来自清朝皇宫，价值不可估量。

德·蒙蒂尼先生展出的收藏品足足有两千多件，我们无法一一列举，其外形和材质多种多样，极大地满足了观众的好奇心，涵盖了木雕、景泰蓝、图画、宝石、家具和瓷器等多种展品。展览中有很多有意思的地方，我们的速写图只给大家描绘了展览的大致景象。

特别引人注目的是 14 幅丝绸风景画，镶嵌在高约 3.35 米的红木板内，木板背面用金色大字描述了相关达官显贵的故事。值得推荐的另一个展品是清朝卧室，由三个隔间组成，前两个隔间由红木环绕，上有象牙作为装饰，中间还有一扇百叶门可以随意开合。

床的两边是两个塔形的架子，均为两米高。这两件精雕细琢的作品十分符合现代审美。

玻璃柜中陈列了许多巧夺天工的宝石，玉器、水晶、祖母绿、光玉髓、玛瑙、天青石、孔雀石等应接不暇。除了清朝人，恐怕没有其他民族有这样的耐心和手法了，雕琢一块玉器就需要五六年时间。

德·蒙蒂尼先生收到了来自世界各地的赞扬和询价。不得不提的是托斯卡纳博物馆（Musée Toscane）管理人，他高度评价了收藏的宝石。毫无疑问，应该让我们驻广东的外交官从这个正在消亡的国度搜寻更多有价值的物品。这对法国和科学研究都是有益的。

阿龙热（Alloge）

LE MONDE ILLUSTRÉ

26·MAI·1860
4ᴹᴱ ANNÉE N°165

世 界 画 报

1860 年 5 月 26 日
发行第 4 年 第 165 期

LE MONDE ILLUSTRÉ

蒙托邦将军登陆香港

DÉPARTEMENT DU GÉNÉRAL DE MONTAUBAN À HONG-KONG

　　根据来自清朝的资料，本报将重现法国政府赴清朝远征军总司令蒙托邦将军登陆香港的景象。

　　全岛居民，尤其是欧洲裔民众，成群结队地聚集在码头。意大利、美国和英国的旗帜随风招展。几名前来迎接的清朝官员强颜欢笑，其实早已吓得魂不附体。因为去年法国和英国曾经在此蒙羞，而眼前这位将军正是为复仇而来。

　　蒙托邦将军巡视澳门和广州之后，于 3 月 5 日从香港动身奔赴上海，与从南圻赶来的福尔班（Forbin）将军汇合。另外还有总参谋长施密特（Schimitz）上校、炮兵指挥官贝特曼（Bentzman）上校、分管行政事务的副军需官迪比特（Dubut）以及其他参谋部随军军官，他们都要协助他为迎接 4 月底到达的部队做好相应准备。

　　英法联合远征军的前期准备工作在香港展开，需从广州运送大量军需品。另外，从吕宋和日本采购的 4000 匹战马已经在运输途中。联军必须保持高度警惕，因为清朝人已经夸下海口，不会让任何一个法国人或者英国人活着回到欧洲。

马克西姆·沃韦尔

3 月 3 日蒙托邦将军抵达香港。
根据远征军军官 L 的草图绘制。

ARRIVÉE DU GÉNÉRAL DE MONTAUBAN À
HONG-KONG, LE 3 MARS, D'APRÈS UN CROQUIS
DE M. L... OFFICIER DE L'EXPÉDITION.

L'ILLUSTRATION

14・JUILLET・1860
SAMEDI N°907

画刊

1860 年 7 月 14 日
星期六 第 907 期

L'ILLUST RATION

远征清朝

EXPÉDITION EN CHINE

以下文字来自我社的一名通讯员。

您好，附件中有两张插图，其中一张描绘了"马拉巴尔"号（Malabar）遇难的情景，另一张则描绘了公使们在加勒港被迫停留了两周，准备乘坐"北京"号（Pékin）出发前往清朝的情景。

一位名叫米斯玛（Messemacker）的商船船长向我提供了这些信息。他第一个前来救援遇难船只，帮助法国公使脱离了险境。如果消息属实的话，葛罗男爵已经向法国当局汇报了这位船长的英勇之举，甚至提议要授予他荣誉勋章。

救援工作进展得相当缓慢。在撰稿时，"马拉巴尔"号已经完全沉没，船舱里还装有价值 1250 万法郎的银锭。一大批电报沉入水底，幸存的电报中数法国电报最多，9个装有法国电报的箱子打捞上来了 7 个。公使们的行李不是不见了，就是被损坏了。葛罗男爵的 21 箱行李中有 14 箱被打捞了上来，而他的一等秘书贝莱库的行李箱几乎全部不见了。额尔金勋爵的情况比葛罗男爵要糟糕。如您所知，葛罗男爵是位摄影爱好者。如果摄影界的朋友们得知他的那些摄影工具在临行前就被损毁弄丢，一定深感遗憾。

公使临行前，国防部还授予他一面国旗，希望到达清朝后他手持国旗出席欢迎仪式。但是由于此次海难，这面象征着祖国的旗帜也没能幸免于难。国书虽然破损，但好在字迹依然清晰可辨，还可以呈给清朝皇帝，但是用天鹅绒制成的国书封皮已经面目全非，不能呈递了。

这些葛罗男爵亲自向我提供的信息，希望您能够报道出去。下面我再说一下海难发生后公使们前往清朝的情况。当地时间 6 月 4 日，"北京"号到达了印度孟买，第二天凌晨 5 点出发前往清朝。除了公使之外，船上还有许多其他的乘客。

临行前，当地居民夹道欢送公使，从公使下榻的政府酒店到码头，一路上都有驻防部队列队守候。额尔金勋爵以及他的随从登上了英国护卫舰"独眼巨人"号（Cyclops）的 1 艘快艇，而葛罗男爵则在一等秘书的陪伴下登上了"韦泽"号（Weser）快艇。快艇一到轮船的锚地，岸上便响起 21 声礼炮，欢送舰队出发。

"韦泽"号将于 6 月 7 日上午出发前往目的地。希望快艇能够按时到达清朝，这样我们运送的 3 艘炮艇就能在即将发生的战争中派上用场了。

敬请期待更多、更重要的消息。

> 皮尔·派吉特（Pierre Paget）
> 加勒港的"韦泽"号轮船上
> 1860 年 6 月 7 日

▲ "马拉巴尔"号在斯里兰卡的加勒港遭遇海难。

EXPÉDITION EN CHINE.-NAUFRAGE DU MALABAR SUR LA RADE DE LA POINTE DE GALLES CEYLAN.

▲ 1860 年 6 月 5 日，额尔金勋爵和葛罗男爵从斯里兰卡出发，准备乘坐 "北京" 号轮船前往清朝。根据罗乌先生提供的素描绘制。

LORD ELGIN ET LE BARON GROS PARTANT DE CEYLAN POUR LA CHINE A BORD DU PAQUEBOT LE PÉKIN, LE 5 JUIN 1860. D'APRÈS PAR M. F. L. ROUX.

L'ILLUSTRATION

画刊	L'ILLUSTRATION
1860 年 7 月 21 日 星期六 第 908 期	21·JUILLET·1860 SAMEDI N°908

远征清朝

EXPÉDITION DE CHINE

致主编：

今年 4 月 21 日，联军占领了舟山。我已经给您邮寄了描绘守卫舟山岛锚地的东岳宫山（Joss-hill）要塞的素描。舟山岛的首府定海距离要塞的后方一公里远，从要塞的底部可以看到。英法联军驻扎在寺庙里、东岳宫山要塞里及城外的一个制高点上。蒙托邦将军与其司令部于 5 月 8 日到达了舟山，准备和英军以及清朝当局一起开展岛上的行政管理工作。英法特派专员掌握的警察局可以维持治安。部队源源不断地在此地集结，等到数量足够多时，就会离开此地，前往位于渤海湾的芝罘。那儿距此地 24 小时的路程。

我将就局势的进一步发展向您做准确的汇报。谨向您致以最崇高的敬意。

狄谢尔（Déschiens）

上海

1860 年 5 月 14 日

我们于 4 月 21 日上午到达了定海。200 名海军官兵组成了两个联队，在总指挥蒂斯巴里奥中校的带领下从广州赶来。我很荣幸地向您寄送了两张定海的景观图。部队于当天晚上就登陆了，清朝人并没有做出任何抵抗。第二天，部队在堡垒举行了升旗仪式，国旗在两根匆忙竖起的旗杆上冉冉升起。我寄给您的素描中呈现的正是这个

▶英法联军夺取要塞。

PRISE DE POSSESSION DU FORT PAR LES FORCES ALLIÉES.

▶商船

JONQUE DE COMMERCE

景象。画面取自近处的城墙上，从这个角度望去，堡垒并没有居高临下的感觉。我之所以选择这个位置，是为了让读者更好地了解当地的防御工事。这儿很迷人，到处都是水、稻田等，道路宽阔平整，在一丛丛的树木中一处处孤零零的房屋就像沙漠中的绿洲。城市的四周是城墙，离海边有一定距离。

蒙托邦将军刚刚来看过我们。昨天他乘"福尔宾"号（Forbin）从上海来到了这里，明天就要回去。他当着我们的面，向蒂斯巴里奥中校夸奖了我们。我将不断向您寄送该城的全景图以及一些古迹、城门、寺庙等的特写。

向您致以最崇高的敬意。

法切尔（P. L. Faucher）

定海

1860 年 5 月 10 日

尊敬的主编：

我很荣幸地向您寄送了两张具有代表性的素描：一张是定海的堡垒，一张是定海市被英国炮兵部队占领的一座寺庙。

联军在清朝的第一次军事行动中占领了舟山岛，目的是在那里建立军火库和仓库，供从香港出发前往直隶的军舰停泊、补给。4 月 21 日，舟山岛被占领，定海也未做任何抵抗就向霍普·格兰特（Hop Grant）将军以及佩治（Page）和琼斯（Jones）海军准将投降了。定海有几处景色相当奇特的寺庙，守卫着定海港口的堡垒风景也很宜人，英法两国的国旗从 4 月 21 日就在此飘扬。

我寄给您的其中一张素描，描绘了英国炮兵部队占领的一座位于水塘里的寺庙。其右侧可以看到东城门，其左侧是一座古塔。我认为您会欣赏这些素描，便给您寄送了过去。很快我们便会启程北上，到时候我应该会有更多的素描。

谨向您致以最崇高的敬意。

海军中尉

上海

1860 年 5 月 7 日

▶ 舟山岛的首府定海港

PORT DE SHANG-HAI, CAPITALE DE L'ILE DE CHUSAN

▲ 保卫定海和锚地的东岳宫山要塞

FORT DE JOSS-HILL DÉFENDANT LA VILLE ET LA RADE DE SHANG-HAI

▲ 上海海关总署。根据科斯特、狄谢尔和法切尔先生寄来的图片绘制。

LA DOUANE DE SHANG-HAI. D'APRÈS LES DESSINS ENVOYÉS PAR MM. COSTE, DÉSCHIENS ET L. FAUCHER.

LE MONDE ILLUSTRÉ

28 · JUILLET · 1860
4ME ANNÉE N°172

世界画报

1860 年 7 月 28 日
发行第 4 年 第 172 期

LE MONDE ILLUSTRÉ

远征清朝

EXPÉDITION DE CHINE

占领舟山岛

从今年 4 月 14 日开始，我军就已经开始对清朝政府展开了军事行动。

经过磋商，英法全权代表以及进攻清朝的联军陆海军部队司令官同意在这一天共同占领长江口的舟山岛。1840 年鸦片战争时，英军正是占领了这个重要的岛屿作为其战略基地。

20 日晚，远征军云集在舟山西侧的京唐（Kin-tang）锚地。联军司令官决定第二天一早就前往舟山，并且敦促清朝政府将舟山岛及其首府定海交给联军，否则立即展开进攻。

法国海军准将佩治先生乘坐"迪歇拉"号护卫舰位列纵队之首。舰队在防御工事前呈纵队行进，但工事却没有射出一发炮弹。原来清朝人已经悄悄地撤出了岛屿，并按照英法两国海军司令以及英国陆军中将霍普·格兰特（Hope Arant）的要求写了投降书。

我们的图画描绘了舟山岛以及定海投降之后，定海防御工事的情景。英法两国将旗帜竖立在工事的制高点，并且告知清朝人，对联军的任何侮辱行为都会立即受到惩罚。

一条广州街道

既然我们的士兵和水手已经击破了著名的清朝城墙，那就让我们穿过缺口，冒险来参观广州的一条街道吧。清朝的街道一向很笔直，由于两旁很少有房屋，所以街道上的空气流通很好。虽然街道很宽阔，却经常发生拥堵，你很难站在某地固定不动。因此，拿着鞭子的士兵们还负责维持交通秩序。所以，我们不是很清楚通讯员是如何画出司库大街（Rue de la Trésorerie）的街景的。说真的，为了描绘这一场景，他的确站在了原广东省司库所在的扬颂（Yansoun）广场前，而现在这栋建筑被法国士兵当作了营房。

广州的主要干道上，一顶顶华丽的轿子总是会增加行人的尴尬。如果要形容一下这种场面的话，那无疑是江面上各种帆船、商船、驳船、官船以及各种小艇交错在一起形成的拥堵场面。幸好有十分灵巧的水手懂得如何在这各式各样的船之间开辟一条通道，只要付他们几文钱，他们就会把你送到要去的地方。这些富有经验的水手就是船家女（Tancadères），属于清朝独有的女性行会。那些出租的小舟就像江上的出租马车，通常都是由两名女士负责驾驶——一个年轻貌美，一个年老丑陋。在行船途中是允许谈话的，只要乘客懂中文。那些舢板的中央都有一个甲板室，里面铺着席子和坐垫。驾船的年轻女子手脚都非常纤细，她们不像清朝贵族妇女那样长着畸形的小脚，也不像她们那样走起路来姿态可笑。

花园中的一个角亭

在珠江两岸，一座座精美的花园由干净得像佛拉芒地区的围墙及一些精心布置的栅栏圈起，而花园深处还隐藏着一些十分迷人的住宅。这些木质、砖质的建筑并不高大，但占地面积很广。这些轻巧的建筑被粉刷成各种颜色，由一些长廊相连，并且由数不清的小立柱支撑着，镶嵌着各种铜质、象牙、珍珠的装饰品。里多（Rideau）先生给我们寄来的浩官（Hao-qua）花园角亭的图画，以及摇船女和司库大街的素描中都展示了隆起的屋顶的形象，这与那些清朝富商偶尔来住一两天的别墅有很大的区别。

马克·维尔诺勒

▲ 1860 年 4 月 21 日，法国海军在海军准将佩治的率领下，英国海陆两军在陆军中将霍普·格兰特以及海军准将琼斯的率领下占领舟山岛。根据海军准将佩治参谋部的一位随员海军军官的图画绘制。

EXPÉDITION DE CHINE.-OCCUPATION DE L'ÎLE CHUSAN PAR LES FORCES NAVALES ET MILITAIRES FRANÇAISES SOUS LES ORDRES DU CONTRE-AMIRAL PAGE. ET LES FORCES DE TERRE ET DE MER DE LA GRANDE-BRETAGNE COMMANDÉES PAR LE LIEUTENANT-GÉNÉRAL SIR HOPE ARANT ET LE CONTRE-AMIRAL J. JONES, LE 21 AVRIL 1860, D'APRÈS UN DESSIN DE M.*** , OFFICIER DE MARINE, ATTACHÉ À L'ÉTAT-MAJOR GÉNÉRAL DE M. LE CONTRE-AMIRAL PAGE.

▶ 广州的司库大街。根据里多先生从清朝寄来的画册绘制。

RUE DE LA TRÉSORERIE À CANTON, D'APRÈS LES DESSINS TIRÉS DE L'ALBUM DE M. LE DOCTEUR RIDEAU ET ENVOYÉS DE CHINE.

◀ 广州浩官花园里的角亭。根据里多先生从清朝寄来的画册绘制。

KIOSQUE DANS LES JARDINS D'HAO-QUA À FATI, RIVIÈRE DES PERLES À CANTON, D'APRÈS LES DESSINS TIRÉS DE L'ALBUM DE M. LE DOCTEUR RIDEAU ET ENVOYÉS DE CHINE.

▼ 在江上驾驶出租船的广州妇女。根据里多先生从清朝寄来的画册绘制。

TANCADÈRES DE CANTON, FEMMES CONDUISANT LES BATEAUX DE LOUAGE SUR LA RIVIÈRE, D'APRÈS LES DESSINS TIRÉS DE L'ALBUM DE M. DOCTEUR RIDEAU ET ENVOYÉS DE CHINE.

L'ILLUSTRATION

22 · SEPTEMBRE · 1860
SAMEDI N°917

画刊

1860 年 9 月 22 日
星期六 第 917 期

L'ILLUST RATION

远征清朝

EXPÉDITION DE CHINE

　　远征清朝的联军刚刚迈出了第一步。渤海湾南侧和北侧入口的两个港湾已经被占领。第一个是我国的舰队及远征军占领的芝罘港，第二个是英国人占领的大连湾。由于渤海湾四周没有港湾，因此有必要选择两个最近的地点，以便大军安全登陆。经过海军准将卜罗德先生的一番侦查，最终决定由英国军队占领大连湾，而我军在芝罘港登陆。事实上，几乎同时，英国船队离开香港，法国舰队离开吴淞口（Woo-sung）。

　　如今，英法联军在两个港湾紧锣密鼓地准备着。在芝罘港，远征军占领了烟台（Yen-tai）村的四周以及邻近村子延伸到海里的小山丘。如同我们在下图看到的那样，这是一个绝佳的战略要地，只要几个连就可以轻松地抵挡进攻。整片区域似乎都见不到一个清朝士兵，邻近村子的村民只是静静地种着自己的地，卖着他们的粮食。一开始他们还有点害怕，但很快便放下心来，如今是他们给舰队供给各种食物。

▼ 位于芝罘港的蒙托邦将军的总司令部

QUARTIER GÉNÉRAL DU GÉNÉRAL DE MONTAUBAN
À TCHE-FOU

▲ 指挥官的居住地：芝罘的一座大寺庙和一家戏院

EXPÉDITION DE CHINE; LA GRANDE PAGODE ET LE THÉÂTRE DE TCHE-FOU, RÉSIDENCE DU COMMANDANT DE PLACE.

▲ 烟台。根据罗乌先生和饶勒斯先生所寄的图画绘制。

YEN-TAI. D'APRÈS LES DESSINS ENVOYÉS PAR MM. ROUX ET B. JAURÈS.

L'ILLUSTRATION

29 · SEPTEMBRE · 1860
SAMEDI N°918

画刊

1860 年 9 月 29 日
星期六 第 918 期

L'ILLUST RATION

清朝的俄国传教会

LES MISSIONS RUSSES EN CHINE

位于北京的俄国传教会完全是宗教性质，是经过清朝皇帝批准后建立的。两国曾经历了一场战争，战争期间位于黑龙江流域的雅克萨要塞的所有哥萨克家庭都被运送到了北京，这些哥萨克骑兵成了清朝皇帝的卫兵。但是当两国签署和平条约后，清朝政府最终同意在北京建立两座俄国修道院和教堂，以保证哥萨克骑兵的后人能够继续信奉基督教。从此，北京便建立了俄国传教会。虽然现在这些人还保留着雅克萨人的名字，但是他们的习俗和相貌已经跟清朝人没有什么区别。

这两座教堂保留至今。一座位于城北雅克萨人的主要居住区，由一座佛教寺庙改建而成，从那里可以看到北京西北角的宝塔。另一座教堂位于市中心最繁华的区域，靠近皇宫，由一座宫殿改造而成。教堂建造得非常美观，顶部竖立着一个十字架，如此显著的标志竟然在清朝境内公然竖立着，令人印象十分深刻。

俄国传教会由一个修道院院长、三个神父、一个天文学家（其天文台位于城北的那座修道院中）、一个医生、三个学习汉语和满语的年轻人组成，这些人每十年更换一次。从圣彼得堡到达北京，传教会成员要穿越乌拉尔河和整个西伯利亚，到达边境城市、茶叶贸易中心恰克图。整个旅程都要乘坐四轮马车在公路上穿行，每到一处驿站都要更换马车，春季和秋季几乎无法通行。然而这段大约 6800 公里的路程，邮差却可以在 18 天内跨越。从恰克图到北京还有一段路程，有蒙古人提供的驿站服务。驿站马车夫驾驶着小小的二轮马车搭载着旅客，如闪电般穿过各种崎岖的道路。行李则由骆驼运输，每到一处驿站也会更换骆驼。《画刊》一系列绘画的作者所在的旅行队由 120 匹

▲ 年轻的清朝姑娘

JEUNE FILLE CHINOISE

▼ 传教会的临时驻地

CAMPEMENT DE LA MISSION

马、90 匹骆驼组成，这些牲畜就靠一直延伸到长城脚下的戈壁沙漠上的大量牧草为食。从恰克图到北京这段大约 1840 公里的路程耗时 20 天，夜晚旅行队成员就睡在蒙古包里。从圣彼得堡到北京，除了在边境停留的一到两天，俄国传教士共需 41 天。如果蒙古人同意夜晚赶路的话，行程还可以缩短。

北京地处平原，只有进了城门人们才能远远地看到北京城。刚到达北京，眼前的一切让人很失望。一条条宽阔的大街满是垃圾，令人厌恶的灰尘无处不在，放眼望去都是些低矮的破房子。起初，人们以为眼前的一切还是郊区，但是径直走了 8 公里后却发现，眼前破败的景象并没有发生任何改变。唯一值得注意的是一些城墙和少数古迹。城中除了从周围水道引来的水源外，没有其他可以饮用的水。俄国人发现，在北京的街道上行动很自由，可以安全地到处穿行，毫不费力地穿梭在城中的任何一个地方，进入所有的店铺。唯一不便之处就是，他们每走几步就会遇到大量的穷人。没有人给予这些穷人任何救助。虽然清朝政府特意组织了救助，但是负责落实的人几乎挪用了所有用来救助的资金。俄国传教会所在街区的一名警官正受枷锁之刑，他给供货商订立的捐税过高，以至于所有的商人都离开了此地。他要戴着枷锁在传教会驻地的门前示众 8 天以上，枷锁上还会注明他所犯的罪责。

卡斯特（V. Castel）

▲ 轿夫

PORTEURS DE PALANQUINS

◄ 清朝妇女

FEMMES CHINOISES

▼ 清朝独轮车

BROUETTE CHINOISE

LE MONDE ILLUSTRÉ

6·OCTOBRE·1860
4ᴹᴱ ANNÉE N°182

世界画报

1860 年 10 月 6 日
发行第 4 年 第 182 期

LE MONDE ILLUSTRÉ

清朝报道

CORRESPONDANCE DE CHINE

亲爱的朋友:

　　大概已经有人完整详细地向您讲述了部队从出发到抵达，再到登陆、安营扎寨乃至军人穿着打扮的所有细节。简而言之，所有好的坏的事情您大概都已经知道了。应该有人告诉您（这是必然的），您的同胞们在这个国家表现得十分优秀，一切都按计划进行。军需处后勤保障到位，所有军需品都被编上了编号，规定的抵达时间具体到了日。但是在运输过程中发生了几次沉船事故，造成补给物资损失严重，导致工兵分队以及其他分队只能采用东方的补给物资来补充，因此无法完全彰显法国军队的卓越风采。应该还有人告诉您，英国人多么洋洋自得。在陆地上即使有印度作为第一据点，但到目前为止他们也没赶上我们和对手。他们有一支强大的海军舰队，估计有 100 多艘军舰，这还不算那些像海鸟一样充斥在这片海域中的欧洲商船。我想跟您说的正是这些商船的事，因为这些事情正是您所不了解的，没有比它们在这儿干的勾当更稀奇的事了。

　　从现在起，英国已经开始从清朝战场获利了。我不太清楚英国政府从中得到了多少利益，也不知道他们的远征军要花费女王子民多少纳税钱，但是从与清朝政府的交易中获取的利润已经足够补偿他们了。这笔财富的源头就是军火走私，一些唯利是图的英国商人现在已经完全变成了清朝的武器供应商。

　　在他们的悉心帮助下，清朝获得了武器装备。维多利亚女王陛下的战士们已经不止一次从战败者手中收缴到刻有英国国徽的枪支与火炮了。"心怀邪念者可耻!"这句著名的格言用在这儿再合适不过了。据估计，英国人已经从这项非法贸易中获利 1500 多万英镑，这自然也说明了英国本土的一些商人对这项贸易不抱偏见的原因。他们为这项贸易辩解的理由是，他们提供给敌人的武器都是质量最低劣的产品，也就是法国商人口中的"过时货"。

下面为您介绍一下这些军火贩子是如何走私军火的，这相当值得了解。

平定印度叛乱之后，英国人解除了印度部分地区的武装，特别是土著军队的武装。他们反复搜查了阿瓦德（I'Oude）和西孟加拉（Le Bengale）等地，并收缴了地方武装小头目们私藏的火枪和企图埋在地下的火炮。让英国人感觉良好的不仅来自士兵，也来自武器。他们改良了部队和贸易公司手中的步枪和火炮，配发了来复枪和远程火炮。淘汰下来的大量废旧武器不仅被运到了内陆的要塞，还被送到了沿海的大城市。英国人决定把这些没用的装备全部卖掉，但条件是所有买家必须立即把它们运出国，为此他们还建立了严格的监督机制。

一开始这笔买卖没什么生意，只有几个杂货商贩了几箱货卖到非洲沿海国家，如莫桑比克、桑给巴尔等。但因清朝提供了一个既安全又有利可图的市场，这批货在市场上的价格突然飙升。于是催生出了我刚才跟您提到的这个稀奇庞大的走私贸易。列日[1]和英国的军火制造商很快就知道了这件事情。自意大利战役结束后，许多卖不出去、成了废品的旧式步枪都开始被大量出口。但是由于从好望角中转的运输时间太长，而走苏伊士运河的运输线路既贵又不安全，所以武器制造商们就把大量武器先出口到美洲，再由美洲越过太平洋卖到清朝沿海。这样就产生了自西向东和自东向西两条路线。清朝的官员们肯定要笑话这些愚蠢的野蛮人竟然不远万里将武器卖给天子的军队来攻打自己，却不知卖到清朝的武器全是从印度和欧洲淘汰下来的劣等货。

但是，正如您肯定会想到的，这笔生意也不是全无风险。除了走私行径难以隐藏之外，在人流聚集的地方卸货会遇上众多巡逻舰是另一个风险。一旦遭遇，军方很可能会对这种人道主义大过爱国主义的走私行为横加指责。但是进行走私的英国和美国商人并没有为此发愁，他们设立了一些特殊的走私据点。

一些鲜为人知的锚地成为贸易双方的接头地点。在这之前，这些地方没有任何人来做生意。欧洲的走私船不用担心受到任何调查，安心卸货。另外，这些地方水位低，军舰一般进不来。各种横帆船、小快艇甚至是纵帆船都可以用来送货。等货运来，清朝官

---

[1]比利时城市。——译者注

员或官员代表便用轻便的平底船接收这些珍贵的货物。这些船接到货之后，穿过岸边的礁石，迅速消失在那些在外海时常可见的欧洲军舰的视野之外。这些交易地点被精心隐藏起来，其中有一个地方，虽然我不知道它的具体位置，但是我知道它的名字叫刺州（Tsi-cheou）。

如果清朝战事继续蔓延的话，这个只有不到二十间茅屋的据点，将会成为一座和平的城市。这里已经聚集了三四千人，有各色掮客。他们为清朝皇帝又带来数不尽的掮客，这些掮客都是在"野蛮人"和皇帝的武器库中间榨取利益的小偷。有人告诉我，一个美国军械师甚至开了一个工坊，承包了维修武器的工作。因为，大部分清朝人都还在使用火绳枪，他们不知道如何修理新式步枪。不管怎么说，这种走私贸易获得了政府的许可，大量钱财流向了上海和其他被这些走私船当作据点的城市。这些行为怪异的船只返航时，船舱里只有压舱石，没人知道它们把货卸到了哪里。因为这里不受欧洲的监视，他们可以自由地购买货物，装船出发，再次开始新的冒险。

我不知道是不是出于这些原因清朝人才变得莽撞起来，虽然他们宣称自己什么都不怕……

艾利·朗格勒（Aylie Langlé）

上海

8 月 12 日

《世界画报》特别报道

CORRESPONDANCE PARTICULIÉRE DU MONDE ILLUSTRÉ

先生：

告诉您一个重要消息，清朝远征军才开始行动，似乎就要结束了。我们和英国的部分队伍、诸位使节、陆军司令和海军司令目前都在天津。

　　我在前一封信里跟您说，我们已在北塘登陆。登陆当天夜里，我军在英国军舰的掩护下攻击了一次，并向敌方要塞进发。我军一炮未发就进了内河，清朝军队发现自己突然被包围后，仓皇弃守。这样我们就有了作战基地。北塘村建在一块土质相对坚硬但是面积十分狭小的地方，四周都是广阔的泥滩。北直隶海湾沿岸全是这种淤泥质的海滩。

　　部队不可能在北塘停留。一条十分狭窄的小路是这里前往大沽口要塞的唯一通道，上面早就被清朝人布置了许多路障。14 日，我军开拔，随后攻下了一个规模不小、防守严密的兵营，一个要塞和几个村庄。敌方兵力损失不少，我军收缴了 15 门铜质大炮。之后我军继续前行，抵达大沽口北岸。我们需要控制海河两岸。军舰舰长若热居布里（Jorgeguybri）率领海军在几支猎兵连的掩护下，冒着敌人猛烈的炮火过了河。我军随后开始在河面上搭设浮桥，并于第三天完工。

　　我方定于 21 日攻打大沽口要塞。20 日下午，炮舰开拔，穿过河口沙洲到达敌方要塞前。21 日凌晨 4 点半，陆军开始进攻，4 艘法国小型炮舰和 4 艘英国炮舰同时开火，对敌人进行牵制攻击。5 点，双方交战十分激烈。5 点 15 分，一名骑兵跳进了敌方第一个要塞。5 点 20 分，第二个要塞内部发生剧烈爆炸，敌方火力显著下降。

　　我方军队迈着坚定步伐继续向前挺进，并向清朝要塞发射了大量炮弹。8 点 15 分，第一个要塞上方飘起了法国国旗，之后没多久，第二个要塞放弃了抵抗，被我方攻占。9 点，南部要塞升起了白旗，两军停战。22 日，联军占领南部要塞。紧接着，我方军舰开进大沽口，轻易地拆除了敌方在河中布下的障碍物。清朝要塞的胸墙上有许多小型三角炮台，它们的火力不容小觑。我们在他们的炮台上还发现了去年沉没的炮舰上的英国火炮。

　　与这几次战斗有关的草图我都会给您寄过去。与这封信同时抵达的军情报告将会让您了解到这场卓越战役的细节。在这场战役中，为了共同的事业，我们的鲜血再次与英国人的血液交汇在一起。据估计，敌方损失的人数在四五千人之间。我们两国军队加起来一共约有 500 人丧失了战斗力。同时，攻下大沽口要塞，为我们增加了 500 多门大炮，其中大部分为铜质。

几天前，在我们之前停靠的地方发生了一件可笑的事情。清朝南方沿海地区的一个巡抚上船来拜访我们，想要见识一下所有新奇的欧洲玩意儿。他在军官休息室里看到了一个风箱，这个新奇的玩意儿勾起了他的好奇心，于是他问一个水手这是做什么用的，结果水手一脸严肃地告诉他这是我国的扇子。他向一名军官索要了这个风箱。之后我们就看到他每天拿着这个用来生火的工具，一边散步，一边扇风。

白河河口

1860 年 8 月 24 日

亲爱的先生：

随着这封信，我给您寄去了几张草图和一张我今夜绘制的地图，它们是我军绘图部门所绘地图的缩小版，展示了我国清朝远征军从北塘登陆后行进到新河（Sing-ho）（我们目前还在这个地方）、再到大沽口河口要塞的三角形行军路线。白河河口两岸的要塞都被叫作大沽，这并不确切，因为它们一个叫东沽（Tong-ho），另一个叫塘沽。

21 日，在法英海陆军的联合进攻下，所有这些要塞、防御工事和障碍都被攻陷。所有人一致认为，骁勇善战的科利诺（Collineau）旅是此战胜利的关键。毋庸置疑，该旅在当天的战役中居功至伟。

我们只攻打了左岸的要塞。这些要塞易守难攻，有大量火炮防卫，彼此之间有坚固的横档阻隔，且周围布满了铁蒺藜、陷阱和捕兽器。不过最后我们还是胜利了，尽管清军坚持战斗到最后一刻。第一个要塞里的所有人都被我方士兵用刺刀消灭了，简直就是一场屠杀。这场屠杀震慑了清军，他们吓得连忙撤回了北京，清朝政府随后派了使节到天津。

英国人立刻就出发了，额尔金勋爵带走了几艘炮舰和两个团的士兵。今天早上，葛罗男爵带走了 3 个营和 4 艘小炮舰。我明天也会跟着总参谋部一起离开，也许我们会一直挺进北京。等我们到达天津后，我会给您寄一些记录这段行程的草图。

另外，左岸的两个要塞被攻陷之后，右岸要塞立刻就停火了。清朝政府随后派了代表团来谈判，他们的大人物在西沽（Si-kou），联军的代表团就去了那里。根据双方约定，22 日法英联军接管了这些要塞。

　　我参观了右岸的要塞，它们的防卫方式与左岸不同，但是同样固若金汤。我们参观之后面面相觑，毫无疑问，若不以大量人员伤亡为代价，我们是拿不下这些要塞的。

新河兵营

8 月 23 日

　　在上一封信中我跟您说过，我们打算去距离大沽口要塞很近的塘沽村的一座清朝军营侦察军情。事实上，我们在 14 日就已经拿下了这个军营。我把战斗日程寄给您，这样您可以了解这场精彩战斗的所有细节。

　　20 日早晨，炮兵部队接到开火命令。当天下午，他们抵达守卫河口的要塞对面。晚上八点，双方几经交火，但是战事没有什么进展。21 日凌晨将近四点，联军开始向要塞挺进。从五点钟开始，激烈的枪炮声就响起了，持续了好几个小时。在这期间，还发生了几场剧烈的爆炸……

　　我们把伤员运回船上，其中很多人受的是箭伤和刀伤。这说明战事已经进入短兵相接的阶段，清军的英勇和顽强出人意料。有人说在要塞中发现了一件外国将领的军装。北直隶海湾有两三艘俄国军舰来回巡弋。我们估计敌方损失约五六千人。

　　从上海传来一些令人悲痛的消息。上海城里只有一小部分法国和英国驻军。暴动者袭击了那里，摧毁了传教士们建立的学校，杀死了校长和几名学生。他们所有袭击驻军的行动都被我军击退，因此损失惨重，不得不撤退。还好他们撤退了，因为数量有限的联军此时已经是精疲力竭。停靠在上海附近的两三艘炮舰向暴动者发射了炮弹，给他们造成了重大打击。我方随后向上海派遣了增援部队。

马克·维尔诺勒

大沽口锚地

8 月 24 日

LE MONDE ILLUSTRÉ

13·OCTOBRE·1860
4ME ANNÉE N°185

世界画报

1860 年 10 月 13 日
发行第 4 年 第 185 期

LE MONDE ILLUSTRÉ

清朝报道

CORRESPONDANCE DE CHINE

　　感谢上帝！我们很快就可以从芝罘海域拔营启程了。不久前，英国的格兰特将军到访，跟蒙托邦将军一起巡视营地，他们在炮艇装配区域逗留了相当长一段时间。重组工程已经开始了一月有余，但是从法国运来的炮艇配件尚未组装调试，依然存放在英国的运输船上。确实，很多棘手的问题导致工程进度严重受阻。海滩上遍布细沙，没有可用的固定点，必须在泥沙中纵深挖掘，嵌入厚实板材用于锚定、修建堤坝，才能卸载帆船上的钢板。

　　11 日，葛罗男爵也前来视察营地。他所乘坐的"迪歇拉"号桅杆上高高地悬挂着指挥旗。重要人物纷纷登场，预示着接下来将会有所行动。我们已经确定于本月 25 日拔锚启程，至距离白河口五六古里处停泊靠岸，等待与炮艇会合，然后展开攻势。海战所需的武器装备至少需要三个星期才能准备就绪。我方士兵基本就位，北非骑兵、非洲轻骑兵还有重骑兵均已上岸，只需等待"复仇"号（La Vengeance）和"欧洲人"号（l'Européen）运载的几个海军轻骑兵连到达。

　　目前的按兵不动令人颇为不安，再加上变幻莫测的阴雨和高温天气、恶劣的环境极大地影响了士兵的情绪。这段时间，可怜的士兵们吞掉的沙子比咖啡里放的糖还要多。连日的滂沱大雨，就像海神尼普顿念了九日求雨经，神灵受到感召一般，没完没了。希望数日之后开战的热情能够让我们彻底忘却在这里所遭受的一切。

芝罘营地

1860 年 7 月 17 日

▲ 芝罘军营附近某处筑有防御工事的村庄大门。根据远征军军官 T 先生发回的作品绘制。

PORTE D'UN VILLAGE FORTIFIÉ DANS LE VOISINAGE DU CAMP DE TCHE-FOU, D'APRÈS LES DESSINS ENVOYÉS PAR M. T...,
OFFICIER FAISANT PARTIE DE L'EXPÉDITION.

▼ 清朝士兵

TYPE DE SOLDAT CHINOIS

▼ 身穿军装的清朝远征军步兵

SOLDAT D'INFANTERIE DE L'ARMÉE EXPÉDITIONNAIRE DE
CHINE EN TENUE DE CAMPAGNE

从昨天开始，我们陆续重新登船，严阵以待。就目前情况而言，我们基本确定不会从正面攻击白河，而是一路向北，行至距离白河 8 到 10 英里的北塘河口。虽然运输船只能停在离岸至少 8 英里的位置，但是对炮艇而言，那里更容易靠岸，可以拉近射击距离，甚至阻击来自碉堡的火力。这样，在他们的掩护下，分遣队便可顺利登陆，扫平碉堡和炮台，然后再占领后坡的大沽炮台，或者根据现场情况直捣天津。

五六天前，坐镇北京的俄国高级将领曾经来此拜访蒙托邦将军。他认为从当前局势看，欧洲军队理应撤离北京。他也曾经向清朝皇帝表达过此次战争的非正义性，表示会支持清朝，他还认为有必要再跟欧洲人探讨一下。最后他补充道，对方堡垒固若金汤，八旗军数量庞大，绝望中的人们必然奋起反击，不过在法国军队面前，这一切都不堪一击。这话说得真是冠冕堂皇！我们马上就意识到，这个俄国佬其实是来打探我方虚实的，只要对英国人如法炮制，就可以根据手头掌握的情报审时度势，再来决定支持哪一方。

我们还没走出战壕，清朝士兵就已经如狼似虎地冲了过来。不过，留守的士兵很快摆平了此次偷袭。我们迅速登船，预计明日正午时分起航。27 日晚上，在北塘对面停靠。29 日和 30 日，全面发动进攻。战斗一旦打响，我就可以进行跟踪报道。而目前，只能先发回一些图片，详情如下：

芝罘海域及其周边地区地形图。芝罘海域及其周边地区都是沙子。筑有防御工事的村庄距离我们占领的那个小山丘最多两公里。附近所有村庄加起来约有三四千人。根据图中所绘曲线，该地区是一个狭长的山谷，四周群山环绕，营地的景象是从 102 号营地的角度描绘的。五十步开外，即是雅明（Jamin）将军的居所。高低不平的台阶直通向一条路，经由此路，可到达烟台。从一座四方塔可以俯瞰整个山谷，我们在谷内安营扎寨，营帐一直延伸到海滩，即炮艇组装之处。

筑有防御工事的村庄大门图。拱门跨度至少有 12 米，若想到近前，可沿路拾阶而上。门前的台阶宽窄不一，两侧均有墙体掩护。村里房子的屋顶皆为青瓦，错落有致，毫无破损。大门的主体结构虽然未坍塌，但是砖石之间已经松动，杂草丛生。一座桥，更准确地说是一座石砌堤坝直通大门入口，在门前形成了一道沟渠。

最后，为了让读者朋友们能够直观地看到双方军队的装备对比，我还绘制了两幅图，一幅画的是身穿战地军装的法国士兵，另一幅画的是清朝士兵。再过几天，我将开始报

道我军在白河的进攻形势，
以及对方的防守情况。

此致敬礼。

马克·维尔诺勒
芝罘港湾
7 月 25 日

► 芝罘停泊区非正规测绘图

LEVÉ IRRÉGULIER DE LA RADE DE TCHÉ-FOU

1. 雅明将军居所 2. 防御工事 3.
科利诺将军居所 4. 苦力营 5. 蒙
托邦将军居所 6. 士兵营 7. 医务
室 8. 北非骑兵营与非洲轻骑兵旅
9. 重骑兵营 10. 管理部门、锅炉
房等 11. 炮艇组装区 12. 火药仓
库 13. 法国墓地 14. 饲料存放处
15. 码头 16. 装卸货甲板 17. 行人
登陆甲板 18. 火炮存放处 19. 军
马补充机构

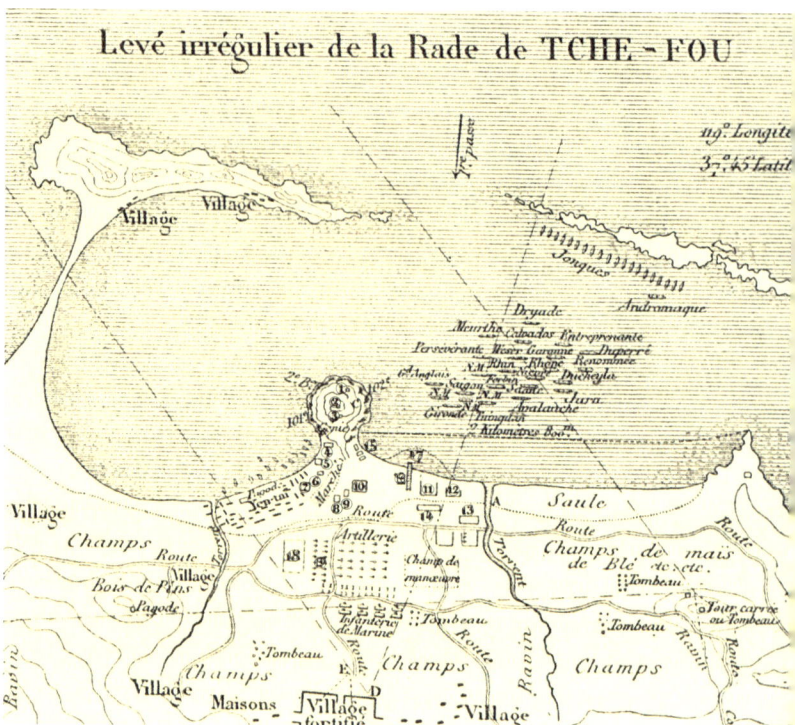

Levé irrégulier de la Rade de TCHE-FOU

▼ 清朝远征军的 102 号营地。本报通讯员从其营帐绘制。

EXPÉDITION EN CHINE: CAMP DU 102E, VUE PRISE DE LA TENTE DE NOTRE
CORRESPONDANT.

LE MONDE ILLUSTRÉ

20·OCTOBRE·1860
4ME ANNÉE N°184

世界画报

1860 年 10 月 20 日
发行第 4 年 第 184 期

LE MONDE ILLUSTRÉ

远征清朝

EXPÉDITION DE CHINE

▲ 法军在芝罘重组炮艇舰队。远征军某军官绘制草图并将其邮寄给《世界画报》。杜亨·布哈热先生绘制。

RECONSTRUCTION DES CANONNIÈRES SUR LA PLAGE DU CAMP FRANÇAIS, À TCHE-FOU. CROQUIS ENVOYÉS AU MONDE ILLUSTRÉ PAR UN OFFICIER FAISANT PARTIE DE L'EXPÉDITION; DESSIN DE M. DURAND-BRAGER.

▲芝罘法国军营总览。杜亨·布哈热先生绘制。

ASPECT GÉNÉRAL DU CAMP FRANÇAIS À TCHE-FOU. DESSIN DE M. DURAND-BRAGER.

LE MONDE ILLUSTRÉ

27 · OCTOBRE · 1860
4ᴹᴱ ANNÉE N°185

世界画报

1860 年 10 月 27 日
发行第 4 年 第 185 期

LE MONDE ILLUSTRÉ

载着联军司令、海军将领及公使的英法战舰在大沽口停泊进行会谈

MOUILLAGE DES FLOTTES FRANÇAISES ET ANGLAISES À L'EMBOUCHURE DU PEI-HO. CONFÉRENCE DES GÉNÉRAUX EN CHEF, AMIRAUX ET AMBASSADEURS

▲ 清朝御前侍卫中的旗手

PORTE-DRAPEAU DE LA GARDE PARTICULIÈRE DE L'EMPEREUR DE CHINE

▲ 清朝御前侍卫中的虎将

TIGRE DE LA GARDE PARTICULIÈRE DE L'EMPEREUR DE CHINE

▲ 载着联军司令、海军将领及公使的英法战舰在大沽口停泊并进行会谈。根据远征军某军官的素描绘制。

MOUILLAGE DES FLOTTES FRANÇAISES ET ANGLAISES A L'EMBONCHURE DU PEÏ-HO. CONFÉRENCE DES GÉNÉRAUX EN CHEF, AMIRAUX ET AMBASSADEURS, D'APRÈS LE CROQUIS D'UN OFFICIER DE L'EXPÉDITION.

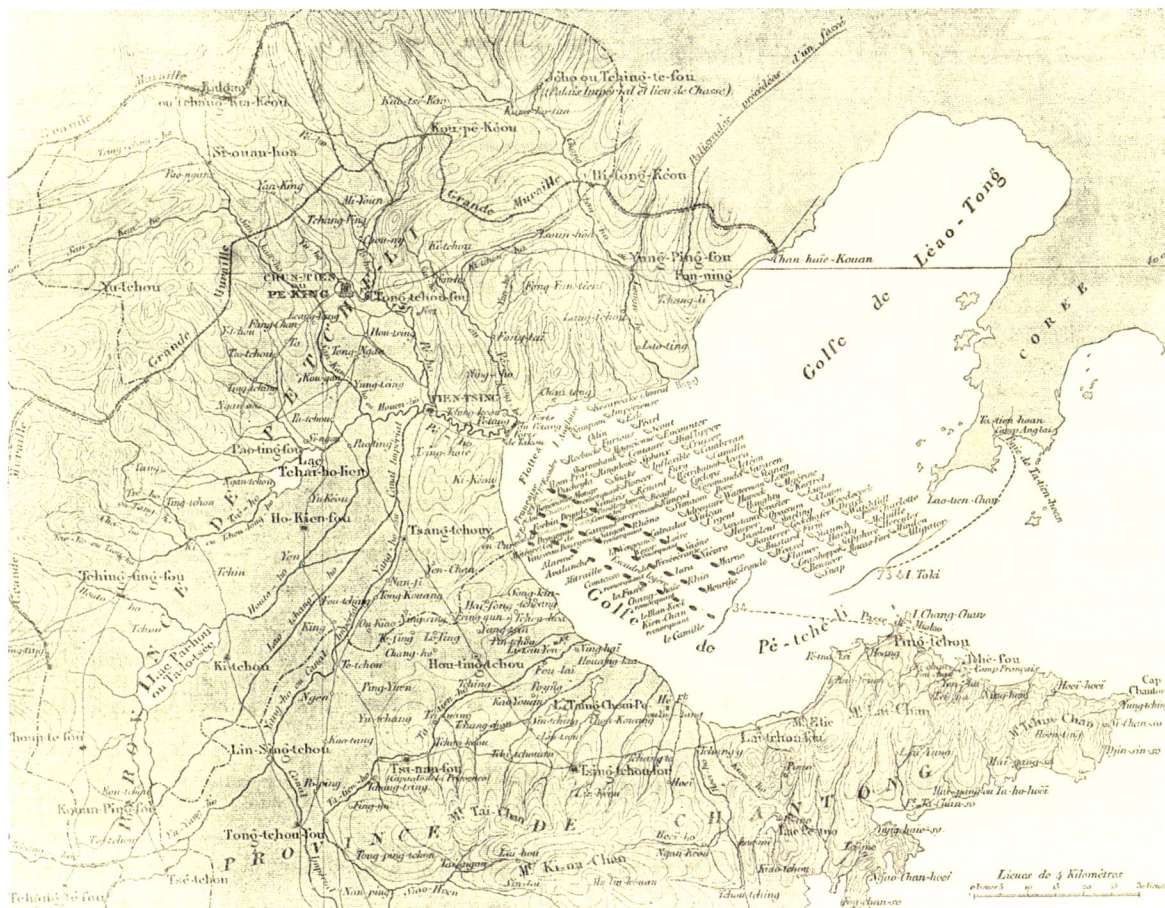

▲ 英法联军在清朝的进军路线图及其战舰在渤海湾的部署。根据远征军某军官的图画绘制。

CARTE SERVANT À SUIVRE LA MARCHE DES OPÉRATIONS DES TROUPES FRANÇAISES ET ANGLAISES EN CHINE. DISPOSITION DES FLOTTES ALLIÉES DANS LE GOLFE DE PÉ-TCHE-LI. D'APRÈS LES DESSINS D'UN OFFICIER DE L'EXPÉDITION.

LE MONDE ILLUSTRÉ

世界画报
1860 年 11 月 3 日
发行第 4 年 第 186 期

LE MONDE ILLUSTRÉ
3 · NOVEMBRE · 1860
4ME ANNÉE №186

清朝报道

CORRESPONDANCE DE CHINE

　　我们乘坐炮艇牵引的平底驳船和帆船到达北塘，并驻扎在这里。我们在比脚踝还要深的淤泥里前进了一个半小时，在盐田中穿行了两个小时，终于到达了北塘。四周是一片广阔的平原，平原上没有任何植物，地上还散发出一股死尸般的味道。我们非常庆幸

▼ 炮艇拖拽着运兵船到达北塘河口。

CANONNIÈRES REMORQUANT LES TRANSPORTS CHARGÉS DE TROUPES JUSQU'À L'EMBOUCHURE DU PEH-TANG.

找到了一个淡水池塘，尽管有一点咸，还是能够汲取必需的饮用水。我们还找到了一个寺庙，用庙里拆下来的房梁生火。

这里真是令人厌恶。在这里我们没有找到任何必需的物品，而且很快就走到尽头了。我们没有找到蔬菜、水果、鸡蛋、绵羊，只找到了几只鸡和几头猪。街道上满是腐败的淤泥，陷入其中泥能齐膝。如果我们不想患上恶性疟疾等疾病，就不能在这里待太长时间。

经过科利诺将军侦察队的侦察，将军们决定袭击位于北塘和白河之间筑有防御工事的军营。据说在这两点之间有 1.2 万多名忍饥挨饿的满族人。

在舟山的两支部队则忙于镇压海盗。7 月 25 日，亨利（Henri）中尉率领的 15 名士兵乘坐的 1 艘英国炮艇与 7 艘配有火炮的海盗帆船相遇。受到双排炮的打击后，炮艇立即开火，2 艘帆船被烧毁，其他帆船则被打散，海盗落荒而逃。我国远征军与清军的战况很快便会知晓，下一封肯定会给您带来最满意的消息。

此致敬礼！

马克·维尔诺勒

北塘

1860 年 8 月 8 日

◀ 法国清朝远征军指挥官——海军少将谢尔纳

LE VICE-AMIRAL CHARNER, COMMANDANT LES FORCES NAVALES FRANÇAISES EN CHINE

◀ 法国清朝远征军总司令库赞·蒙托邦将军

LE GÉNÉRAL COUSIN-MONTAUBAN, COMMANDANT EN CHEF L'EXPÉDITION DE CHINE

LE MONDE ILLUSTRÉ

10 · NOVEMBRE · 1860
4ME ANNÉE N°187

世界画报

1860 年 11 月 10 日
发行第 4 年 第 187 期

LE MONDE ILLUSTRÉ

远征清朝

EXPÉDITION DE CHINE

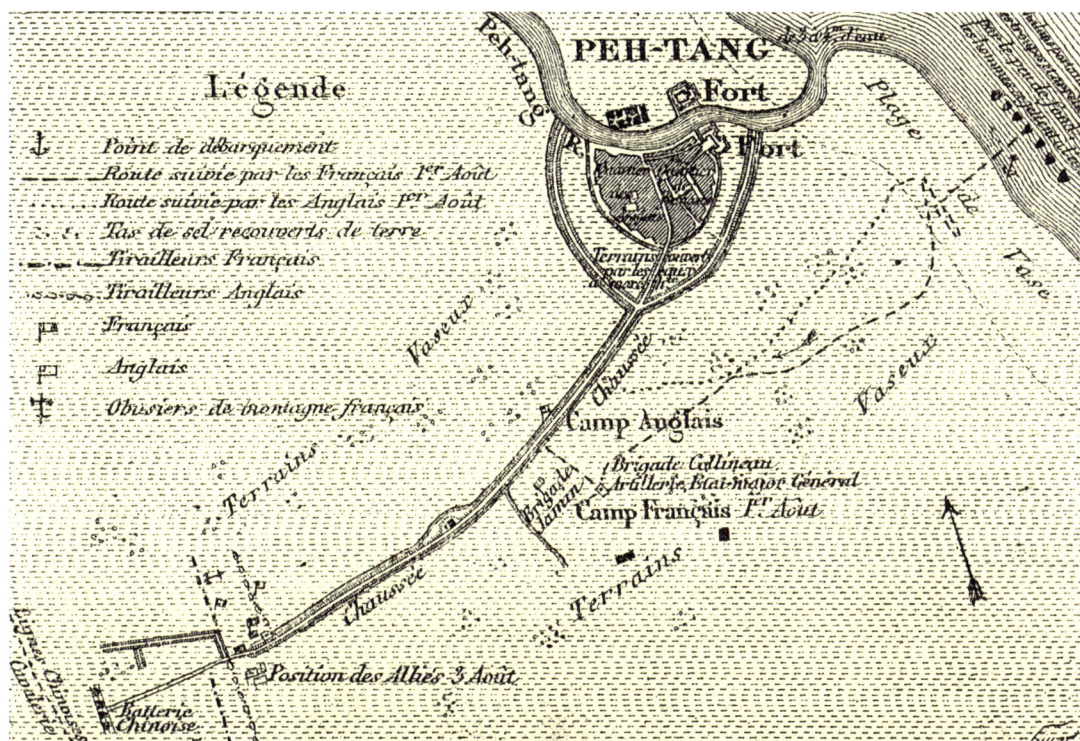

▲ 北塘周边地形图

PLAN TOPOGRAPHIQUE DES
ENVIRONS DE PÉ-TANG

▲ 1860 年 8 月 21 日，海军准将帕日率领的海军分舰队攻打大沽口要塞。他们切断了驻要塞的清军与后方基地之间的联系。该草图由帕日准将的副官德·蒙泰贝洛绘制。

LA DIVISION DES CHALOUPES CANONNIÈRES DU CONTRE-AMIRAL PAGE BATTANT LES FORTS DU PEÏ-HO ET COUPANT L'ARMÉE TARTARE DE SA BASE D'OPÉRATIONS ET DE SON POINT DE RETRAITE, LE 21 AOÛT 1860. CROQUIS DE M. N. DE MONTEBELLO, OFFICIER D'ORDONNANCE DU CONTRE-AMIRAL PAGE.

1860 年 8 月 21 日，海军准将帕日率领的海军分舰队攻打大沽口要塞。他们切断了驻要塞的清军与后方基地之间的联系。该草图由帕日准将的副官德·蒙泰贝洛·豪泰贝洛绘制。

LA DIVISION DES CHALOUPES CANONNIÈRES DU CONTRE-AMIRAL PAGE BATTANT LES FORTS DU PEÏ-HO ET COUPANT L'ARMÉE TARTARE DE SA BASE D'OPERATIONS ET DE SON POINT DE RETRAITE, LE 21 AOÛT 1860. CROQUIS DE M. N. DE MONTEBELLO, OFFICIER D'ORDONNANCE DU CONTRE-AMIRAL PAGE.

▲8月15日至19日，法军在大沽口搭建浮桥。

CONSTRUCTION DU PONT DE BATEAUX SUR LE PEÏ-HO DU 15 AU 19 AOÛT.

▲ 联军舰队强攻北塘。

L'ESCADRE DES CANONNIÈRES ALLIÉES FORÇANT L'ENTRÉE DE LA RIVIÈRE DU PÉ-TANG.

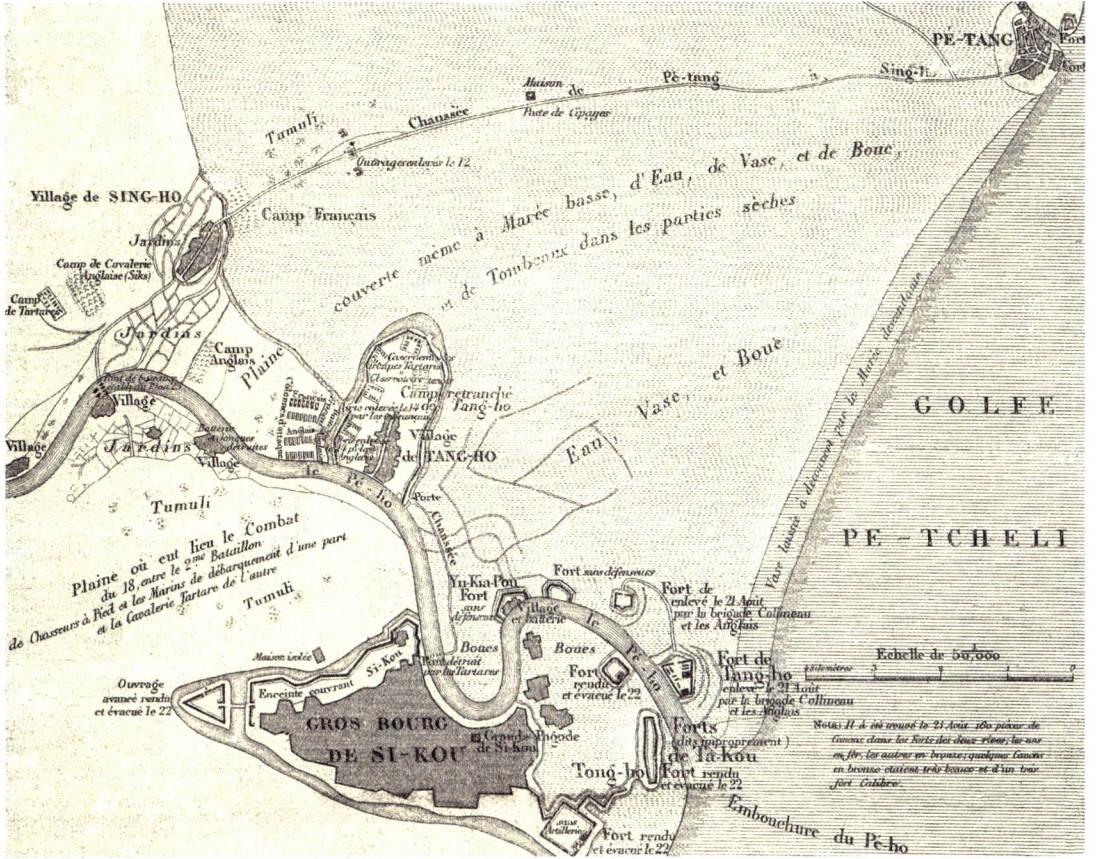

▲ 联军在清朝的最新作战地形图

PLAN TOPOGRAPHIQUE DES LIEUX OU SE SONT PASSÉES LES DERNIÈRES OPERATIONS DES ARMÉES ALLIÉES EN CHINE

▼ 炮击大沽口要塞（锚地附近，左岸）。迪朗—布拉热先生根据远征军一名军官提供的草图绘制。

BOMBARDEMENT DES FORTS DU PEÏ-HO (CÔTÉ DE LA RADE, RIVE GAUCHE). DESSIN DE M. DURAND-BRAGER, D'APRÈS LES CROQUIS D'UN OFFICIER DE L'EXPÉDITION.

LE MONDE ILLUSTRÉ

世界画报

1860 年 11 月 24 日
发行第 4 年 第 189 期

LE MONDE ILLUSTRÉ

24 · NOVEMBRE · 1860
4ME ANNÉE N°189

远征清朝

EXPÉDITION DE CHINE

▼ 从炮台看大沽口（右岸）第一个要塞内景

INTÉRIEUR DU PREMIER FORT DU PEÏ-HO (RIVE DROITE)-VUE
PRISE DU GRAND CAVALIER.

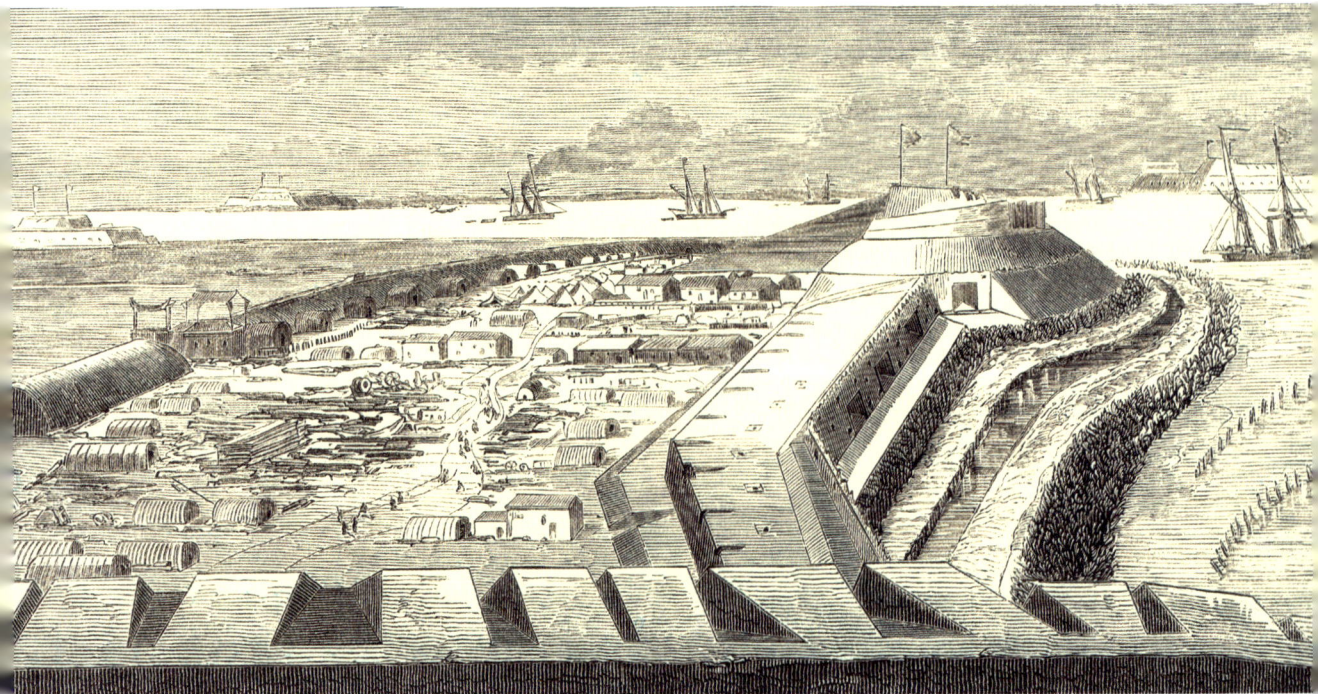

▼ 英军利科利诺旅攻占的大沽口（右岸）第一要塞炮台内景：战事结束。该草图由一名远征军军官提供。

INTÉRIEUR DU GRAND CAVALIER PREMIER FORT DU PEÏ-HO (RIVE DROITE) ENLEVÉ PAR LES ANGLAIS ET LA BRIGADE COLLINEAU: VUE PRISE APRÈS L'ASSAUT. CROQUIS ENVOYÉ PAR UN OFFICIER DE L'EXPÉDITION.

LE MONDE ILLUSTRÉ

世界画报

1860 年 12 月 1 日
发行第 4 年 第 190 期

LE MONDE ILLUSTRÉ

1・DÉCEMBRE・1860
4ME ANNÉE N°190

清朝的全权代表到达联军在天津的驻地

ARRIVÉE DES PLÉNIPOTENTIAIRES CHINOIS AU CAMP DES ALLIÉS À TIEN-TSING

▼ 清朝的全权代表到达联军在天津的驻地。根据远征军军官 L. Th. 先生的素描绘制。

ARRIVÉE DES PLÉNIPOTENTIAIRES CHINOIS AU CAMP DES ALLIIRÉS À TIEN-TSING. D'APRÈS UN CROQUIS ENVOYÉ
PAR M. L. TH., OFFCIER DE L'EXPÉDITION.

LE MONDE ILLUSTRÉ

22 · DÉCEMBRE · 1860
4ME ANNÉE N°193

世界画报

1860 年 12 月 22 日
发行第 4 年 第 193 期

LE MONDE ILLUSTRÉ

《世界画报》特别报道

CORRESPONDANCE PARTICULIÉRE DU MONDE ILLUSTRÉ

在欧洲人看来，中国声名显赫的孙武将军在《孙子兵法》一书中的这几句话相当奇怪：善用兵者，役不再籍，粮不三载，取用于国，因粮于敌，故军食可足也。杀敌者，怒也；取敌之利者，货也。

清军名将八旗将领僧格林沁应该研习过《孙子兵法》，并把上述教诲中的最后一条学得最好。两年前在大沽口两岸，他已经向我们展示了这一点。9 月 17 日在通州，他再次向我们证明了这句话的威力。

北塘战役结束之后，我方大使和将领决定挥师北上，向北京进发。

9 月 10 日，德·蒙托邦将军下令部队开拔，带走了雅米内（Jaminet）旅和两个炮兵连。我方大使与清朝皇帝的堂弟怡亲王载垣和军机大臣穆荫（Mou）谈判结束之后，部队在行军途中接到了新命令。根据双方谈判约定，我们只能行进到距通州 2 法里远的地方。通州离北京约 4 法里，我方大使将在那里同清朝全权代表商谈和平条约的基本内容，而互换条约批准书的仪式将在北京举行。

9 月 17 日，德·蒙托邦将军率领 600 名轻步兵、一个工兵连、一个炮兵连、第 101 和 102 团的精英连，共计 1100 人，离开河西务（Hou-se-wou），陪同葛罗男爵率领的使团前往通州谈判。

两个小时后，先于我们出发的率领 1500 名英军的霍普·格兰特将军突然传来警讯，告诉我们清军部队已经拦住了前往通州的去路。这就意味着有超过 1.5 万名骑兵和大量装备着火绳枪的步兵在前方等着我们。我们立即部署，想从僧格林沁率领的这群乌合之众中杀出一条通路。我们到达英军右翼，把狙击手和炮兵部署到步兵中间，还把炮兵连的四门火炮架到了清军左路纵队占据的杨村（Yatson）对面。英军的印度锡克骑兵与我们的北非骑兵汇合，并肩作战。

10点，英军炮兵连发射了三发炮弹，发起了进攻信号。我们从右侧包抄了杨村，同时从正面发起进攻，强力夺下了这个村子。之后炮兵连迅速穿过杨村，把大炮架到附近的一个高地上，向敌方大部队猛烈开火。英军福利（Foley）上校率领锡克骑兵和北非骑兵与敌军激烈交火，歼灭了大量敌人。达马（Damas）中尉在这场混战中中弹身亡。

就在骑兵部队、第101和102团霰弹兵还有工兵连夺下罗岙松（Le-o-sou）村期间，被法军包抄的敌军，退而转向攻打英军炮兵部队。敌方骑兵和步兵部队在我方全力攻击之下，溃不成军，剩余兵力全部逃跑，在战场上留下了大量尸体和60门火炮。

胜利之后，联军将领从后方调来了几支部队。21日，在从通州前往北京的路上，我们再次遇上了敌人。这次对方人数更多，他们驻守在一座横跨京杭大运河、雄伟壮观的花岗岩石桥附近。通州和北京之间有一条宽阔的石板路相连，那座桥就在这条路上。我估计敌方人数在3万左右。像影子一样跟着我们的俄国使馆军官甚至对我们说，驻守在那里的清军有近5万人。更为严峻的是，在8月21日的大沽口战役中，法军有英国人的协助，但是这次他们得独自作战，且只有1500人。

我们年轻的战士们，面对迎面扑来的庞大骑兵团，丝毫没有胆怯。值得一提的是，率领这群年轻人的正是马拉科夫（Malakoff）棱堡争夺战中的英雄、8月21日大沽口战役中的胜者——科利诺将军。在他的带领下，我们的战士以雷霆之势击杀了大批敌军。一小时后，科利诺将军夺下了被清军骑兵、步兵和炮兵严防死守的花岗岩石桥。石桥另

▶9月17日，通州附近。从波茨曼炮兵连俯瞰杨村。该草图由一名远征军军官提供。

COMBAT DU 17 SEPTEMBRE; PRÈS DE TUNG-CHAOU; VUE PRISE DE LA BATTERIE BEUTZMANN, AU-DESSUS DU VILLAGE DE YATSON. CROQUIS ENVOYÉ PAR UN OFFICIER DE L'EXPÉDITION.

▲ 9 月 17 日的战斗中，正在冲锋的北非和锡克骑兵。达马中尉在这场战役中阵亡。该草图由远征军一名军官提供。

COMBAT DU 17 SEPTEMBRE: CHARGE DES SPAHIS ET DES SICKS DANS LA QUELLE A ÉTÉ TUÉ M. DE DAMAS. CROQUIS ENVOYÉ PAR UN OFFICIER DE L'EXPÉDITION.

▼ 9 月 21 日，科利诺将军率领第二轻步兵营夺取八里桥。该草图由一名远征军军官提供。

COMBAT DU 21 SEPTEMBRE: PRISE DU PONT DE PALI-KAO PAR LE 2ME BATAILLON DE CHASSEURS, SOUS LES ORDRES DU GÉNÉRAL COLLINEAU. CROQUIS ENVOYÉ PAR UN OFFICIER DE L'EPXÉDITION.

▼ "欧洲"号在南海沉没。根据远征军军官 H.–L. 先生寄来的草图绘制。

NAUFRAGE DU NAVIRE L'EUROPE SUR L'ÎLOT LE TRITON, DANS LES MERS DE CHINE, D'APRÈS UN CROQUIS ENVOYÉ PAR M. H.-L., OFFICIER DE L'EXPÉDITION.

一头的所有敌军都被我军歼灭了。我估计敌军死亡约 2000 人。我方死亡人数则微乎其微。

今天，我军第 2 旅从天津强行军赶了过来，英军的增援部队也到了。明天，我们将向北京进发。

我随信给您附上了一份地图。这是我花了一整天绘制出来的我军从大沽到北京的正式地图的缩略图。我希望您不要把它当作一件复制品，因为我相信全世界都找不到这样一张地图。在这之前，英国人、俄国人都没有成功绘制过任何从天津到北京的地图，更不要说法国人了。希望您能够喜爱我给您寄去的这张地图，以及那些展现科利诺将军率领第 2 轻步兵营的三个连夺取八里桥、锡克骑兵和北非骑兵冲锋杀敌和通州战役全景的草图。

再见了，等我们到了冬季宿营地之后，我再给您寄去更多的绘图。

马克·维尔诺勒

1860 年 10 月 2 日

八里桥，距北京 3 法里

▶ 这次，为我们提供了许多清朝资料的科克（Koch）上尉寄来了右边这张地形图。读者可以从图中了解到联军从北直隶海湾登陆到抵达北京期间的作战情况。

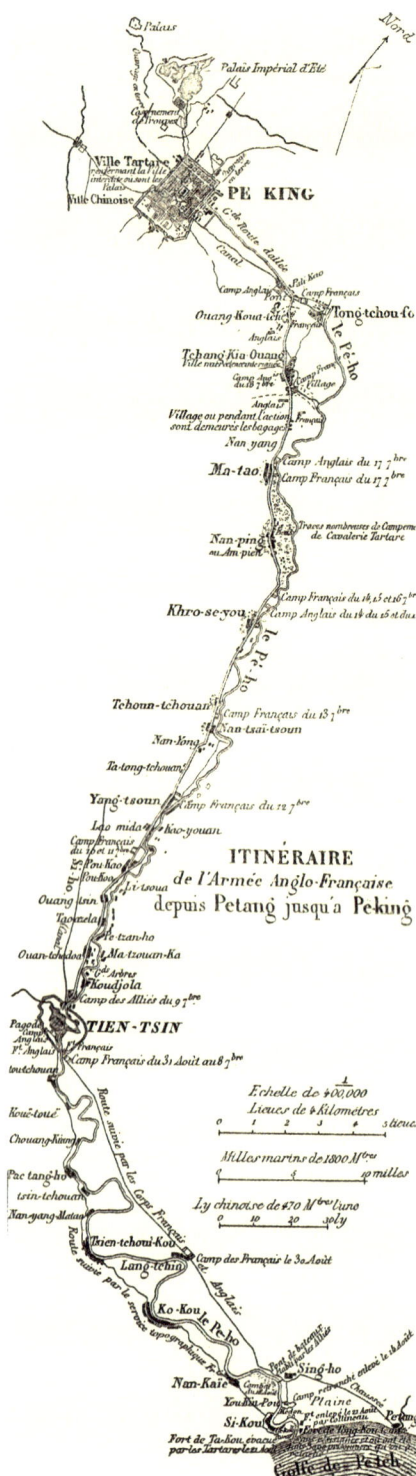

1861
♦♦♦

L'UNIVERS ILLUSTRE

环球画报

1861 年 1 月 3 日
星期四 第 138 期

L'UNIVERS ILLUSTRÉ

3 · JANVIER · 1861
JEUDI N°138

北京

PÉKIN

　　大清帝国的首都北京坐落于平原地带，土地肥沃，物产丰富，距离长城大约 80 公里。整个北京外围环绕着城墙，整体呈四方形，格局规整，由南到北依次划分为四片城区。通常情况下，人们会笼统地将其分为内城和外城。内城为满族人居住区，外城则是汉族人居住区。北京城有 16 座城门，其中内城 9 座、外城 7 座。这些城门呈拱形，主体采用大理石，其余部分是砖结构，气势相当恢宏。

　　北京各城区之间均设有围墙。其中内城又分为南城、皇城、紫禁城三个区域。南城有著名的天坛和地坛。皇城则囊括了三府六部，以及翰林院、国子监、孔庙、忽必烈纪念碑、钦天监、太庙、隆福寺、雍和宫（北京最大的佛寺，300 名西藏喇嘛在此修行）。紫禁城，即皇宫，占地面积在全世界首屈一指，四周环绕着 4000 多米长的城墙，上筑雉堞，外有鸿沟，将其与外界隔离。内部则是数不尽的庭院和房屋，其中包括皇帝的寝宫、太和殿（皇帝接见重要人物以及外国使节的地方）、御花园，非常宏伟壮观。朝中要员、皇亲国戚以及大批能工巧匠都居住在紫禁城，为皇帝服务。

　　长安街是北京城内最长、最宽的道路，宽 60 米，东西走向，其中一段沿皇宫宫墙修建。图中所示河流发源于京西 15 公里的山脉，沿途与其他河流汇集之后，从北面进入京城，环绕皇宫分流，宫内形成御花园湖泊群，宫外沿外城城墙流动，再汇入运河，最终流入距离北京东部 24 公里的白河。北京地处平原，绿树成荫，其中不乏寺院、村庄、墓地，然而四周高墙耸立，与其说是城市，望之更似堡垒要塞。

　　北京街道熙熙攘攘，热闹非凡，各路行人穿梭往来，络绎不绝，主要的交通工具是马车和轿子。商铺和民宅五颜六色，屋顶有红色的、黄色的、绿色的，还有灰色的，乍

▼紫禁城。 根据蒙托邦将军麾下某军官所画草图绘制。

LE TSU-KIN-TCHING, OU PALAIS DE L'EMPEREUR DE CHINE À PÉKIN, D'APRÈS UN CROQUIS
D'UN OFFICIER ATTACHÉ À L'ÉTAT-MAJOR DU GÉNÉRAL DE MONTAUBAN.

看上去略显怪异。北京城守卫大约有 2.4 万人，其中骑兵 0.8 万、步兵 1.6 万，配备军刀皮鞭。夜晚时分，街道昏暗，居民出行需要借助灯笼。

作为首都，北京社团众多，教堂林立。此外，还有一家图书馆声名远播，一家皇家印刷厂负责印制清朝的两份官方报纸，一家自然科学博物馆，以及多所官学和数不清的戏院。

清朝人特别喜欢看戏。仅北京外城就至少有 12 家戏院。戏院入场免费，里面还可以吃饭喝茶，花费并不比在饭馆儿贵。大批观众聚集在戏院里，很多人甚至整天待在那儿。各路小商贩穿梭其中，荤食、茶水、水果以及各种小点心应有尽有，丝毫不会影响观众看戏的兴致。

戏院上演的剧目通常是宗教或者历史题材。演员都是男子，不过有时候会根据剧情需要化妆成女子。演出采用现场伴奏，乐队也要上台，位于演员后方。清朝音乐的不和谐已经达到一种境界，它的目的好像是越喧闹效果越好，根本不考虑和声以及旋律。铜锣、三角铁、铙钹、震耳欲聋的小号、尖锐而哀怨的二胡，共同演绎出各种不和谐的乐章，闻之令人十分不快。

演出开始，主演首先登台介绍故事背景以及表演中难以体现的细节。演出过程中，一些衣衫褴褛的小丑争吵笑闹，以此吸引观众，从而提高观众对剧目的兴趣。不过有时候他们太能出风头，吸引了观众全部的注意力。有时，观众嬉笑怒骂十分吵闹，演员表演的声音被淹没其中。为了恢复秩序，每当这时，戏院不得不采取放鞭炮的方式，用更强烈的噪音压制住观众的声音，迫使其闭嘴。

曾经被联军攻占的著名园林圆明园在海淀，距离紫禁城 25 公里。

玛丽·费里（Marie Ferrié）

▶ 北京雍和宫的喇嘛

PORTAIT D'UN DES LAMAS DU TEMPLE YOUNG-
KO-KOUG. À PÉKIN.

LE MONDE ILLUSTRÉ

世界画报

1861 年 1 月 5 日
发行第 5 年 第 195 期

LE MONDE ILLUSTRÉ

5 · JANVIER · 1861
5ME ANNÉE No195

《世界画报》特别报道

CORRESPONDANCE PARTICULIÈRE DU MONDE ILLUSTRÉ

随书信寄给您一张北京东北方向城门的素描。这座城门被清朝人称作安定门，10月 13 日中午被英法联军占领，并在城门和内城墙上架起了大炮。

我们到达那里的时候，英国人已经登上了城门，但这并没有阻止法国军队在军乐声中、在清朝百姓面前摆出一副强大的阵容。人群中传来"皇帝万岁，法国军队万岁"的呐喊声，紧接着又传来"英国女王万岁，英国军队万岁"的呼喊声。

北京内城墙由两个墙面构成，一面是砖，一面是巨石，宽 3 米，高 19 米。如今我们亲眼看到并且实地测量了城墙，曾经认为两天内就能把城墙打开缺口的炮兵确信，以英法联军掌握的武器是无法将其打开缺口的。不过我们还是挖掘了战壕，而且负责打开缺口的部队也已经准备就绪。可就在此时，为了挽救这座城市，北京城的居民决定给我们打开一座城门，这便是素描上的那座安定门。

北京

1860 年 10 月 20 日

联军从安定门进入北京。根据 K. L. 上校寄送的一张速写素描绘制。

ENTRÉE DES TROUPES ALLIÉES À PÉKIN PAR LA PORTE DE LA TRANQUILLITÉ. D'APRÈS UN CROQUIS ENVOYÉ PAR M. LE CAPITAINE K. L.....

| LE MONDE ILLUSTRÉ | 世界画报

1861 年 1 月 19 日
发行第 5 年 第 197 期 | **LE MONDE ILLUSTRÉ**

19 · JANVIER · 1861
5ᴹᴱ ANNÉE N°197 |

《世界画报》特别报道

CORRESPONDANCE PARTICULIÈRE DU MONDE ILLUSTRÉ

尊敬的先生：

10 月 25 日，清朝皇帝的弟弟恭亲王与葛罗男爵在北京签订和约，此事您已获知，政府相关人员肯定也会向您汇报。

尽管签字仪式只持续了短短的一个小时，却举世瞩目。我方派出了代表及一众参谋人员和卫兵，参与护送的士兵人数大约占了我方派遣军总数的三分之一。

签字仪式于礼部大堂（那是一座萧条而凄凉的宫殿）举行。殿内已不再富丽堂皇，恭亲王在那儿等候着我们，身后环绕着一众头戴各色顶戴花翎的大小官员，品级最高的为红珊瑚顶戴，而品级最低的则是镀金黄铜顶戴。这些人中佩戴珊瑚顶戴和蓝色顶戴的各有 15 人，大多数官员都佩戴着白水晶顶戴，此处不再赘述。此外，还有几个用孔雀尾羽作装饰的达官显贵。

仪式开始，恭亲王和葛罗男爵的态度虽冷淡，但两人的举止却不失礼貌。双方最终打破了僵局，签字结束后，葛罗男爵接受了恭亲王的敬茶，两人举杯同饮。等葛罗男爵的茶杯送到唇边后，恭亲王才端起了自己的茶杯，这是清朝的待客礼仪。

接着，我方大使向恭亲王提议为皇帝、妃子或皇室成员拍一些照片。由于签字仪式时间过短，法国人没能拍到恭亲王的照片，但一个英国人有幸做到了。顺便提一下，依据宫廷礼法，恭亲王以及清朝官员认为，拍照这一做法很不恰当。而我却可以站在桌前，左手拿绘本，用铅笔绘出一幅亲王的速写，在此将草图一并附上。

恭亲王周围站满了清朝官员，很难准确地勾勒出他的轮廓。不过我依然相信自己可

▲ 10 月 25 日，葛罗男爵同恭亲王在北京礼部大堂进行会晤。根据远征军军官 D 先生所画草图绘制。

ENTREVUE DU BARON GROS ET DU PRINCE KONG, LE 25 OCTOBRE DERNIER, DANS LE PALAIS DES RITES, À PÉKIN. D'APRÈS UN CROQUIS DE M. D..., OFFICIER DE L'EXPÉDITION.

▲11 月 1 日，法国军队撤出北京城。根据远征军军官 D 先生所画草图绘制。

L'ARMÉE FRANÇAISE QUITTANT PÉKIN, LE 1ER NOVEMBRE. D'APRÈS UN CROQUIS ENVOYÉ PAR M. D... OFFICIER DE L'EXPÉDITION.

▲ 和约的签订者恭亲王。科克上尉绘制。

LE PRINCE KONG, FRÈRE DE L'EMPEREUR DE CHINE ET SIGNATAIRE DU TRAITÉ DE PAIX. D'APRÈS UN DESSIN DE M. LE CAPITAINE KOCH.

以做到，而事后大家也认为我大致描绘出了亲王的面貌。那是一张眉目清秀、表情严厉、又耽于声色的面容。

亲王脸色看起来很差，似乎急于将条约签完。他看上去至少有 30 岁，而实际上才不过 25 岁。从气色来看，他的身体似乎已经被鸦片和淫欲掏空了。他穿着极其简单，帽子上的顶戴花翎黯淡无光。此外，和所有漂亮的清朝官服一样，他身上暗色的丝质长袍上，双肩、前胸和后背上都绣着色彩鲜艳的龙。脖子上垂下来的朝珠，说不清什么材质的，闪着仅有的微弱光芒。

仪式最后，葛罗男爵起身向他致意，二人握了握手，恭亲王希望今后能以朋友的身份去探望葛罗男爵，并征得了他的同意。签约后的第二天，亲王便拜访了葛罗男爵，接下来的很多天里，恭亲王给葛罗男爵和蒙托邦将军送去了一车又一车各种各样的珍稀水果。

11 月 1 日，我们离开了北京，并于 6 日抵达天津，两三天后，我们乘帆船赶往白河口。在这里，我们将登上赶往上海的蒸汽船；也正是在这儿，法国军队正待命回国。大约还有一半远征军士兵在科利诺将军的统领下，驻守天津。尽管还有许多日常琐事要处理，我仍将尽我所能给您寄一些上海的图画。

另外，我社一工作人员已将葛罗男爵和恭亲王会晤的图画邮寄给您，我就不再做无用功了。

此致敬礼！

天津

1860 年 11 月 10 日

LE MONDE ILLUSTRÉ

27·JANNIER·1861
5ME ANNÉE N°198

世界画报

1861 年 1 月 27 日
发行第 5 年 第 198 期

LE MONDE ILLUSTRÉ

工兵上校利韦

M. LIVET, COLONEL DU GÉNIE

1808 年 10 月 24 日，利韦出生于（波兰）赫莱维斯卡（Chlewiska），父母皆是法国人。利韦就读于布雷斯特（Brest）中学，校长是他的叔叔——一名海军工程兵。利韦的父亲曾以第二名的成绩考进巴黎综合工科学校，之后被俄国沙皇招到华沙创建军官学校。虎父无犬子，还不到 17 岁利韦就被我们优秀的军队录取了。

从军之初，他就很幸运地参加了两场包围战——阿尔及尔攻城战和安韦尔城堡包围战。在这两场战役中，工兵发挥了举足轻重的作用，取得了辉煌的成绩。战后，这位还不到 24 岁的年轻军官就获授勋嘉奖。

和平给了利韦一个新的机会。他被派到梅斯应用学院教授地形学，为这个军事教育的重要学科带来了重大进步，一度担任学院的院士。直到现在，他的著作还是军官学校的基础教材。梅斯应用学院也没有忘记他的卓越贡献，将其著作列为馆藏。

1845 年，利韦上尉承担了一项艰巨的任务，他被派到了没有任何资源的贫瘠的新领地马约特岛。万事开头难，为完成任务，他兢兢业业、鞠躬尽瘁，凭着坚定的毅力及学识，克服了一切困难。在这位代理最高指挥官的努力下，这片偏远的印度洋群岛被管理得井井有条。不过，六年艰苦的岁月严重地损害了他的身体，他不得不离任回国。过了很久，他的身体才彻底康复。

1849 年，利韦被任命为营长，后又被任命为外籍军团军官，在巴黎和万塞讷待了五年。在阿尔及尔和安韦尔的战场上，他是骁勇的军官，在马约特岛是睿智的行政官，在巴黎和万塞讷则是能干的工程师。在万塞讷军医院的建造过程中，富有创新精神的他

▲ 清朝远征军工兵司令利韦上校，于 10 月 3 日在进入北京前去世。

M. LE COLONEL LIVET, CHEF DU GÉNIE AU CORS EXPÉDITIONNAIRE DE CHINE, DÉCÉDÉ DEVANT PÉKIN, LE 3 OCTOBRE DERNIER.

给未来的医院打造了一套十分巧妙的供暖和通风系统。

1856 年，利韦被任命为中校，先后被派到拉罗谢尔和布雷斯特服役。正是在布雷斯特服役时，他被任命为清朝远征军的工兵司令。

他主要负责我们的远征军在上海和舟山岛（Chusan）的安置工作。他不仅很好地完成了本职工作，还在攻打大沽口炮台的战役中立下了赫赫战功，蒙托邦将军任命他为上校，然而没过多久他却离我们而去了。尽管他的军事生涯如此辉煌，可也只能到此为止了。

因为勇敢地执行了侦察任务，帮助我军取得了辉煌的战果，9 月 15 日和 16 日的战斗结束后，他的名字出现在嘉奖令中。但这却是他最后的贡献了。来到清朝后，马约特岛留下的伤病便复发了。虽然他凭着顽强的意志来到了北京的门口，不过还是没能看到法国国旗飘扬在清朝首都的上空。他被送到天津野战医院接受紧急治疗，但还是于 1860 年 10 月 3 日撒手而去。

这就是他过于短暂的一生。本月 14 日，大批军人和社会知名人士来到巴蒂尼奥勒圣玛丽教堂表达对他的敬意。

利韦上校在军中还有两名亲人，他的儿子在第 50 步兵团任中尉，女婿布利埃（Briet）医生是第 4 步兵团的少校医生。

沃特兰（A. Vautran）

世界画报

1861 年 2 月 2 日
发行第 5 年 第 199 期

LE MONDE ILLUSTRÉ

2 · FÉVRIER · 1861
5ᴹᴱ ANNÉE Nº199

清朝的咸丰皇帝

HIEN-FOUNG, EMPEREUR DE CHINE

　　道光帝的四子咸丰帝在 1850 年继承皇位。咸丰这个年号寓意"普天之下，丰衣足食"。然而这个听起来雄心勃勃的称号却没有实现它所承载的希望。

　　的确，清朝百姓的所有疾苦不能全部归咎于他，咸丰帝也能援引一些证明减轻罪名。甫一登基，国家就已处在危难之中。1840 年的鸦片战争，让清朝军队的威望毁于一旦，迫使皇帝赔付了一大笔赔款，加重了财政负担。广西发动的金田起义也使得皇权瘫痪。起义军想要摧毁满族人的统治，恢复汉族人的政权。他们首先要求不再按照满族人的要求剃头留辫子，这一举动等于向皇权宣战。于是咸丰帝便派遣军队去剿灭起义军。但是几员大将相继被打败，如今洪秀全占领了南京并在那里建立了临时都城，准备挥师北上，直捣黄龙。察觉到自己的统治摇摇欲坠，咸丰帝试图通过严厉的手段巩固统治。他下令对任何战败的将军处以死刑。但当他的大将为了平息皇帝的盛怒而拼死征战时，天子却寄情于诗文创作。

　　今年 30 岁的咸丰帝中等身材，气宇轩昂，高高的额头、深陷的眼眶、突出的颧骨和弓形的眉毛都体现出皇室的体貌特征。咸丰帝的皇后一点都不像汉族女子那么娇小孱弱。皇帝喜欢听取她的建议，并愿意与她一起分享马术和作战游戏的经验。最近在联军进入北京城时，咸丰帝和皇后从京城出逃。与真实战争相比，他们还是更喜欢战争游戏。

马克·维尔诺勒

▶ 咸丰皇帝。根据米兰代表团华伦特里先生的素
描绘制。

HIEN-FOUNG, EMPEREUR ACTUEL DE CHINE. D'APRÈS UN
CROQUIS DU R. P. VOLONTRI, DE LA MISSION DE MILAN.

▶ 清朝皇后。根据米兰代表团华伦特里先生的素
描绘制。

L'IMPÉRATRICE DE CHINE. D'APRÈS UN CROQUIS DU R. P.
VOLONTRI, DE LA MISSION DE MILAN.

赵省伟 主编

| 第十四辑 |

找寻遗失在西方的中国史

东方历史评论·影像

西洋镜

法国画报记录的晚清 1846—1885（下）

张霞 李小玉 译

SPH 南方出版传媒 广东人民出版社

·广州·

LE MONDE ILLUSTRÉ

23 · FÉVRIER · 1861
5ME ANNÉE N°202

世界画报

1861 年 2 月 23 日
发行第 5 年 第 202 期

LE MONDE ILLUSTRÉ

清朝远征军献给皇帝的礼物展

EXPOSITION DES PRÉSENTS OFFERTS À LEURS MAJESTÉS PAR L'ARMÉE EXPÉDITIONNAIRE DE CHINE

我们刚刚观看了位于罗浮宫的百里叶宫（Marsan）一层的画廊，那里正向艺术爱好者们展示一个既辉煌又奇特的展览。这些都是从北京夏宫[1]找到的珍贵文物，各种大于一般尺寸的景泰蓝工艺品、中国各个历史时期的不同形态的瓷器、雕刻精美的超大尺寸的玉石。对于此次展览，我们今天只展示一张图画。

图中描绘了清朝皇帝的两柄如意和两把匕首。其中一柄如意是金质的，镶着三块绿色的玉石。另一柄是用深色的木材做的，上面刻有汉字，镶有三块白色的玉石，玉石上还雕着圆花饰。两把匕首摆放在两柄如意中间，其中一柄镶嵌的钻石和宝石构成了叶子和花朵的形状，尤为珍贵。我们之后会对展览会进行更详细的介绍，并且通过一张全景图来展示我们在这个艺术和文明都十分奇特的国度取得的这些珍贵的战利品。

阿龙热

---

[1] 即圆明园。——译者注

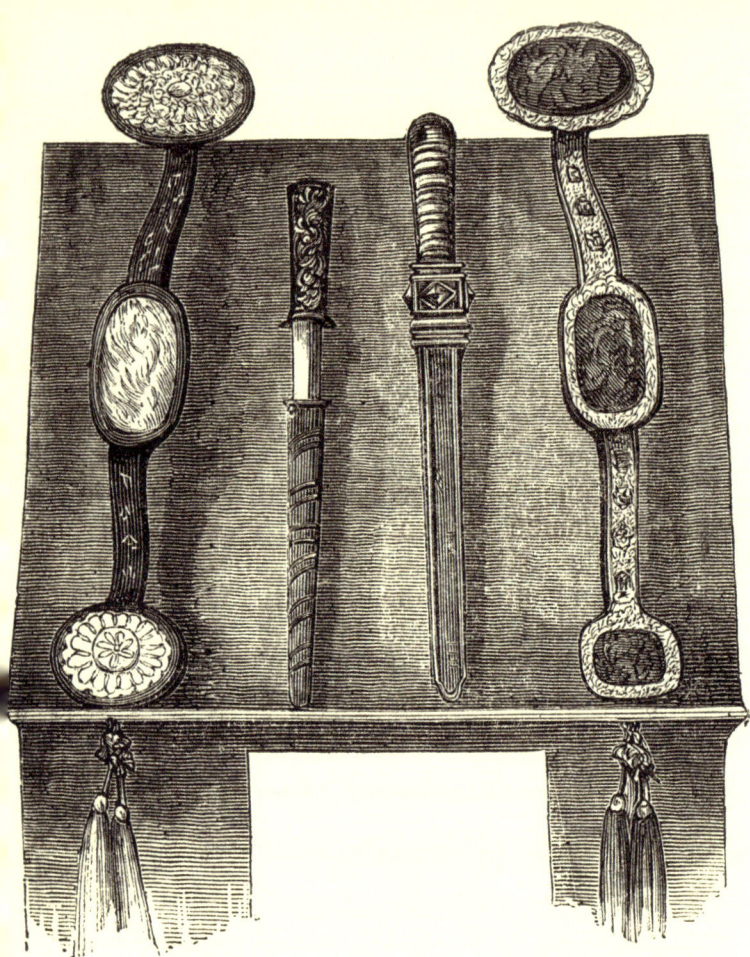

◀清朝皇帝的如意和匕首

SCEPTRES ET ARMES DE GUERRE DE L'EMPEREUR DE CHINE

◀清朝的罗浮宫及温莎堡——圆明园纪念展

PROJET ASSURÉMENT DESTINÉ À CONSERVER LE SOUVENIR DU PALAIS IMPÉRIAL D'ÉTÉ, LE LOUVRE ET LE WINDSOR DE LA CHINE.

LE MONDE ILLUSTRÉ

2·MARS·1861
5ME ANNÉE N°203

世界画报

1861 年 3 月 2 日
发行第 5 年 第 203 期

LE MONDE ILLUSTRÉ

北京的幻想大街

LA RUE DE LA FANTAISIE À PÉKIN

清朝人如此爱幻想，以至于把北京的一条主干道叫作幻想大街。为了证明这叫法的合理性，皇城的百姓在这条街上摆起了各种人们能够想象到的滑稽可笑的事物。你可能会被挂在商店招牌处的用铁板或彩色纸板做的恐怖的龙头给吓到。商店老板试图用这招招揽顾客。如果你被这一招弄得晕头转向，走向那边，那你会被平时都站在商店门前的老板拦住。他会喊你、迅速地走向你、抓住你，把你从其他竞争对手那里抢过来。这边的商人会向你推销象牙，另外一边的则兜售丝绸；这个叫卖绉纱，那个则叫卖漆器。你成了所有人追逐的对象，很快便会屈从于这些热切的商人，不得不躲进其中一家店铺里。店铺老板会带你走到他家商铺的里侧，关紧大门，把一大堆商品摆在你的眼前，直到将你洗劫一空才会放了你。而这时你的手中则满是裁剪各异的折扇、拳头大小的象棋，以及涂有亮漆的小家具。这段经历对你是有益的，因为从象牙店出来，就可以避免再被迫购买灯笼或是旗子了。

如果你来北京正是为了研究这些商贸习俗，而先前这段经历对你来说还不够的话，那就请径直走向这家装饰有一根长长的、像巨大手指一般的竹竿的商铺。走进门去你会看到一个放贷老板，你可以用刚刚买到的商品向他换取金锭银锭、美国银圆，甚至是法国的五法郎钱币。

就像所有其他的清朝城市一样，在这里，环境卫生问题也被提上了议事日程。尽管街道上铺着大块的粉红色花岗岩石板，可是潮湿的天气加上来来往往的人群，很快便会在路面上形成污泥，让人从头到脚都变得脏兮兮的。幻想大街上不仅有滑稽可笑的招牌和店主，还有不断经过的大队人马。有些队伍骑着马，有些则赶着驴，这些畜生的口鼻经常会撞在行人身上。那边有一个骑着骡子的英国或法国军官，一个清朝士兵在他前面正用鞭子开路。在一片叫骂声中，一个穿着灰色长袍的僧人正在往庙里赶，尼姑们则要返回尼姑庵。

这便是与我们合作的绘画师莫林（Morin）先生用铅笔勾画的每天发生在北京幻想大街上的那些繁杂的事情。

阿诺德（Arnaud）

北京的幻想大街。根据远征军军官 C 先生的素描绘制。

LA RUE DE LA FANTAISIE À PÉKIN. D'APRÈS UN CROQUIS DE M. C..., OFFICIER DE L'EXPÉDITION.

清朝远征军献给皇帝的礼物展（续）

EXPOSITION DES PRÉSENTS OFFERTS À LEURS MAJESTÉS
PAR L'ARMÉE EXPÉDITIONNAIRE DE CHINE

上期我们对百里叶宫展出的清朝物品进行了一次详细报道，它们是清朝远征军送来的。本期我们再回顾下这场精彩绝伦的展览，先为大家展示一张展厅概况图。

进入展厅，最吸引参观者眼球的是放在回廊中心线上的六个巨大的景泰蓝花瓶和烛台。这些保存完好、外观极为精美的花瓶用最华丽的珐琅釉填充烧制而成。五月份，在谈到德·蒙蒂尼先生丰富的清朝器物收藏品时，我们介绍了中国历史悠久、无与伦比的景泰蓝艺术。驻上海总领事华美的回廊中收藏了许多精挑细选、备受爱好者推崇的工艺品。而百里叶宫里的这些大花瓶是从一座巨大的宫殿中抱来的。为了与庞大的宫殿相匹配，花瓶不单造得很大，还是匠心之作。蒙蒂尼先生收藏的器物与它们相比，就像一张巨大精美的草图与精心完成的成品。在这些花瓶中间还摆放着一件精美绝伦的作品——一座精雕细琢的铜质鎏金宝塔。

在这座宝塔的对面、两个廊柱中间，一个身着清朝皇帝华丽服饰的模特摆放在台座上。这套服装里里外外有好几件衣服。内衣是钢做的，让人想起我们古代盔甲上的锁子甲。其中，最华贵的一件衣服是丝质的，颜色是象征着清朝皇权的黄色。这件绣着各色刺绣、排满了金纽扣、下摆镶着各种宝石和金叶子的衣服几乎把其他的衣服完全盖住了。衣服上面是一个用金子和钢铁打造的圆锥形头盔，头盔顶端一根长长的钢刺中间挂着一绺黑色马鬃。尽管看着奇怪，样式也不完美，但是这套衣服镶满了各种价值连城的珍珠和宝石。

模特的两旁摆着各种战利品——军刀、长矛、步枪、弓箭、匕首等，还有形状奇怪、顶部有锯齿状刀片的长枪。这种武器要是使用便利的话，杀伤力应该很惊人。在这些战利品和模特的下面，摆放着上一期介绍过的如意。如意的两旁放着两座巨大的铜质鎏金兽雕。它们是一次浇铸而成，每座至少三百公斤。

展厅同一侧的两排架子上摆着各种雕刻精美、形状各异的玉器、茶杯和一把玛瑙做的茶壶，还有用一种十分奇特的珐琅制作的两只小兽和珊瑚。这其实是清朝人给我们提供的各种匠心之作的样品，以便了解他们用来雕刻的石头有多坚硬、完成一件精致的作品需要多长时间。

▲ 负责运送献给皇帝礼物的三位清朝远征军军官：布尔卡上尉、布罗·登格吕尔少尉、康珀农中校。根据纳达尔先生提供的草图绘制。

OFFICIERS CHARGÉS DE REMETTRE À L'EMPEREUR LES OBJETS OFFERTS PAR L'ARMÉE EXPEDITIONNAIRE DE CHINE. D'APRÈS UN CROQUIS DE M. NADAR.

　　在这些架子和战利品后面挂着三幅遮帘。它们与展厅一样高，展现的都是异想天开的主题。帘子的上部绣着一些清朝风格的祥云，中间是三个被光环笼罩的坐姿人像——有点像拜占庭时期的上釉工人在圣人周围画出的神圣光环，帘子的下部绣着一些战士组成的规则的齿状图案和一个装满鲜花水果的花篮。帘子的边缘装饰着蓝底黄色花纹。这种能给器物带来庄重高贵效果的纹饰在几乎所有的清朝珐琅器上都能看到。

　　朝向里沃利大街的窗户旁放着一组由马鞍、辔和手枪组成的战利品，没有什么特色。在回廊里，我们还可以欣赏萨尔特科夫（Soltikoff）王子收藏的古代盔甲和全副装备。约四十件展品占据了展厅的另一侧，其中几件镶嵌着金丝图案的钢质盔甲堪比艺术巅峰时期的作品。

阿龙热

LE MONDE ILLUSTRÉ

世界画报

1861 年 3 月 16 日
发行第 5 年 第 205 期

LE MONDE ILLUSTRÉ

16·MARS·1861
5ME ANNÉE N°205

《世界画报》特别报道

CORRESPONDANCE PARTICULIÈRE DU MONDE ILLUSTRÉ

以下消息（主要是中俄签约议和的相关内容）来自我社驻俄国通讯员伊凡·伊万诺维奇（Ivan Ivanowitch）：

当天朝正在为刚刚结束的战争焦头烂额之际，趁火打劫的俄国人又挑起了事端。11月 14 日，在俄方代表伊格那季耶夫（Ignatuff）的步步紧逼之下，恭亲王奕䜣被迫在中俄《北京条约》上签了字。条约内容共有 15 条，主要涉及两国的一些边境问题，并确定了清朝应该给予俄国哪些最惠国待遇。

中俄《北京条约》实质上是之前中俄《天津条约》的续约。此前，清朝政府虽表露出将黑龙江北侧的大片土地割让给俄国的意思，但之前双方签订的条约中并没有明确提及划界问题。

在新签定的条约里，一切都有了明确的规定。中俄东段边界以黑龙江、乌苏里江为界，黑龙江以北、乌苏里江以东划归俄国。这段边界始于松阿察河之源，逾兴凯湖直至白棱河，再由白棱河口顺着山势到瑚布图河口，最后经由瑚布图河口顺珲春河至图们江口。中俄两国未经划定之西部疆界，也应顺山岭的走向、大河的流向以及清朝现有的常驻卡伦路线而行，即从沙宾达巴哈界牌起，经斋桑泊、特穆尔图淖尔至浩罕一线为界。

俄国从清朝政府那里攫取的，是一片辽阔富饶的土地，跨越 11 个纬度、拥有绵延 600 英里的海岸线和诸多良港；大江大河极利于通航，自然资源亦数不胜数。对于俄国人而言，若想大发横财，把这一大片沃土据为己有并非难事，软硬兼施之下，清朝政府不已经乖乖在条约上签字了吗？

TRAÎNEAU DE POSTE RUSSE DE LA LIGNE DES FRONTIÈRES DE CHINE. VOIE PAR LAQUELLE EST ARRIVÉE LA PREMIÈRE NOUVELLE DU TRAITÉ DE PAIX.

中俄边境上的俄国邮政雪橇。中俄新约就是这样被送送到到欧欧洲的。

FACTORERIE RUSSE À KACHAGAR, FRONTIÈRE DE CHINE (LIGNE DIRECTE DE SAINT-PÉTERSBOURG À PÉKIN), D'APRÈS DES CROQUIS DE M. IVAN IVANOIWITCH.

中俄边界喀什噶尔的俄国商行。此处是从圣彼得堡直达北京的中转站。伊凡·伊万诺维奇绘制。

至此，俄国商人、旅客们终于可以在远东的土地上畅行无阻了。他们可以根据个人意愿选择独自漫游，或者是组成不超过 300 人的团体到东方来。这些人甚至可以通过恰克图，经库伦、张家口直接到北京。

新的条约双方将各自留存一份，并会从北京昼夜兼程送到远在万里之外的圣彼得堡。此间山长水远，这份文件不知道得换上多少匹快马、多少辆雪橇才能抵达大陆另一端。

俄国同样在伊犁、塔尔巴哈台、喀什噶尔设立了领事机构，清朝境内的俄国居民皆由俄国政府直接行使管辖权。在喀什噶尔，一些试行性的双边贸易也逐渐展开，清朝政府允许俄国在此设立商行、修建教堂以及民居，俄国商人也可以在此居住。我们可以预见到，随着双边经贸活动的开展，络绎不绝的商旅将会在两国之间筑起一条连接亚欧大陆的繁华商路。

至于中俄新约的具体内容，1 月新出版的《勒阿弗尔邮报》将会刊出全文以飨读者。不得不说，俄国这次真是借机赚了个盆满钵满。在中俄新划定的边界线上，一些商号和狡猾的商人已经开始蠢蠢欲动，想要在那里大施拳脚。如果外商们也参与这里的商海角逐的话，就让我们拭目以待，看看外满洲这片热土能结出什么样的果实吧。

马克·维尔诺勒

LE MONDE ILLUSTRÉ

世界画报

1861 年 4 月 20 日
发行第 5 年 第 210 期

LE MONDE ILLUSTRÉ

20·AVRIL·1861
5ME ANNÉE Nº210

科利诺将军的葬礼在天津举行

FUNÉRAILLES DU GÉNÉRAL COLLINEAU, À TIEN-TSING

在遭遇了清朝军队的袭击之后，我方将士如今需要挫败一个更为可怕的敌人。在签订《北京条约》后的这个冬天，流行性天花在天津蔓延开来，已经造成我远征军大量伤亡。在这些不幸为祖国捐躯的士兵中，科利诺将军之死最让法国人民悲恸不已。

1839 年，科利诺将军应征入伍，独自离开了家乡，多年来凭借显赫的军功、顽强的毅力一步步晋升，最终成为远征军最高将领。天花的日渐侵蚀，造成他的身体逐渐瘫痪。在如此残酷的折磨下，我们身经百战的将军于今年 1 月 15 日不幸病逝，卒年五十岁。如果说，他的一生是英勇的一生，那么他的离去则完全是以基督徒的方式进行的。

他的英姿曾出现在非洲、克里米亚、意大利和清朝战场上。这位轻步兵团上校曾经在塞瓦斯托波尔围城战[1] 中大放异彩，在卡比利亚[2] 远征中晋升将军，之后又在意大利伦巴第平原[3] 荣获司令官十字勋位。这位清朝北塘、大沽口炮台和八里桥战役的英雄在平静中离世，没有悲伤也没有遗憾。

科利诺将军的死讯传开后，其同袍——法国远征军将士们均悲痛不已。我们的盟军钦佩将军的骁勇善战，法国军队的军纪和统帅的明察秋毫让俄国军队肃然起敬，他们都因为天津最高指挥官之死而潸然泪下。

将军的葬礼于 1 月 18 日举行。当日天气格外温暖，阳光普照，春日静好，没有一丝寒风作祟。新上任的指挥官奥马莱（O'Malley）上校以及将军生前的战友勒塞尔强·昂德库尔（Sergeant d'Hendecourt）参谋在教堂主持了葬礼。塞林（Serré）主教及众教士，

[1] 克里米亚战争期间英法联军同沙皇俄国的一场战役，双方僵持了整整一年，最后英法联军取胜。——译者注

[2] 位于阿尔及利亚北部，曾经是法属殖民地。——译者注

[3] 意大利北部紧靠阿尔卑斯山的一个地区。——译者注

以及在场的欧洲人均流下了眼泪。追思祷告之后，众人前往墓地。抬着棺材的队伍缓慢地行进。最终，棺材被放入铺着稻草的墓穴中。人们开始铲土覆盖在棺材上，土落在棺材上的声音敲打着众人的心灵。祷告结束后，奥马莱上校和勒塞尔强·昂德库尔参谋做了简短发言。士兵们围在四周，注视着火光升起，摘下武器向科利诺将军做最后的告别。通讯员捕捉到了这一动人的时刻，将其描绘出来。将军将会一直待在天津的教堂里，直到前往天堂。

▶ 科利诺将军的葬礼于 1 月 18 日在天津举行。根据远征军军官 C 先生发回的一份速写绘制。

FUNÉRAILLES DU GÉNÉRAL COLLINEAU À TIEN-TSING, LE 18 JANVIER. D'APRÈS UN CROPQUIS ENVOYÉ PAR M.C...., OFFICIER DE L'ECPÉDITION.

LE MONDE ILLUSTRÉ

世界画报

1861 年 5 月 4 日
发行第 5 年 第 212 期

LE MONDE ILLUSTRÉ

4 · MAI · 1861
5ME ANNÉE N°212

关于清朝的消息

NOUVELLES DE CHINE ET DE COCHINCHINE

　　《北京条约》的签订结束了我国与清朝的争端。我们接到的最新通知是，这份条约刚刚开始执行。清朝政府除了要支付被杀俘虏的家属赔款外，还要支付六千万法郎的战争赔款，以补偿法国远征军的花费。为了履行条约，清朝皇帝在 3 月初就派遣了两个大车队来到天津。第一个车队带来了两千两白银，第二个带来了三千两白银。英国使馆区也收到了相同的数目。负责运送白银的货车由清军护卫队及我国士兵护送。希望这笔赔款不是我国从远征行动中获得的唯一好处。

　　英国人也没闲着。他们已经开始利用《北京条约》给予的各种好处了。12 艘小火轮在何伯上将的率领下前往南京。英国人希望沿长江到达清朝的古都，在那里建立一个海军基地，并沿着这条重要的水道一直到达离上海大约 220 法里的汉口。据说这里聚集着三座城市，约有 800 万人口。

　　这 12 艘火轮上有一个英国的科学代表团，他们要从汉口出发穿过湖北和四川，到达西藏的首府拉萨，穿越清朝边境和喜马拉雅山脉，从布拉马普特拉河（Brahmapoutra）河谷进入英属印度。西蒙（Simon）先生作为唯一的法国人，被商务部和农业部部长委派加入了这支充满和平意义的远征队。唯一的一位法国参谋部军官则被派往南京。众所周知，这座城市一直处在混乱之中。

马克·维尔诺勒

第一批清朝赔款运抵天津。
根据克拉雷先生的素描绘制。

ARRIVÉE À TIEN-TSING DU PREMIER
PAYEMENT DE L'INDEMNITÉ CHINOISE.
D'APRÈS UN CROQUIS DE M. CLARET.

清朝报道：一位英国军官的信件

CORRESPONDANCE DE CHINE-LETTRES D'UN OFFICIER ANGLAIS

我们在第 199 期中刊发了一封英国军官的信件，信中描述了清朝人一些鲜为人知的风俗。鉴于读者对我们的译稿给予了很高的评价，我们将在本期继续提供后续译稿，希望对大家能够有所帮助。

想要进入村庄，只有一条路，那是一架毫不起眼的梯子。下面我会向大家解释形成如此独特地形的原因。

正如我们看到的，这片土地在一年中的某些时候其实是一片宽广的湖泊。生活在这里的居民需要思考如何应对洪灾，并借此给田里施肥。清朝人从来不缺应急办法，这一点很像俄国人，总是能在很短的时间内全力以赴做成事情。既然土地被水淹没，村民们便在岛屿上生活。恰好我们到达的时候，水还没有涨起来，我将用简短的语言向大家描绘"岛屿"的样子。

在这片广阔的洼地上，勤劳的清朝先人将洼地里大自然赐予的高地充分利用起来，建成了防波堤。这些天然的高地在他们手里就像大理石块，被仔细地打磨塑形，就差塑成一件精美的瓷器了。在这些天然的底座四周，他们用石块拼接成巨大的桩脚。要完成这样一项工程，需要大量的时间、耐心和精力。这些高地四周的桩脚像一个个支柱，撑起一个巨大的红砖建筑，这便是整个平台的墙面。

这座巨大的堡垒形成了一个陡峭的堤坝，从高地顶部一直向上加高了 9.75 米左右，接着是一段缓坡，以便于攀登。整个工程呈现出一个不规则的多面体，这个多面体的角就是我们之前提到的桩脚。顶上是带着护墙的平台，远处坐落着几座八角塔，塔顶尖尖的，塔身上有枪孔，乍一看像报刊亭，可惜没有电铃。

这座浑然一体的高大建筑的底部周长有 1000 多米，从高处向下看，就算底部缩小了，也感觉不出来。令我们震惊的是，据向导描述，在这座建在高高的平台上的空中村落里，拥有大片的农舍和谷仓，有 1200 多人居住在里面。更令我们惊讶的是通向村里的道路，在四个不同的地方——北边、中部、东边和西边，各有一个大的拱门，深约 7 米，从拱门下面可以很容易地进入内部。堤坝的草地上可以辨认出人和动物走出来的小路，顺着这些小路，就能找到拱门了。

起初顺着拱门向下走的时候，我们无法辨认出方向。但是一个向导让我们抬起头，向我们指出上方的一个大窟窿，据他们说，这便是拱门的中心。即使是白天，下面也是半黑，借着微弱的光线，我们看到了窟窿四周的木栅栏，里面可以看到螺旋状的木梯，中间有一片空地，悬挂着各种各样的绳子以及长长的竹梯。这便是村庄的入口。

这里不是盗寇经常光顾的地方。不像北京周围的村庄，强盗横行，而且他们每一次都能从官军手中逃脱，只因为士兵拿着微薄的薪水，毫无组织，不听指挥。而这片洼地上的居民，为了在洪水中寻找安身之处，将村庄建在了空中，形成了如此独特的居住环境。其实，与其说他们是为了应对天灾，不如说是在应对人祸，后者发生得往往更频繁，带来的破坏也更严重。他们建起蚁穴一般的建筑，只在六楼住人，整座建筑没有一楼和二楼。为此他们建起了长长的楼梯，可以直接到达三楼，需要出去的时候，人们就沿着长长的楼梯以及坚实的梯子下到地面。

一旦发现远处有危险，高高的塔楼里值班的哨兵便吹响军号，紧接着铛铛的钟声响起来，那些在田里干活的农民便赶紧往回赶，路上堵得水泄不通，所有的梯子都放了下来。直到最后一个人上来了，所有的梯子就都收回去，入口也都消失了。赶到的敌人只能望着上方的大窟窿，无计可施。如果他们打算通过梯子爬上去，上面便会有石头砸下来。

建在天然高地的平台距离地面有400多米，村民们气定神闲地坐在护墙上，嘲弄地望着下面的敌人。他们用的不是中式枪，火绳需要自己点燃，居然不自量力地从那么高的地方向我们射击。面对着这片无法企及的弹丸之地，尤其是看着对方在城墙上悠闲的样子，怒气在队伍里蔓延开来。我们立即问苦力："他们的粮仓在哪里？"苦力用手指着上面："在平台上。"我们不相信，要求他给我们一个合理的解释。

他把我们带到高地的北面，那里有一条河流。其实这片土地上有很多这样的河流，足够小船和竹筏航行，可以抵达北边的拱门。村民就是通过这条河流将粮食运到门口，然后再吊到里面的洞穴，也就是所谓的"粮仓"。原来这个建筑物不但能藏人，也能藏粮食。

火烧粮仓的希望也破灭了。面对这群近在咫尺不断嘲笑我们的敌人，我们真的束手无策，只能无功而返，更糟糕的是士兵们还没有吃晚饭。队伍里开始响起抱怨声以及脱口而出的脏话，枪声不能让敌人感到丝毫不安，我们携带的先进武器此时也无用武之地。军官们围在翻译的身边，向他抛出各种各样的问题，让他转述给清朝士兵。但此时清朝士兵已经罢工了，他们拒绝回答问题，有人甚至直接躺在地上，表明他们不愿参与，拒绝接受任何提问。

突然，我们听到了欢快的叫声，原来是三名印度骑兵带回了战利品。英国部队里的印度兵，就像法国部队里的土耳其兵，他们如同不知疲惫的猎犬，四处搜寻着猎物。对他们来说，战利品不分好坏，没有他们找不到的地方。很明显，这些战利品也是那些农民的财产，他们没有办法带到空中的财产——牲畜。印度骑兵一共带回了 4 头牛、12 只羊、7 匹马、25 头驴，还有 60 多条狗，他们在距离村庄不到 1000 米的马厩里找到了这些牲畜。牛叫声、羊叫声，以及狗吠声此起彼伏。这些狗皮毛光滑，脂肪丰富，脖子很短，让我们马上想到了天津和上海的狗肉市场。

士兵们一看到这群牲畜，立即爆发出震耳欲聋的欢笑声。我们要开始复仇了。士兵们把马赶到草地上，不到 15 分钟就生起了火。印度兵用他们的方式开始屠宰牲畜，骑兵手里的刺刀变成铁钎，在火上烤起羊肉，成了临时的厨师。欧洲人在这方面显得有些笨拙。

城墙上的清朝人一动不动地盯着下面，他们看着下面的场景，像看野蛮人一样看着我们。我们这群野蛮人一边吃肉，一边唱歌，丝毫不理会他们的嘲讽。最后城墙上的人愤然离去。我们复仇成功了。后来的晚饭没有发生什么意外，两小时以后，我们带着战利品回到营地。当然有些狗没带回来，就让清朝人替我们把它们养肥吧。

艾力克·朗乐（Aylic Langle）

LE MONDE ILLUSTRÉ	世界画报	**LE MONDE ILLUSTRÉ**
1 · JUIN · 1861	1861年6月1日	
5ME ANNÉE No216	发行第5年 第216期	

清朝报道

CORRESPONDENCE DE CHINE

　　黄浦江口有一个叫鸿淞（Hon-siong）的小村落，这里的河道不便于船只通行，若贸然进入则会面临搁浅的危险。水汽氤氲之中，岸上的城市俨然已是上海。

　　上海，于法国人而言，用 Chan-hai 来拼读会更容易一些。这座城市实际上由相互毗邻的清朝人聚居区和租界两部分组成。租界又分成了三部分，面积最大的是英国租界，剩下的是法国租界和美国租界。

　　除了租借之初耶稣会的神父曾主持修建了一座精巧的天主教堂，法国租界其实并没有什么可圈可点之处。教堂呈椭圆形，距离清朝人聚居区很近。清朝人聚居区是一个大概有 8 万人的小城镇，内外有两层城墙与租界相隔，护城河绕城流过。此外，城墙根还建有带垛口的防御工事，看上去一副戒备森严的样子。

　　清朝人聚居区内的西方建筑只有两座天主教堂和一座新教教堂，没有欧洲人居住。另外，城门的防务全部由英法两国驻军负责，两国联军早就驻扎在了那里。法国人还占据了一座庞大的茶庄，同时还在那里设置了相关办事机构。茶叶的重要性对于清朝人来说，就像咖啡之于法国人，二者都是两国的日常饮品和主要消费品。法国有负责咖啡的管理部门，同理，茶园里也得有类似的机构。此外，法国人还开了一家饭店，实际上它不过是用来贩卖鸦片的。法国的办事机构造型独特，一连串的小矮屋，亭台楼阁和碧水环绕的假山相映成趣，再加上别致的木桥、石桥，简直如诗如画。

　　上海城厢南侧的东华道（Tong-adou）上伫立着一座美轮美奂的天主教堂。这座教堂由耶稣会全权管理，在地区宗教事务中占据举足轻重的地位。我有幸参加了教堂的礼拜。在一片赞美圣母的祈祷声和颂歌声中，我看见唱诗班中有十多个清朝儿童。当圣歌旋律响起时，我心中突然无比宽慰，他们的东方面孔是多么善良啊！

这些清朝孩子是教堂的神父亲手培养的。因为神父本人就精通音乐，所以孩子们的颂唱近乎无懈可击。尤其是有管风琴和声时，听他们的歌声简直是一种愉悦的享受。更神奇的是，管风琴是耶稣会教士们亲手用竹子制成的，这可能是他们的独门绝技吧？礼拜过程中，我注意到教堂的另一头，众多清朝妇女和不同年纪的儿童跪在石阶上，似乎也在祈祷。距上海市中心六七公里的地方，法国人还管辖着另一个类似的机构，这个机构同样占地不小。不过前者的地位，后者似乎永远也无法取代。

传教团的所有成员都完全习惯了东方的生活方式。首先让人感到惊讶的，恐怕就是看到一个欧洲人、一个神职人员穿着奇装异服招摇过市吧，尤其是那条从他们的脖子开始一直垂到腰际的清朝发辫。还好，看得久了就习惯了，适应这些中式的奇怪打扮倒也不算什么难事。

当被问及哪条规定要求他们打扮成这样时，教士们的回答出奇地一致："这是清朝人的风俗习惯，尤其是他们脑后的那条长辫子。为了完成传教的使命，我们不能忽视一切能获取他们信任的关键因素。"

上海周边的乡村（和城里相比）就有些不值一提了，我们尽可能地将其归结于我们没有在正确的季节到这儿来。但事实上，即使是夏天，这些地方也相当枯燥乏味。除了茂密的树木，就是纵横的运河跟水沟，要么就是乱葬岗。这些坟堆看上去就像平地上的小丘，所有亚洲国家的贫民都采用这种丧葬习俗。有的坟墓周围有青砖堆砌，有的就是土丘下埋着棺材，还有的逝者就直接葬在了土中。有的墓中有陪葬品，而有的就草草掩埋了逝者而已。这些无名野冢数量之多，简直让人无法想象，道路旁、菜园中，四面八方，一座接着一座，也许这样逝者就能离居住地更近一些吧？也许，没有人能把逝者运得太远吧。人们这样随意地葬下已故的亲友，让我想到了一个可笑的传言：整个清朝也不过是个坟场罢了。墓地上有许多牌坊都有雕花纹饰，其中不少是镀金的，最贵的那些怕是要花上 50 到 60 个皮阿斯特 [1] 吧？

许多到清朝的旅行者这样写道：这个民族表达自己挚爱一个人，诸如子女爱父母、

---

[1] 法国旧时货币单位。1 皮阿斯特约等于 0.8 法郎。——译者注

▶上海某富商的妻子芳子女士
—————————————
MADAME FAN-ZI, FEMME D'UN RICHE
MARCHANDE DE CHANG-HAÏ

▶上海一地痞
—————————————
UN GAMIN DE CHANG-HAÏ

▲ 上海乡下的乱葬岗及其旁边的两座坟冢

GROUPES DE CERCUEILS COUVERTS DE NATTE OU
MAÇONNÉS, PRÈS DE DEUX TUMULUS DANS LA
CAMPAGNE DE CHANG-HAÏ.

▶ 天津俄国公使馆附近寺庙的入口

PORTE D'ENTRÉE DA LA PAGODE DURONG-KAO, PRÈS L'AMBASSADE RUSSE, À TIEN-TSIN.

▶ 清朝北部的独轮手推车

LE CHARIOT BROUETTE À VOILE, DANS LE NORD DE LA CHINE.

▶ 上海清朝人聚居区的大牌坊

ARC DE TRIOMPHE EN GRANIT, DANS LA VILLE CHINOISE DE CHANG-HAÏ.

以上图画来自我社常驻清朝特派记者科克先生。

DESSINS ENVOYÉS PAR M.KOCH, OFFICIER FRANÇAIS FAISANT PARTIE DU CORPS EXPÉDITIONNAIRE EN CHINE.

妻子爱丈夫，最直接的形式就是为其深爱的人订一口好棺材。仓库也好，厢房也罢，这个"礼物"可能放在房子里的任何地方。棺材的主人坚信当他大限已至，这将会是他肉身的庇护所。正是因为清朝人本来就不避讳与死亡相关的一切事物，所以到了弥留之际，这些清朝人才能够无忧无惧地从容赴死。

既然谈到了棺材这个话题，那就不得不说一下中式丧事中妇女扮演的角色。她们会穿一身白色丧服，因为白在中国文化里是服丧守孝之色。当一个人离世后，到出殡之时，他的家人会请鼓乐队来奏哀乐，其妻应坐在轿中，紧随亡夫之后，有节奏地发出呜咽哭泣之声。这与阿拉伯妇女唱歌颇有几分相似之处。若服丧的是个男子，他需要将辫子盘在头上，头缠白巾，黑白相间的醒目颜色也是办丧事的一种体现。

在上海周边的乡村中，我们没有见到驴、马和骡子，也没见到推车。这一点与清朝北方截然不同，因为清朝北方充斥着数量可观的驴车、马车。在上海城郊，我们甚至连独轮推车都没有见到。在清朝北方这同样是不可能的，因为这样的推车有很好的销路，人们可以用这样的小车毫不费力地推着杂物或牲畜，就算只有一个人推车也无妨。在上海地区，人们更多地用肩膀来扛货物，如果货物特别重，人们会选择肩挑扁担的方式。这对当地人来说不失为一种极具效率的运输方式。码头工人、纤夫们都乐于跟着扁担的节拍辛勤劳作。

上海本地的市场也可以称得上物产丰饶，毕竟它属于一个比法国要地大物博的国家。因为价格低廉，鹧鸪或者野兔这类的野味，都能被平民百姓端上饭桌。比如说，一只小野鸡只需要一个先令，而一只毛色鲜艳的大野鸡也不会超过一个皮阿斯特。

某日，我曾在天津遇到两个负责后勤采购的士兵，其中一个对另一个说："你看，我真的吃腻了野兔，一想起它我就会反胃。你要吃的话就给自己买一些，而我，还是买一只小野鸡和一只鹌鹑好了！"这些士兵怕是忘记了故乡的土豆汤是什么味道了吧？

这次一并寄给您一些有趣的图画，相信读者朋友们一定会很感兴趣的。如同我们最初约好的那样，下一期我还会寄给您一些关于清朝城市的报道，我的一些新的速写作品也会一并奉上。

此致敬礼！

浩克（Hock）

LE MONDE ILLUSTRÉ

3 · AOÛT · 1861
5ME ANNÉE N°225

世界画报

1861 年 8 月 3 日
发行第 5 年 第 225 期

LE MONDE ILLUSTRÉ

清朝军队在广西梧州府的城墙上提防反叛分子出现

LA CAMPAGNE DE CHINE. LES IMPÉRIALISTES SE GARDANT CONTRE LES REBELLES SUR LES REMPARTS D'OU-TCHOU-FOU (KOUANG-SI)

▼ 清朝军队在广西梧州府的城墙上提防反叛分子出现。

LA CAMPAGNE DE CHINE. LES IMPÉRIALISTES SE GARDANT CONTRE LES REBELLES SUR LES REMPARTS D'OU-TCHOU-FOU (KOUANG-SI).

L'UNIVERS ILLUSTRÉ

环球画报

1861 年 8 月 8 日
星期四 第 169 期

L'UNIVERS ILLUSTRÉ

8 · AOÛT · 1861
JEUDI N°169

夺取大沽炮台

ENLÈVEMENT DES FORTS DE TAKOU

▼ 帝国戏曲。占领北京第二幕的结尾：夺取大沽炮台

THÉATRE IMPÉRIAL DU CIRQUE. LA PRISE DE PÉKIN: ENLÈVEMENT DES FORTS DE TAKOU, À LA FIN DU 2E ACTE.

LE MONDE ILLUSTRÉ

10 · AOÛT · 1861
5ᴹᴱ ANNÉE Nº226

世界画报

1861 年 8 月 10 日
发行第 5 年 第 226 期

LE MONDE ILLUSTRÉ

海军陆战队将缴获的清军旗帜送到荣军院

LES SOLDATS D'INFANTERIE DE MARINE APPORTANT À L'HOTEL DES'INVALIDES, LES DRAPEAUX CONQUIS SUR LES CHINOIS

军旅生活并非总是一帆风顺，战神子弟的人生也不可能总是平步青云。如果说军人理当受勋，所有的胜利都值得被称颂的话，那么我们也不得不承认，每一场战役都会带来许多伤痛，每一次胜利都要付出惨痛的代价。

读者朋友们，请放心，我不会翻开年鉴，向你们展示我斗胆在这里说出的真相，也不会给你们上一堂军事统计课。我相信，你们已有足够多的历史知识。今天，我只想借助莫兰先生的画唤起你们的回忆，让你们心潮澎湃一次。

请随我来到左岸的塞瓦斯托波尔[1]大道。时间是 7 月 28 日，周日下午两点左右，艳阳高照，阳光洒在人行道的沥青路面上。天气有点热，好奇的人们从河岸和附近的街道赶来，拥挤着跟在一支威武雄壮的身着蓝色军服的海军陆战队后面。

这些骁勇善战、朴实无华的士兵从清朝归来，在大沽口、北塘和夺取北京的战役中总是冲在第一线。他们腰间别着手枪，手里握着刺刀，整齐划一地前进着，缴获的旗帜正好遮掩了身上的伤口和残疾。他们要把缴获的清军旗帜送到荣军院。

这群光荣、英勇的伤残军人互相搀扶着，迈着坚定的步伐向飘扬着法国国旗的穹顶建筑走去。这一场景既令人心酸又让人肃然起敬。他们用朴实的、带着骄傲的笑容迎接人们热情的掌声。这些勇敢的法兰西孩子每天都在为国争光，祖国和人民会铭记他们为此做出的所有牺牲。

马克西姆·沃韦尔

[1] 克里米亚半岛的著名港口城市，黑海的门户。——译者注

7月28日，海军陆战队在荣军院举着缴获的清军旗帜。

SOLDATS D'INFANTERIE DE MARINE PORTANT LE 28 JUILLET, À L'HOTEL DES INVALIDES LES DRAPEAUX CONQUIS SUR LES CHINOIS.

L'ILLUSTRATION

9·NOVEMBRE·1861
SAMEDI N°976

画刊

1861 年 11 月 9 日
星期六 第 976 期

L'ILLUST RATION

埃德蒙·布罗姆利伯爵之旅：寻找一个茶杯

VOYAGE DE SIR EDMUND BROOMLEY-À LA RECHERCHE D'UNE TASSE À THÉ.

  我们正在黄海上航行。黄海是黄色的，尽管有一位牛津大学的教授告诉过我黄海不是黄色的，就像黑海不黑、红海不红一样。

  13 天前，"幻想"号（Fantaisie）满载着货物离开了广州港。勒考克（Lecoq）船长想要到上海碰碰运气。目前贸易的成功让他心情不错。晚上，三杯朗姆酒下肚后，他又唱了起来。那调跑得就别提了！我真希望勒考克船长之前的生意没那么好啊。

  因为要与每晚畅谈的好友钟曹（Chung Tso）分别，我对离开广州感到很伤感。这位绅士和我告别的时候，眼睛里充满了泪水。我永远忘不了他和我握手的那一刻。我无法拒绝他送给我的那个装满清朝古玩的珠宝匣。但糟糕的是，那个杯子却留在了钟曹的书架上。在我看来那个杯子是独一无二的，在它面前清朝和日本所有的瓷器都不值一提，恐怕在清朝也找不到另一个同样的杯子了。

  我们在台湾海峡遭遇了强烈的暴风雨，不过"幻想"号还是承受住了风浪的打击。勒考克船长为他的帆船感到非常自豪。在狂风巨浪中，他用一种近乎嘲讽的语气问我："先生，您认为英国还有哪艘帆船能比'幻想'号更经得起风浪？"我回答说："真的没有，'幻想'号是一艘勇敢的帆船。"据说台湾海峡会有清朝海盗出没，但这些海盗并没有阻断我们的去路，很可能糟糕的天气阻碍了他们的脚步。

  今天上午，我们经过了宁波。在宁波，我既没有看到享誉全国的藏书楼，也没有看到天后宫（Ma-taupa），更没有看到千年的古寺。如果不是因为宁波有清朝最美的街道，我恐怕都不会注意到这座城市。

我们现在在长江上航行。一个舵手刚刚上了船，幸好有他，不然我们肯定无数次搁浅在沙洲上了。长江两岸的风景不算秀美，但是像黄河一样，长江边上的景象变化万千、引人入胜；尤其是连续在海上航行了15天，目之所及只有水和天之后，这景色就更显迷人。一会儿看到一个小湾，周围大片的货栈建在木桩上，一些小船在等待运往海上或内陆地区的商品；一会儿则出现了由简陋窝棚组成的破旧村庄，家庭妇女在窝棚前晾晒着刚刚洗过的破衣烂衫；还能看到一些富有的批发商的别墅，上了釉的房屋墙面像漆一样亮，屋瓦都镀了金，帘子上画着一些颜色明亮的图案，主人和朋友在阳台上乘凉，谈论着丝绸、棉花的价格。

吴淞是清朝主要的鸦片输入地之一，每月都会输入1000到1200箱鸦片。鸦片这种慢性毒药给我们带来了丰厚的利润，但也让清朝人走向衰败、愚钝和死亡。也许，再过半个世纪，整个清朝将再也找不到一个吸食这种毒药的人，从而增加我们的贸易财富。

现在我们离上海只有12英里远，帆船缓慢地经过一条条满载稻米的平底帆船、英美商船以及乞丐船。经过一个小时蜿蜒曲折的航行后，我们终于在日暮时分迎着夕阳的余晖看到了这座商业繁盛的大都市。

到达上海的第二天，我去看望了田辉（Tien-hué）的堂兄。田辉是新加坡的裁缝，他帮我缝制了一件特别漂亮的背心。老贝（Lao-pe）是上海最流行的大众作家，五六个人正在他的房门前等待接见。

耐心地等了大约10分钟后，一个十五岁左右的男童从店铺里走了出来。我出示了介绍信，并表示这信是给尊敬的老贝先生的。男孩拿了信，立刻返回了店铺，将信交给了贝先生。贝先生读完信后，和男孩低语了几声，便从他的藤椅上迅速起身，向我走来，恭敬地说着："请！请！"他对我大加赞赏了一番，我对此也表示了感激之情。一番寒暄之后，老贝不再挽留我了，他希望他的孙子夏（Tsia）可以作为口译和向导陪我一起游览。

这个小家伙想带我去看寺院和宫殿。但我来清朝是为了别的事情，于是请求他带我去了城里最好的瓷器店。我向老板展示了我一直随身携带的那个茶杯的碎片，夏帮我解释我到底想要什么。老板回答说，他手上暂时没有和这个相似的茶杯，但是明天这个时间会运来一个。我向老板表示，如果他发现了我寻找的茶杯，我不会在价格上斤斤计较。

▲ 上海参将和四名士兵。根据卡诺瓦先生的照片绘制。

LE GOUVERNEUR MILITAIRE DE SHANG-HAI ET QUATRE IMPÉRIAUX. D'APRÈS UNE PHOTOGR DE M. CANOVA.

▲ 上海茶园的小桥

PONT DU JARDIN DU THÉ À SHANG-HAÏ

▶ 上海参将署的门厅。根据
李阁郎先生的照片绘制。

ENTRÉE DU PALAIS DU GOUVERNEUR
MILITAIRE DE SHANG-HAÏ.D'APRÈS
LES PHOT DE M. LEGRAND.

为了向他证明我所言不虚，我以至少六倍的价格买下了他的全套茶具。

那天上午，上海动荡不安。信使带来消息，说叛军刚刚取得了胜利，而他们的前哨离上海不过12到15英里。因此，大街上的商人都有些惊慌失措，哆哆嗦嗦，面色惨白；富有的批发商带着家具、商品以及珠宝首饰准备搬家。人们一脸惊愕又狐疑的神情，拿着太平军的传单议论纷纷。这是叛军的秘密拥护者晚上张贴的，号召居民们起义。

一支庞大的队伍护送着一顶特别漂亮的轿子，挡住了我们的去路。

"这是什么？"我问夏。

夏询问了一个流动理发师后回答说："这是一位刚刚从英国、法国、美国领事馆回来，向外国人求援帮助抵抗叛军的军事将领。这个可怜的道台，已经好几个月没有好日子过了。"另外一支护送轿子的队伍与第一支队伍相遇了。当两顶轿子并排的时候，轿夫们会停下来，帘子会被同时打开。这时，一位武将和一位文官从各自的轿子里出来，他们攀谈了几句便又回到了各自的轿厢，帘子又垂落了下来，轿夫们继续上路。

我还没来得及看清这两位高官的容貌，但是很快便有幸从上海的一位灵巧的画师那里欣赏到了他们的尊容。这位画师正好是老贝的一位朋友，小夏为我引荐了这位画师。这两位官员看起来一副忧愁的样子，因此我在他们的肖像画下面提笔写了几个字：将要被革职的官员。

我们走进了一个官员家的花园，夏有时为其担任秘书。看！那漂亮的草坪、美丽的小径和被修剪成形似小狮子、小老虎和小龙的树木！还有那蓝色池塘里嬉戏的金鱼，以及池塘周围漂亮的玫瑰花！

接下来，我的小向导要带我去有点像上海沃克斯霍花园（Wauxhall）的茶园。但是我们去的那天，正逢上海市民在考虑另外一些严肃的事情。那些担心自己收入的街头艺人和演奏家们决定待时局稍微缓和一点再出来表演。我在茶园里只看到一个在桥下垂钓的人，一位法国人在给他拍照。在我看来，这位垂钓者有种超然物外的感觉。这位拍照的法国人很热情，我走过去并向他问好。

"您好，先生，"他问我，"您会讲法语吗？"

"会一点。"我回答道。

"那太好了。请允许自我介绍一下，我叫李阁郎（Legrand），就像所有居住在上海

▶ 上海道台。根据卡诺瓦先生的照片绘制。

LE GOUVERNEUR CIVIL DE SHANG-HAÏ. D'APRÈS UNE
PHOTOGRAPHIE DE M. CANOVA.

的欧洲人一样，我是个批发商，空闲的时候我会拉小提琴、收集各种珍品以及照相。"

　　我对他说："我是埃德蒙·布罗姆利（Edmund Broomley），来清朝游玩的。"当然这不完全准确。我们总不能第一次见面就坦承自己远涉重洋就为了找寻一个茶杯。

　　他说："您是来这里游玩的！您的选择很正确。清朝是一个迷人且有趣的国家。我想让世界了解一个立体的清朝，但是我的行为会带来一些危险。"

　　"一些危险？"

　　"很有可能。并不是所有的清朝人都像这位垂钓者一样愿意被人拍摄。在宁波的时

▲ 长江上的乞丐船

BATEAUX DE MENDIANTS
DESCENDANT LE YANG-
TSE-KIANG

▼ 长江上的货栈

ENTREPÔT DE MARCHANDISES SUR LE YANG-TSE-KIANG

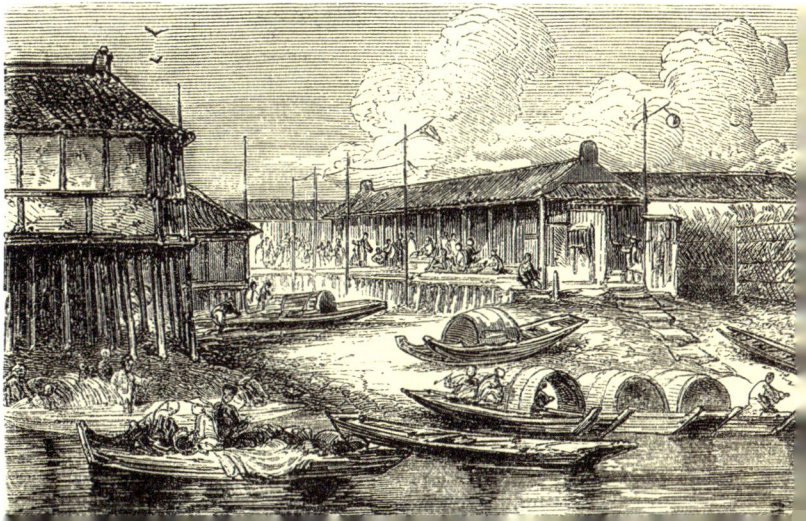

▶ 上海周边的村庄

VILLAGE AUX ENVIRONS DE SHANG-HAÏ

候，那里的居民把我的镜头当成了大炮，以为我是来伤害他们的，于是就用土块打我。不过我通过上海报了仇。"

"这是怎么一回事？"我问道。

"我的一位朋友给我运来了一些工具。英国人没有生活在莫里哀时代，是不知道这些工具的。先生，别脸红了，我不再细说了。哦，我看到这箱货物，便对自己说，我的朋友错了。这些在清朝可不会有什么销路。我一有机会就把这些没用的东西运回法国。我把 143 件塞进了衣橱，剩下的 144 件只能放在餐厅了。"

"在您的餐厅？"

"哦，是的，虽然不太合适，但却是一个幸运的巧合。在那之后我和三位官员吃饭。这三位高官喝了很多法国葡萄酒，吃甜品的时候他们特别开心。其中一位看到了放在角落里的工具。他问我这是什么，我突发奇想带他去看。我把那东西放在桌子上，往里面倒了两瓶香槟，然后按了一个弹簧，那酒就带着气泡流了出来。这几位宾客都拍手叫好。8 天后，这 144 件工具就摆在了城里最豪华的宅邸中。上海的官员就是这样帮我向宁波的居民报了仇。您愿意来我家小憩一下吗？"

"当然愿意。"我回答道。

李阁郎先生热情地招待了我。他向我展示了他拍摄的清朝照片。一小时后我离开时，已经对上海及周边的名胜了如指掌了。我甚至在他的家中欣赏到了宁波市纪念妈祖娘娘的那座非常有名的建筑，很遗憾之前没有去现场参观。

夜幕降临，我回到了老贝家。这位作家在府中盛情款待了我。我们一边品茶，一边谈论着纯文学在清朝未来的发展。

▶宁波的天后宫

MONUMENT DÉDIÉ À LA DÉESSE MA-TAUPA, À NING-PO

▶一位上海官员的花园

JARDIN D'UN MANDARIN À SHANG-HAÏ

▶上海周边一座寺庙的宝塔

TOUR D'UNE PAGODE AUX ENVIRONS DE SHANG-HAÏ

这是多么神奇的经历！难道我是在做梦吗？难道我吸食了鸦片吗？我真的拥有了这个梦寐以求的宝贝？

前天，我回到了瓷器商那里。经过一番寻找，他还是没有找到我要的那个茶杯。他对我说："请确信，您要找的东西不在上海。"

我问他："难道不能再制造一个和这个碎了的茶杯十分相似的茶杯吗？"

他回答说："造不了啊。这是一种古瓷器，使用了一种特别的珐琅，制作工艺现在已经失传了。"

我立刻去订了一张第二天前往渤海湾的船票。我和勒考克船长告了别，他用略带激动的嗓音祝我一路顺风。晚上，我在码头上散步，试图放下那些悲伤的思绪。正在这时，一个看上去很老实的人用手指向一艘漂亮的小船，看着我，分明在说：先生想在水上游逛吗？我点了点头，上了小船。那个人坐下来掌舵，两个水手划着桨，我们慢慢地驶向江心。

夜晚非常静谧。波浪中显现出优雅的亭子、有七八级的宝塔、粗大的平底帆船，这一切在月光的照耀下都平添了一份难以言表的雅致和魅力。慢慢地，我的思绪不再那么苦涩，精神随着水波荡漾，自由地摇曳在一个朦胧、神秘而又充满诗意的地方。我确定我当时并没有睡觉，但也没有保持警惕。这种神奇的状态持续了多久我也说不清楚。突然，一声刺耳的叫声把我唤醒。原来是一只过江的鸬鹚。

这时，我才意识到我们已经出来很远了。我们经过了吴淞。那些水手一开始都无精打采地划着桨，现在好像在和一个隐秘的小船讨论行程的价钱。这让我吃了一惊。我看了看老板。他脸上显出一种狡猾的神情，取代了之前诚实的目光。我又看了看那两个划桨的水手。我感到发丝都有些颤抖，心跳比平时快了两三倍。我做了一个回去的手势。老板笑了笑，并没有任何调转船头的打算。

我立刻大喊："停！"

老板看了看他的两个水手。他们丢下船桨，迅速向我扑来，从衣服里掏出绳索和手铐，把我的手脚都绑住，堵住了我的嘴，并把我拖到了船舱里。所有的动作用时不超过一分

▶长江上的农场

EXPLOITATION AGRICOLE SUR LE YANG-TSE-KIANG

▶长江边的民房

MAISON DE CAMPAGNE SUR LES BORDS DU
YANG-TSE-KIANG

▶一条小船在长江边进行补给。

BATEAU DESCENDANT UN DES CANAUX
D'IRRIGATION ALIMENTÉ PAR LE YANG-TSE-
KIANG.

钟。很明显，这是他们惯用的伎俩。因为我用绑紧的双脚狠踢船底以发泄不满，老板离开了船舱，向我走来；迎着月光，他亮出了一把锋利的匕首。

亨利·埃斯特班（Henri Este）于"幻想"号纵帆船上

▼ 长江边供消遣的角亭

PAVILLON DE PLAISANCE SUR LE YANG-TSE-KIANG

本文图片根据李阁郎先生的照片绘制

D'APRÈS LES PHOTOGRAPHIES DE M. LEGRAND.

1862 ♦♦♦

L'ILLUST RATION

画刊

1862 年 1 月 11 日
星期六 第 985 期

L'ILLUSTRATION

11 · JANVIER · 1862
SAMEDI N°985

埃德蒙·布罗姆利伯爵之旅：寻找一个茶杯（续）

VOYAGES DE SIR EDMUND BROOMLEY-À LA RECHERCHE D'UNE TASSE À THÉ

　　我可怜的朋友已经高烧三天三夜了。他经常喊玛丽小姐的名字，那声音如此柔情，如果那位年轻的小姐听到他这样喊自己的名字恐怕要悲喜交加了。今天早上他的高烧终于退去，谵妄的症状也有所好转。主治医师认为他已脱离生命危险了。接待我们的神父为人极好，尽心地照顾着伯纳德（Bernard）先生，一面准备着医生开的药汤，一面为他祈祷。

　　负责警务工作的官员得知这位可怜的青年遭到了迫害，表示极大的愤慨，并发誓要为"这位杰出的法国青年"讨回公道。不过当受害者是一个外国人时，我对清朝的司法制度是不抱太大希望的。

　　到昨天为止，伯纳德先生已经受伤两周了。近一个周来，他进入了全面恢复阶段。今天上午，我们在北京的城区散步。清朝的城市虽然人口密集、繁忙热闹，却感觉不到丝毫的焦虑和忧伤。我觉得没有比这儿更加丰富多彩而又奇特古怪的地方了。那些大难不死的人会在这片来来往往、嬉笑怒骂的地方更好地体会到生的喜悦。我的这位年轻朋友的所见所闻把他带入了一种难以名状的孩童般的天真愉悦当中。

　　那些当街给人理发的剃头匠，叫停行人兜售商品的鱼贩和蔬菜水果商，蹲在地上玩着我们不懂的清朝游戏的顽童，低声抱怨百姓没有给自己让路的身形魁梧的官员，耷拉着脑袋、眼圈深陷、脸色惨白、踉踉跄跄地走进烟馆抽鸦片的人们，以及狼吞虎咽地吃着露天餐馆烹制的香气扑鼻的菜肴的脚夫、手工艺人和穷书生都让他看不够。他饶有兴趣地听着给主人买晚餐的仆人们的闲聊，两个不愿给对方让路的轿夫的争执，放鱼形、

▶露天餐馆

RESTAURANTIEN PLEIN VENT

▼北京居民

TYPES CHINOIS DE PÉKIN

▼北京的街景

SCÈNE DE MARCHÉ À PÉKIN

龙形或是鸟形风筝的孩子们的欢笑声。我担心一下子接触到这么丰富的画面会让他感到劳累，于是坚持要求他和我一同回到住地。

如果我有一点想象力的话，恐怕此刻我就在写一本关于清朝习俗的小说了，明年大概就会惊艳伦敦和巴黎的沙龙。就在我们快要到达寺庙所在的小山丘的脚下，经过两棵树掩映下的一座漂亮的房屋时，见证了令人惊奇的一幕。在一楼的一间寝室里，一个衣着华丽的妇女递给了一个年轻的姑娘一个钱袋。这个姑娘几乎是跪在她的面前，脸上挂满了泪水，似乎在犹豫要不要接过钱袋。一个表情严肃的男子扶着妇人的胳膊说了一些话，那姑娘投之以敬畏的目光。一位老人在后面用一种特别悲哀的神情看着眼前的一切，却不敢出声。我们非常知趣地停了下来，看到那姑娘接过了钱袋，吻了妇人的手，恭敬地向二人告辞，退出了寝室。

就此话题我们都认为，无须一位有创造力的作家便可撰写出非常优秀的作品，尤其考虑到这是发生在清朝的场景。那个泪流满面的姑娘命运会怎样，她也许是被女主人辞退了的厨娘……

伯纳德先生现在已经完全康复了，没有什么可以阻止我们重新出发前往北塘。我迫不及待地想知道"鹈鹕"号有没有回来，船长有没有带回我珍贵的茶杯。明天一大早，我们就要离开北京了。我们租了一条平底帆船准备沿白河顺流而下。今天下午，英国军队的一位翻译通知我们，那位负责警务工作的官员紧急召见我们。我们立刻出发前往这位官员的衙门。

我对伯纳德先生说："看来我误解了清朝的司法制度，有人要替你主持公道了。"

他答道："说实话，我不希望因为我而处死一名女士。"

"即便她当时想杀了你？"

"是的。对她来说我是一个敌人，我可能将她爱的人推上了断头台。她因为我而遭遇不幸，她袭击我是出于仇恨。而她是那么的可怜、不幸，可能从小就被抛弃了，所以不应该太过严厉地审判她。"

他沉默了一会儿，有些不好意思地说："不管怎么说，我并没有看到这名妇女，是你把她认出来的。"

我对他说："您真是仁慈而高尚。"

▶ 北京的集市

MARCHÉ À PÉKIN

▶ 白河上的一所
清朝商行

UN COMPTOIR CHINOIS
SUR LA RIVIÈRE DE PEI-
HO

这时，我们被带到了衙门的大堂，那位官员正坐在座位上等着我们。看到我们，他立即起身，神色匆匆地向我们走来，和我们说了好几个"请，请"之后，和一个下属说了几句，然后又回到了自己的座位上，正襟危坐。过了一会儿那个下属又出现了，后面跟着两个侍卫押解着一个妇人。这就是海盗的情妇。她面色惨白，但是并没有颤抖，脸上也没有丝毫恐惧的神情。她向伯纳德先生投来了一种近似冷酷无情的目光。她很惊奇地看到那个她以为已经死了的人又活生生地出现在自己眼前。伯纳德一直注视着她。官员吩咐身旁的翻译要一字不差地把他的话以及别人的回答翻译出来。然后，他问那妇人："你是谁？"

她答道："我叫小娲（Tchao-wa），来自上海，是唱歌的。"

"你难道不是几个月前被绞死的那个海盗的骈妇？"

"不是。"

"三周前，你有没有拿刀在东寺的路上袭击我们这位亲爱的法国朋友？"

小娲坚定地回答道："没有。"

官员向我们看了看，那目光分明在说："这妇人真是胆大包天，不过我们已经见惯了这种罪犯，我们很清楚该如何对付这样的犯人。"

他接着问伯纳德先生："您是从背后遭袭的？"

"是的。"

"那么您没有看到凶手了？"

"没有看到。"

"很好！但是我们亲爱的英国朋友当时也在场。凶杀过后的一瞬间，他看到在一处悬崖后一个女人挥舞着尖刀，他还听到那妇人发出了一阵狂喜的笑声。"

我答道："的确如此。"

官员对我说："您来看看这个妇人。"

我看了看小娲。

"您看她是那个挥舞着尖刀的女人吗？"

伯纳德向我投来近似哀求的目光。

我答道："我记不清了。"

▲ 北京的一处角亭

UN PAVILLON À PÉKIN

▼ 白河两岸的别墅

HABITATIONS DE PLAISANCE SUR LES RIVES DE PEI-HO

小娲脸上没有露出一点激动的神情。而那位可怜的官员简直不敢相信自己的耳朵。

他重复道："亲爱的英国朋友，这个妇人是不是那个挥舞尖刀的女人？"

我又回答了一遍："我记不清了。"

官员深深地叹了口气："我已无能为力。"然后吩咐下属释放那名女囚。

她慢慢地离开了，脸上没有露出任何喜色。官员一面送我们到大堂门口，一面说道："衙门会继续搜寻凶手的。"

我们向他表示，我们对清朝的司法制度充满了敬佩之情，而且我们对此事并不特别在意。官员一直送我们到衙门口，亲切地和我们道别。我们出了衙门后，伯纳德对我说："谢谢你。"

我回答道："你让我做了一件多大的蠢事。希望我们不要因此后悔莫及！我们还是赶紧走吧，四下里看看那个妇人有没有举着尖刀埋伏在附近。"

谢天谢地！我们终于平安地回到了住地。晚上，我们和主人道了别。当我们要付给他这几天的住宿费时，他的面容如此悲伤，再坚持下去便显得我们有些残忍了。我们送给他一个不值钱的戒指作为留念。对我来说，瘦小的马匹和清朝的轿子都没有用了，于是我把它们送给了法国军队食堂的一个女管理员。

白河真是一条令人厌恶的河流！河岸平坦，河床狭窄而曲折，肮脏的河水中漂着各种生活垃圾，真是名副其实的丑陋之河！为了分散注意力，我们盯着沿途柳树掩映下的麦田、一望无垠的广袤平原、大片的盐场、长长的芦苇、村子里可怜的几座土房、貌似商行的贸易城市，以及时不时会遇到的果园、菜园、寺庙和官员的别墅，就这样在河上过了 8 天。一路上，我们不知说了多少遍：我们什么时候能到北塘？北塘是我们的希望之所。昨天上午我们终于到达了那里！

伯纳德先生立刻恢复了他在"敏捷者"号（Agile）上的职务。"鹈鹕"号还没有从香港返回，人们每天都在盼望着它的到来。1860 年 12 月 15 日上午 8 点钟，"鹈鹕"号入港了。等它一靠岸，我便登了上去，要求见船长。当时船长正在忙着卸载船上的货物，但是他对我特别客气，并没有觉得我此时的到访有多么不合时宜。

我对他说："船长，请原谅，您还认得我吗？"

他笑着打断我说："当然了，您就是埃德蒙·布罗姆利伯爵，您本该同我们从上海出

▲ 武当山

LES MONTAGNES DE VOO-TANG

发前往马赛。但是上级命令我们来到渤海湾，而不是返回法国。我们没能及时通知您，而且匆忙之间竟没有想到放下您的行李，真是太抱歉了。"

"哦！船长先生……"

"我派人把您的行李搬到了我的船舱，我想这样能够保证它们完好无损。"

我非常急切地问他："您看现在能不能……"

"当然可以，这是再自然不过的事了。本杰明，快带伯爵先生到我的船舱。"

这时船长又补充道："我们确定下周六出发去马赛，如果您愿意与我们同行，我将荣幸之至。"

我回答道："我非常愿意成为您的乘客。"

"我们应该会在广州进港靠岸，不过我们会追回耽误的时间。"

"船长，请您放心吧。"我有些激动地打断了船长对话，因为我太想打开我的行李了。

我怀着无比激动的心情转动了锁孔。我的心怦怦地跳着。抬起行李盖，当我看到系着蓝色绸子的盒子时，激动的心情真是无以言表。我解开绸子，打开盒子，在里面找到了我的茶杯。真庆幸它还完好无损。我拿起茶杯，亲吻它……天啊！欧若拉女神，您让我做了什么蠢事啊！

亨利·埃斯特班

L'ILLUSTRATION

20 · DÉCEMBRE · 1862
SAMEDI N°1034

画刊

1862 年 12 月 20 日
星期六 第 1034 期

L'ILLUST RATION

夺取青浦

PRISE DE TSING-POU (CHINE)

1862 年 5 月 12 日，卜罗德准将指挥的法国远征军与斯特维利将军率领的英国远征军攻取了叛乱分子掌握的重镇青浦。

青浦地处一片平原之中，由各种防御工事及周围多条河道守护，可谓易守难攻。炮兵部队花了几个小时才打开了几个缺口。甲板上的士兵准备通过一条主要的沟渠到达城墙脚下。

在当天的战斗中，一直处于先锋的非洲第 3 轻骑兵营在印度锡克兵以及英国步兵第 31 团的帮助下，从左侧向敌人进攻，将叛乱分子从防御的隐蔽处驱赶出去，然后迅速夺取了这座城市，并将众多俘虏聚集在靠近城门的大片平地上。之后，卜罗德准将便任命非洲第 3 轻骑兵营的少尉布兰克（Blanc）先生和一位英国军官一同看守俘虏，并照顾混杂在叛乱分子当中的妇女和儿童，他们中好几个人在爆炸中受了伤。

版画中描述了等待分发食物的俘虏。此时，两名特派员在卡努特上尉的陪伴下，命令翻译人员召集叛乱分子在轻骑兵的看守下到平地上来。

派吉特

▲ 占领青浦后，联军特派员看守下的清朝俘虏在等待食物。根据布兰克的一张照片绘制。

PRISONNIERS CHINOIS ATTENDANT LEUR NOURRITURE SOUS LA SURCEILLANCE DES COMMISSAIRES ALLIÉS, APRÈS LA PRISE DE TSING-POU. D'APRÈS UNE PHOTOGRAPHIE DE M. E. D. BLANC.

1863

◆◆◆

LE MONDE ILLUSTRÉ

世界画报

1863 年 10 月 5 日
发行第 7 年　第 338 期

LE MONDE ILLUSTRÉ

5 · OCTOBRE · 1863
7ME ANNÉE N°338

清朝商行

COMPTOIR CHINOIS

根据条约，清朝已经敞开了大门。如今，我们可以在沿海地区自由地进行商贸活动了，至少在那些没有被太平天国或者其他叛乱分子占据的地方是完全可行的。

本报读者对这个古老的民族应该都有所耳闻，尤其是在商业贸易方面，他们的行为堪称独树一帜。他们自以为天下第一、无人能及，而且为了防止别人窃取其生产工艺和秘方，对外施行严格的闭关锁国政策，冷酷无情地将欧洲人拒之门外。清朝人那种莫名其妙的优越感，在今后一段时间内可能真的需要好好克制一下。不过在做生意方面，比起我们，他们丝毫不逊色，各种商行开得有模有样。

本报记者发回一幅描绘船舶到岸之际清朝某商行的场景图。看着这幅图，我们便能够想象出当时的场面。大批脚夫肩上扛着货物，争先恐后地将其搬运到牲畜拉的车上。货物种类繁多，有丝绸、茶叶，也许还有鸦片。两头猪在忙乱中被熙熙攘攘的人群挤来挤去，无处安身，面色仓皇，哀号阵阵。

劳工们吵吵嚷嚷，跌跌撞撞；商人们高谈阔论；海关官员则骑着高头大马，在随行人员的陪同下，逐个查验货物，严防有人偷税。

A. H.

福民新河（Fu-min-asin）河口的清朝商行。草图由海军官员贝尔当先生绘制。COMPTOIR CHINOIS ÉTABLI À L'EMBOUCHURE DU FLEUVE FU-MIN-ASIN. CROQUIS DE M. BERTRAND, OFFICER DE MARINE.

1864

♦♦♦

LE TOUR DU MONDE

环游世界

1864 年 8 月
第 241 期

LE TOUR DU MONDE

AOÛT · 1864

N°241

圆明园游记：乾隆皇帝的夏宫

UNE VISITE À YOUEN-MING-YOUEN, PALAIS D'ÉTÉ DE L'EMPEREUR KHIEN-LOUNG

第一部分

在距离北京城西直门约 4 法里的西北方向，有一个规模可观的镇子叫海淀。现在仍然有不少人居住在那里，只是境况已今非昔比。以前，这里完全可以媲美法国的凡尔赛宫。镇上居民数量众多，人们大多依附于皇室谋生或者积极投身于历代皇帝鼓励发展的行业。在海淀近郊，坐落着一处广袤的园林，占地面积甚至超过了北京城，内有两道四方形同心围墙，里面散布着四十座典型的清朝皇家建筑。清朝艺术家曾将其风貌以绢本彩绘的形式记录了下来，并且装订成册，放置于乾隆皇帝的藏书阁中。最近，这本图册辗转被巴黎皇家图书馆购买收藏。[1] 我们谨在此展示其中几幅画的临摹样本图。除此之外，文中还有另外一幅图。这幅图源自一本内含二十幅彩色画、描绘乾隆皇帝时期欧式风格建筑的图册。

当年，尚未登基的雍正皇帝在其父亲——赫赫有名的康熙皇帝（与法国路易十四同时期）的授意之下，选择了北京城西北方向的这个地方建造避暑山庄。后来，康熙皇帝的孙子乾隆皇帝（卒于 1799 年）在位的六十年间，进一步完善了这里的整体建筑格局，新增了各类宫殿、亭台楼阁、假山池塘、人工湖海等景观，规模之宏大可谓旷古烁今，令人叹为观止。

---

[1] 该图册由皇家图书馆在公开拍卖中花费四千法郎购得，其作者是清朝艺术家唐岱和沈源，他们于 1744 年奉乾隆皇帝御旨绘图，画中所配中文题字则由时任工部尚书的汪由敦执笔。——作者注

我们可以看到，执政初期，清朝皇帝和亚洲其他国家的君主一样，十分热衷于修建豪华宫殿和大型皇家园林。在公元前 368 年的《孟子》[1] 一书中，有文字记载如下：

> 齐宣王问曰："文王之囿，方七十里，有诸？"
>
> 孟子对曰："于传有之。"
>
> 曰："若是其大乎！"
>
> 曰："民犹以为小也。"
>
> 曰："寡人之囿，方四十里，民犹以为大，何也？"
>
> 曰："文王之囿，方七十里，刍荛者往焉，雉兔者往焉，与民同之。民以为小，不亦宜乎？臣始至于境，问国之大禁，然后敢入。臣闻郊关之内有囿方四十里，杀其麋鹿者如杀人之罪，则是方四十里，为阱于国中。民以为大，不亦宜乎？"
>
> 王顾左右而言他。[2]

公元前 213 年，秦始皇在消灭前朝各诸侯国之后，焚书坑儒，并且着手修建方圆约合 30 法里的皇家园林。园林内有大量珍禽异兽、花鸟鱼虫以及稀有植物。根据史书记载，园内仅树木的种类就超过了 3 千种。另外，秦始皇还参照各诸侯国的建筑风格，在被他消灭的诸侯国领土上大肆修建宫殿。

公元前 140 年，汉武帝率部到达里海沿岸与印度交界的地方，就地修建了一座方圆 50 法里的园林，内设宫殿、凉亭、假山以及其他景致。3 万名仆役常年在此劳作。每年，各省都要把他们最珍贵的花草树木运送至此。[3]

不过，汉朝另一位皇帝却对这种排场不以为然，不是很热衷于修建此类园林。有位大臣曾经问起个中缘由，他回答说："我想把整个中国都变成一座乐园。先皇不吝巨资扩建修整园林，其实这些钱原本可以让成千上万缺衣少食的百姓过上富足的生活。"

---

[1] 此处错误，《孟子》成书于战国中期。——译者注

[2]《孟子》一书已经由本文作者翻译成法文，收录在已经出版的《东方经典》第二卷第 225 页起。——作者注

[3] 此处与史实不符，遵照原报纸，未作改动。——译者注

▲ 圆明园里的一座桥。泰隆根据照片绘制。

UN DES PONTS DU PALAIS D'ÉTÉ. DESSIN DE THÉROND
D'APRÈS UNE PHOTOGRAPHIE.

▼ 圆明园地图。波拿马街 42 号艾哈德镌版印刷。

Gravéchez Erhard R. Bonaparte 42.

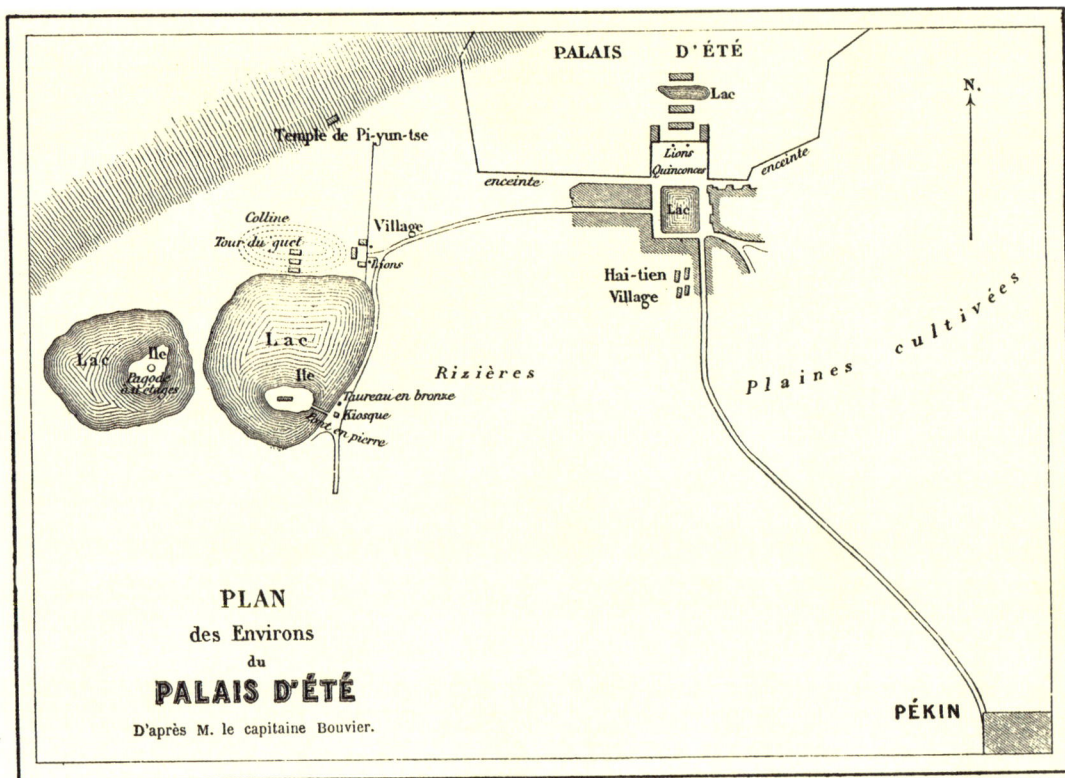

第二部分

　　王致诚出生于法国弗朗什孔泰省多勒市，是乾隆皇帝的御用画师。他于 1743 年 11 月 1 日在北京写过的一封信中是这样描述圆明园的：

　　"在园林别墅中，它可谓举世无双。圆明园占地辽阔，人工堆砌的假山从 20 法尺到 60 法尺不等，形成高低起伏、绵延不绝的小山谷群。几条清澈见底的运河流经此处，在多处汇合形成池塘湖泊。人们乘坐漂亮的船只在运河、池塘、湖海中畅游。无论在青葱翠谷中还是在湖畔河滨，各式建筑布局巧妙，住所、院落、开放式走廊、封闭式走廊、花园、花坛、瀑布等景致错落有致，整体效果绝佳，令人赏心悦目。通向小山谷出口的，并非欧式的笔直通道，而是蜿蜒前行的盘旋小路。途中不乏亭台楼阁及幽静的岩洞。待走到出口，与之前截然不同的另一个小山谷迎面而来，无论是山谷的布局还是建筑结构均与前者大相径庭。

所有的山岭都花红柳绿，郁郁葱葱。在圆明园，这样的景观平淡无奇、比比皆是。这里真是人间天堂！这里的人工运河与我们的不同，堤岸由精准测量过的石块简单堆砌而成，以碎石填缝，营造出错落有致的意境。这些石块排列得极具艺术性，几乎可以以假乱真，让人误以为是大自然的鬼斧神工。河道沿着山丘和岩石流淌，时而宽敞，时而狭窄，此处蜿蜒逶迤，彼处迂回曲折。每个季节盛开的花各不相同。各种鲜花铺满了河岸，绽放在石缝中，真像大自然的杰作。除运河之外，园内道路也四通八达，铺满小石子的小路连接着一个又一个小山谷。这些羊肠小道也是弯弯曲曲的，有些沿河畔向前延伸，有些则背离河畔通向远方。

山谷中处处可见亭台楼阁。这些楼宇外面由廊柱和窗户构成，均雕梁画栋、彩绘釉面；灰色的砖墙经过精心琢磨，异常光滑；屋顶覆盖琉璃瓦，红黄蓝绿紫，异彩纷呈。这种混合与搭配呈现出的变化之美，令人赏心悦目。大部分建筑只有一层，距离地面有 2 法尺、4 法尺、6 法尺或者 8 法尺不等。有些两层的建筑引人们拾阶而上。这里的台阶不是由人工加工过的石块堆砌而成，而是天然形成的台阶。这里就像神话传说中仙女们居住的宫殿。在人们的想象中，它们都修建于沙漠腹地的高岩之上，来路崎岖曲折。

楼宇内的景象与其华丽外观相得益彰。屋内布局合理，家具和装饰品都精致高雅、造价高昂。庭院和过道中放置的大理石花瓶、陶瓷花瓶以及铜质花瓶开满鲜花。几栋屋舍门前的大理石台阶上安放着青铜或者黄铜的具有一定象征意义的动物塑像。除此之外，门前还摆放了焚香炉。

每一处小山谷都配有别院。与整座园林宏大的规模相比，别院显得小巧玲珑。其实别院一点儿都不小，足够容纳欧洲排场最大的君主及其随从。许多房屋都用雪松木建成。在当时，这可是耗费巨资从 500 法里以外的地方运过来的。在这片广袤的园林中，像

圆明园鸿慈永祜入口处牌坊。泰隆根据图画绘制（参照乾隆皇帝画册中第十七幅画）。

ARC DE TRIOMPHE À L'ENTRÉE DU PALAIS FAVORISÉ DU CIEL (PALAIS D'ÉTÉ).-DESSIN DE THÉROND D'APRÈS UNE PEINTURE CHINOISE (PL. N°17 DE L'ALBUM DE HIEN-LOUNG).

这样隐藏在小山谷间的行宫别院总共有 200 多座！其中还不包括为守卫宫殿的太监们设置的起居室。虽然二者之间的距离仅数丈之遥，但是他们的房间相当简陋。也是出于这个原因，这些房屋总是隐藏在墙角或者假山处。

运河之上，每隔一段距离就建有一座桥。这些桥通常用方形砖块或者石块砌成，其中也有几座是木桥。它们的共同点是桥拱高，方便船只通行。桥上精雕细琢的汉白玉栏杆搭配浅浮雕，艺术气息浓厚。另外，每一座桥的构造都各不相同。不要以为这些桥是直线形的，其实它们都曲折回环。这样一来，即使只有三四十法尺的直线跨度，桥长却可达到一两百法尺。桥上还建有供人驻足小憩的凉亭。这些凉亭有些设在桥中间，有些设在桥的两端。凉亭的廊柱有四根、八根或者十六根不等。一般来讲，视野绝佳的桥面上才会建凉亭，其他的桥会在两端设置美轮美奂的木质或者汉白玉的牌坊。不过这与欧式理念格格不入。"（节选自《传教士书信集》第 35 卷）

上文曾经提过，运河流向各个池塘和湖海。有一处湖泊，直径约为半法里，以海命名，是整座园林中最美的景点。[1] 环海四周，在各处运河和假山之间，疏密有致地分布着一处处院落。矗立在海中央的那座小岛，高出水面大约 6 法尺，堪称明珠。它原本是一块怪石嶙峋、荒无人烟的礁石。现在，一座宫殿在上面拔地而起，里面有一百多个房间。宫殿富丽堂皇，美轮美奂，不可名状。人在此处，周围的一切尽收眼底，入目的景色美不胜收：沿水而建的宫殿、向外绵延的山体、蜿蜒流淌的运河、运河上及河口处的桥梁、亭台楼阁、牌坊，以及覆盖各处宫殿的小树丛。[2]

在这片引人入胜的水畔，景色变化无穷。这边是方石筑成的台阶，连通着诸多长廊和通道。那边是碎石铺成的堤岸，散落着各种奇异的台阶。这边映入眼帘的是一片高地，每侧都设有台阶通向上面的建筑，还有顺势而建的亭台楼榭立在其他高地上。那边目之所及则全都是花草树木，再往远处可能是一片连接着最为荒芜的山麓的野树丛。这里的树木种类繁多，有可以用作建材的高大乔木，有从国外引进的稀有树种，有的以灼灼繁花见长，有的以累累果实取胜。

在这片水域的周围，为方便各类水鸟栖息，大量鸟笼和亭子一半建在水中，一半建

[1] 上页插画呈现的就是这片海岸边的建筑群。——作者注
[2] 我们将王致诚在这篇文章里描述的部分场景使用大幅插画进行了还原，整体呈现中式风格，油漆颜色鲜艳明亮并且富有变化，再于细节之处以黄金点缀，犹如置身仙境一般。——作者注

圆明园：蓬岛瑶台。泰隆根据图画绘制
（参照乾隆皇帝画册中第三十二幅画）。

PALAIS D'ÉTÉ: LE PALAIS DES GENIES ET DES PIERRES
PRECIEUSES.-DESSIN DE THEROND D'APRÈS UNE PEINTURE
CHINOISE (PL. N°32 DE L'ALBUM DE KHIEN-LOUNG).

在陆地上。岸边，不时会看到小规模的狩猎场。这里的人特别推崇一种金鱼。它身体大部分都闪耀着如同黄金一般的靓丽色彩，其他部位多数是银色、蓝色、红色、绿色、紫色、黑色以及亚麻灰色，有的鱼身上甚至汇集了上述所有颜色。整座园林中有许多养鱼池，其中最大的一个就在此处。这个养鱼池面积甚广，四周用极细的铜丝网圈起来，避免鱼儿散游到整片水域。

最后，我非常希望能够在水面船只络绎不绝时带您前往观赏，这样您才能更加真切地感受到此地之绝美。那些船也都是金灿灿的，有的在游湖，有的在钓鱼，还有的在竞舟、水上比武或者玩其他游戏。晚上所有宫殿灯火通明，还有人放烟花，船只和树上都被映照得亮堂堂的。清朝照明和烟花技术的发展让欧洲国家难以望其项背，就我在此见识过的皮毛，都比在法国和意大利见过的一切加起来还要精彩。

1744 年，即王致诚与友人通信一年之后，时任工部尚书的汪由敦也用文字描绘过相同的场景。原版画作连同中文注解都被收录在乾隆皇帝画册（《圆明园四十景图咏》）中，编号为二十九。

> 方壶胜境：海上三神山，舟到辄风引去，徒妄语耳，要知金银为宫阙，亦何异人寰。即境即仙，自在我室，何事远求，此方壶所为寓名也。东为蕊珠宫，西则三潭印月。净渌空明，又辟一胜境矣。

读者朋友们可能会很好奇，乾隆皇帝本人是怎么描述下页插画中呈现的景象的呢？就此主题，他曾经赋诗一首。我们在此尽可能地用法文还原其蕴含的意境。这首诗节选自一本叫作《御制圆明园诗》的中文书 [1]，即乾隆皇帝亲自为圆明园所做的诗。该书包含四十首诗，长短不一，每一首都与巴黎皇家图书馆收藏的那本乾隆皇帝画册中的画作相对应。乾隆皇帝的这些诗都附带很长的注解，否则实在难以读懂。因为他不但擅长旁征博引，而且遣词造句极为讲究，极具诗意，连伏尔泰都在诗作中对其赞美有加（参见《哲学通信》第七章）：

---

[1] 我们无法用拉丁语将中文诗句中描述的意境完全呈现出来。——作者注

圆明园：方壶胜境。泰隆根据图画绘制（参照乾隆皇帝画册中第二十九幅画）。

PALAIS D'ÉTÉ: FANG-HOU-CHING-KING, OU LE SITE SANS RIVAL.–DESSIN DE THÉROND D'APRÈS UNE PEINTURE CHINOISE (PL. N°29 DE L'ALBUM DE KIEN-LOUNG).

魅力四射的清朝皇帝，请接受我的敬意。
您身为一国之君，竟如此钟爱吟诗作对！
在西方人尽皆知，我脾气非常古怪，
却素来欣赏精通诗词歌赋的君王。
噢！您是天之骄子，闪耀着光芒，
请告诉我，令我们为之着迷的伟大艺术，
在北京会否与在巴黎一样艰难？
您的臣民是否臣服于如此苛刻的规则？
试问有谁甘愿每行诗六音节，
状似两首亚历山大体齐头并进，
一曰用于押韵，另一曰负责达意，诸如此类？

　　我们在此谨对伏尔泰的问题给予回应。乾隆皇帝的这首诗是七言律诗，由两首四行诗构成。在这种体裁的诗句中，第一字、第三字和第五字的声韵长短随意，第二字和第四字的声韵长短交替，第六字与第二字相似。在最后四字中，必须有三字的尾音或者韵脚以及声调完全相同。通常情况下，第三句诗的末尾不用押韵，第四字之后才会出现抑扬顿挫。

飞观图云镜水涵，
掣空松柏与天参。
高冈翔羽鸣应六，
曲渚寒蟾 [1] 印有三。
鲁匠营心非美事，
齐人搤掔只虚谈。
争如茅土仙人宅，
十二金堂比不惭。

---

[1] 在中文里，"寒蟾"是冰冷的蟾蜍的文学性表达，出处是一则神话传说。据说有一名叫作嫦娥的女子变身蟾蜍，藏身于月宫并且成为月宫之主，因此我们在法文中将其翻译为月亮女神的别名 Phébé。——作者注

第三部分

博学多才的乾隆皇帝为《圆明园四十景图咏》中的每幅图都题了一首诗，而且还附加了注释。对于读者来说，即使这些注释比诗还要长，却也没那么浅显易懂。前文中已经给大家节选了其中一段，此处就不再赘述了。需要强调的是，这些诗的长度不尽相同，有一部分是八行诗，有一部分是十六行诗，共同点就是作者本身学识渊博，遣词用句颇有古风，诗意高深莫测，这些在其诗作中体现得淋漓尽致。

对于圆明园的主殿，王致诚是这样描述的：

"这里是皇帝及其后宫日常起居之所，包括皇后以及各个等级的妃嫔，还有太监。整个建筑群不可思议地汇集了房屋、庭院、花园等一系列不同元素，却又浑然一体，蔚为壮观。简言之，这就是一座城，而且规模至少比我们的多勒市要大。至于其他宫殿，基本上只是用作吃喝玩乐。"

进入正门之后，首先映入眼帘的是前殿，然后依次是觐见大殿、庭院和花园，最后是皇帝的寝宫。寝宫位于一个小岛上，四周环绕着又宽又深的运河，也可以称之为后宫区。各房间内的陈列摆设包罗万象，包括家具、饰物、绘画（本人钟爱中国风画作）、珍贵木刻、日本清漆、中国釉彩、陶瓷古董花瓶、丝绸锦缎、金银器皿等等。[1] 这里的艺术品精美至极，将大自然的馈赠与人类的工艺和品位完美结合在一起，挑战着人类想象力的极限。

从皇帝的主寝宫出发，可以直达整个宫殿的中心位置。那里建造了一座精致的小城，各个方向都绵延四分之一法里。小城有四座城门，分别位于四个方位，由塔楼、城墙、护墙、雉堞等部分构成，还有街道、广场、寺院、市场、店铺、公堂、大宅子、码头等等。总而言之，凡是京城里有的，这儿一应俱全，只不过都是迷你版的。

中国有一个很有名的节日，叫元宵节，时间在每年的正月十五。在那天，即使再贫穷的中国人，也会点上几盏灯笼。大街上摆满了各种各样的灯笼，它们的形状、大小和价格各异。那一天，整个中国都会被点亮。但是皇宫的灯一定是全国最美的，尤其是我之前描述过的那座宫殿。所有房间、厅堂以及走廊的屋顶都悬挂着很多灯笼，每条运河、池塘、

---

[1] 近年来，在欧洲市场上高价拍卖的大量奇珍异宝基本上都来自这座宫殿。令人遗憾的是，罗浮宫博物馆虽然拥有来自古希腊、古罗马、古埃及以及亚述等国家的丰富藏品，这次却没能把握良机，与这么多中国艺术珍品失之交臂。这样的好机会以后可能再也没有了。——作者注

圆明园：夹镜鸣琴。泰隆根据图画绘制
（参照乾隆皇帝画册中第三十五幅画）。

PALAIS D'ÉTÉ: LE PALAIS DE LA MÉDITATION.–
DESSIN DE THÉROND D'APRÈS UNE PEINTURE
CHINOISE (PL. N°35 DE L'ALBUM)

圆明园：曲院风荷。泰隆根据图画绘制（参照乾隆皇帝画册中第三十九幅画）。

PALAIS D'ÉTÉ: KHIO-YOUEN-FOÜNG-HO, OU LA «COUR DES RAFRAÎCHISSEMENTS.» DESSIN DE THÉROND D'APRÈS UNE PEINTURE CHINOISE (PL. N°39 DE L'ALBUM).

来回穿梭的小船上也都挂着灯笼，所有的桥、山，甚至每一棵树上都有灯笼。这些灯笼做工精致，上面有鱼、鸟、兽、花瓶、水果、花、船等景致，虽大小不一，却栩栩如生、惟妙惟肖。灯笼的制作材料也很丰富，有丝绸、犄角、玻璃、珠母以及其他原料。我曾经看到过有些灯笼上还有绘画和刺绣，那是花多少钱也买不到的精品。这样的精益求精，这样的变化无穷！从中我能看到中国人丰富的内心世界，敬佩之情油然而生。

跟欧洲人一样，中国人也追求对称性、井然有序和良好布局。北京紫禁城就是个中经典，那些皇亲国戚、达官贵人以及富商巨贾们的府邸建造也都遵循这些规则。不过，这座皇帝的行宫别院却几乎没有对称性可言，参差不一，充满了别样的美。圆明园里有一些规模不大的宫殿，相互之间距离很远，每一座都风格迥异，完全没有任何相似之处。有人说，这些宫殿都是依据某个番邦异国的建筑风格来建造的。

这些小宫殿并不是简单的乡间楼阁。去年，为了在圆明园里修这样一座小宫殿，皇帝的亲弟弟花费了六十万两白银，还不包括房屋装潢和室内家具等不需要他掏腰包的项目。

这座皇家行宫的千变万化令人情不自禁地连连惊叹。这种变化不仅体现在房屋的位置、视野、布局、规模、高度和数目等整体效果上，其中每一部分的细微之处亦是不同。我在这里看到过各种各样的门窗样式和造型，有圆形、椭圆形和方形的，还有的像扇子、花朵、花瓶以及鸟兽虫鱼等。总而言之，一切规则或不规则的形状，在这里都应有尽有。

接下来我要描绘只有在这里才看得到的长廊。这些长廊的作用是将那些相距遥远的房屋连接起来。有时候，从里面看它们是由壁柱支撑的，从外面看则是从各个窗户中延伸出来的。有时候，无论从哪个角度看，全部由壁柱支撑，从某处宫殿通向某个凉亭的长廊就是采用这样的构造。尤为特别的是，这些长廊几乎都不在一条直线上，而是千回百转，时而经过小树林，时而路过假山，有时还环绕池塘，所经之处空气清新，鸟语花香，令人心旷神怡，陶醉其中。

第 322 页的插画名为蓬岛瑶台（位列乾隆皇帝画册中第三十二幅），意为神仙居住的遍布宝石的岛屿，上文提到过的长廊在这幅画作中有所体现。

工部尚书汪由敦曰：海中作大小三岛，仿李思训画意，为仙山楼阁之状。岩岩

圆明园：海晏堂西面（正面）风景。乾隆根据图画绘制。

PALAIS D'ÉTÉ: LE HAI-AN-THĂNG-TCHING-MIEN OU «PALAIS DE LA MER SEREINE, VUE DE LA FAÇADE PRINCIPALE.» DESSIN DE THÉROND D'APRÈS UNE PEINTURE CHINOISE.

亭亭，望之若金堂五所、玉楼十二也。[1]真妄一如，小大一如，能知此是三壶方丈，便可半升铛内煮江山。

这位工部尚书所言或许有些夸大其词。我们的插画虽然尽量忠于原作，但是确实无法表现出原作品那丰富明亮而又变化万千的色彩，说实话，效果差得不是一点点。

第327页的插画（乾隆皇帝画册第三十五幅）名为夹镜鸣琴。一块岩壁高悬于湖面之上，下面有座凉亭，无须着墨于此。汪由敦所言无甚新奇，他将此处悬岩比作凸出露台，看似俯身向前，凝视脚下清澈幽深的湖水；旁边的小瀑布直流而下，冲击于乱石之中，发出鸣琴般的声音。

第328页的插画（乾隆皇帝画册第三十九幅）名为曲院风荷，工部尚书汪由敦是这么描述的：

西湖曲院，为宋时酒务地，荷花最多，是有曲院风荷之名。[1]兹处红衣印波，长虹摇影[2]，风景相似，故以其名名之。

乾隆皇帝的这位工部尚书，本来可以针对圆明园四十景，给予我们更多技术性参数或指导性信息，但是他并没有这么做，其实另有目的。路易十四时期的文人在描述凡尔赛宫的时候倾向于将其划归为田园风格，还经常借助各式修辞手法，引用各种神话传说中的情节。汪由敦之意亦在于此。对他而言，最重要的事情是通过优雅讲究的文风展示其过硬的笔头功夫。在中国人看来，他的文笔精致典雅，但同时也晦涩难懂。换句话说，经他仔细推敲过的语言表达，能够让读者感受到作者的博学多才。可以说，读者需要具备相当深厚的中国文学功底，才能够欣赏他的作品，才能领会其中蕴含的深层含义。

第四部分

圆明园里还有一座不为人知的欧洲城。乾隆皇帝曾经试图在那里面全盘照搬凡尔赛宫的水利奇观。1786年10月，一位名叫晁俊秀的法国传教士，从北京寄了一封信给

---

[1]本人拥有一本介绍西湖的中文书，内有上百张西湖图片，景物刻画十分细腻，其中一张即以此命名。此画中，荷花众多，于湖面之上随风飘荡。另有凉亭几处，其中之一名为御书亭，取皇帝书亭之意。——作者注
[2]即第328页插画中的拱桥。——作者注

巴黎前书商德·拉图（De Latour）。在信中，他介绍了这些新建筑，原文如下：

"我给您寄去的二十幅版画（第 318 页第二幅插画即为其中一幅，编号为十）可以帮助您更好地了解圆明园里的欧洲建筑。在中国，这是第一次尝试制作铜版画，而且还是在乾隆皇帝的监督下完成的。这些欧式建筑，其实只有装饰和家具是真正的欧式风格。您很难想象这位皇帝拥有多少来自西方的奇珍异宝和奢华物件儿。

他专门修建了一间屋子用来放置 1767 年法国皇室赠予的戈布兰挂毯，每面墙上都洋溢着雄伟壮丽的气息。这间屋子长约 70 法尺，宽度适宜，里面塞满了文学艺术杰作，连给人落脚的地方都没有。这些作品每件大约价值二三十万镑，因为它们不但做工精细，而且上面还镶嵌了无数珍贵的宝石。[1]

您一定很想知道圆明园的喷泉是否依旧能够绽放美丽，答案是肯定的。蒋友仁逝世以后，另外几名传教士负责维修损坏的管道以及解决其他问题。蒋友仁设计的采用机械原理提升水位的龙尾车因年久失修已经无法正常运转，但是却没人能找到维修的方法。那些清朝人好不容易才弃旧纳新，这会儿又迅速倒退回了原点——采用人工运水。举个例子，他们在皇帝到西洋景区散步前一两天，采用人工运水的方法将蓄水池储备足够多的水，等皇帝经过的时候再开闸放水，使喷泉看起来与正常无异。在这个国家，人们依靠劳动维持生活是一项规则，众人聚集在一起容易招惹是非，闲散人员过多也会造成社会不稳定。

圆明园里星罗棋布的房屋中，有些是皇子专用的，供其在花园散步时小憩之用，还有一些则居住着其他皇室成员。每位皇子都拥有一处专属院落，容纳他的家人、幕僚以及随从等。一般情况下，等他长到 25 至 30 岁，可以通过封爵获得一块管辖区。城里的每个区都建有气派的贝勒府或者亲王府，它们都由前朝房屋改建而成。皇子们的职责包括制止骚乱以及平息战火。一旦燃起战火，他们要在第一时间冲到现场，尤其是皇宫里出事儿的时候，行动更要迅速。

说到这儿，我还得跟您聊一聊万寿山，我觉得这是中国最美的景点。它与圆明园毗邻而居，中间只隔着一条路。万寿山是一座独立的山，与其他绵延不绝的山脉是分开的。

---

[1] 在圆明园被洗劫之后，许多作品来到了欧洲大陆，包括戈布兰挂毯。——作者注

雍正皇帝在万寿山修建了很多漂亮的中式建筑，高低不一，错落有致。山顶最高处的宫殿富丽堂皇，在很远处都能看到。山脚下南侧，有一片长约 0.25 法里的湖泊，恰好将山脚接地部分淹没。湖泊的中心位置，矗立着一片形状各异的中式建筑。水面上供人们游湖泛舟的船装饰得非常华丽，看起来好像小型舰艇，有时候它们会进行海战表演。当朝皇帝（乾隆）非常喜欢这里，曾经想把这里改造成他的行宫，但是因为于礼不合，无奈作罢。这只能说清朝人的思想被礼仪和习俗束缚得太深了。根据惯例，皇帝不可以住进任何一位先帝的宫殿，必须建造属于自己的那座宫殿（参见 1803 年巴黎出版的《中国建筑随笔》第 64 页起，作者是德·拉图先生，只印刷了三十册）。我们再回到圆明园。《古今圣殿》（*Temples Anciens et Modernes*）的作者曾经描述过这二十幅西洋楼铜版画（参见《中国建筑随笔》第 173 页起）。我们在此节选了其中关于第 330 页插画（十号版画）的一部分。这幅版画的名字与原作一样，中文叫作海晏堂西面。

建筑正面有十扇窗户，由三部分构成，均向前突出。一部分位于中间，有屋顶层，另外两部分分别位于两侧。正面的这三个部分均使用壁柱装饰，包括正门两侧。门外是一处平台，左右都有阶梯可供出行，蜿蜒曲折地通向庭院或者花园。

每段楼梯的两侧都设有喷泉，水从安置在楼梯栏杆上的喷水槽中喷射而出，喷泉轮廓与楼梯走向一致，效果完全可以媲美圣克卢瀑布（Saint-Cloud）或凡尔赛宫的环绕阶梯式喷泉。最后，所有的水都汇集到一个三角形的池子里。三角形池子的左右两侧，排列着代表十二生肖的人身兽首雕像，每侧六个。每十二个时辰，十二生肖兽首便会依次轮流喷水，水柱在空中划出优美的抛物线，再回落到水池中央。这儿因此得名水力钟。三角形池子的顶点处，在一组岩石顶端设置了一块硕大的贝壳状物体。它也能喷水，而且是从岩石的各个方向呈瀑布状喷射。在这组岩石对面、三角形池子的底部，有一处高于水平面的巨大器物，从中喷出的水流最大。水池的左侧和右侧有两座金字塔状的物体。这种组合方式太匪夷所思了，根本没有办法理解设计的理念并进行深入的描述。虽然我们看到了这些次要的东西，但是不知道如何用语言表达出来，在此就直接跳过了。"

法国传教士蒋友仁正是上述水利工程的设计者，1752 年他在从清朝寄来的信中说道："今年盛夏时分，我把水管安放到了皇帝的寝宫里。皇帝在他的床榻前设置了一座庭院。屋顶使用的是透明珍珠母，完全不能遮挡阳光，以至于无法察觉到屋顶的存在。庭院深处的一座小山丘上有各种各样的微型景观——宫殿、花园，甚至磨坊，充满了田园风情。那几处喷泉、瀑布和其他一些水利设施是点睛之笔，它们让整幅景致瞬间活跃了起来，不但别出心裁，而且让附近的空气更加凉爽清新，别致极了。"

1754 年，在另外一封信里，他说道：

"我仍然掌管水利设施。现在室内也设置了一套，用途是通过不同渠道将水流引导至皇上坐榻周围的大理石管道中。在欧洲只用铅、铸铁甚至木头做原料的东西，在这里全部用铜制。因此假如在法国只需花费十个皮斯托尔，在清朝皇帝这儿就得花上万镑。想想这个花费吧！"

第五部分

1793 年，乾隆皇帝在圆明园接见了英国的马戛尔尼勋爵。1795 年，他又在此接见了荷兰使团。后来，范巴澜出书讲述了这段往事[1]。他是这么说的（参见第一卷第 220 页起）："沿着大路走了大约一刻钟之后，我们到达了一座气派非凡的宫殿，殿前广场十分宽阔，而且广场的每一侧都有一处宽敞的庭院；道路铺设得很平坦，就像宫殿的墙壁一般。庭院里面住的好像是内廷官员及其下属。院子里有两座汉白玉石墩，上面各有一尊工艺精湛的铜狮。据说中国并没有狮子，艺术家们是依靠想象完成这些作品的。

左转走进第一个厅，里面很开阔，悬挂着许多中式灯笼，中间有一处高台和一把椅子，那就是皇帝的宝座[2]。穿过这个厅，我们来到一个石头铺就的四方形院子。北边和西边都是屋子，看起来跟我们进来的东边正门一样富丽堂皇。南边只有一扇大门，供人进出，门的两侧是佣人房。

走进这扇门，正好是庭院的北墙。为了遮掩墙面，在碎石基座的上面放置了一块硕大的石头。这块石头不但体积巨大，而且非常沉重，搬运以及安放的过程应该很辛苦。

---

[1]《荷兰东印度公司使团与中国皇帝》，法语版，费城，1797 年和 1798 年，两卷。——作者注
[2] 马戛尔尼也曾经提到过此宝座。——作者注

石头上面布满了皇帝以及几位高官显贵的亲笔题词，众人以皇帝之文为蓝本，内容大同小异。庭院内有几处还种了花草树木。

北墙的中间是两只小鹿和两只鹤的铜制雕像，平淡无奇。北边的屋子是皇帝的会客室，中间有一宝座，四周悬挂着灯笼。向导让我们从宝座左侧看一辆四轮马车，告诉我们那是去年马戛尔尼勋爵送给乾隆皇帝的礼物[1]。马车表面粉刷得非常精细，还涂了一层清漆，整个车身都是包金的，外面还包裹着一层纺织品。马具和其他配件都放在车厢的柜子里。在屋子的另一侧，我惊奇地发现了另外一辆中式四轮马车，绿漆，看起来极其普通，与对面的豪华马车形成了鲜明对比。

我承认这个场景让我浮想联翩。把这辆车放在这里是不是具有批判意义，难道用朴素的实用性来反衬奢华的浮夸性？后来有人告诉我，这是皇帝每年到地坛祈求五谷丰登时使用的小车。这让我更加不解。

穿过这个厅后面的一些小屋子，就到了第三处居所，也就是西区建筑。这儿只有一间小小的厅堂位于中间，除此之外就是一些紧挨在一起的小房间，一间连着一间，没有规律，像迷宫一样。

全部参观完以后，一名官员引领我们来到皇帝最喜欢的、以天命名的书房。这间屋子位于广阔的湖中心，岸边就是山。这是迄今为止我们见过最棒的地方，一是地理位置优异，二是景色优美。皇帝享受的视野果然无与伦比。湖中心是一座不小的岛屿，岛上以皇帝居所为基准修建了诸多建筑，隐藏在郁郁葱葱的树木中间。岛的东侧通过一座十七孔桥与陆地相连，桥由方石建造而成，非常雄伟壮丽。

我们再把目光转向西边。另一片湖水映入眼帘，比之前的小一点，两者之间有一条宽阔的林荫道。小湖的湖心处有一座类似于城堡的建筑，中心位置构造非常精美。两湖之间的林荫道中开了一条水道，让两边的水流动起来。与此同时，这里还修建了一座拱高惊人的单孔石桥，用于保障水上交通。再向西看更远的地方，高山上的两座塔挡住了我们的视线。

---

[1] 1860 年 10 月 12 日，蒙托邦将军在他的《征战报告》中曾经提及，他看到过这辆马车，上面布满了灰尘。——作者注

最后，在西北方向，从山脚到半山腰再到山顶，诸多庙宇错落有致，与漫山遍野的天然岩石交相辉映，将整座山装点得极富艺术性。暂且不提建造宫殿的费用，光是这些天然岩石就价值不菲。因为它们是从很远的地方运过来的，工程量浩大艰难，堪比巨人登天。"

皇帝书房内藏书颇丰，堪比一座图书馆。一组开放式的壁橱，汇集了清朝最珍贵、最稀有的宝石和古董。后来，皇帝书房里的这些奇珍异宝被带到了欧洲，公开拍卖，深受文物收藏家们的追捧。现在，他们用这些文物来装饰自己的书房。1860 年，额尔金勋爵下令烧毁圆明园之时，伟大的乾隆皇帝的藏书阁和其他宫殿一起葬身火海，这成了永远的遗憾。我们很庆幸当时法国人没有参与这一野蛮行径。

一名法国高级将领在圆明园被烧毁之前曾经去那里参观过。皇帝的藏书阁给他留下了深刻的印象，据说有三个罗浮宫长廊那么大，全部塞满了书。所有书从高到低摆放整齐，并且按照清朝人的习惯，外面用纸壳包裹起来再覆盖一层丝绸。这里的藏书涵盖了中国主要著作中最精美、最罕见的版本，仅仅由皇家翰林院学士编撰的目录就多达 128 卷，藏书约 1.05 万册，其中一些堪称巨著。例如，鼎鼎大名的康熙皇帝在位期间出版的《古今图书集成》（从古至今的插图版百科全书）就有 5000 卷，据说当年只印刷了 30 套。从藏书的数目和种类来看，圆明园藏书阁完全可以媲美亚历山大图书馆。它们都代表着世界文明的精华，但都在熊熊大火中毁于一旦。这场战争的火焰不应该烧到这里来。

在纪念这座东方奇观的专论接近尾声之时，我们引用 1860 年清朝远征军成员海军上尉帕吕正式发表过的言论，如下：

"无论受教育程度、年龄以及思想差异多么巨大，圆明园给盟军所有成员留下的印象都是一样的，所有人都被彻底震撼了。我们再也找不到能与之媲美的存在。甚至可以说，法国所有的皇家城堡加在一起都比不上一座圆明园！"

我可以作证！

保蒂埃（G. Pauthier）[1]

---

[1]《环游世界》的读者已经跟随法国公使团的足迹，对北京城有了一定的了解。下一步将带领大家走进蒙古沙漠。在此之前，先来感受一下清朝的凡尔赛宫，领略该皇家园林在 1860 年 10 月 18 日遭遇军事行动被付之一炬之前的风采。对于读者和报社来说，该文必忠于事实，精要准确，而且鞭辟入里。（F. de L.）——作者注

LE MONDE ILLUSTRÉ

世界画报

1865 年 1 月 21 日
发行第 9 年　第 406 期

LE MONDE ILLUSTRÉ

21 · JANVIER · 1865
9ME ANNÉE　No406

时事报道

ACTUALITÉ

近期，驻华使馆秘书和随员们在北京组织的国际卡宾枪射击大赛受到了各方的欢迎。这样，自条约签署以来，一直对中欧达成和解存在疑虑和担忧的那些人便没什么可说的了。大赛于去年 10 月 27 日在北京城北部的战神广场举行。比赛场地坐落于一片山峦的起点。离北京城越远，山峦显得越发峻秀，最后在西北部 10 多公里远的地方与燕山山脉相连接，给北京平添了一抹雄奇壮丽。出席比赛的清方代表有总理衙门陈昌隆（LL. Eexc. Tchong-louenn）和恒琦（Heng-ki）按照欧式训练法训练的几支清朝部队，以及一些爱看热闹的百姓。大赛共将角逐出 5 枚奖牌，其中一枚颁发给了一个清朝人。

虽然已经成功镇压了太平军，但类似的暴动还是时不时地爆发。最近在长江北岸，一群叛乱分子突然占领了庐州（Lou-théou）。在江西，清朝政府和太平军爆发了一次战役，太平军大败，天王洪秀全的堂兄被杀，忠王李秀成的外甥被捕。

在广东省的珠江上游，我们刚进行了一次大规模的商贸和科技考察。毫无疑问，只有像这种远行，才能打消清朝人与广东的外国人之间的隔阂，当然前提是负责人随和且明理。虽然往期对清朝已有了一些介绍，但对于清朝我们还是知之甚少，至今我们还不清楚清朝到底蕴藏着多少财富。清朝的财富如此巨大、如此丰富多彩，足以使目前国际贸易的总额翻三番。

以上是我们从《晚报》（Moniteur du Soir）节选的一些新闻，下面我们再刊登一些本社通讯员的信息：

法中联军在清朝抵抗太平军的战斗中功勋卓著、屡立战功。最近这支部队的合作期

▲ 为炮兵连服务的当地人

BATTERIE D'ARTILLERIE DU CORPS
D'ARMÉE SERVIE PAR DES INDIGÈNES

▶ 绍兴司令部所在的寺庙

PAGODE DU QUARTIER-GÉNÉRAL DE
CHAO-SIN

限已到，大部分士兵和军官都已经返回法国休假。这期报纸刊登的清朝风景画是一位长期跟随这支部队的摄影师向我们提供的。

余姚的南大门。海军中尉、海关总税务司日意格先生率领清朝海军进攻余姚的南大门，进攻持续了 4 个小时。太平军损失惨重。考列特（Collet）、弗兰克（Franck）、皮卡（Picard）以及当时的上尉列维泽尔先生在夺取该城的战役中都负了伤。这场战役结束后，部队休整了两个月。

陈湖（Chan-hu）水闸。这个水闸建在高处，由坚硬的岩石加固。水闸通向一条运河，所有船舶都要借助缆绳通过水闸驶入运河。

绍兴，太平军总部所在地。联军已经对该城发起了两次攻击。第一次攻击发生在 1862 年 1 月，海军中尉勒伯勒东（Lebreton）先生负责指挥，结果他的头部被炮弹碎片击中了，法中联军不得不撤退。2 月，在达耳第福（Tardif de Moidre）先生的率领下再次对该城发动攻击，结果战斗开始没几天他就不幸遇难。最后，德克碑侯爵率军队围攻近两个月才拿下该城。

马克西姆·沃维尔

▶陈湖水闸

▼法中联军司令部所在地余姚的南大门。根据法中联军中校列维泽尔先生提供的照片绘制。

CHINE. LE QUARTIER-GÉNÉRAL DU CORPS FRANCO-CHINOIS. VUE DE LA PORTE DU SUD ET DE UYAO. D'APRÈS LES PHOTOGRAPHIES
COMMUNIQUÉES PAR M. LÈVEZIEL, LIEUT.-COLONEL DU CORPS FRANCO-CHINOIS.

世界画报	LE MONDE ILLUSTRÉ
1865 年 2 月 4 日	4 · FÉVRIER · 1865
发行第 9 年　第 408 期	9ME ANNÉE Nº408

LE MONDE ILLUSTRÉ

对抗反叛的太平军的法中联军小分队正在操练

DÉTACHEMENT DU CORPS FRANCO-CHINOIS OPÉRANT CONTRE LES REBELLES TAI-PINGS. MANŒUVRE D'UN DÉTACHEMENT.

　　这支部队的中校给我们提供了一系列有价值的图片，让读者能够对该部队的组织结构、服装以及操练有所了解。如果把发表在 1 月 21 日报纸上的那组图片和今天我们刊登的这张版画放在一起，读者就可以了解为镇压太平军而专门组建的这支部队不同方阵的着装。

　　虽然清朝政府四处宣称已经成功镇压了太平军，但是叛军只是被打败，并没有被完全消灭。在长江两岸，太平军在一名英勇将领的率领下占领了一座小城，现在他们正在加固城池的防御。看来，我们又要帮助清朝政府对他们进行军事打击了。

　　下页的这幅版画是根据列维泽尔先生提供的照片复制的，展现了这些士兵的亚洲特色，他们的制服介于清朝传统服饰与我们的小丑服之间。

M. V.

▼ 对抗反叛的太平军的法中联军小分队正在操练。

DÉTACHEMENT DU CORPS FRANCO-CHINOIS OPÉRANT CONTRE LES REBELLES TAÏ-PINGS.—MANŒUVRE D'UN DÉTACHEMENT.

L'UNIVERS ILLUSTRÉ

环球画报

1865 年 3 月 11 日
星期六 第 414 期

L'UNIVERS ILLUSTRÉ

11 · MARS · 1865
SAMEDI N°414

太平军

LES TAI-PINGS

  太平天国运动前后持续了将近 15 年，如今基本上已经被镇压。1851 年，一个自称"天王"的人物出现了，他宣称要帮助清朝重新回到黄金时代，还吸收了基督教的思想，赢得了不少传教士的好感。美国传教士就曾在太平军中大力传播《圣经》以及其他神学书籍的中译本。太平军的势力得到了迅速扩张。

  1851 年 12 月，登基后的"天王"分封诸王。太平军按照欧洲人的方式——连排营旅组织部队。在接下来的两年中，清军在与太平军的几次交锋中一直处于下风，太平军的四支主力部队分别占领了广西、福建、浙江以及湖南，并于 1853 年占领了南京。

  人们可能会疑惑叛乱为什么会持续这么长时间？当时，许多因素都十分有利于叛军，首要的就是清朝政府的昏庸无能。其次，联军与清朝的战争也分散了清朝政府的力量，有利于叛军成长壮大。再次，双方的作战方式也利于叛军。通常，太平军一进攻，清朝政府的部队就撤退，反之亦然。如果按照这种模式进行下去，清朝的内战持续到今天也不足为奇。

  我们提供的第一张版画描绘的是太平军在南京的宫殿。几个月前，清军重新夺取南京后，便摧毁了这座宫殿。"天王"实行一夫多妻制，拥有后宫佳丽三百。为了避免引起妒忌，他还把年经的女俘虏分发给太平军的士兵。而男俘虏被绑在一起强制服兵役。

  第二张版画中，我们可以看到几款太平军高级军官和士兵的服饰。太平军的军服基本上是红色和蓝色的。军官一般穿着黄色或玫红色的长袍。起义军的一个明显标志就是，他们的长发经常搭在双肩上，而不是清朝人那样的长辫子。

莫朗塞（L. De Morancez）

▲ 在南京宫殿的天王

PALAIS DE L'EMPEREUR DES TAI-PINGS À NANKIN

▲ 太平军高级军官的服饰

COSTUMES DE GRANDS-OFFICIERS TAI-PINGS

L'UNIVERS ILLUSTRÉ

2 · SEPTEMBRE · 1865
SAMEDI N°464

环球画报

1865 年 9 月 2 日
星期六 第 464 期

L'UNIVERS ILLUSTRÉ

清朝动乱与清朝军队

TROUBLES EN CHINE-ARMÉE CHINOISE

　　清朝已经成功镇压大部分地区的太平天国叛乱，但是还有其他叛军尚未缴械投降。捻军已逼近北直隶和山东。来自上海的最新消息称，捻军在北京周边安营扎寨，现在可能已经控制了北京城。

　　在上一场战斗中，捻军完胜清军，并杀死了清军主帅僧格林沁。僧格林沁一向骁勇善战，此次追击捻军亦是冲锋在前，结果不幸被流弹击中，连尸首都落在了叛军手中，最终难逃被碎尸万段的命运。因为保护主帅尸身不力，包括吴棠（Wu-tang）和彭玉麟（Pen-yu-lin）等在内的清军高级将领都被降职处分。

　　在我们看来，这样的处罚措施或许过于严苛。但实际上，根据清朝军纪，这并不为过。我们部分截取了某位清军将领在先前的战争中制定的军纪加以说明。从某种程度上讲，该军纪堪称清军英勇作战的准则。

　　　　临阵脱逃者，斩。

　　　　大敌当前，退缩者或散布消极言论打击我军士气者，死。

　　　　战斗开始，枪支弹药以及弓箭不得丢弃，必须小心保管。如遇弹尽粮绝、双手被绑缚等情况，可避免坐以待毙。

　　　　如若官员受伤或者被俘，部下将士必须全力以赴营救。不作为者，死。

　　　　士兵勇猛杀敌者，赏。谎报军功或冒名顶替他人军功者，斩。

　　　　闻击鼓声不冲锋或闻铜锣声不撤退者，同罪。

　　从以上铁律来看，清军在惩罚方面还是非常严厉的。

　　除皇帝外，清军的最高官职是将军，向下依次是高级将领、副将。一直以来，将军都由满族人担任。副将是从最底层一步步晋升的，选拔标准包括体能、射箭技术、勤勉度以及积极性。除了出席盛大场合之外，军中将领的日常着装简单统一。通过他们官帽

▲ 清朝军官与士兵。根据一张图画绘制。

MANDARINS MILITAIRES ET SOLDATS CHINOIS, D'APRÈS UN DESSIN COMMUNIQUÉ.

上方顶珠的颜色能判断出他们的官阶。顶珠有红色、浅蓝、深蓝等。不同颜色的顶珠，材质也各不相同，有水晶、白宝石以及黄金等。

　　清朝军队以骑兵为首。骑兵头戴帽盔，身穿铠甲，手执长矛，腰挎军刀，每日军饷是步兵的两倍（五个苏和一份米），战马由政府提供。步兵分为弓弩手、槊兵、射击手和炮手，并根据各兵种需求配备军刀、长矛、弓箭、火枪、三尺戟或者其他奇形怪状的兵器。通常，士兵的制服上半身是蓝底红领或红底镶白边的褂子，下半身是蓝色袍子。假如士兵配备的武器是火枪，就将其斜挎在后背之上。全军分六色旗帜：黄、白、绿、蓝、红和黑。

　　清军中，虎兵是最稀奇的兵种。他们穿得像野生动物一样，制服是黄底黑色条纹，头戴同样材质的风帽，与衣服浑然一体，更具迷惑性。虎兵标配的武器是右手执长弯刀，左手持圆藤牌，藤牌很大，是草编的，上面画着青面獠牙的鬼脸，十分怪异。虎兵部队的作用是利用其骇人的造型、声音还有动作威吓敌人。他们在战场上的作用暂且不提，不过，他们看起来真的非常滑稽。

弗朗西斯·理查德（Francis Richard）

1866

♦♦♦

L'UNIVERS ILLUSTRÉ

环球画报

1866 年 2 月 10 日
星期六 第 510 期

L'UNIVERS ILLUSTRÉ

10 · FÉVRIER · 1866
SAMEDI N°510

恭亲王

LE PRINCE KONG

本报收到一幅从广州寄来的颇为稀奇的中国画——恭亲王。恭亲王名奕䜣，是年幼的清朝皇帝的叔叔，其实他才 25 岁，年富力强而且精明睿智。自从英法联军横扫北京，恭亲王就成了清朝的议政王，位高权重。

1860 年 7 月 [1]，咸丰皇帝驾崩以后，他受命担任议政王。在政治立场上，他坚决反对因循守旧的顽固派。尽管顽固派一度掌控大权，但最终还是逐渐势微。恭亲王掌权以后，曾经试图恢复国家金融秩序。他还组建过蒸汽船舰队，用于巡视海疆、驱逐海盗。

为了尽快遏制太平天国叛乱，恭亲王以保障《北京条约》的顺利实施和我方新设机构的安全为由，欣然接受了驻清朝的英法联军的协助。与此同时，他还将旗下精锐部队交由联军指挥，并且尽力提供一切方便。

虽然年纪不大，恭亲王却已成了清朝立宪派的首脑。为了巩固江山社稷，他还致力于满汉之间的融合，虽然进程缓慢，却也颇有成效。

弗尔努瓦（H. Vernoy）

[1] 此处错误，应是 1861 年 8 月。——译者注

▲ 清朝议政王恭亲王。根据本报驻广州记者寄回的一张中国画绘制。

LE PRINCE KONG, RÉGENT DE L'EMPIRE CHINOIS; D'APRÈS UNE PEINTURE CHINOISE,
ENVOYÉE PAR NOTRE CORRESPONDANT DE CANTON.

世界画报

1866 年 2 月 17 日
发行第 10 年 第 462 期

LE MONDE ILLUSTRÉ

17 · FÉVRIER · 1866
10ME ANNÉE No462

十三陵

CHINE LE TOMBEAU DES MING

　　本期报纸刊登的明皇陵的这组图画以及后面的简单说明都是由海军中尉雷伯斯（Lebas）先生提供的。雷伯斯先生参加了最近法中之间的战役，因此有机会拍摄到清朝最非凡的景色。明皇陵正是他相册中最珍贵的作品。

　　明朝是如今统治中国的大清王朝的上一个朝代。明朝皇帝几乎都集中安葬在北京城北 40 公里远的一个宽阔的山谷里。大山绵延不绝直到蒙古高原，陵墓就在群山脚下。狭窄的峡谷是 13 座皇陵共同的入口。山谷沿着两旁秀丽的高山一直向前延伸，形成了一个封闭的盆地。雄伟壮丽的陵墓就建在这些高山下的丘陵中。陵墓屋顶闪耀的金色光芒，映照着四周环绕的树木。这片幽静之地统称为十三陵（Chesan-ling），人们通常以十三陵代指明皇陵。

　　距离皇陵大约 4 公里远的地方，可以看到一座石牌坊。不远处有一座镶着三个黄色琉璃瓦斗拱的陵门，称作大红门。再往前 1 公里远的地方，会经过一个四角方亭。由于亭子里面有一个石龟，石龟背上的石碑刻满了碑文，因此这个亭子被称为碑亭。碑亭四周 100 米远的地方各立一座汉白玉华表。飞檐、黄色琉璃瓦、镶嵌龙的图案，这些装饰元素不仅用于碑亭，也用于明皇陵其他的建筑上。后来，这种装饰风格也被应用于皇室建筑中。

　　碑亭前有一条约 1 公里长的笔直甬道。甬道两侧排列着石刻雕像，两个一组互相对望。沿着通往皇陵的方向，这些巨石分别是：

以下图片为北京郊区的明皇陵。根据海军中尉雷伯斯先生的照片绘制。

CHINE.-LE TOMBEAU DES MING, PRÈS PÉKIN. D'APRÈS LES PHOTOGRAPHIES DE M. LEBAS, LIEUTENANT DE WAISSEAU.

▼ 明皇陵入口处庭院里的碑亭

KIOSQUE DE LA COUR D'ENTRÉE DU TOMBEAU DES MING

1 号 一对卧式狮子

2 号 一对坐立狮子

3 号 一对卧式獬豸（带角的神兽，形似老虎）

4 号 一对坐立獬豸

5 号 一对卧式骆驼

6 号 一对坐立骆驼

7 号 一对卧式大象

8 号 一对坐立大象

9 号 一对卧式麒麟（ksi-lin）（带鳞片的神兽，形似牛）

10 号 一对坐立麒麟

11 号 一对卧式马

12 号 一对坐立马

13 号 一对武将

14 号 另一对武将

15 号 一对文臣

16 号 另一对文臣

17 号 一对勋臣

18 号 另一对勋臣

这些官员的石像都是站立的，他们穿着中国传统的服饰，都剪了头（中国人在清朝之前都不留辫子）。尽管北京气候恶劣，但所有石像都完好无损地保存至今。无论是巨大的动物神像，还是虔诚祷告、若有所思的人像，甬道上的一切都让人产生一种怀旧的思绪，激发了游客的好奇心。这个甬道的设计不禁让人联想到埃及法老陵墓前的狮身人面像。它们的作用应该是相同的。

明皇陵各个陵墓的四周都围绕着很高的胸墙，里面有几处被大门分隔开的庭院，还有一间间类似寺庙的大厅。陵墓依次安置，前后相连。它们在大小、气势以及保存方面还是有些差别的，毕竟最早的陵墓比最晚的陵墓要早两百年。不过，这些陵墓中保存最完好的是建造最早的长陵，也就是明朝第二位皇帝的陵墓。

▲ 明皇陵神道两侧巨石
雕像全貌

VUE GÉNÉRALE DE L'ALLÉE DES
MONOLITHES DU TOMBEAU DES
MING

▶ 明皇陵一入口处的大门

PORTE D'ENTRÉE D'UN
DES TOMBEAUX DES MING

　　长陵建在一座树木环抱的山顶上，由前后相连的三进院落组成。陵前是一片巨大的空地。走上巨石铺成的斜坡，便能看到竖立在陵墓周围的高高的围墙。通过大门进入第一进庭院，一座精致的亭子建在庭院右侧。亭子表面镶有四扇门，中央摆放着一个巨型石龟，龟背上驮着一块刻满碑文的石碑。

　　第二进庭院与第一进庭院仅一墙之隔。它们很相似，通过一扇宏伟的门相连，门四周围绕着雕栏玉砌的白色大理石石栏。在第二进庭院两侧，两个可爱的小香炉掩映在树丛中。庭院正中建有一座祠堂，无论外表还是内饰都美不胜收。进入祠堂需要经过精雕细琢的白色大理石石阶，石阶两侧还有做工精细的石栏。祠堂长 60 米，宽 30 米；天花板五颜六色，由 4 根内径 4.3 米的木柱支撑。大殿的屋顶镶嵌着黄色的琉璃瓦，以及数以万计的雕刻精美的小梁子。

　　再往后走，通过一扇门就进入了第三进，即最后一个庭院。进入庭院就可以看到一个石牌坊，庭院深处是背靠高山的陵墓。除非我们置身陵墓旁，否则在其他地方根本无法辨识皇陵所在之处。

海军中尉雷伯斯

▲ 明长陵的祠堂

PÉKIN.-SALLE DES SACRIFICES DU GRAND TOMBEAU DES MING

L'UNIVERS ILLUSTRÉ

环球画报

1866 年 3 月 28 日
星期三 第 523 期

L'UNIVERS ILLUSTRÉ

28 · MARS · 1866
MERCREDI Nº523

南京明皇陵

SÉPULTURE DES EMPEREURS MINGS À NANKIN

　　明朝（14 世纪至 17 世纪中期）曾建都南京。那里曾是中国最富庶、人口最稠密的城市，而清朝建立后则把首都移到了北京，使得南京失去了往日的声威。不过，透过闻名于世的瓷塔以及一些大型建筑的遗迹，依稀可以窥见它昔日的光彩。

　　在这些遗迹中，最令人惊奇的自然是明皇陵。在环城四周的山脚下、长方形的基石上，竖立着一座高大的、镶嵌着三个拱门的砖砌建筑。这些拱门通往安放着坟墓的墓穴。在通往这座皇陵的道路两旁，竖立着一排巨型雕像。这些石刻雕像展现的是中国杰出的武士和战将。通过我们展示的图画，大家可以想象这些巨型雕像营造出的奇怪氛围：虽然当时这些战士的轮廓被勾勒得活灵活现，但是随着时间的推移，这些轮廓已经不再清晰，原本白净的砂石也变得越来越黑。

亨利·穆勒尔（Henri Muleer）

南京明皇陵。根据本
报记者的图画绘制。

SÉPULTURE DES EMPIREURS DE LA DYNASTIE
DES MINGS, À NANKIN (CHINE), D'APRÈS UN
DESSIN DE NOTRE CORRESPONDANT.

世界画报

1866 年 5 月 26 日
发行第 10 年 第 476 期

LE MONDE ILLUSTRÉ

26 · MAI · 1866
10ME ANNÉE Nº476

清朝人在巴黎

LES CHINOIS À PARIS

来自北京的清朝人已在巴黎的街头巷尾引起热议。即便认为他们勇气非凡，亦不为过。毕竟他们满怀好奇与渴望，远涉重洋来到这里，研究巴黎风尚，考察法规制度，欣赏风格迥异的名胜古迹。长久以来，勇敢智慧的清朝人一直被看作现代埃及人，拥有极强的创造能力。但是由于对外部世界的怀疑，他们走上了闭关锁国的道路，因而颇具神秘感。

如今，他们却来到我们这里学习知识。这种合作交流的氛围必将刺激两国文化和商业的发展繁荣。

第一幅画描绘的是清朝官员参观巴黎邮政局。看起来，这些来自清朝的贵宾对我国快速精准的邮政系统惊叹不已。当他们得知，从巴黎邮寄一封信到北京只需花费 40 天时间和 80 生丁[1] 时，他们感觉既惊奇又欣喜。

第二幅画描绘的是清朝厨师手握菜刀，专心致志地备料，准备烹调餐食。

[1] 法国辅币。一百生丁等于一法郎。——译者注

▲ 清朝使团参观巴黎邮政局的境外业务部。克洛泽先生绘图。

PARIS. VISITE DE LA MISSION CHINOISE À L'HÔTEL DES POSTES. SECTION DE L'ÉTRANGER. CROQUIS DE M. DE CRAUZAT.

▲ 清朝皇家使团在巴黎。巴黎大酒店里的清朝厨房。根据穆兰先生的草图绘制。

PARIS. COMMISION IMPÉRIAL CHINOIS. INTÉRIEUR DE LA CUISINE DES CHINOIS AU GRAND HÔTEL. D'APRÈS LE CROQUIS DE M. MOULIN.

1867 ◆◆◆

LE MONDE ILLUSTRÉ

世界画报

1867 年 5 月 11 日
发行第 11 年　第 526 期

LE MONDE ILLUSTRÉ

11 · MAI · 1867
11ME ANNÉE No526

1867 年世博会中国区全貌

EXPOSITION UNIVERSELLE DE 1867. VUE GÉNÉRALE DU QUARTIER CHINOIS, DANS LE PARC

▼ 1867 年世博会中国区全貌。根据穆兰先生的素描绘制。

EXPOSITION UNIVERSELLE DE 1867. VUE GÉNÉRALE DU QUARTIER CHINOIS,
DANS LE PARC. D'APRÈS LE CROQUIS DE M. MOULIN.

1868 ♦♦♦

LE MONDE ILLUSTRÉ

世界画报
1868 年 8 月 22 日
发行第 12 年 第 593 期

LE MONDE ILLUSTRÉ

22·AOÛT·1868
12ME ANNÉE N°593

北京的大城门

LA GRANDE PORTE DE PÉKIN

  在照片展示的那些遥远的地方，最不为人所知但却最有意思的要数清朝了。因为对于摄影师来说，在那里拍摄困难重重，他们不但要应付当地居民的好奇心，还要注意远东地区炎热的夏天带来的不便。不过，正是因为这个题材新颖，才促使我们再现清朝这个最有趣的地方。本文附的这张版画精确地再现了在北京拍摄到的场景，展现了几个世纪以前清朝北方大部分地区在建筑方面的流行趋势和品位。

  这座城门将北京的郊区与城市分割开来，那里有好几处从属于皇宫的花园。我们无法把这座城门与其他建筑形式联系在一起，也没办法和清朝众多的建筑物相联系。人们甚至会从中看到一些印度建筑的影子。

保罗·尚皮翁（Paul Champion）

▶ 大理石桥前的北京大城门。根据我社通讯员尚皮翁先生的一幅照片绘制。

CHINE. LA GRANDE PORTE DE PÉKIN DEVANT LE PONT DE MARBRE. D'APRÈS UNE PHOTOGRAPHIE DE NOTRE CORRESPONDANT M. CHAMPION.

1869

♦♦♦

LE MONDE ILLUSTRÉ

世界画报

1869 年 1 月 16 日
发行第 13 年 第 614 期

LE MONDE ILLUSTRÉ

16 · JANVIER · 1869
13ME ANNÉE N°614

清朝驻巴黎使团

L'AMBASSADE CHINOISE À PARIS

上一期我们说过刚刚抵达巴黎的清朝使团。这一期，我们将继续图文并茂地展示他们的最新消息。

使团官邸位于贝尔雷斯皮罗（Bel-Respiro）街一号，曾经是阿德琳娜·帕蒂（Adelina Patti）女士的居所，现在仍不失雄伟壮丽。公使有三人，随行人员众多。最让人感到新奇的是，该使团的全权大使竟然是美国人蒲安臣。蒲安臣颇负名望，本是美国派驻清朝的外交使节，后因故离任，便接受总理衙门委托担此重任。蒲安臣身材魁梧，相貌出众，一双蓝色的眼睛极富魅力，满面胡须，却并无粗犷之感，全身散发着强烈的盎格鲁—撒克逊人的独特气质。虽然他的母语是英语，但并不影响他讲一口地道的法语，而且言语之间清晰睿智，令整个谈话过程妙趣横生。另外两位公使都是纯正的清朝人，一位是志刚大人，50 岁；另一位是孙家谷大人，45 岁左右。志大人是满族人，孙大人是汉族人，两人均为二品官员。

公使们的生活方式非常简单，每天八点钟起床，由仆人伺候更衣，然后喝茶、抽烟、听翻译读报。他们选择的报纸都是巴黎地区发行量最大的，他们最感兴趣的就是关于自己的报道，甚至会觉得世上有趣之事莫过于此。有时看到一些莫名其妙的评论，他们还会忍不住哈哈大笑。当然，那些评论基本上都是善意的。

公使们从早到晚都在喝茶，其他官员也是，就连仆人也是。他们的茶里一点儿糖都不放。使团中还有三名清朝厨师，保证他们在饮食上完全保持中式。他们最喜欢吃的是羊肉和猪肉，对牛肉则完全无感。另外，他们还很喜欢用米、鸡肉和菌类烹调。当然，以上所述仅限于清朝人，至于蒲安臣先生，则依然保持着他的欧式生活习惯。

莱昂·德·贝纳尔

▲ 清朝驻巴黎使团在使团官邸饭厅举行的晚宴。戈弗雷·杜兰德绘图。

LE DÎNER DE L'AMBASSADE CHINOISE À PARIS, DANS LA SALLE À MANGER DE L'HÔTEL DE L'AMBASSADE. DESSINÉ PAR GODEFROY-DURAND.

▲1月4日抵达巴黎的清朝使团使团公使及秘书随员。前排右起：柏卓安、志刚、孙家谷、德善。后排右起：德明、廷俊、亢廷镛、塔克什讷、蒲安臣、桂荣、凤仪、庄椿龄、联芳。

PARIS. LE PERSONNEL DE L'AMBASSADE CHINOISE, ARRIVÉE LE 4 JANVIER. M. BROWN. TCHE-KO-AN. SOUNE-KIA-CHENG. M. DE CHAMPTCHE-TSAI-TCHOU. T'ING-FOU-TCHEN. K'ANG-YEN-NUNG. T'A-MOU-AN. M. ANSON BURLINGAME. KOUÉ-TUNG-TCHIN. FUNG-KOUÉ-KIOU. TCHOUANG-SUNG-JOU. LIENNE-TCKOUNNE-TCKIN.

LE MONDE ILLUSTRÉ

6 · FÉVRIER · 1869
13ME ANNÉE N°617

世界画报

1869 年 2 月 6 日
发行第 13 年 第 617 期

LE MONDE ILLUSTRÉ

北京周边一景

NATURE DES ENVIRONS DE PÉKIN

▼北京周边一景。根据尚皮翁先生的摄影作品绘制。

CHINE. NATURE DES ENVIRONS DE PÉKIN. D'APRÈS LA PHOTOGRAPHIE DE M. CHAMPION.

LE JOURNAL ILLUSTRÉ

全球画报

1869 年 2 月 28 日
星期日 第 9 期

LE JOURNAL ILLUSTRÉ

28 · FÉVRIER · 1869
DIMANCHE Nº9

清朝大使馆

L'AMBASSADE CHINOISE

几乎每年都会有一个远东国家在巴黎设立大使馆。清朝人、日本人、暹罗人已经无法引起巴黎人的好奇了。但是目前，清朝使馆凭借员工的数量和较高的素质，已经引起了公众长时间的关注。《画刊》在时事板块特意为其预留了位置。

H. M.

▼ 驻巴黎的清朝使团。使团成员分别为：俄语翻译桂荣，法语翻译联芳，英语翻译舍米尔，英语翻译凤仪，一等秘书德善，三等公使孙家谷，全权公使蒲安臣，二等公使志刚，一等秘书柏卓安。雅内·朗日根据《画刊》绘制。

LES AMBASSADEURS CHINOIS EN MOMENT À PARIS. (GRAVURE EXTRAITE DE L'ILLUSTRATION.) DESSIN DE JANET LANGE. KOUEL-PING, INTERPRÈTE POUR LA LANGUE RUSSE. LIEN-FANG, INTERPRÈTE POUR LA LANGUE FRANÇAISE. SCHMIER, NTERPRÈTE POUR LA LANGUE ANGLAISE. FUNG-YIH, INTERPRÈTE POUR LA LANGUE FRANÇAISE. M. ÉMILE DE CHAMPS, PREMIER SECRÉTAIRE. SOUN-TAGEN, TROISIÈME MINISTRE. M. ANSON BURLINGAME, MINISTRE PLÉNIPOTENTIAIRE. TCHE-TAGEN, SECOND MINISTRE. M. LEAVY BROWN, PREMIER SECRÉTAIRE.

1871

♦♦♦

LE MONDE ILLUSTRÉ

世界画报

1871 年 12 月 2 日
发行第 15 年 第 764 期

LE MONDE ILLUSTRÉ

2·DÉCEMBRE·1871
15ME ANNÉE Nº764

清朝大使馆

L'AMBASSADE CHINOISE

　　在普鲁士占领期间，崇厚大使来到法国。他于 1871 年 11 月 23 日得到了梯也尔总统的接见，就 1870 年 6 月 21 日的"天津教案"向法兰西共和国总统表示了歉意。陆军部长、海军部长、外交部长以及法国驻清朝公使参加了会见。大使在到来之时和离开之际都得到了清朝的军事嘉奖。

　　受命来法之前，崇厚大使担任北方三座港口的通商大臣、兵部左侍郎。他以渊博的学识和极强的能力赢得了众人的尊敬。他已经 46 岁了，脸色有些晦暗，额头又宽又高，脸突出而圆润。虽然稍微有些胖，但他体格强健，身材高大，不乏刚毅和优雅。

　　大使住在蒙田大道上的突尼斯代表团驻地。他的随从包括：年仅 18 岁的法语口译庆常，英语口译阿士，三名军官身份的副官，清朝医生、厨师、理发师各一名和六名仆人。在清朝住了十年之久的英国绅士布朗（Brown）为人斯文又富有才情，充当使馆秘书。

　　周六，热福理（Geoffroy）先生拜访了崇厚大使。在这次会见中，这位清朝大使最关切的问题是：如何在巴黎建立一座常设的公使馆和一所清朝学校。

V.–F. M.

▲ 11 月 23 日梯也尔先生在总统府接见的清朝大使崇厚和他的翻译庆常。根据古奇和贝北先生的照片绘制。

THCHONG-HAOU, AMBASSADEUR CHINOIS ET SON INTERPRÈTE TSHING REÇUS LE 23 NOVEMBRE PAR M. THIERS AU PALAIS DE LA PRÉSIDENCE. PHOTOG. DE MM. GAUTHIER ET PEPPER.

1873 ♦♦♦

L'UNIVERS ILLUSTRÉ

环球画报

1873 年 1 月 25 日
发行第 16 年 第 931 期

L'UNIVERS ILLUSTRÉ

25 · JANVIER · 1873
16ME ANNÉE N°931

皇帝未婚妻的寝宫

LE PALAIS DE LA FIANCÉE IMPÉRIALE

在此前的报纸中，我们的合作人热罗姆（Gérome）先生提到了清朝皇帝的结婚典礼。与此同时，我们根据真实的素描附上了一张有关婚礼队列的插图。

本期我们向读者描绘的是皇帝未婚妻的寝宫。这位年轻的姑娘离家之后就得居住在这座寝宫之中，并且会有教导她宫中规矩和礼仪的嬷嬷相伴。

这座宫殿规模庞大。和北京城里的其他宫殿一样，这座寝宫的四周环绕着围墙，里面建造了好几座宫殿。我们的图画描绘的是寝宫的正门。按照清朝的传统习俗，在举行婚礼时，门上需装饰丝织品。丝织品的颜色都很鲜艳，有红色、蓝色、黄色、绿色，还配有边饰、流苏和绢花。婚礼用的华盖由四根红色的柱子支撑，柱子周围镶着黄龙图案。底座也是黄色的（皇室的颜色），上面刻有清朝的花押字，祈祷上天的庇护。

透过正门，我们还能看到小径一头的白色石狮子以及宫殿的一扇窗户。除了守卫寝宫的军官，任何人都不允许进入。

达舍尔（X. Dacheres）

北京

北京，清朝皇帝未婚妻的寝宫 | PEKIN.—LE PALAIS DE LA FIANCÉE DE L'EMPEREUR DE LA CHINE

LE MONDE ILLUSTRÉ

世界画报

1873 年 2 月 22 日
发行第 17 年 第 828 期

LE MONDE ILLUSTRÉ

22·FÉVRIER·1873
17ME ANNÉE N°828

清朝的赌博

LE JEU EN CHINE

清朝人对赌博情有独钟。我们从《英国杂志》（*Revue Britannique*）的一篇通讯稿中便可窥见一斑。

这篇文章提到，刚刚下船来到清朝的游客，在冬天的香港或是清朝的其他城市里随处可见一群衣衫褴褛的清朝人聚在一起、蹲在地上，仔细观察着其中一个同伴的动作。只见那人一手持刀，一手握着刚刚从流动小贩那里买来的橙子。他要用刀切开橙子，看看里面到底有几个核儿。周围的同伴都已经下了注，打了赌。这个游戏叫作猜数字（Mai-kom-pin），所有猜中的人都可以获取三倍的报酬，而猜错的人则会输掉自己投下去的本钱。比如说，我用一个铜板赌橙子有 23 个核儿，一旦猜中，我就能赢得三个铜板。这难道不足以证明清朝人对赌博的狂热吗？

让我们继续跟随作者观察。他很快又遇到了几个坐在地上的孩子或是男人。他们面前放着一个由一叠木盒子临时搭成的两英尺高的桌子，桌子上有一个装着四个骰子的碗。这是另外一个叫作掷骰子（Shak-shi）的游戏，就是猜骰子的单双数，类似于猜正反面。这种赌博的机会是平等的，过程也很简单：掷骰子，猜单双数，赢或输掉自己的赌注。有一点很奇怪，人们一般会在大清早玩这种游戏。清朝人总是慵懒闲散的，除非他在工场干活，按工作量领取报酬而不是按天计费。一般情况下，他们起床后要想办法填饱肚子，于是就从赌博开始。他们会一直玩下去直到输光为止，断了自己不劳而获的念头的时候，才会去干活。每天晚上，领取固定工资的商店店员们收工之后便无所事事，聚在一起打牌。

清朝的牌有的是用骨头做的（就像多米诺骨牌），一般是 32 颗。有的是用纸做的，一般是 36 张或 108 张。一般来说，纸牌有一英寸宽，四英寸长。纸牌的四角都削圆了，每张牌上都画着一些带有性格特点的古代名人（这有点像我们纸牌中的 K 和 J）。和在欧洲一样，两人、三人或四人都可以在一起打牌，但是这种游戏跟惠斯特牌戏或皮克牌一样，根本没有什么价值，无非是因为可以赢钱，所以才有吸引力。

清朝人最热衷的赌博是番摊。凡是到过澳门的游客都知道澳门的番摊赌桌，番摊在香港也风靡一时，清朝人所到之处都有人玩番摊。

把香港的赌博与贝德（Bade）或威斯巴登（Wiesbaden）的赌博相比的下议院议员，可能会在脑海里想象：金碧辉煌的大厅里散发着东方清新怡人的香水味儿，里面摆放着猜红与黑、轮盘赌的金灿灿的宝座；梳着长辫子、黄皮肤的清朝人坐在高档的沙发上，一掷千金。然而，当他们看到在清朝的河边，一个只有一扇门作出入口的类似洞穴的地方，远不是他们想象中的莱茵河畔的高档建筑时，他们会多么惊讶！那里严禁妇女进入，只有男人才可以进去。另外欧洲人也被下令不许进入，违者重罚。

现在，我们来参观一下清朝的赌场，先上二楼。因为在清朝，人们从来不在一楼赌博。

二楼大厅大约有 15 平方英尺，低矮又破旧。里面只设有一个 4 英尺高的木制吧台。一块席子编的台布铺在吧台上，台布上有一大堆铜板，熠熠生辉。一大帮破衣烂衫的清朝人围在一边，就像桶里装的鲱鱼，散发着一股鱼腥味。赌场收赌金的人坐在一个起保护作用的类似栅栏的东西后面。他抓起一把把赌金，累放在吧台的中央。玩家很慎重地投了注，焦急地等待着输赢时刻的到来。但是，当人们觉得答案该揭晓的时候，还要再等一会儿。因为此时，一根绳子从天花板放下来一个篮子，带来了新的赌资。抬眼望去，原来赌桌上方的天花板上有一个可以与楼下相通的缺口，缺口四周都有木栏杆。由于赌厅太狭小，不能容纳所有的赌客，因此人们就想到了一个权宜之计，让晚到的人从刚刚提到的那个缺口处通过篮子投掷赌资，继续游戏。

一切准备就绪。负责收赌金的人卷起袖子，手里拿着一条又细又长的棍子，免得引起作弊的嫌疑。他用这根棍子把串在一起的铜板一个一个地分开，按照四枚铜板一摞来计算钱数。听着铜板碰撞的声音，玩家们的兴致越来越高涨。赌厅里有时也会涌进一些新的赌客，一般是脚夫之类的劳工。他们领到薪水便跑到赌场。虽然是匆匆忙忙地跑过去，但是他们还是来得太晚了，要等到下一局了。收赌金的伙计慢慢地清点完铜板之后，把钱四个一摞地收起来。之后，赌桌上的铜板就只剩下一枚、两枚、三枚或干脆一个不剩。如果剩下的是一枚铜板，那么那些赌两枚、三枚或零枚的玩家就输了自己的赌注，而赌一枚的人则可以赢得三倍的赌资。因此很容易就能看出，每人赢钱的概率是四分之一。按照 7 比 100 的利息清算之后，大部分玩家就离开了。其他的人接着开始下一次赌博。从黎明时分到晚上 11 点钟，香港的赌场座无虚席。

富人同样热衷赌博，也会经常光顾赌场，但是他们都会乔装打扮一番再进去。澳门一个富有的清朝批发商是赌场公认的常客，可是他每次去都要化妆成贫穷的劳工。为了给上流社会的人提供方便，香港的一些赌场里设有两张赌桌，其中一张赌桌上的最小赌注为 1 美元，借此筛选参与赌注的人。但是很少有清朝人会把这当回事，他们怕丢脸而溜到隔壁的赌场。赌场的常客一般是社会上的流浪汉、败类。清朝和其他地方一样，对赌博的热衷不分阶层。家里的男孩子经常在 16 岁或 18 岁的时候开始赌博，最后倾家荡产。因赌博落到这种地步的例子在香港并不罕见，但是这种情况往往会出现在比较特殊的家庭。这种家庭习惯玩一种叫无穷番摊的游戏。

十个玩家凑在一起，彼此约定直到达成共同协议，否则谁都不可以离开。只有当庄家的赌本都输光了，或者其中一个玩家输得足够惨了，足以满足其他九个人的时候，游戏才能结束。虽然这种番摊不允许在公共场所进行，但是没有法律禁止人们在自己家玩这种游戏取乐，也不会有衙役跑到民宅里去查。

先不提纸牌或掷骰子，彩票就足够让清朝的上层人士取乐了。在清朝，很难遇到一个从未玩过彩票的批发商。首先让我们来谈谈最受欢迎的一种彩票。香港有好几种公共专卖的地方，鸦片农场就是一个主要的专卖点。这个农场独家经销用于出口的鸦片，每月仅出口到加利福尼亚的鸦片数量就非常惊人，还要销售鸦片给本地人。鸦片农场的佃户则花钱开一些小店，零售鸦片。不管清朝人对鸦片的迷恋和对赌博的热衷是否有着千丝万缕的联系，事实上，城里没有一间鸦片零售店不同时卖彩票。无论何时，人们都会来这里找个乐子，碰碰运气。这种店卖的彩票叫作白鸽票（pak-kop-pin），意思是白鸽子彩票。如果你问清朝人这个名字是怎样得来的，他们会说：以前由信鸽向远方传递彩票中奖的情况。

这种彩票会在一条纸带上印上 80 个汉字。这些汉字是从《千字文》中筛选的。在清朝，《千字文》是本启蒙读物。曾经有一位军官向一名学者挑衅，随意抽取了一千个汉字，让他用这一千个字作诗，诗中既不能添字、漏字，也不能重复用字。虽然这位学问家仅用了一夜的时间就做出了这首诗文，但是却付出了巨大的代价——天亮的时候，他的满头黑发已经变得雪白。这部古籍中的诗文每句由四个汉字组成。比如"天地玄黄"这四个汉字对应的欧洲文字分别指天、地、灰、黄。又比如"宇宙洪荒"，分别指空间、时间、荒凉的、空虚的。而在鸽票中，汉字"天"代表一种运气，"地"又代表另一种运气，以此类推。谁想碰碰运气就可以买几个汉字，用毛笔在彩票上勾画出来，把彩票买走，而彩票店的老板则留下一张副本。

▼ 清朝海盗。法国"布亚娜"号护卫舰歼灭并驱散了好几艘用火炮在越南南部海湾袭击护卫舰的清朝平底帆船。贝拉尔先生绘制。

LES PIRATES CHINOIS. L'AVISO FRANÇAIS《LE BOURAYNE》DÉTRUIT ET DISPERSE PLUSIEURS JONQUES CHINOIS QUI L'AVAIENT ATTAQUÉ AVEC DE L'ARTILLERIE SUR LES CÔTES DE COCHINCHINE. DESSIN DE M. DE BÉRARD.

LE MONDE ILLUSTRÉ

世界画报

1873 年 10 月 4 日
发行第 17 年 第 860 期

LE MONDE ILLUSTRÉ

4·OCTOBRE·1873
17ME ANNÉE N°860

清朝皇帝接见西方各国使节

LES REPRÉSENTANTS DES PUISSANCES OCCIDENTALES (DEVANT L'EMPEREUR DE LA CHINE)

　　6 月 29 日，西方各国驻华大使在北京受到了皇帝的接见。这就足以表明此事的重要性。公元 713 年，瓦利德（Calife Walid）的大使前来拜见唐玄宗，要求免除中国朝廷实行的"三叩九拜"之礼，结果他被处以死刑。从那以后，许许多多的外国大使要么接受了这一令人难堪的传统，要么就在没有完成使命的情况下回到了自己的国家。欧洲使节最后一次试图要求在觐见皇帝的时候只施行欧洲礼节，要追溯到 1816 年。那时，阿美士德男爵和之前的人一样谈判失败，不得不立即离开北京。

　　从那以后，清朝政府与西方各国断绝了正式往来。直到 30 年后，被迫与西方各国签署和约，清朝皇帝才按照欧洲礼仪正式接见了我们的使团。

　　6 月 29 日上午七点钟，日本、俄国、美国、英国、法国、荷兰的使节在紫光阁受到了同治皇帝的接见。皇室的亲王站在龙椅的左右两旁，佩带武器的皇家侍卫在觐见的大殿里排成左右两列。使团觐见只需在入殿的时候三鞠躬，离开的时候再次三鞠躬，每次会见时间大约 10 分钟。

▶欧洲使节第一次受到清朝皇帝的接见。皇帝身前是法国公使热福理先生。雅内先生根据法国驻清朝使馆第一翻译德微理亚先生的素描绘制。

CHINE. LA PREMIÈRE RÉCEPTION DES AMBASSADEURS EUROPÉENS PAR L'EMPEREUR DE LA CHINE. S. EXC. M. DE GEOFROY, MINISTRE DE FRANCE, DEVANT L'EMPEREUR. DESSIN DE M. G. JANET, D'APRÈS LE CROQUIS DE M. G. DEVÉRIA, PREMIER INTERPRÈTE DE LA LÉGATION DE FRANCE.

日本使者身为大使，受到了特别接见。在他之后，其他国家的公使也都受到了接见。使团中资格最老的俄国公使倭良嘎哩（Vlangali）将军发表了一段讲话，由德国使团第一翻译璧斯玛（Bismarck）先生代为翻译。

在这次集体会见之后，俄国、美国、英国和荷兰公使连同他们的翻译都退下了，法国公使热福理先生留下来等待特别会见。热福理先生是第一位受到清朝皇帝接见的法国外交官。公使发表了演说，由法国使团翻译德微理亚先生代为翻译。之后，公使将法兰西共和国总统写的一封信放在了一张铺有黄色桌布的桌子上。总统阁下致信清朝皇帝，表示他已收到了皇帝于1871年委派清朝驻法大使带给他的关于"天津教案"的信件。当时同治帝正坐在龙椅上，接到这封信时，他的身子微微向前一倾，表示对这件事情已经了解。与前两次接见一样，恭亲王在皇帝身旁，跪下听取皇上的指令，然后再予以回答。这之后，法国公使及其翻译便退下了。

一名通讯员

1873 年 6 月 30 日

注：上页描绘欧洲公使受到第一次接见的插图中，我们没能清楚完整地标明出席这场活动的清朝达官贵人的名字、头衔和位置，以下是从德微理亚先生的素描中抄录的内容。

坐在龙椅上的是皇帝陛下，皇帝右侧的是蒙古亲王，他是1860年第二次鸦片战争时清军最高统帅僧格林沁的儿子。皇帝的左侧是恭亲王的弟弟、侍卫统领醇亲王，再向左是恭亲王的连襟、侍卫总管刘蔼付，跪在皇帝面前的是皇帝的叔叔、总理衙门大臣恭亲王，朝堂台阶的右侧和左侧各有一列皇家侍卫。

版画说明中的顺序是：总理衙门大臣、边防大臣、清朝驻巴黎大使崇厚，靠近朝堂台阶的是军机大臣、内阁成员、总理衙门大臣恭亲王，法国驻清朝使团第一翻译德微理亚先生，法国驻清朝特派员、全权公使热福理先生，总理衙门大臣、户部尚书董恂，内阁成员、总理衙门大臣醇亲王。

所有这些人都是根据写实素描绘成。

L'UNIVERS ILLUSTRÉ

15 · NOVEMBRE · 1873
16ME ANNÉE N°973

环球画报

1873 年 11 月 15 日
发行第 16 年 第 973 期

L'UNIVERS ILLUSTRÉ

清朝皇帝在北京接见外国使节

RÉCEPTION IMPÉRIALE À PÉKIN

对于清朝皇帝而言，这可能是他第一次看到如此多的外国使臣在同一时间内云集北京吧。皇帝即将屈尊接见的是法国、俄国、英国、美国、荷兰以及日本的使节。这样的国际盛会完全称得上天朝外交史上可圈可点的一笔。因为在此之前，清朝的外交机构总理衙门并未与各国使团进行过实质性的接触。此外，各国使节若想一睹年轻尊贵的皇帝陛下的龙颜，需要跟皇上的叔叔恭亲王协商良久，获得他的准许后方可觐见。

此次盛会在中南海的紫光阁举行。更具体来说，这里地处皇宫西侧，与紫禁城仅一湖之隔。我国天主教使团驻地北堂便与之相邻。在公园入口处，主办方为方便各国使节的轿子和随行卫队通行，特意用木篱笆为他们划出了一条专用通道。这样一来各国使节不必在同一时间蜂拥而入，二来也能让人数众多的外国使团免于拥挤之扰。

公使们先被引到了一间屋子里，按照东方的待客之道，招待者先请大家品尝了提神醒脑的凉茶。接下来，便开始了漫无边际的等待，大家待在搭建于紫光阁旁的营帐里，静候皇帝陛下召见。当使臣们终于得以进入正殿觐见陛下本人时，首先映入众人眼帘的仍然不是皇帝，而是总理衙门的两名官员。首先获准觐见的是日本公使，但不幸的是，他没能和皇帝待多长时间。

礼堂分上下两层，整体布置坐北朝南，四根高大的柱子好像把礼堂内切割成了五个部分。再向里去，正中间有一个高台，五级台阶拾级而上，陛下的龙椅不偏不倚地摆在上面。说到龙椅，它通体金黄，像极了一个小号的靠背沙发。皇帝以传统的东方坐姿坐在椅子上，面前摆着一张御案。稍微靠后一些的地方，有两位亲王肃立在皇帝陛下左右，其中一位正是皇帝的叔叔恭亲王。而台阶下肃立着的是另外两位亲王。

御座前15尺处的那张黄案，其实就是一张长桌，它的作用仅是让各国使节递交国书而已。宫殿里还有不少高级武官整齐地排成两行，他们充当着整个宫殿的护卫。御案两侧的两位亲王分别是恭亲王殿下和帝国首席大臣醇亲王。

皇帝陛下看起来机敏过人但面色疲惫，据传言说他的身体一直抱恙，这一点与他的叔叔恭亲王极其相似，恭亲王年轻时也是这番神色。这难道是清朝皇室的"家族传统"吗？从他的表情不难看出，这位年轻的君主还是有几分羞涩，尤其是在首次面对如此众多的外国使节的时候。

他的衣着极为简素，身穿与诸大臣并无二致的绛紫色丝质长袍，头顶上戴着的朝冠上缀朱纬、形似斗笠。乍从外表看去，并没有什么明显的特征能将他与臣子们区分开来。皇室宗亲的顶戴是丝质的，皇子和享有继承权的亲王之子顶戴是宝石做的，至于那些高品级的官员，他们的顶戴则是由大红或玫红色的珊瑚制成。

觐见并没有持续很长时间。紧接着，在各国使臣向皇帝行完鞠躬礼之后，一位亲王开始代表尊贵的陛下向各国元首致意，希望各国使节可以捎去这些问候：大清皇帝祝英国、俄国、荷兰三国皇帝身体健康，也向法、美两国总统致以最诚挚的问候。同时，这位亲王还向各国传递了这样的信息：皇帝见证了总理衙门与各国交好所取得的实质成效，陛下希望多边关系可以朝着各方都满意的方向顺利发展。

各国使臣向皇帝行完礼之后，我国公使向陛下递交了一封共和国总统写给他的信。陛下曾就1870年6月24日"天津教案"一事向我国总统致信问询，这封信正是我国对此事的回应。我国使团的口译随同公使们一起进入了殿内。他原本只负责翻译此次觐见的欢迎词和双方的即席讲话，而现在，当热福理先生宣读这封信的时候，他还得将信件原封不动地翻译给大清皇帝。

在北京，清朝皇帝首次接见各国外交官。

PÉKIN-PREMIÈRE RÉCEPTION DU CORPS DIPLOMATIQUE PAR L'EMPEREUR DE LA CHINE.

　　其实在召见开始前还有一段小插曲，各国使臣在等待的过程中收到了一个好消息。会见开始前和结束后，总理衙门全体官员将会为他们引路，陪他们走到园林的入口。换言之，这些清朝官员会把他们送到能轻易回到北堂的地方。这对总理衙门来说也是好事一桩，起码他们不用担心因使节们不认识路而影响了会见。他们担心的还有其他可能影响会晤的意外事件，比如，万一哪国使臣不懂礼数，随便向皇帝陛下问话，该怎么办呢？

　　还好，各国代表的态度对清朝政府中的亲西方派是有利的，此次会见亦可以称得上是革新势力对守旧势力的一次胜利吧。

1875 ♦♦♦

L'UNIVERS ILLUSTRÉ

环球画报

1875 年 2 月 13 日
发行第 18 年 第 1038 期

L'UNIVERS ILLUSTRÉ

13 · FÉVRIER · 1875
18ME ANNÉE Nº1038

北京天坛

LE TEMPLE DU CIEL À PÉKIN

最近，清朝皇帝驾崩的消息传到了欧洲。受此启发，我们在天坛风景画的基础上制作了本期版画新闻。

天坛，是北京最宏伟壮丽的古迹。画中的宗教建筑是祈年殿，是皇帝专属的祈祷圣地。除此之外，还供奉着本朝已故皇帝的牌位。从某种意义上讲，可以将其称之为清朝皇帝的圣德尼皇家大教堂抑或苏佩尔加大教堂。清朝皇帝认为，皇天上帝是宇宙最高统治者，只有皇天上帝凌驾于他们之上，其他神灵只能位列其后。相较于与其他神灵打交道，他们宁愿直接与上天对话。而北祭坛正是用来祭祀皇天上帝的。

神龛只有在皇帝驾崩或者祭祖的时候才会开启。用于祭天的主祭台位于正中央，用于祭祖的小祭坛分列两侧。皇帝到达北祭坛以后，先祭拜皇天上帝，再祭拜列祖列宗。清朝已经有八位已故皇帝的牌位供奉于此，加上最近驾崩的同治皇帝，目前共有九位。

在欧洲人眼中，天坛乍看上去就像一座宽阔的广场，其中心位置设亭点缀。这是一座雄伟华丽、精致考究又极具地方特色的建筑，因各式镶嵌装饰，色调明亮而丰富，遗憾的是版画无法完美呈现。用颜色各异的珍贵金属加工而成的神话中的兽首极具宗教色彩，类似于欧洲中世纪宗教建筑中稀奇古怪的石雕装饰。

如图所示，从外部看，这是一座中式圆顶建筑，所处园林景色优美，在北京城也是名列前茅的。殿身主体富丽堂皇，坐落于三层汉白玉圆台之上，每层包含九级台阶。殿身底座由三级汉白玉台阶构成，气势磅礴而又华美至极。殿身主体全部采用木质结构，辅以前文提到的金属镶嵌装饰，赋予其欧式建筑中罕见的瑰丽多彩之感。或许只有深受远东风格影响、多采用贵重金属、色彩绚丽的俄国传统宗教建筑，方能在某些方面与之相媲美。

扬－卡尔（Jan－Karl）

北京天坛的北祭坛 | PÉKIN. - L'AUTEL DU NORD DANS LE TEMPLE DU CIEL.

LE JOURNAL ILLUSTRÉ

全球画报
1875 年 3 月 7 日
星期日 第 10 期

LE JOURNAL ILLUSTRÉ
7·MARS·1875
DIMANCHE Nº10

清朝的重大事件

CHRONIQUE DE LA SEMAINE-LES ÉVÉNEMENTS DE LA CHINE

今天环游世界变得如此轻松，如果再不出发去搜集北京的新闻，那我们真是犯下了不可饶恕的罪过。因此，本周的专栏部分刊登了清朝的新闻，向读者们展现清朝民众正在遭受的令人感伤的巨大悲痛——大清帝国的同治皇帝驾崩了，终年 19 岁！

在法国这样的君主制国家，如果国王死了，人们最多会大呼："国王死了，国王万岁！"而在清朝情况则完全不同，从长城到日本，从黄河入海口到黄河源头，清朝统治的这片广袤的土地上，无人不陷入深深的悲痛之中。

您会问："为什么这么多人会如此难过？年轻的同治皇帝真的很受清朝人爱戴，尽管他年纪很小，依然配得上'百姓的衣食父母'这样的称呼，对吗？"

唉！同治皇帝娶了 75 个老婆，总有一天他能配得上这个称呼的。但他在去世前还没有达到如此境地。可是，依据清朝律例，皇帝死后，举国要服丧三个月。即使并不想流泪，善良的臣民们也只能遵照法律哭泣。

在这三个月期间，清朝所有宫殿、祠堂、庙宇和公共场所都要挂上丧事用的黑幔。僧人、达官贵人以及大小公职人员都要穿上长长的黑袍。他们还要掩饰因服丧而获得的两个星期左右的假期所带来的欢乐。衙门里不再有看客，人们不再逛集市，一切商业活动也都取消了。禁止任何梳妆打扮，禁止剃头、喷香水、编辫子。要知道，对于信徒而言，他们以辫子为荣。因为有了这条辫子，等到自己死的那天，毗湿奴（Dieu Wichnou）才会牢牢地抓住自己，带到极乐王国。

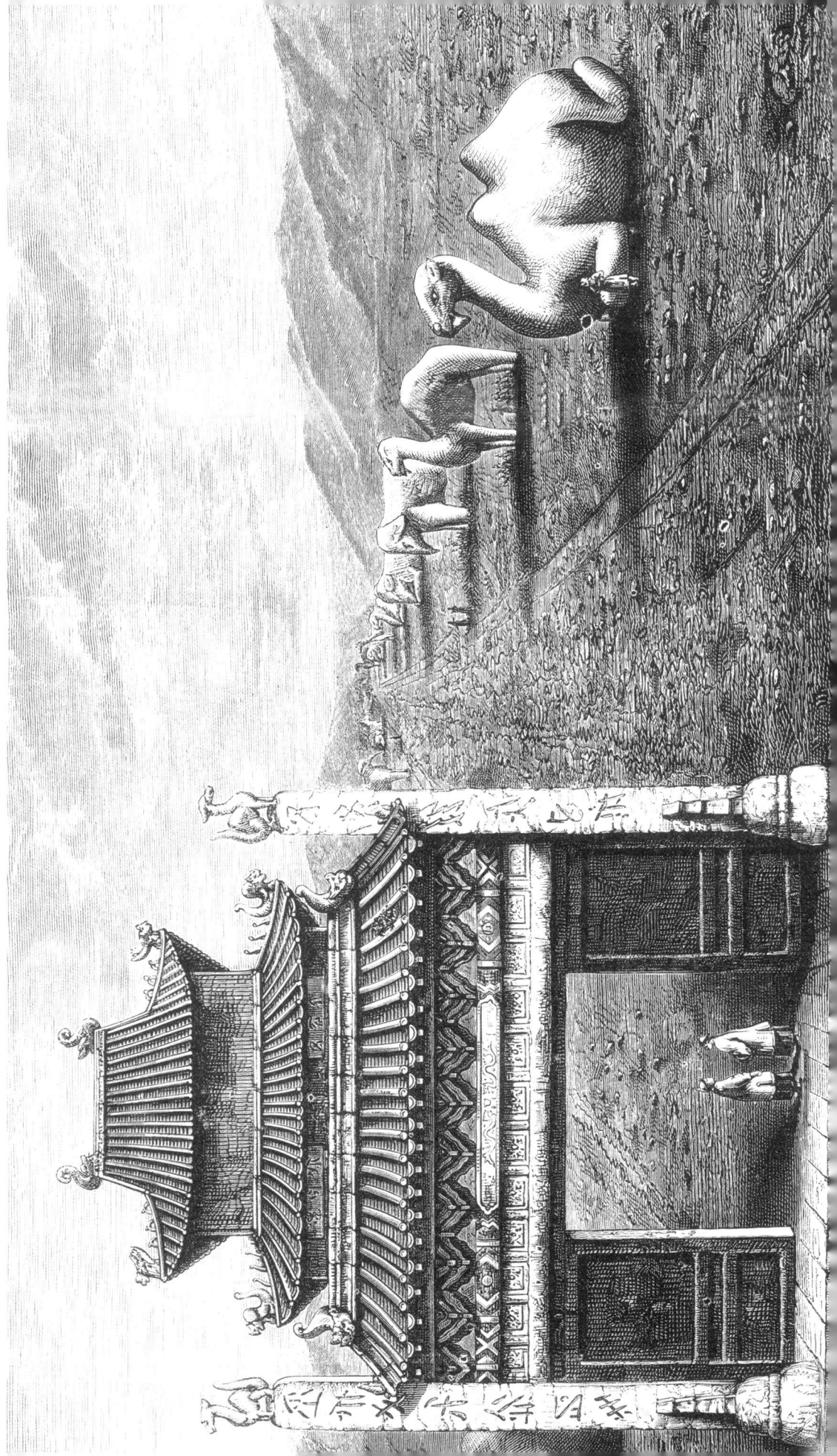

▼ 清朝陵墓前的巨型动物雕像甬道。博尔德绘制。

ENTRÉE DES TOMBEAUX DES EMPEREURS DE LA CHINE. AVENUE DES ANIMAUX GIGANTESQUES. DESSIN DE G. BORDÈSE.

应该承认，同治皇帝是一位值得尊重的皇帝。像唐罗德里戈（Don Rodrigue）那样，他本可以这样说："的确，我很年轻，但是我的灵魂已经不再年轻。价值的大小并不取决于年龄。"他 5 岁便做了皇帝，在清朝，没有人敢质疑他的权威。

16 岁那年，同治娶了正宫皇后，很快又娶了东宫和西宫。东西宫和正宫皇后身份相同，一同参与管理朝政。之后便有人跟我们讲，这几个女人不和，女人不能管理朝政！同治的内阁大臣不仅是他的亲信，还掌管着玉玺。他们甚至还了解皇帝的喜好，把持着后宫，并私底下为他挑选一些女人。

就这样，在叔叔恭亲王辅佐下的年轻的同治皇帝只学会了吃喝玩乐，他很快就去世了。皇帝这次病倒正是在临幸妃子之后发生的。神通广大的李御医这次没办法把病症归结为吃糖衣杏仁或冰栗子不消化了。

那么临幸时到底发生了什么呢？会不会是哪个嫉妒的妃子用几句甜言蜜语就给我们年轻的皇帝下了蒙汗药？正直的恭亲王似乎要彻查此事。尽管嫔妃们有着一双娇小可爱的小脚，但此刻也都穿上了鞋子。不过无论他发现了什么，恭亲王都不大可能大动干戈，他没有那么多时间去处理那些妃子。毕竟在他侄儿死后，江山基本由他接手。在清朝，时刻都有数不尽的事情等着他处理。

接下来，人们以极为简单的方式安葬了皇帝。恭亲王依照惯例做事，也算对得起死去的皇帝了。皇帝的棺木裹着一层红布，被运送到北京西郊的皇陵，通过一条布有巨型动物雕像的甬道最终到达陵墓。在高举旗子的士兵的护送下，众多官员和百姓陪伴着皇帝的灵柩。第一站，恭亲王接见了送行的队伍。他一讲话，人们就开始不断地向死去的皇帝祈祷、致意，直到皇帝被安葬在祖墓里。

葬礼之后，还发生了一个更加可怕的悲剧。由于没能挽救皇帝的性命，李御医太过自责，决定自杀。可能是悲伤过度，他发了疯，竟然选择了清朝最残酷的刑罚来结束自己的生命。

李御医有一个巨大的花瓶，由五百多年前的能工巧匠烧制，其精致程度在当今的清朝难以企及。他在一个艳阳高照的日子里，带着花瓶来到了黄河边，连人带瓶一起走进

▶ 1875 年 1 月 12 日卒于北京的同
治皇帝。梅耶绘制。

L'EMPEREUR TOUNG-CHI. MORT À PÉKIN, LE 12
JANVIER 1875. DESSIN DE H. MEYER.

河里。之后，人们把瓶口堵住，只让他的头浮在水面上；接着，李御医的脸上被涂满了蜂蜜。他就这样在河里待着，饱受太阳的炙烤和蚊虫的叮咬，终于在第四天死去了。北京那些穿着绫罗绸缎的贵族都争相坐着游船来看热闹。李御医也曾是贵族中的一员，然而在他死后，贵族们却将他的死亡当作消遣。

亲爱的读者朋友们，这就是 1 月以来发生在北京的重大事件。

现在该您来判断是恭亲王统治的清朝好还是法国好。在清朝的黄河边，医生会因为自己的无能如此自残；而在巴黎的街头，医生埋葬了自己的病人之后，自我感觉良好！

阿里斯蒂德·罗杰（Aristide Roger）

1877

♦♦♦

JOURNAL DES VOYAGES

旅行画报

1877 年 12 月 9 日
星期日　第 22 期

JOURNAL DES VOYAGES

9 · DÉCEMBRE · 1877

DIMANCHE　N°22

清朝家庭：卖孩子的清朝人

LA FAMILLE EN CHINE-CHINOIS VENDANT SES ENFANTS

▼ 清朝家庭：卖孩子的清朝人

LA FAMILLE EN CHINE-CHINOIS VENDANT SES ENFANTS.

1878

•••

JOURNAL DES VOYAGES

旅行画报
1878 年 1 月 27 日
星期日 第 29 期

JOURNAL DES VOYAGES
27 · JANVIER · 1878
DIMANCHE №29

大烟鬼们的幻梦

LES RÊVES DES FUMEURS D'OPIUM

▼ 大烟鬼们的幻梦

LES RÊVES DES FUMEURS D'OPIUM

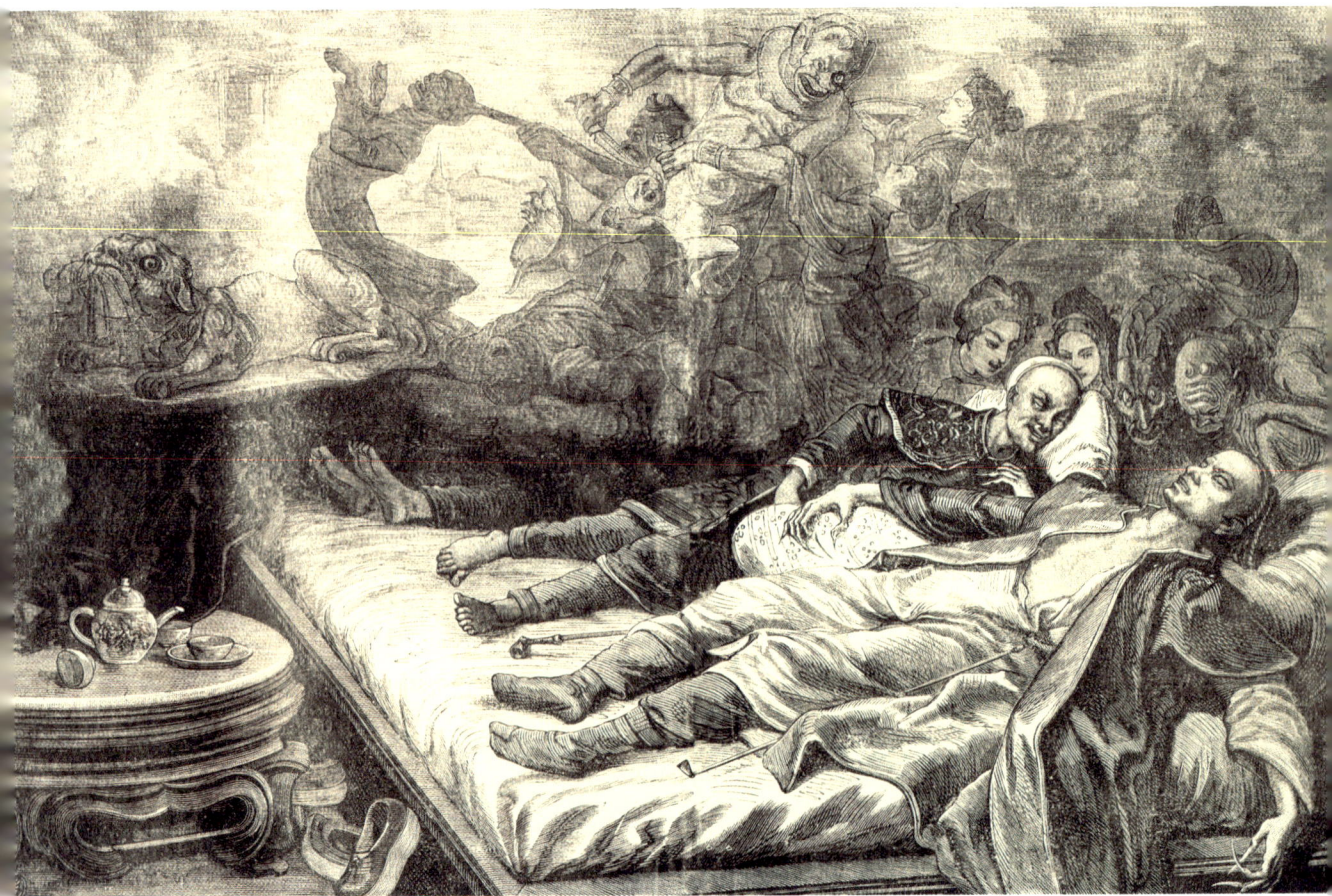

L'UNIVERS ILLUSTRÉ

16·MARS·1878
21ME ANNÉE N°1199

环球画报

1878 年 3 月 16 日
发行第 21 年 第 1199 期

L'UNIVERS ILLUSTRÉ

1878 年世博会

L'EXPOSITION UNIVERSELLE DE 1878

世博会工程即将完工，场馆内大部分的设施已建造完成。我刊计划向读者展示位于战神广场的世博会建筑鸟瞰全景。

世博会将于一个半月之后开幕，届时《环球画报》每周将用几个版面专门描绘此次活动。本期我们先带读者来到战神广场以及特罗卡德罗广场上各国建造的展馆一游。

在左侧的众多展馆之中，中国馆格外引人注目。这一次，清朝一改在过去几届世博会上的做法，不再从巴黎或伦敦的仓库、商店里随便收集几件算得上真品的东西代表清朝参展。这次所有的展品都从清朝直接运送过来。皇帝特意从北京指派了技艺高超的建筑师和工匠来建造中国馆。

看着这些能工巧匠手拿圆规、锯条或是刨子仔细地测量、绘图、校正，快速地建造一座造型优美又典雅精致的宝塔，真是再有趣不过了。中国馆的设计理念借鉴了中国建筑设计中最精巧绝伦的部分。

西蒙·德·翁杰亚（Simon de Vandières）

▲ 1878 年世博会上正在建造中国馆的清朝工人

EXPOSITION UNIVERSELLE DE 1878 —CHINOIS TRAVAILLANT À
LA CONSTRUCTION DE LEUR PAVILLON

1880

♦♦♦

JOURNAL DES VOYAGES

旅行画报
1880 年 1 月 11 日
星期日 第 131 期

JOURNAL DES VOYAGES
11 · JANVIER · 1880
DIMANCHE № 131

加利福尼亚的清朝理发师

LES BARBIERS CHINOIS EN CALIFORNIE

旧金山的清朝理发铺都很简陋。置身其中，人们会以为是在布列塔尼或者普罗旺斯乡下的某个村落里，那儿的理发铺里一般只有一两把椅子、一个剃须盆和几把剃刀，还得自己动手在磨刀石上把剃刀磨快。这些差不多就是理发师的全部行头了。

在旧金山，给清朝人理发和剃须的店铺通常开在地下室。进去的时候要沿着坡道或者石阶下去。在这个有些脏乱的洞穴里，没什么奢华的陈设，跟巴黎、伦敦、纽约或者其他大城市里那些专门为纨绔子弟和贵妇小姐服务的发廊没有丝毫相似之处。这里只有五六个藤条或者木头板凳，还有用来给顾客搭衣服或者晾干湿毛巾的一条拉绳。除此之外，真是别无他物。

白色的石灰墙上，难得地刻着几个汉字，八成是从孔老夫子著作中摘抄出来的名句。更为难得的是，门上有时候会挂着中式门帘或者为了遮掩孔洞而在墙上裱糊的中式墙纸。

理发铺每天拂晓时分开门营业。因为清朝人都希望有一条编得平整光滑、再打上发蜡的辫子和剃得油光水亮的脑门儿。这才是名副其实的中式奢华。清晨，每家理发铺里都人头攒动，理发师会先给顾客们发放号码牌，然后再开始为他们梳洗，其动作之麻利令人眼花缭乱。不过话说回来，加利福尼亚所有的清朝理发师都有这么股灵巧劲儿。

编辫子这门手艺不是那么容易的，但是清朝人在这方面真的是行家，只需几分钟的时间，他们就能把盘在同胞们头顶上那一坨乱糟糟的长发解开，梳理，再重新编好。他们编得如此细致，就好像是在为宁波或者广州的名媛梳洗。辫子编好以后，再用剃刀划拉几下，就把脑门儿也剃得干干净净了。顾客只需用海绵蘸水擦一擦，就可以直接出门

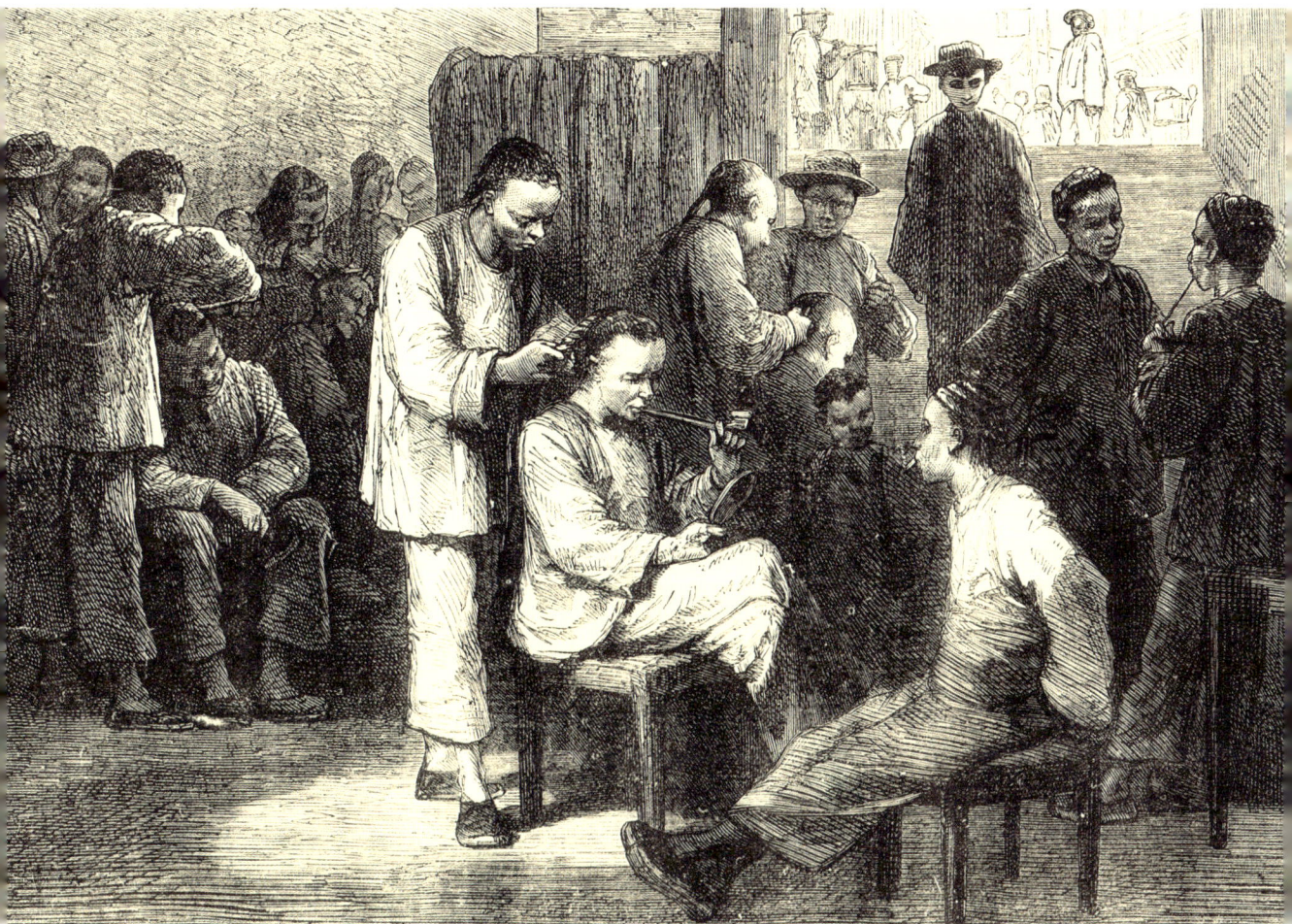

▲ 清朝理发师。顾客们站着排队等号。

LES BARBIERS CHINOIS. LES CLIENTS, DEBOUT,
ATTENDENT LEUR NUMÉRO.

办正事儿了。

"轮到谁了啊？"理发师只需喊一声，旋即开始下一轮的忙活。

顾客们都站着排队等号。他们边等边交谈，有的聊生意，有的聊规划，还有的聊些家长里短的琐事。他们有抽烟袋的，有抽卷烟的，但是没人主动找碴儿或者挑事儿。其实一般情况下清朝人的性格是很温和的，这一点在他们生活的方方面面都有所体现。

剃须和理发的价格一直都是两便士，折合四苏，也就是十个生丁。这相当于法国和美国乡村理发价格的两倍。但这里是黄金之都，什么东西都比别的地方贵一些，也就不觉得这个理发价格有多贵了。刚被开发的时候，加利福尼亚理发的价格曾经一度飙升到一美元，折合五法郎。不过随着文明的进程，服务业的价格大幅走低，其他行业也是这样。这不失为一种进步的表现。

汤姆·海尔（Tom Hyer）

JOURNAL DES VOYAGES

8·FÉVRIER·1880
DIMANCHE N°135

旅行画报

1880 年 2 月 8 日
星期日 第 135 期

JOURNAL DES VOYAGES

天朝上国的葬礼习俗

UNE COUTUME FUNÈBRE DU CÉELESTE EMPIRE

在我们的旅游年报中，清朝的一个习俗值得一提，这就是给死者刮骨。

所有客死异乡的清朝人都必须运回家乡。下葬一年后，人们会挖掘出棺木，取出尸体，刮掉骨骼上一切还未被腐蚀的纤维。身体的所有残骸都被火化，而骨头则被小心地放进棺材里，由船只运回清朝。

在举行葬礼的同时，旁边的观众会点燃用檀香木做的火炬，并且燃放色彩夺目的烟花。葬礼上也有人静静地吸着烟斗，看着曾经熟悉的死者现在已经不再是生前的模样，找机会与旁边的人开上一两句死者的玩笑。

宁付（Ning Fo）

▲旧金山清朝人的葬礼习俗

UNE COUTUME FUNÈBRE DES
CHINOIS À SAN-FRANCISCO

JOURNAL DES VOYAGES

15·FÉVRIER·1880
DIMANCHE N°136

旅行画报

1880 年 2 月 15 日
星期日 第 136 期

JOURNAL DES VOYAGES

旧金山的清朝戏院

UN THÉATRE CHINOIS À SAN-FRANCISCO

众所周知，居住在旧金山的清朝人数量相当庞大，估计在整个加利福尼亚，约有15 万华裔居民。在当地他们手艺最佳、最为勤劳，工作之余也最懂得享乐。

走出杜邦街，就是旧金山的唐人街了。街道狭窄而绵长，连两个人并行都很困难。因为没有点灯，所以整条过道显得昏暗又局促。往远处望去，隐隐约约能够看到某户人家中发出微弱的灯光，也许是正在卧床的病人，还有可能是正在吸食鸦片的瘾君子。就在这条狭窄的巷子里，影影绰绰地可见几名清朝人。他们一言不发，悄声无息地走向杰克逊街。或许是鞋底带毡垫儿的缘故，他们走起路来一点儿声音都没有。他们就这样一路走进了热闹的皇家戏院。

剧场的门廊就像马路那么窄，但是灯火通明。进门的右手边是商品柜台，出售面包、椰肉、糖果、果酱、冰镇西瓜等，生意相当不错。这家皇家戏院的名号听起来很响亮，其实只是一个微型剧场，墙上没有张贴海报，四周也没什么装饰品，只有一些摆放得很整齐的板凳，感觉就像学校的课堂，大家都自己找位子就座。舞台上没有帷幕，也没有任何布景。将一左一右两扇竹门用布帘稍作装饰，就可以充当帷幕使用。舞台最里面靠墙处是乐队的位置。其中一到两位弹六弦琴，一位敲击铙钹，只见他双手对击铜质钹片，任凭其发出震耳欲聋的声音而不为所动。除此之外还有两到三位笛子演奏者，最后是像热锅上的蚂蚁一样东奔西跑的敲锣人。

此时，好戏马上开演。这应该是一名吸食鸦片的瘾君子在极度兴奋的状态下创作的

▲ 清朝戏院。在这些令人颇为费解的情节中，祈祷占据了相当重要的分量。

UN THÉATRE CHINOIS. LA PRIÈRE JOUE UN GRAND RÔLE DANS CES SCÈNES INCOMPRÉHENSIBLES.

哑剧。演员们脸上有的涂抹着油彩，有的戴着面具，身穿尚显华丽的旧衣服，他们厮打、争吵、倒下、重新站起来、走出去、又进来，如此反复。最后会有一个人出来解释上演剧目的内容。

在这些令人颇为费解的情节中，祈祷占据了相当重要的分量。在我们向读者朋友展示的画面中，有一名女子（其实是由男演员扮演的）身穿宽大的白袍子，跪倒在地，面对祭台上方摆放的两尊小小的塑像，念念有词地祈祷着。塑像后面还烧着三炷香。还有一名站立着的演员，扮演戏中另一名女性角色。男主角终于登场了，他手持鲜花，准备向心爱的人表明心迹，期望赢得她的芳心。观众们都静静地观看演出。在这一点上，这些半开化的清朝人为欧洲人做出了良好的行为示范。有时候欧洲观众在观看演出时弄出的动静都盖过了演员的声音。

除了严肃的正剧，清朝戏院里还经常上演杂技或者魔术，总之五花八门。清朝人对此非常满足，他们觉得有这些就够了。剧场里，不管是乐队的位置，还是正厅后排的观众席，甚至连舞台上都挤满了人。女士一般在楼厅就座，她们的着装有些古怪，五颜六色的，在灯光的映照下就像万花筒一样绚丽多彩。

想一探究竟的欧洲观众还可以进入后台参观。这一点并不像在法国或英国剧院那么困难。这样他们就能够近距离的深入了解华人演员的习惯，其实他们还是具有一定魅力的。

桌子上面摆放着茶水、点心、酒、切成片的烤乳猪，以供休息的演员轮番食用。要说我们正身处戏院还真是有点儿令人难以置信，其实这里更像一家饭馆儿。

奈德（Ned）

L'UNIVERS ILLUSTRÉ

环球画报

1880 年 5 月 22 日
发行第 23 年 第 1313 期

L'UNIVERS ILLUSTRÉ

22 · MAI · 1880
23ME ANNÉE N°1313

北京街头的一道赦令

UN ÉDIT IMPÉRIAL À PÉKIN

　　这张版画带我们了解了清朝皇城的一个场景。

　　在专门用来发布诏令的一个屋檐下刚刚张贴了一道赦令，百姓们都聚集过来瞧瞧天子的旨意。这就如同在巴黎街头，一旦张贴了总统的讯息或是内阁首相的主题演讲，路人也会停下来看看热闹。但是在北京，这些赦令一般不涉及政治。赦令有可能是关于清朝人移居加利福尼亚、征兵或者募集新税的政令。图上人们脸色阴沉、眉头紧皱，我们更倾向于最后一种。

布吕内（A. Brunet）

JOURNAL DES VOYAGES

旅行画报

1880 年 6 月 20 日
星期日 第 154 期

JOURNAL DES VOYAGES

20·JUIN·1880
DIMANCHE №154

三名罪犯

LES TROIS COUPABLES

往返于广州和旧金山之间的蒸汽船通常运载乘客和货物。以前，很多清朝的劳工坐船出国淘金，当然现在还有。清朝人吃苦耐劳，什么工作都能做。不过他们也总是惹是生非，对于不甚了解的权威，随时准备奋起反抗。在广州、南京或者其他城市，外国人从未主动寻求控制权，有时候只是为了保险起见或者至少能够维持现状。

在淘金热兴起之初，清朝人便蜂拥而至。他们渴望找到金子后返回清朝，过上理想、惬意的生活。他们什么工作都做，比如咖啡馆服务生、佣人、搬运工、理发师、门童、渔夫等，有的人种植蔬菜水果，还有的人从事戏剧艺术或者经营剧院。除了极少数特例以外，几乎所有人都发迹了。在旧金山，有些富人是在首府发家致富之后搬到这里的，他们无论如何都不愿意在美国度过余生。

我们前面提到过，劳工都不太守纪律，这事儿千真万确。几个月以前，一艘来自旧金山的"动菲"号（Dampher）商船驶离广州，前往加利福尼亚。船上除了满载茶叶和其他商品之外，还有 150 名劳工。旅程一开始就遭遇了困境，船长不得不让甲板舱的乘客和水手们一起干活儿。这时候，劳工们就滋生了不满情绪，后来发展到密谋生事。在其中三名劳工的怂恿下，他们决定谋杀全体船员，夺取船只后做海盗营生。对这三人处以绞刑都毫不为过。

1879 年 7 月的一个早晨，一名水手正在休息，他的铺位与清朝乘客住的甲板舱只有一墙之隔，而且墙体轻薄。虽然当时气温很高，这些清朝人却都待在密闭的舱内。水手略懂中文，听到他们正在商量动手时间和详细步骤。

▲ 三名罪犯被带到船长面前

LES TROIS COUPABLES. ON LES MENA
EN PRÉSENCE DU CAPITAINE.

他们的计划是这样的：在第二天中午换岗的时候，等船长及大副去午休后，他们就一拥而上，先制服甲板上的船员，然后关闭所有舱门，再将所有人杀害，最终船上只留下他们自己的人。幸好船长及时收到消息，采取了相应措施。早上十点，他以谈话为由下令将那三名始作俑者带到甲板上。他们刚一来就被绑住双手，带到船长及大副面前。

根据水手的证词，他们为此次暴动所做的准备终于大白天下。面对这群卑鄙小人，船长直截了当地说道："我很清楚你们的来历。你们以前就干海盗的营生，这次是打算重操旧业，继续干杀人越货的勾当。你们就承认了吧。"其中两人一言不发，一副不为所动的样子。不过另外一个人已经开始求饶，将他们密谋之事全部交代清楚了。船长因此饶了他一命。至于其他两人，均被吊在后桅帆的横桁上，当着所有劳工和船员的面处以绞刑。

这种处置方式足以让"动菲"号恢复平静，最终安全地到达了旧金山港口。

埃舍（B. Asher）

LA MÉDECINE POPULAIRE

14 · OCTOBRE · 1880
JEUDI N°4

大众医学

1880 年 10 月 14 日
星期四 第 4 期

LA MÉDECINE POPULAIRE

公元前三千年，中国医生福海因为解剖女儿尸身而被施以火刑 [1]

FO-HI, MÉDECIN CHINOIS, BRULÉ TROIS MILLE ANS AVANT NOTRE ÈRE,
POUR AVOIR DISSÉQUÉ LE CADAVRE DE SA FILLE.

公元前三千年，中国医生福海因为解剖女儿尸身而被施以火刑。

FO-HI, MÉDECIN CHINOIS, BRULÉ TROIS MILLE ANS AVANT NOTRE ÈRE, POUR AVOIR DISSÉQUÉLE CADAVRE DE SA FILLE.

[1] 与史实不符。——译者注

JOURNAL DES VOYAGES

旅行画报
1880 年 11 月 7 日
星期日 第 174 期

JOURNAL DES VOYAGES
7 · NOVEMBRE · 1880
DIMANCHE №174

上海跑马比赛的回程路

LE RETOUR DES COURSES À SHANG-HAI

　　这幅画源自对清朝习俗风尚的实地考察，读者朋友们应该会对这一题材感兴趣。刚看到这个题目时，大家可能会觉得有点儿惊讶。我们还需要逐渐习惯，现在的清朝已经像伦敦、尚蒂伊和巴黎一样，拥有了类似德比马赛、圣莱杰赛和凯旋门大奖赛等赛事。

　　这事儿千真万确。它也许不会发生在整个清朝，但至少在上海是真实存在的。上海是清朝国际化程度最高的城市，有数千名法国人、英国人和美国人长期在此居住。仅在位于市郊的法国租界，居民就多达 4.5 万人，其中包括工业发展所必需的本地人口。英美租界比法国租界还要大，同时也是上海跑马比赛的举办地。这项赛事吸引了大批观众，其中大部分人都是抱着猎奇的心理。毕竟在这儿赛马还属于新兴事物，极具吸引力。

　　虽然参赛者基本上都是外国人，但是这并不影响清朝人对赛马抱有极大的热情，他们的兴奋程度与巴黎人相比有过之而无不及。参赛的马匹和骑师均来自英国、美国以及法国。不过在比赛中，几张清朝面孔掺杂其中，他们看起来并不出众，但是非常享受这项运动带来的快乐。跑马比赛中最热烈的场景莫过于回程。骑师们坐在马背上，列队穿越城区狭窄的街道。在我们看来，这有点儿像狂欢节时的游行队伍，不过清朝人似乎觉得这场面别具一格。

上海跑马比赛的回程路 | LE RETOUR DES COURSES À SHANG-HAI

　　与文字相比，插图更能直观地表现队列所到之处熙熙攘攘的场景。无论是轿子、手推车还是四轮敞篷马车，所有交通工具都挤成一堆。画面中有一辆手推车很特别，只在中间有一个大轮子，轮子两边的架子上各坐了一名漂亮的清朝姑娘。在一名劳工的推动下，这辆独轮手推车灵活穿梭于人群中。不远处有一名水手懒洋洋地坐在轿子里，两个清朝人一前一后抬着他，颇为有趣。

　　街道上还有流动商贩、坐在自家阳台上看热闹的人以及大街上摩肩接踵的行人。画面上展示了上海形形色色的居民，既真实又趣味十足。

1882

•••

| L'UNIVERS ILLUSTRÉ | 环球画报
1882 年 5 月 27 日
发行第 25 年 第 1418 期 | L'UNIVERS ILLUSTRÉ
27·MAI·1882
25ME ANNÉE N°1418 |

香港的一条街道

UNE RUE À HONG-KONG

香港的地理位置非常优越。尽管清朝人一直在不断地驱赶外国人，但是香港的特殊地形可以帮助外国人免遭清朝人的突然袭击。大量的欧洲人混迹于本地人之中。从图画中我们可以看出，香港的街道修建得十分别致。虽然街道上的房屋看起来都很破旧，但许多店铺饰有木雕，显得很华丽。带有绿色或蓝色穹顶的寺庙规模宏大、装饰华丽，在市郊众多破烂的小窝棚面前显得与众不同。远处，白色的维多利亚塔矗立在山上。

弗兰克

香港的一条街道 | UNE RUE À HONG-KONG

JOURNAL DES VOYAGES

18·JUIN·1882
DIMANCHE N°258

旅行画报

1882 年 6 月 18 日
星期日 第 258 期

JOURNAL DES VOYAGES

英国探险家马嘉理在清朝西南地区遇难

L'EXPLORATEUR ANGLAIS MARGAY TUÉ DANS LE SUD-OUEST DE LA CHINE

当德拉格赖（Douard de Lagrée）少校和让·杜步依（Jean Dupuis）先生分别沿湄公河和红河进入云南省和西南地区时，英国人也没有闲着。英国也组织了一支探险队沿着伊洛瓦底江[1]考察，希望沿这条水道开辟一条通往清朝的道路，并且论证是否可以穿越清缅边境的山脉修建一条铁路。这支探险队由英国领事马嘉理带队，从清朝出发奔赴缅甸。探险队的结局很悲惨。马嘉理和他的几个随从落入了清朝士兵布置的陷阱当中，被杀害了。

随后，缅甸的曼德勒（Mandalay）询问缅甸国王，是否参与了这场将英国探险队置于死地的阴谋当中。此时，这支不幸的探险队的前指挥官柏朗（Browne）上校在取得了英国驻清朝公使威妥玛的同意后前往上海，以调查这起事件的起因，并向清朝政府索要赔偿。

对于这起不幸事件的具体细节，世界各大报纸已经进行了很多报道，我们不再做过多描述。我们借用马嘉理留给英国驻华领事馆的日记中的几段文字，让读者了解这支探险队，了解柏朗和马嘉理以及这些勇敢的队员所遭遇到的那些不为人们所知的秘闻。马嘉理的日记记录了所有让他触目惊心的经历，以及他从汉口一路沿长江到达清朝南部边境及缅甸的所见所闻。这些文字为我们了解他们途经省份的现状以及边远地区与中央政府的关系，提供了非常有价值的情报。

不过由于马嘉理是根据接到的指示而撰写日记，里面涉及的信息偏重于官方。不幸的是，这些日记并没有完整保留下来，人们只掌握了他到达大理府之前的部分。而且可能由于马嘉理先生的健康状况不断恶化，在这仅存的文件中还有许多空白。我们相信他在遇害时还随身携带着剩余的日记，而这部分日记已经落入了凶手手中。无论如何，在

---

[1] 亚洲中南半岛的大河之一，也是缅甸的第一大河。——译者注

英国政府的坚持下，这份重要的文件最终得以公开发表。

当时这位年轻的探险家作为使馆随员，于 1874 年 9 月 4 日从汉口出发，沿长江逆流而上。汉口一直是清朝唯一允许外国人进入的内陆港口。马嘉理先生与他的随从穿越了清朝南方的大片土地，一路向西南，跨越了大约 1350 公里的距离，最终到达了靠近清缅边境的大理府。此次行程耗时四个月，他们从酷热的夏季一直走到了严寒的冬季，直到 12 月中旬才到达。

众所周知，船是清朝南方的主要交通工具。因此拥有一条合适的船非常重要。于是，马嘉理在贵州的第一要务就是请一位有经验的船工给他和他的随从驾船。马嘉理先生有四名随从：一名秘书、一名官方通信员、一名仆人和一名厨师。最后，只有这名厨师幸免于难，我们也是通过他的讲述才得知了凶杀的细节。

第三天，马嘉理先生第一次体会到了当地民众对欧洲人的看法。当时是在白州（Païchou），那儿停靠着许许多多的平底帆船。他说道：

"当我经过这些平底帆船的时候，最激烈的骚乱就爆发了。我当时已经下了船，正徒步走着。一大群人聚集在一起，跟着我至少走了 0.5 英里。最终，我不得不回到了自己的船上。

这种处境让我们很不悦。这些人围着我边跳边叫边笑，仿佛这样做他们会非常开心。说实话，我对这种玩笑一点都不感兴趣，更别提我的随从了。这些让我们不得安宁的人是一些被雇佣的内河船员。他们很难对付，经常惹是生非，挑战官府的权威，当他们聚集在一起的时候，总会让当地政府提心吊胆。"

9 月 12 日，马嘉理受到了娄山（Loshan）百姓类似的接待。当地政府只派了一个不起眼的军官来迎接他。他不过是个旗手，这种等级的官员在清朝是不受尊重的。当人们向他致意的时候，这位官员表现得非常客气。他派了两个士兵把马嘉理和他的随从护送到船上并予以保护。不过他们还是费了九牛二虎之力才把聚集在周围兴奋过度的民众疏散开，清理出去衙门的路。他解释说："由于台湾岛的战争一触即发，现场有一大批准备前往台湾岛的士兵，所以当时很混乱。"

29 日，马嘉理先生所处的境地似乎更加危险了。这种危险主要来自行政官员对于总督传达的指令漠不关心。马嘉理先生讲述道："当我们到达了要过夜的地方时，我非常惊奇地看到一只极其普通的小船靠了岸。两个脸色阴郁的壮汉从船上下来，他们的手中拿着官员庹元（Tuo-yuan）的证件。这位官员派他们来保护我，并把我护送到下一座城市，也是某行政官员的驻地。总督的命令是强制性的，但行政官员还是尽可能地规避。在清朝没有什么事情是完全照办的。官员们首先想的是如何把自己的钱袋装满。和我打交道的这位官员就是这么应付了事。他给我们派的护卫就是一对脏兮兮的厨房小学徒以及一群衙门里的穷人。他还以为我们这些外国人会对他的欺骗手段一无所知。"

第二天，又发生了一件令人沮丧的事情，沿途一直护送马嘉理先生并应该护送他到达下一个省府的高级尉官回到他的家乡了。就是在第一次遇到急流的那个地方，他乘坐小艇无情地抛弃了本该完成的护送任务，把工作丢给了另外两个人。不过总的来说，这位尉官的离开一点也不值得惋惜，因为他一直在抽鸦片。

10月1日，马嘉理先生写道，十天来天气都不太好，很不利于健康。他开始发烧并伴随着腹泻，他的身体变得极度虚弱，不过他还撑得住。第二天，船队越过了最危险的急流。

10月5日，探险队经过了一所城市。由于太平军曾经在这里出没，所以这座城市还留有抢劫的痕迹。在那里，百姓们对他们一顿叫骂、讥讽、侮辱，粗暴地对待他们。一直在小艇上护送马嘉理先生的专区区长也没能使民众停止吵闹，而士兵们也实在害怕聚众的人群。几天之后，探险队一行为购买食物犯了难。从这以后，这一问题一直困扰着整个旅程。当马嘉理与随从以及行政官员派来的四个人一同到达镇远府（Chen-yuen-fou）时，应他的要求，马嘉理徒步走到了不远处的旅店。

他说："在我周围迅速聚集了一伙人。他们大都是士兵，试图和我一起进入旅店，但还是被锁在了门外。但是门锁根本不牢固，需要衙门的这四个人使出全身力气来抵住门不被打开。待在门后的人们根本不愿意让我们把行李拿进来，我不得不要求当地官员予以保护。"

"这位官员的行为很粗鲁，他转过头去坐了下来。我只需看一眼就明白，他是最下等的官员。我刚刚用平静客气的措辞开始抱怨，他就大笑起来，为百姓们辩护。我马上就显露出生气的神情，让他明白这没什么可笑的。而且他身为官员，理应驱除百姓们，给我提供一个安静的住处。接着，我向他出示了我的护照和总理衙门给总督的信。他的态度立刻改变了，命令他的手下看管旅店，并且叫来一顶轿子，让我坐轿返回旅店。但是民众咄咄逼人，数量众多，衙门差役一直处于下风。结果，我们不得不在愤怒的百姓围攻下一路溃逃回来。""人们试图掀翻轿子。有人企图把脑袋伸进来侮辱我，却撞碎了鼻子。"

11月6日，马嘉理先生到了贵州的总督府，受到了少有的礼遇。总督是一位精明睿智的老人。一直到11月23日前，探险队一行都受到了极大的优待。但是在普安州（Chan-i-chou），马嘉理先生却遭到了官员的无理对待，对方只给他派遣了一个最下等的人作护卫。

11月27日，探险队到达了云南，受到了当地官员的热情招待，甚至连总督大人也亲自表示欢迎。马嘉理有了干净便利的住房以及丰盛的食物。总督委派两位官员一路护送马嘉理到达大理府。

12月3日，探险队到达了安宁府（An-ning-fou），也受到了很好的接待。12月11日，在行程接近尾声的时候，马嘉理还提到了官员姚周（Yao-chou）的热情招待。这位长官还派遣他的随从在60英里外的地方提前守候，为探险队补给所需。

如同我们看到的那样，这些日记虽然不是很完整，但还是让我们对清朝人如何看待外国人的问题有了一些认识。我们相信让《旅行画报》的读者们了解这起事件的细节是有益的。我们已经提到过，马嘉理先生落入了陷阱。虽然案发之后，英国政府派人介入调查，处死了几个可怜的清朝人，但是没有证据显示真正的凶手已经得到了应有的惩罚。

每个国家都会有殉难的探险者，英国遇难的探险者不在少数。虽然我们格外关注那些遇难的法国探险者，但是我们对那些不顾生命危险前去探索欧洲以外世界的人们始终怀有钦佩之情。无论他们是哪国人，都值得我们尊敬。

朱尔斯·格罗斯（Jules Gros）

1883 ✦✦✦

L'UNIVERS ILLUSTRÉ

环球画报

1883 年 3 月 10 日
发行第 26 年 第 1459 期

L'UNIVERS ILLUSTRÉ

10 · MARS · 1883
26ME ANNÉE N°1459

清朝南方一游

UNE EXCURSION DANS LE SUD DE LA CHINE

　　1 号和 2 号素描是在珠江山兴峡（Shan-hing-hap）绘制的。它雄伟奇特的美景赢得了两广居民的赞誉，在欧洲也被视为旅游胜地。峡口处景色宜人。一块块巨大的岩石错落有致，水道变窄，江面只有正常情况下的六分之一宽，江水流速加快，但依然很平坦。在这些陡峭的石壁之上很难发现树的踪影。一块造型奇特的石头夹在两峰之间，像是一个女子的半身像，有人把她称作望夫崖。还有一篇很有名的文章也提到了这个地方。

▶珠江江上一游
1. 山兴峡和望夫崖
2. 望夫崖近景
3. 从大荒看到的白石山
4. 从 30 公里以外的地方看到的白石山
5. 拂晓时从旺角看到的景色
6. 翠盼湖附近的"石化的丈夫"
7. "针"，靠近桂元的悬岩

CHINE. UNE EXCURSION SUR LA RIVIÈRE DE CANTON.
1. LA GORGE DE SHAN-HING, ET«LA FEMME QUI ATTEND». –2. VUE AGRANDIE DE «LA FEMME QUI ATTEND». –3. VUE DE PAK-SHIK-SHAN, OU «MONTAGNE DE PIERRE BLANCHE», PRISE DE TAI-WONG. –4. AUTRE VUE DU PAK-SHIK-SHAN, PRISE À UNE DISTANCE DE TRENTE KILOMÈTRES ENVIRON. –5. VUE PRISE DE MONG-KONG, AU PETIT JOUR. –6. «L'HOMME PÉTRIFIÉ», PRÈS DE TSUN-PAN-HU. –7. «LES AIGUILLES», ROCHERS ISOLÉS, PRÈS DE KWEI-YUEN.

几百年前有一个很贫穷的女子，她的丈夫独自出发去了广西，答应三年后回来。广西离当地并不是很遥远，但在当时被看作是很危险的地方。时光荏苒，等待的日子漫长又苦涩，女子对丈夫仍满怀爱意。可是这个负心汉却忘了自己的妻子，投入了广西一个美人的怀抱。妻子在绝望之际，求助于当地的巫婆。巫婆无法让她的丈夫回心转意，便把他变成了一块巨石。这就是我们在 6 号素描中看到的叫作"石化的丈夫"的岩石。妻子也追随丈夫变成了石像。后来他们又复活了，从此过上了甜蜜幸福的日子。

3 号和 4 号素描描绘了从西边、东边两个角度以及不同的距离观看到的"白石山"（Pak-shik-shan）。这座山离广州大约 500 公里远。读者可以通过图画看出，这条江两岸景色十分秀美，平原景色丰富多变，时而似入无人之地，时而又点缀着城垣，城郭之外是广阔的农田和零星的村庄。

布里翁（R. Bryon）

L'UNIVERS ILLUSTRÉ

5 · MAI · 1883
26ME ANNÉE N°1467

环球画报

1883 年 5 月 5 日
发行第 26 年 第 1467 期

L'UNIVERS ILLUSTRÉ

清朝的生活

LA VIE EN CHINE

　　"骡驮轿"是当下清朝人尤其是清朝妇女穿行山区最常用的交通工具。

　　轿子主要由安装在两根杠上可移动的座椅构成，由套在轿子前后的两匹骡子或两匹马抬着这两根杠子。轿厢里可以坐两个人，装一些旅途必需的行李。这种轿子至少需要一个车夫在崎岖不平的山间小路上指挥骡马前行。而这些小道往往是越过北京周边大山的必经之路。

L'UNIVERS ILLUSTRÉ

29 · SEPTEMBRE · 1883
26ME ANNÉE N°1488

环球画报

1883 年 9 月 29 日
发行第 26 年 第 1488 期

L'UNIVERS ILLUSTRÉ

清朝的作战准备

LES PRÉPARATIFS MILITAIRES EN CHINE

"北部湾事件"刚一开始,我们就已经向读者展示了"清朝的俾斯麦"李鸿章的肖像。他在当前发生的各个事件中都展现了巨大的影响力。今天我们展示的图片和肖像也有很高的价值。

左宗棠是个 70 多岁的老头儿,是清朝军队的统帅、两江总督。上海自然也在他的管辖范围内。和李鸿章不同,他奉行极端保守思想,对外国人十分不友好,也不尊重外国人的习俗。正是因为这种根深蒂固的保守思想,他十分反对使用电灯和有轨电车。

唐廷枢被视为李鸿章的左膀右臂。此人眼光独到,思想开放。他完全支持在清朝修建铁路,对一切有利于"天朝上国"发展工商业的创新举措都坚决拥护。在 7 月份伦敦举行的一场反鸦片的大会上,他慷慨激昂地发表了一场演讲,严厉控诉了纵容鸦片贸易带来的毁灭性危害。

"绿头巾"(Turbans verts)是一支由外国军官组建的部队。这支精英部队基本由英勇的戈登部队的剩余人员组成。据提供这组素描原型照片的通讯员讲,图中的这些士兵只是这支训练有素的部队的一个缩影,整支部队有几万名士兵组成。由外国军官指挥,这些士兵可以发挥很大的作用,可一旦换成清朝军官指挥,这支部队还能发挥多大的作用就值得怀疑了。

▲ 北圻边境清军总指挥李鸿章

LI HONG-TCHANG-COMMANDANT DES TROUPES CHINOISES DANS LES PROVINCES LIMITROPHES DU TONKIN

▲ 清朝驻巴黎及伦敦公使曾纪泽侯爵

LE MARQUIS TSENG-MINISTRE PLÉNIPOTENTIAIRE DE CHINE À PARIS ET À LONDRES

◀清朝军队的统帅左宗棠[1]

TSO-TSUNG-TANG, COMMANDANT
EN CHEF DES TROUPES CHINOISES

◀ 李鸿章总督的秘书、清廷要员唐
廷枢

TONG-KING-SING, MANDARIN DE PREMIERE
CLASSE, SECRETAIRE DU VICE-ROI LI-HUNG-
CHANG

[1] 此人是李善兰。——译者注

▲ 外国军官组建的绿头巾部队的炮
兵连

BATTERIE DE CAMPAGNE DES TURBANS
VERTS (TROUPES DRESSES PAR DES OFFICIERS
ETRANGERS)

L'ILLUST RATION

画刊	**L'ILLUSTRATION**
1883 年 10 月 13 日 星期六 第 2120 期	13·OCTOBRE·1883 SAMEDI N°2120

当代清朝： 广州的卧佛

LA CHINE CONTEMPORAINE: LE BOUDDHA COUCHÉ À CANTON

光孝寺始建于 397 年晋安帝统治时期，在当时深受皇室青睐，是广东地区历史最悠久的佛寺。

光孝寺内庭院开阔，园林遍布，房屋众多。甫进山门，便为其庄严肃穆的建筑风格震撼不已。前庭极其宽敞，四周回廊环绕，廊顶为雕花木质结构，廊柱采用整块巨石加工而成。大雄宝殿正对前庭，屋檐斗拱层层延伸，使屋顶跨度增大，翼角檐口曲线玲珑，为典型的中式重檐顶结构。大殿前方平台宽阔敞亮，拐角处两座花岗岩石塔耸立两侧。

走进大殿，三座巨型金身佛像映入眼帘，高度直逼屋顶。位于中间的是释迦牟尼佛；左边的是阿弥陀佛，即无量寿佛；右边的是弥勒佛。三尊佛陀均为传统盘坐姿势，四大护法分立两侧，他们身着战袍，面相凶恶，手持长矛和宝塔，日本人称其为毗沙门天王。

寺中每座殿内都供奉着不同的神灵，如果要一一介绍，需要很大的篇幅，还是直奔主题吧。这座塔楼由木头和石板瓦混合搭建而成，主要的色彩基调为红色和金色，塔底一层即是传说中备受推崇的卧佛像。

佛像大小适宜，木质包金，有种印度佛像的美感。中国从未出现过卧佛的形象，但是在印度所有的佛寺里，坐佛、卧佛和立佛，各种形象都有。这尊佛像应该是在中世纪经由缅甸传入中国的。卧佛横躺在有床帘遮挡的榻上，身上盖的棉被连同绗缝的色彩都很丰富。我们还可以看到放置在凹室深处的镶嵌宝石的布艺头冠。

塔楼里面空间不大，虽然有女人们进进出出，但是并无喧闹之感。可能人们都觉得佛陀确实在忍受着病痛的折磨，大家说话声音都很小，就像真的身处一位病人的房间。

广州的卧佛。费利克斯·何
伽梅根据真实场景绘制。

LA CHINE CONTEMPORAINE: LE
BOUDDHA COUCHÉ À CANTON. DESSIN
D'APRÈS NATURE, PAR FÉLIX RÉGAMEY.

供桌上有香案，以供人们焚香及敬茶。这位身体抱恙的佛陀肩负着治病救人的使命。

来此求佛的主要是没有生育的女人。她们会带回家一条佛陀榻上棉被的纩缝，并在一个晚上或者多个晚上将它放在床上，以期许获得子嗣。这种行为看似冒犯了神灵，但是在清朝，人们恰恰就是用这种方式表达对神灵的虔诚。

这位佛陀还能够预测吉凶。如果有事情想要请示佛陀，需要借助一种工具，叫作筊杯。这是一种梨形木制品，从中部一分为二，使用时将两片同时抛向空中。如果其中一片是平面向上，另一片是圆面向上，说明佛陀对于所求之事给予了肯定的答复；如果两片都是圆面向上，说明佛陀对于所求之事给予了否定的答复；如果两片都是平面向上，说明佛陀对于所求之事不愿给予明示。

我们刚刚收到消息，光孝寺已经不复存在了。因为有些人认为他们的妻子花了太多时间去那里祈祷，所以在最近发生的一场暴动中趁乱将其付之一炬。广州不愧为骚乱之城，最近发生的一系列事件再次证明了这个事实。

广州的轻罪刑讯。四千年前，中国的舜帝制定了一系列法律条款用于惩罚罪犯，一直沿用至今。当时他削弱了刑罚的残酷程度，对于一些比较轻微的犯罪，采取相对温和的刑罚来代替原来的酷刑。他的这种做法不失为一种人道主义的伟大表率。

这些合法的刑罚包括以下十种：一、枷刑。二、杖刑，包括两种方式，一种是杖击脸颊，另一种是杖击背部。杖击脸颊使用的刑具开始是一种皮质棒槌，后来人们发现另外一种木质棒槌效果更好，可以根据需要把下颌骨敲碎。所以在中国的公堂上，木质棒槌用得更多一些。杖击背部使用的刑具本来是竹条，但是后来有人发现，某些行刑者收受贿赂，看似下手很重，实际上刑具只是轻轻地落在受刑人身上，有失公正，于是就采用劈成两半儿的板条。如此一来，人们就可以根据击打发出的不同声音来判断击打的力度。三、拶刑，将受刑人的手指放入拶子中间，在两边用力收紧绳子。四、夹棍刑，以四根长木棍作为杠杆，只要稍微拉近木棍之间的距离，即可将受刑人的脚踝骨压断。为了让木棍直立在半空中，方便行刑者操作，受刑人还被迫采取跪姿。五、监禁。六、斩首。七、绞刑。八、流放境外。九、流放三千里。十、流放一千里，刑期三年。

至于那些非法的刑罚，就不计其数了，不但每个省各不相同，而且会根据审判官的个人风格和行刑者的想象力而有所变化。

本文所配插图中展示的是广州某公堂的杖刑现场。当时被告已经被木质棒槌杖击脸部多次，后来又挨了三十下响棍。他受刑的时候叫得很惨，却什么也没招，最终被押送回了囚室。

公堂看上去就像仓库，前面有个庭院，四周都是花园。开着黄花的树上落满了叽叽喳喳的麻雀，时不时地突然展翅飞向湛蓝的天空。旁边的花园里，一只公鸡正在打鸣儿。在恐怖的刑讯之余，自然馈赠了这般良辰美景。

爱米尔·吉美（Emile Guimet）

L'ILLUSTRATION

27 · OCTOBRE · 1883
SAMEDI Nº2122

画刊

1883 年 10 月 27 日
星期六 第 2122 期

L'ILLUST RATION

当代清朝（续）：一个清朝炮兵连

LA CHINE CONTEMPORAINE (SUITE): UNE BATTERIE D'ARTILLERIE CHINOISE

这其实是一支由欧洲军官指挥、配备最新型步枪的欧式炮兵连。是否就此可以认定清朝正在进行军事改革，用我们的武器来武装军队，用我们的训练方法来整合兵力？这是一个明显的改革信号，还是某位军事将领、高官或者总督一时的心血来潮？

虽然我们最有威力的作战武器都已经为天朝上国所熟知，但却从来没有发挥过太大的作用。近年来，在福州、大沽口和天津的军火库和防御工事里都能见到重型大炮。在赫赫有名的德国军工大鳄克虏伯公司的海外市场中，大概找不到比清朝更好的顾客了。

清朝花重金从德国买来的这些大炮每门售价高达 5.5 万法郎。这些克虏伯制造的武器与其说是用来装备大沽口防御工事的，不如说是用来陈列、装饰用的。到目前为止，这些大炮只"消灭"过几个清朝炮兵。一次是一枚炮弹滚落到地上爆炸，炸死了 6 人；还有一次是炮弹自燃，炸死了十来个人。

清朝人也会在船厂里制造自己的大炮和装甲舰。这些船厂是法国著名军事将领德克碑（d'Aiguebelle）、日意格（Gicquel）等按照欧式风格主持兴建的。即便如此，清朝人似乎还不懂得如何运用我们发明的这些大规模杀伤性武器。因为平时这些大型巡洋舰和装甲舰主要由外国军官，尤其是英国军官负责指挥。而最近在和日本人的海战中，清朝人没能发挥出这些舰艇的一丁点威力。

因此我们可以得出结论：清朝人还没有能力使用我们精良的武器与我们抗衡。他们是否已经彻底改变了原来保守的性格，主要由外交官来决定。至于图片中展示的清朝炮兵连的真实情景，对理解清朝时事没有实质性的帮助。对于我们来说，清朝依然仅是一个简单的猎奇对象、一个有趣的时事话题。正是基于此，我们选择了这张图片展示给读者。

主持武举考试的两广总督

LE VICE-ROI DE CANTON PRÉSIDANT AUX EXAMENS MILITAIRES

中国古代的统治者在建立这个庞大的帝国之初，就已经想尽了一切办法维护内部稳定，他们的后代也得以过上了百年繁华太平的日子。然而北方少数民族的不断入侵和内部的叛乱使得历代统治者不得不不断改革军事制度。

公元 965 年，宋太祖赵匡胤改革募兵制度，建立起了宋朝军队。赵匡胤最初只是个普通士兵，但他懂得"马上得天下，不能马上治天下"的道理。于是大力推行儒学，即使在选拔武将时，也会参考科举制度，而且负责主持武举考试的考官竟也是文人出身的知州。

想要成为合格的军官，必须要机动灵活并且孔武有力。应考者要通过步射、骑射等科目，手持巨大的马刀或重达 60 多公斤的剑戟挥舞，有可能不小心打破自己的头盖骨；还要将 80 公斤重的石块举到胸口，并保持平衡。最后要进行拉弓测试，拉紧相当于 60 到 80 公斤重的弓，张弓后还要把弓绕到脖子上成环状。这时候手臂完全拉直，如果一松手，有可能会削掉或严重擦伤头部。

自宋太祖以来，战争形态已经发生了巨大变化，如今作战使用的是刺刀、步枪和大炮，可是清朝的武举考试还是一成不变。直到现在要成为清朝的军事指挥官，仍必须要懂得舞弄大刀长矛、举大石和射箭。

如果应试者乡试成功，则晋级会试，考试科目还是舞刀、射箭和举大石。如果会试通过，则晋级殿试，在翰林院当着掌院学士的面再进行一遍舞刀、射箭和举大石。由此可以看出，武举考试的科目、考核内容每次都一样，只是考试级别越高、应试的人数越少而已。在成功通过了殿试之后，应考者就有望加官晋爵。

每次考试结束后，为表示庆祝，晋级者会佩戴花环在众人的簇拥之下大张旗鼓、声势浩荡地绕城一周。读者可以参阅 10 月 6 日出版的《世界画报》，欣赏一下队列中的马匹以及晋级者头戴的花环。

乡试时，应试者一旦通过考试，就要临时充当一回文人，甚至是军事策略家。因为应试者需要誊写几页《孙子兵法》交给考官（孙子是生活在公元前 6 世纪的著名军事家），

然后考官再授予应试者相应的头衔。

尽管《孙子兵法》这本兵书年代久远，但清朝士兵还是可以从中学习到许多需要的战术以及对待战败者的策略。尽管它在孔子生活的年代就已开始发挥作用，但这本书更像是一本军事哲学著作，而不像一本真正的兵书。在我们这些法国人看来，它就像德拉帕里斯（De la Palisse）写的一样："孙子提到了'知胜五法'：第一，知道作战的时机，能战即战，不能战就要撤退；第二，客观理性地评估双方实力，依据实力对比，采取相应的作战策略；第三，要给予普通士兵和将帅同样的关怀，做到官兵团结，上下同心；第四，要做好充分的战前准备；第五，君主要给予将帅极大的信任和充分的自主权。"

除了这些知识以外，应试者还要懂得一些星相学的知识。如今这种思想已成为文举考试的必考内容。一个好的将领即使不在乎文学素养，也一定不能不了解风水迷信，因为他需要根据星相学的知识判断是否适宜出征打仗。

为时局所迫，清朝政府一方面继续沿用古法进行武举考试，另一方面也不得不为新型武器和现代军事战略而殚精竭虑。我们已经了解到，为了使清朝达到其他强国的水平，法国军官和工程师们在福州的兵工厂做出了巨大努力和牺牲。但是仅凭几年时间就想彻底改变一个故步自封的民族是不切实际的。尽管已经有了一些明显的改善，不过用清朝人自己的话来说，清朝军队还是"一只纸老虎"。

爱米尔·吉美

L'UNIVERS ILLUSTRÉ

环球画报	L'UNIVERS ILLUSTRÉ
1883 年 11 月 17 日 发行第 26 年 第 1495 期	17·NOVEMBRE·1883 26ᴹᴱ ANNÉE №1495

广州骚乱

L'EMEUTE DE CANTON

　　我们已经多次向读者展示了有关广州的绘图。在这期报纸中，我们将重点向读者介绍 9 月 24 日遭洗劫的沙面（Shamien）或者叫欧洲租界的过程。事件的起因是：一位广州船舶公司的看守将一个人推到了海里。据说，这位看守的主要职责就是防止本地居民攻击公司的船舶。此事一出，广州的百姓们便立刻聚集在一起，表示要进行各种可怕的报复。看到这种情形，看守悄悄地躲到一艘船上，并把船开到了远海，以躲避攻击。看到肇事者逃跑了，百姓们便决定对外国租界开刀。

　　他们先是攻击了一个储油的仓库，继而纵火焚烧，所到之处都被抢劫一空。租界的外国人都惊慌失措，立即把他们的妻儿运送到船上以躲避袭击。事发几个小时之后，清朝政府才派兵维持秩序。而派来的一支先遣部队看到闹事的百姓便赶紧撤退了。最后还是由德国和英国组成的一支武装小分队用枪炮把百姓们驱散了。此时清朝政府派来的部队才肯进驻。这些部队在欧洲租界四周支起了帐篷，保护"外国恶棍"免受新一轮的烧杀抢掠。

布里翁

▲ 最近广州发生的骚乱：1. 抢劫团伙 2. 外国租界第一间被百姓们烧毁的房屋 3. 驻守在租界四周的总督府的士兵

CHINE. LA RÉCENTE ÉMEUTE DE CANTON.
1. BANDE DE PILLARDS; 2. LA PREMIÈRE MAISON DE LA COLONIE ÉTRANGÈRE INCENDIÉE PAR LA POPULACE; 3. SOLDATS DU VICE-ROI CAMPÉS
AUX ENVIRONS DE LA COLONIE ÉTRANGÈRE.

▲ 广州鸟瞰图

CHINE. VUE DE CANTON A VOL D'OISEAU.

L'UNIVERS ILLUSTRÉ

8 · DÉCEMBRE · 1883
26ME ANNÉE N°1498

环球画报

1883 年 12 月 8 日
发行第 26 年 第 1498 期

L'UNIVERS ILLUSTRÉ

在清朝

EN CHINE

　　今天这组图画我们用清朝危机这个有些严肃的字眼命名。其中一幅画是关于运茶船的。在汉口的采茶季，运茶船满载茶叶即将出发前往英国。另一幅画描绘的是在河岸边建造的一栋房屋。还有一幅画展示的是在上海举行的一场跑马比赛以及跑马场的一个大看台。这幅画是根据春季拍的一张照片绘制的。上海的跑马场是世界上数一数二的。前些年，在那里举办跑马比赛的花费十分高昂，因为马匹和职业骑师都是从英国引进的。而今时已不同往日，跑马比赛的马只有清朝的小种马，参赛的骑师也是业余的。

　　自 1860 年以来，清朝海军在英国军官的训练下取得了巨大的进步。尽管训练有素的海军官兵的数量还不是很多，但是组成几支精英部队还不成问题。众所周知，清朝人口众多，可以源源不断地招募到士兵。而且，他们也不缺乏武器装备，每天有大量的进口武器提供给他们。此外，清朝境内有好几家兵工厂在积极投入生产。关键问题是，这些海军士兵能否接受正规的训练。许多与图中类似的炮艇将负责防守江河的入海口以及沿海地区。

▼ 一艘炮艇甲板上的清朝水手

MARINS CHINOIS SUR LE PONT D'UNE CANONNIÈRE DE GUERRE.

▼ 上海的运茶船

LES BATEAUX À THÉ, À SHANGHAI

▲ 清朝人在河边建的一栋
房屋

MAISON CHINOISE, SUR LE BORD
D'UN FLEUVE

▶清朝罪犯

CHIMINELS CHINOIS

▶上海的跑马比赛

COURSE DE CHEVAUX À SHANGHAI

L'UNIVERS ILLUSTRÉ

环球画报

1883 年 12 月 15 日
发行第 26 年　第 1499 期

L'UNIVERS ILLUSTRÉ

15 · DÉCEMBRE · 1883
26ME ANNÉE N°1499

广州骚乱（续）

LES TROUBLES DE CANTON

　　我们已经在前几期的报纸中刊登了发生在广州的针对欧洲人的骚乱，同期也刊发了一些图画。现在，我们简单梳理一下该事件的前因后果。骚乱源于一个清朝人企图偷偷登上一艘英国轮船，不知是他自己掉进水里，还是被船上的人推下水，最后淹死了。得知此事之后，急躁易怒的广州百姓便一发不可收拾，他们决定烧毁、抢掠一部分租界的房子。于是住在广州的大部分外国人都陷入了恐慌，很多人迫不及待地登上停泊在港口的轮船寻求庇护。由于欧洲人没有进行有效的抵抗，他们中的很多人惨遭毒手。最后，清朝政府派来军队才逐渐恢复了社会治安。本期展示的这张版画最大的特点在于，它是根据一位清朝艺术家的原版素描临摹的。

弗尔努瓦（H. Vernoy）

▲ 最近发生在广州的骚乱。仿自一位清朝艺人的绘画。

1. 清朝人的临时营地和帐篷 2. 被百姓们烧毁的太古商行 3. 正在救火的消防员 4. 正在逃往船上的欧洲人
5. 煽动闹事的清朝人 6. 海关 7. 被朋友从水里拉上来的清朝人 8. 被烧毁的商店 9. 海关 10. 清朝防御工事
11. 由官员指挥的一群清朝士兵

LES TROUBLES RÉCENTS À CANTON. FAC-SIMILÉDU DESSIN D'UN ARTISTE CHINOIS.
1. CAMPEMENT ET TENTE DES CHINOIS. –2. ÉTABLISSEMENT DE MM. BUTTERFIELD ET SWIRE, INCENDIÉS PAR LA POPULACE. –3. POMPIERS
ÉTEIGNANT L'INCENDIE. 4. EUROPÉENS FUYANT SUR DES VAISSEAUX. –5. ÉMEUTIERS CHINOIS. –6. LA DOUANE. –7. CHINOIS RETIRÉDE L'EAU ET
EMPORTÉPAR DES AMIS. –8. MAGASINS INCENDIÉS. –9. DOUANE. –10. FORT CHINOIS. –11. SOLDATS CHINOIS COMMANDÉS PAR UN MANDARIN.

清朝官员

LES MANDARINS CHINOIS

　　清朝的封建等级制度将百姓们分为七个等级：官员位居七个等级之首，接下来分别是文人、学者、僧人、农民、工人、商人。在法国，贵族分为文官出身的贵族和依靠军功的贵族。同法国一样，清朝官员也分为文官和武官。毫无疑问，文官地位要高于武将。也许拉丁语"cedan arma togae"（"重文轻武"）在清朝找到了最好的注解。

　　事实上也是如此。朝廷最高的官职一直都由文官把持，各省总督、各级城市的知府、内阁及大理寺的最高职位都由文官担任。文官拥有一系列特权，如同清朝皇帝被视为臣民的大家长一样，文官也被视为所管辖城市或省份的父母官。进入象征着最高权力、各种特权的官场成了所有清朝文人的一致目标。这一现实也造就了这个民族争强好胜的性格。

◀ 一位清朝官员

TYPE DE MANDARIN CHINOIS

1884
♦♦♦

LE MONDE ILLUSTRÉ

世界画报

1884 年 2 月 2 日
发行第 28 年 第 1401 期

LE MONDE ILLUSTRÉ

2 · FÉVRIER · 1884
28ME ANNÉE N°1401

法中战争

LA GUERRE AVEC LA CHINE

▼ 在北圻，布埃特海军陆战队 2 团 26 连在塔高昂上尉率领下采用近身肉搏战术夺取丹凤县，歼灭了 7 队黑旗军。布奈德先生绘制。

AU TONKIN. LA 26E COMPAGNIE (CAPITAINE TACCOËN) DU 2E RÉGIMENT D'INFANTERIE DE MARINE (COLONNE BOUËT) S'EMPARE À LA BAÏONNETTE DE LA GRANDE DIGUE DE PALAN ET ENLÈVE SEPT PAVILLONS-NOIRS. DESSIN DE M. DE HAENEN.

L'UNIVERS ILLUSTRÉ

1 · JUIN · 1884
DIMANCHE N°22

全球画报

1884 年 6 月 1 日
星期日 第 22 期

L'UNIVERS ILLUSTRÉ

与清朝签订和约

SIGNATURE DU TRAITÉ DE PAIX AVEC LA CHINE

　　杰出的海军军官福禄诺先生被派往清朝进行谈判。5 月 9 日，他寄来了一份公函，内容如下：

　　"感谢政府对我的极大信任。总督先生（李鸿章）委托我代为转达他的谢意，感谢阁下在这么短的时间内批准了我们商定的条约。我们已紧急致信清朝政府，请其在最短时间内签约。"

　　5 月 10 日上午 11 点 25 分，福禄诺写道："明天下午 4 点，一切都将尘埃落定。"

　　果然，5 月 11 日下午 5 点，两位全权代表在沟通后，签署了条约。所有报纸都刊登了这一重要文件，我们在此不再赘述。只说明一点，根据外交惯例，文件以法语文本为准。1884 年 5 月 11 日，双方全权代表在四份和约副本（两份中文、两份法文）上签字。每位全权代表均保留了所有文本的样本。《中法简明条约》虽然只是预备协议，有待日后协商落实，但其执行条款固定不变。到目前为止，条约正在逐步落实中。

　　当前主导清朝命运的李鸿章在谈判过程中高瞻远瞩，观点明确。我们认为他会坚定不移地迅速履行和约。福禄诺先生在 5 月 18 日的公函中称，根据与总督先生达成的协议，清军将领在接到命令后，将于 6 月 6 日至 26 日撤出北圻。

▲ 与清朝签订和约。亨利·迈耶绘制。

LE TRAITÉ DE PAIX AVEC LA CHINE. DESSIN DE HENRI MEYER.

L'UNIVERS ILLUSTRÉ

17·AOÛT·1884
DIMANCHE N°33

全球画报

1884 年 8 月 17 日
星期日 第 33 期

L'UNIVERS ILLUSTRÉ

停靠在福州附近的法国舰队

LA FLOTTE FRANÇAISE DEVANT FOU-TCHEOU

　　我们对《中法简明条约》并不陌生，然而在执行这份条约时还是遭遇了各种困境。当我们对和平确信无疑的时候，派往谅山市（Lang-son）的法国特遣队却在途中意外地遭遇了大量清朝士兵。经过一场激战，我们的特遣队员死伤惨重，不得不在北黎暂时躲避，以等待德·尼格里（De Négrier）将军派往河内的增援部队。

　　我方立刻要求清朝政府进行赔偿。我国海军舰队在海军上将孤拔和利士比（Lespès）的率领下迅速出发，停靠在福州和台湾岛附近水域。

▲ 停靠在福州附近的法国舰队。亨利·迈耶先生绘制。

LA FLOTTE FRANÇAISE DEVANT FOU-TCHEOU. DESSIN DE HENRI MEYER.

LE MONDE ILLUSTRÉ
30 • AOÛT • 1884
28ME ANNÉE N°1431

世界画报
1884 年 8 月 30 日
发行第 28 年 第 1431 期

LE MONDE ILLUSTRÉ

福州

FOU-TCHÉOU

与日报不同，我们在此不对法中战争的各种论战进行报道。由于杜柏礼（De Bac-Lé）的贸然行动，《中法简明条约》没有得到执行。杜柏礼手下的几名法国士兵取道谅山，试图占领该地，不料被十几名拒绝执行和约的清军士兵给包围了。

就此次事件，法国政府向清朝政府索要担保和一大笔赔偿金，却惨遭拒绝。于是，法军轰炸了台湾岛的基隆，并在当地建立了一个小据点。清朝政府被迫于 8 月 22 日交付赔偿金。可是到了那天，无论是负责谈判的法国公使巴德诺，还是茹费理（Jules Ferry），都没有得到任何交付赔偿金的回复。战争一触即发。在海军司令孤拔的率领下，战争甫一开始，我们的军队就炸毁了福州船厂，消灭了一支清朝舰队。

撰写本文时，我国政府还没有收到官方电讯。虽然英国电讯容易夸大其词，但足够精确细致。以下是英国电讯的简短摘要。

周六，海军司令下令同时攻打保卫福州船厂的炮台、防御工事以及驻扎在船厂前的一支清朝舰队。这支舰队配备有 160 毫米、190 毫米、210 毫米口径的大炮。其中两艘清朝军舰的配置比“迪盖 · 特鲁安”号（Duguay Trouin）还要精良，而“特鲁安”号已经是当时我们装备最先进的军舰。以清军的“南奘”号为例，该军舰装备有 2 门 210 毫米口径的大炮和 8 门 120 毫米口径的大炮。

刚一交火，清军舰队就发动了猛烈的攻势。清军有 11 艘战舰，我们有 8 艘——“沃尔塔”号（Volta）、“迪盖·特鲁安”号、“德斯丹”号（d’Estaing）、“益士弼”号（Aspic）、“蝮蛇”号（Vipère）、“野猫”号（Lynx）以及“费勒斯”号（Villars）。当“凯旋”号（Triomphante）

到达作战地点时，双方已经开始交火。

大概一刻钟后，清朝炮兵就陷入了沉默，有三名炮兵身上燃起了熊熊大火，随即跳到了河里，最后被冲到了岸边。

战斗还在继续。在消灭了清朝舰队之后，海军司令下令调转炮口，朝船厂、防御工事和周围的炮台开火。没过多久这些地方就被迫停火了。停泊在岸边的清军帆船都陷入了火海。它们或是被我们的大炮击中，或是被清朝人故意点燃。他们大概是想利用水流的力量，把火船带到我们的战舰旁让我们引火烧身。

清朝军队死伤惨重。《时代》周刊的通讯员描述道：河道上漂浮着大量的尸体。该通讯员的报道也证实了我们昨天和前天的报道。

第一天的战斗以我们的胜利告终。我们消灭了一支清朝舰队，炮击了船厂周围的防御工事和炮台，摧毁了船厂。这场战斗发生在离河口 30 公里远的地方。如此一来，海军司令不仅把位于河流一侧的工事留在了身后，还将闽江通往船厂必经之地的防御工事和炮台都留在了身后。海峡入口处停泊着两艘战舰，它们因吃水太深而无法逾越沙洲，正好停在那里准备开火。

周日，分舰队离开了船厂前面的锚地。中午时分，海军司令又下令向船厂方向开火。所有的战略高地都被攻克了，原来的守卫落荒而逃。

本来在没有更详细的资料之前，我们是没办法描绘出这些重要事件的。所幸，一位常驻清朝的友人给我们寄了一张非常罕见的照片，我们才得以将著名的福州船厂的全貌展示给读者。这张图是在船厂最辉煌的时候绘制的。福州船厂本是法国人日意格帮助清朝政府建造的，但万万没想到，清朝人会用它来攻击我们。

我们复制的关于河口的这张图也是根据那位友人提供的照片制成的木版画。而福州湾的那张绘画则要归功于马丁先生，我们是根据他的素描绘制的。以下是马丁先生对素描的部分注解。

这个紧临福州的海湾不深，只能供清朝帆船和一些吃水较浅的小型军舰停泊，吨位稍大一些的战舰只能停泊在河口处。海湾向东、北两个方向延伸，其他则被陆地包围。北部的航道很窄，西部是一座很高的山丘，东侧是悬崖峭壁，峭壁的尽头是一个小岛。暗礁之下生长着大量的牡蛎和贝壳。由于该海湾水位较浅，吨位较重的舰艇只能停泊在

▲ 福州闽江河口。根据照片绘制。

FOU-TCHÉOU. L'ENTRÉE DE LA RIVIÈRE DE
MIN. D'APRÈS UNE PHOTOGRAPHIE.

航道口，或者小山丘的北侧和西侧。

　　尽管这个海湾可以作为海上往来船只的避风港，但是北风吹到这里时，风力依然不减，所以这里只能躲避南风和一点点西风。我曾经在这里经历了一次台风，停泊在这个海湾的所有船只几乎都被吹到了海岸上。海水在台风的作用下汹涌澎湃，一股脑地涌进航道，根本无法阻挡。最后只有几艘船顺利躲过台风，其中包括一艘英国战舰、一艘法国战舰和几艘清朝商船。

　　福州村（Village De Fou-tcheou-fou）由几座中式和欧式建筑构成，那几座欧式建筑建在村子外面。与清朝其他城市和乡村的街道一样，这里的街道也是既狭窄又肮脏，其中有的街道上还挖了井。街道两旁的建筑多为木质的平房或两层小楼。村里还有一些商铺，出售丝绸、大米、茶叶等。居住在福州的欧洲人通过来往于上海、北京的邮船通信。

　　最后我们提供了一张地图，上面标明了清朝沿海的重要港口，这里靠近印度支那联邦。

▼ 法中战争。在 8 月 22 日的战斗中被法国舰队炸毁的福州船厂全貌。根据 V 先生提供的照片绘制。

LA GUERRE AVEC LA CHINE. PANORAMA DE L'ARSENAL DE FOU-TCHÉOU, BOMBARDÉ PAR LA FLOTTE FRANÇAISE LE 22 AOÛT. D'APRÈS UNE PHOTOGRAPHIE COMMUNIQUÉE PAR M. V.

▲ 从寺庙看到的福州湾和福州城。1. 寺庙 2. 戏院 3. 福州 4. 福州湾。根据马丁先生的素描绘制。

FOU-TCHÉOU. LA BAIE ET LA VILLE, UNE PRISE DE LA PAGODE. D'APRÈS LE CROQUIS DE M. MARTIN.
1. PAGODE CHINOISE. 2. THÉÂTRE CHINOIS. 3. FOU-TCHÉOU. 4. LA BAIE DE FOU-TCHÉOU.

▼ 清朝沿海地图。这里靠近印度支那联邦。

CARTE DE LA CÔTE CHINOISE, ÁPROXIMITÉDE NOS COLONIES DE L'EXTRÊME ORIENT.

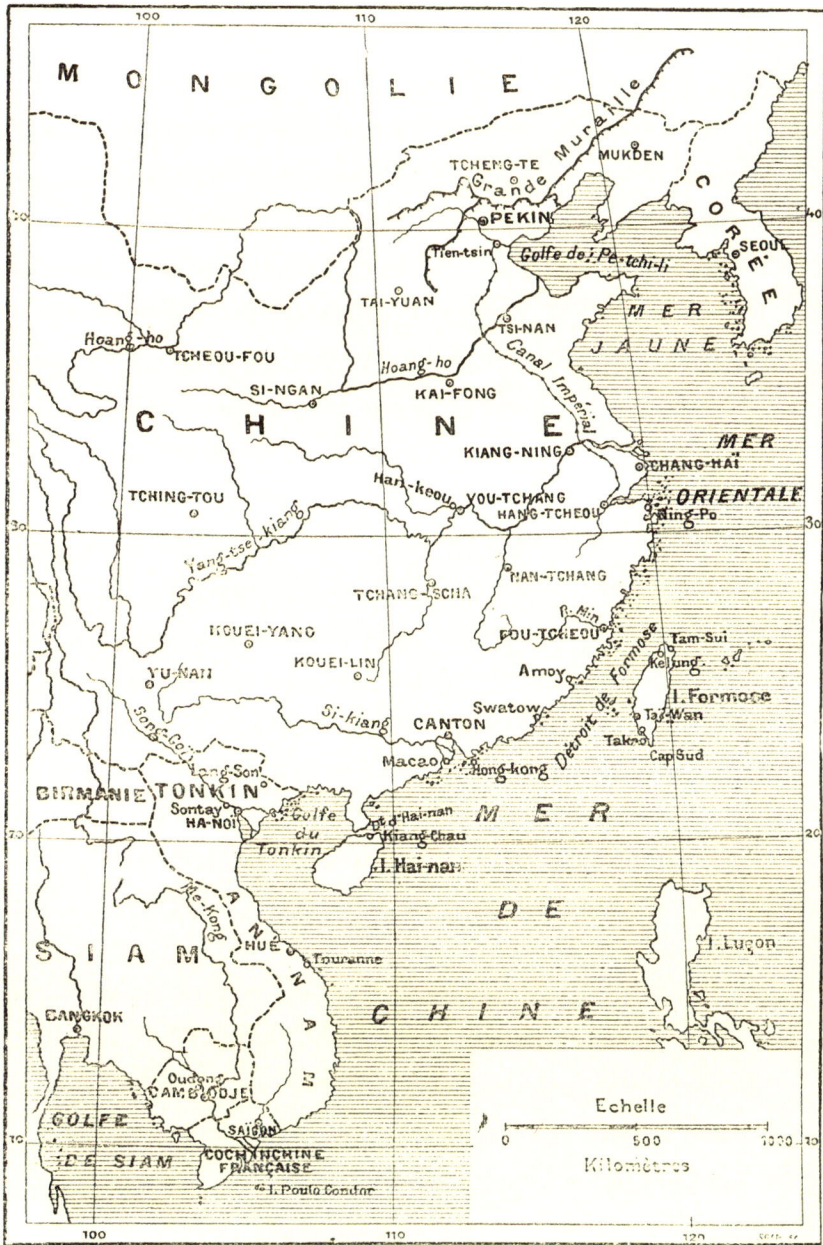

L'UNIVERS ILLUSTRÉ

环球画报

1884 年 9 月 6 日
发行第 27 年 第 1537 期

L'UNIVERS ILLUSTRÉ

6 · SEPTEMBRE · 1884
27ME ANNÉE N°1537

清朝的港口

LES PORTS CHINOIS

开埠通商

主管海军和殖民地事务的副国务秘书菲力福尔先生向各商会、艺术与手工业咨询委员会以及法国主要工会发出了关于清朝通商口岸的一份通知。这份文件是南圻本地事务管理员莱阔特先生交予海军部的，我们从中摘录了关于福州港和天津港的一些信息。

福州

福州，这座幸运之城是福建省的省会，也是南部沿海的主要港口。它坐落在一片肥沃的平原之上，四周群山环抱，沿闽江左岸延伸。这里距离闽江河口有 56 公里，位于北纬 26° 3′，东经 117° 35′，地理位置极佳。在 1842 年签署的《南京条约》中，福州被列为通商口岸。就在这片方圆不小于 10 公里的土地上，生活着 1 万名 200 年前用武力占领这片土地的满族人的后裔。在这片 3 平方公里的土地上形成了一片片市镇，进行着各种商业活动。

福州有 50 多万人口，这里的贸易和交通活跃而繁忙。由于汽船无法直接到达城里，因此需要大量小艇和平底帆船来回转运。这些汽船一般会停泊在一个岩石形成的孤岛附近，岛上还建有一座寺庙。这一带闽江的水面很宽广，看上去像一个湖。很久以来，福州附近区域都出产上等的茶叶，它一直是最重要的茶叶集散市场。同时，温州港也会向福州运送许多茶叶，再从福州出口到国外。这种茶叶贸易完全掌握在清朝人手里。在清朝沿海航行的船只也会到福州购买清朝稀有的建筑木材、竹子、家具、纸张、稻米以及各种花卉，售卖他们在上海、广州和香港港口买到的欧洲商品。从印度进口的鸦片到

▲ 福州的防御工事和南城门

LES FORTIFICATIONS ET LA PORTE SUD DE FOU-TCHEOU

▼ 福州城全貌

VUE PANORAMIQUE DE LA VILLE DE FOU-TCHEOU

1882 年已经达到了 4222 担（1 担约合 100 斤）。

1882 年出入福州的轮船有军舰 529 艘，总计 47.9225 万吨；帆船 142 艘，总计 5.2971 万吨。交易总额达到 1492.7446 万两白银，即 10643.289 万法郎。出口额为 933.7958 万两白银，远远大于进口额。1882 年收缴关税总额为 200.6475 万两白银，即 1430.5166 万法郎，1880 年关税总额为 216.7463 万两白银，1873 年为 165.8530 万两白银。过去与欧洲人做生意是很赚钱的，而如今却愈加困难，利润也不如从前。周边地区茶叶生产量的减少，加之汉口的竞争，导致了福州茶叶贸易额的减少。

天津

天津是直隶最重要的城市，随着 1858 年《天津条约》以及 1860 年《北京条约》的签订成了通商口岸。天津的地理位置非常利于对外贸易。城市绝大部分坐落在白河右岸，距离白河河口约 110 公里，走陆路的话距离北京约 130 公里。天津地处广阔、低矮而肥沃的平原地带，出产小麦、黍子、高粱、玉米和棉花等农作物。

京杭大运河也流经那里，它的开凿极大地提升了天津的重要性。如今，大宗货物都已改走海运。虽然就目前而言，这条运河的影响力已不比当年，但是人们还在不断对其维修，将其继续作为小型货物的运输渠道。天津的内城城墙将城市围成方形，天津郊区则沿着卫河、白河和大运河两岸展开。

城内盖的土房看上去都很破旧，只有官员的衙门和官邸是用砖垒砌的。街道也不是用碎石铺成的，比广州和上海的街道稍微宽阔一点，以便让大型的运货马车通过，但街上满是灰尘和垃圾。不过，李鸿章已经下令在天津和欧洲租界之间铺设一条石子路。英国租界位于中央，几乎完全被占用，而法租界只被占用了一部分。在靠近天津的未被占用的地方，已经开始修路。毫无疑问，这里很快也要建起房屋。租界旁边有一个漂亮的码头，那里停泊着汽船和帆船。

每年从 12 月到来年 3 月至少三个月的时间，天津港处于冰冻期。总体上，这个地区的气候十分优越，但是到了冬天，从蒙古吹来的冷风使气温会降至 -20°C；而到了夏季，天气又非常炎热。当地建有许多冰窖，方便人们将水果储存到下一个季节。人们从冰冻的河里凿出巨大的冰块，放到一个大窟窿里，相当于一个水果篮，上面盖上一层厚厚的稻草，再铺上毛毡。天津还是清朝北方主要的盐场。在清朝，盐场均为国家专营。

据估算，天津约有 90 万人口，而北京的人口也不过 130 万。往返于天津和北京进行贸易的小船数量极多。四五月份，整个河道上都是来来往往的小艇，这样繁忙的景象会一直延续到七八月份。这时，从上海到天津的电报干线刚刚延伸到了北京。

天津进口的主要商品有来自印度的鸦片 2768 担，其中 210 担运往上海，而 1879 年的进口量是 5000 多担，进口量减少的主要原因是本地鸦片的输入。金属也是进口的主要商品之一，这对政府非常重要，因为政府的兵工厂需要大量金属。由于天津是一个军事重地，所以还大量进口武器和弹药。另外，1882 年还进口了 84.8237 万担官粮、30 多万担糖。这里进口的主要商品还包括棉织品、毛织品等。棉织品过去主要从美国进口，现在大部分从英国进口，数量在 200 万件以上。

天津的出口商品主要包括羊毛、原棉、毛皮以及席子等。距离天津约 100 公里的开平煤矿出口了 8185 吨煤炭。另外还出口了 1.4934 万担骆驼毛，5.4193 万担羊毛，4.8621 万张绵羊皮以及 36.231 万张山羊皮。商人们通过西伯利亚走陆路将 298 担红茶和绿茶出口到了俄国。

天津的对外贸易很兴盛，但主要还是掌握在清朝人的手里。他们把天津的外国人当成远航和商品入关的代理人。这一点适用于清朝大部分港口城市。

台湾岛

台湾岛位于福建省的东南方，中间隔着一条非常宽阔的海峡。台湾岛长约 380 公里，但是宽度变化不定。整体而言，台湾气候宜人，不过附近海域却经常遭遇台风。分布在岛中部和东部的高山上覆盖着茂密的森林，而岛西部和北部的平原、丘陵的土地非常肥沃。

1848 年，人们在台湾岛的东北部离海滨小镇基隆 9 公里远的地方发现了质量上乘的煤炭，如今已经开始了开采。人们还在那里发现了铁矿。在岛屿的东部，人们猜测存在金矿、银矿、朱砂矿以及铜矿。

台湾岛的首府是台湾府，那里大约有 3 万名居民。准确地说，台湾没有港口，但是船舶在竹林（Ta-kao）、东港镇（Tang-kang）、凤山（Hong-san）、淡水和基隆都可以找到非常好的停泊地。

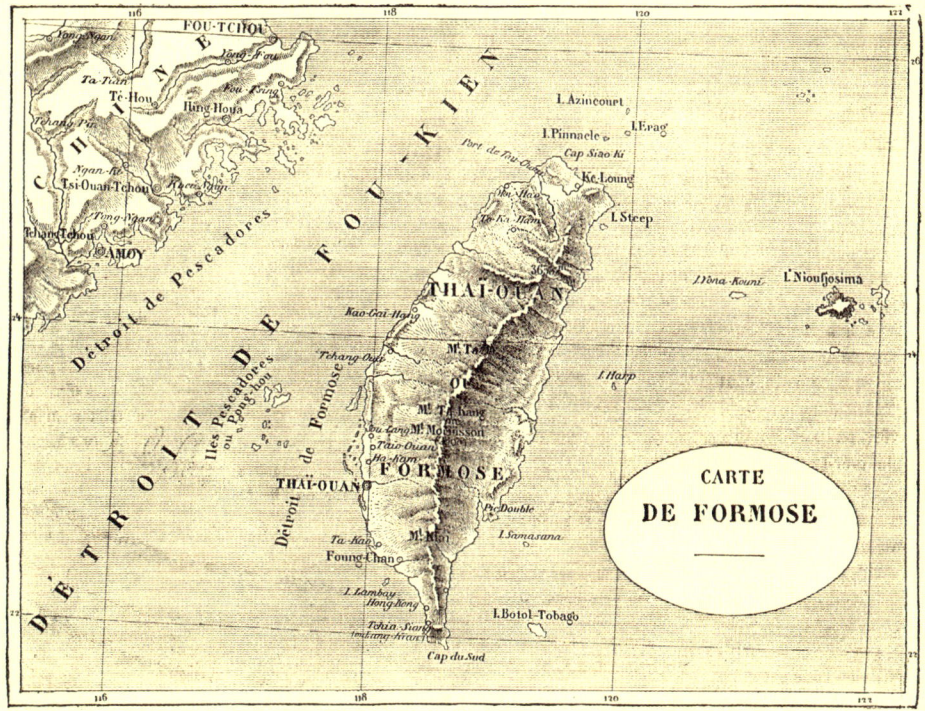

CARTE
DE FORMOSE

《中法简明条约》

LE TRAITE DE TIEN-TSIN

　　5月8日至11日，法国海军军官福禄诺及著名的直隶总督李鸿章就《中法简明条约》进行了谈判。该条约确立了法国对安南和北圻享有的权利，并将给予法国大量的贸易特权，还规定清朝军队从目前驻扎的北圻地区撤军。

　　我们提供的图画非常准确地复制了一幅清朝版画。细节应该是可靠的，不过清朝画家在描绘法国人时还是加入了自己的想象。

H. V.

▲ 签署《中法简明条约》。根据一张清朝版画绘制。

LA SIGNATURE DU TRAITE DE TIEN-TSIN. FAC-SIMILE D'UNE GRAVURE CHINOISE.

▼从法国前领事馆看到的天津白河及其两条支流。摘自阿歇特出版公司出版的《环球旅行》。

TIEN-TSIN, VUE PRISE DE L'ANCIEN CONSULAT DE FRANCE; LE PEI-HO ET SES DEUX CONFLUENTS. GRAVURE EXTRAITE DU TOUR DU MONDE. HACHETTE ET CLE, ÉDITEURS

福州的茶叶贸易

LE COMMERCE DU THÈ À FOU-TCHEOU

长期以来，欧洲人和美国人就被福州极好的茶叶贸易环境所吸引。福州附近的当地人种植了大片的茶树。

在开埠通商之前，一袋袋的茶叶一般通过陆路运往广州，然后再从那里装船。这段

▼（福州）北岭的稻田和茶叶种植园

RIZIÈRES ET PLANTATIONS DE THÉ À PEI-LING

路程耗时长而且路途艰险，有诸多不便。因此从 1830 年起，东印度公司就要求开放福州港。但是直到 1842 年《南京条约》签订，福州港才得以正式开埠通商。然而，由于河道航行困难，谈成一笔生意也要费很大力气，加之当地百姓经常袭击外国人，早期的贸易并没有达到人们的预期。直到近十年来，福州的茶叶贸易才取得了比较大的发展。根据 1875 年的数据统计，清朝每年的茶叶出口量达到 111.8261 万担。

▼（福州）北岭的茶叶仓库和茶叶种植园

RIZIÉRES ET PLANTANTIONS DE THÉ À PEI-LING

巴德诺先生

M. PATENOTRE

法国驻华代办巴德诺先生是最杰出的驻华使节。由于我们没有机会亲自结识他，对他的性格特点很难做出全面而细致的描述，只能借用阿尔伯特·德尔皮先生的一篇文章中涉及他的一些信息来进行介绍。

巴德诺先生是巴黎高等师范学院杰出的学生。从入校到毕业他一直名列前茅。他家境富裕，又受到了良好的教育，本来可以过上无忧无虑的生活，但他选择去阿尔及利亚高中当了一名修辞学教师。在 1870 年的全民公决中，他爱憎分明，直言不讳，支持共和派，结果他的直率让他遭遇了困境。

战争期间，巴德诺先生勇敢地完成了自己的使命。在巴黎公社之后，他进入了外交界，成了一名普通的随员。在那时他结识了茹费理先生。这位未来的公使被任命为法国驻雅典特使，巴德诺先生就是在这个公使团中开始了他的外交生涯。

继雅典之后，作为三等秘书，巴德诺先生被派往德黑兰；之后，作为二等秘书又来到了布宜诺斯艾利斯，也就是从亚洲又到了美洲。这些艰难而遥远的旅程经常让我们的外交家望而却步，但是巴德诺先生却勇敢地接受了。而且他一旦有了空闲时间，就在德黑兰学习波斯语，在布宜诺斯艾利斯学习西班牙语。

当驻清朝公使出现空缺的时候，巴德诺先生正好作为二等秘书在布宜诺斯艾利斯任职。如果我们没记错的话，当时热福礼公使正好退休，外交部决定由一名代办来接替。但是代办必须是一等秘书。外交部找到了所有的一等秘书，但是他们都拒绝前往清朝，结果只能从二等秘书里物色人选。22 人都谢绝了这一职位，巴德诺先生排名第 23 号。但是有人认为他的晋升速度过快了，所以并没有找到他，而是把这个职位推荐给了两个总领事。结果那两个人宁愿保留现在的位置也不愿意前往遥远的清朝。没办法，外交部只得任命巴德诺先生为第一等秘书并作为代办出使清朝。

巴德诺先生在清朝待了两年。根据以往的习惯，他又开始学习清朝的语言和习俗。宝海先生上任后，他作为代办被召回，并成为公使的第一人选。于是他被派往斯德哥尔摩。也是在那里，茹费理先生将他再次派往北京。不得不说，这个选择再明智不过了。

▲法国驻华代办巴德诺先生。根据沃琳先生的照片绘制。

M. PATENÔTRE, CHARGÉD'AFFAIRES DE FRANCE À PÉKIN. D'APRÈS LA
PHOTOG. DE M. WALÉRY.

L'UNIVERS ILLUSTRÉ

环球画报

1884 年 9 月 20 日
发行第 27 年 第 1539 期

L'UNIVERS ILLUSTRÉ

20 · SEPTEMBRE · 1884
27ME ANNÉE N°1539

清朝军队

L'ARMÉE CHINOISE

《论战日报》（le Journal des Débats）经一番研究，于上周转载了一篇有关清朝军队的文献。我们在这里借用这篇文献及其结论，因为我们认为，这篇文章精确地指出了清朝军队的价值所在。这是著名的陆军上校戈登在镇压了太平军后离开清朝的时候留给清朝政府的一些指导性的文字。以下是他的一些建议及评价：

清朝军队的优势在于人数众多、动作敏捷，同时也很容易满足。清朝军队不应该参与按部就班的战斗，他们适合夜袭，但难以攻入敌人腹地。总而言之，清朝军队应该不断地骚扰他们的对手。

清朝军队习惯建造陆上工事。他们现在还沿用这种做法，并且学会了在进攻时挖壕沟作为掩护。尽管他们从没有对某个工事展开真正地猛攻，但是他们会包围工事，让守城的人挨饿。当敌军进攻一座城市时，清朝军队不要把时间耗费在正面战斗上，而要冲出封锁，从敌后攻击。今天清朝军队在敌军的前方进攻，明天跑到后方，后天则袭击敌军的侧面，以此类推。

在武器方面，要使用火箭而不是大炮。清朝军队行动时不要任何火炮部队参与，否则只会拖延和干扰部队的行动。步兵的火枪才是最具威胁的武器，而大炮只是虚张声势，并不能带来实质上的帮助。如果非要带上几门大炮，一定要选择大口径的滑膛炮。不要购买那种操作复杂的鱼雷，最简单、最便宜的反而是最好的。战争中

在福州的大桥上，一支清军步兵小分队正在列队前进。

L'ARMÉE CHINOISE. DÉFILÉ D'UN DÉTACHEMENT D'INFANTERIE SUR LE GRAND PONT DE FOU-TCHEOU.

应该大量使用鱼雷，让敌人无法知道鱼雷的具体位置，无法采取应对措施。

至于舰队，最好配备快速轻巧、排水量小又没有装甲的舰艇。如果清朝政府花费巨资购买大型舰艇，就相当于把所有鸡蛋都放到了一个篮子里，可能会造成巨大损失。清朝舰队一定不要尝试直接走向远洋。

另外，只要中央政府还在北京，清朝就不宜与任何一个西方强国发生战争，北京离海洋太近了。蜂后，也就是皇帝，应该待在蜂巢的中心。

我们可以看出，戈登上校并不认为清朝军队能够给予对手具有威胁性的攻击。他似乎对按照欧洲方式重组清朝军队也没有太大信心。他认为清朝军队应该保留原来的组织形态，能进行小规模的作战就可以了，不要奢求大的战役。作战中要远远地跟随敌人，而不要靠得太近，要不断地干扰对手，给对手造成困扰。鉴于清朝士兵的数量和疾病，其他的就听天由命吧。

读完了上文，如果读者觉得有必要得出一个结论，那么我们就借用一篇刊登在《德国军事》（*Deutsche Heeres Zeitung*）上的名为《关于东京问题》的文章的分析。这位德国作者写道："毫无疑问，清朝军队在组织上取得了较大的进步。大约有 4 万人配备了新式装备，并且接受了欧式的军事训练，海军舰队也拥有了相当数量的优质战舰。但是这些都还不够。当缺少能干的军官、勇敢的士兵时，即使拥有大炮火箭也没办法避免战争失败。坦率地讲，根本没有所谓的清朝军队，清朝士兵不过是一个笑话。"

489·1884

L'UNIVERS ILLUSTRÉ

4·OCTOBRE·1884
27ME ANNÉE N°1541

环球画报

1884 年 10 月 4 日
发行第 27 年 第 1541 期

L'UNIVERS ILLUSTRÉ

广州附近的一个英国哨所

UN POSTE ANGLAIS PRÈS DE CANTON

▼ 广州附近的一个英国哨所

CHINE. UN POSTE ANGLAIS PRÈS DE CANTON.

JOURNAL DES VOYAGES

旅行画报
1884 年 10 月 12 日
星期日 第 379 期

JOURNAL DES VOYAGES
12 · OCTOBRE · 1884
DIMANCHE №379

旅行及地理专栏

CHRONIQUE DES VOYAGES-ET DE LA GÉOGRAPHIE

清朝人堪称世界上第一批银行家。他们生来就拥有谋利的天赋，在此领域展现出的机智和精明，是其他任何种族都不能比拟的。

我们对加利福尼亚清朝移民的行为处事有所耳闻。他们习惯成群结队，会主动去做最繁重的体力活儿。在过着最贫苦生活的同时，还能从微薄的薪水中节省出相当一部分储蓄起来。当储蓄额达到一定数目时，清朝移民就将其托付给最有才能之人，用作开设店铺等项目。如此一来，获得的共同收益成倍增长，不断扩充。此时轮到第二合伙人借助所有人的资产开展后续行动。他们彼此之间互助互惠，清朝移民层出不穷，收益也源源不断。于是，这个工资不及我们欧洲工人工资四分之一的群体成功积累了巨额资本，其成员也都发家致富了。

鉴于上述情况，根本没必要纠结监管是否持续。信任是无国界的，况且清朝移民基本上没有出现过违法的案例。联合会的银行家们随时都可以提供账户状况查询，正如下一页版画中所展示的香港银行家那样。其实他们只不过是一部机器中的某个齿轮而已，有什么必要弄虚作假呢？对于他们来说，与从中获取的诸多好处相比较，这点儿弄虚作假的收益实在不值一提。

▲ 清朝与清朝人。香港联合会银行家。

CHINE ET CHINOIS. BANQUIER D'ASSOCIATION À
HONG-KONG.

L'UNIVERS ILLUSTRÉ

环球画报	L'UNIVERS ILLUSTRÉ
1884 年 12 月 13 日	13 · DÉCEMBRE · 1884
发行第 27 年　第 1554 期	27ME ANNÉE　N°1554

清朝事件

LES AFFAIRES DE CHINE

今天我们向读者展示的第一张关于清朝事件的图画，是根据一张两三年前在上海完成的素描绘制的。图中描绘了一艘清朝炮艇，海军军官正在进行检查，以考虑是否对其进行修缮。我们在福州和台湾进行的海战足以证明，清朝海军的实力不容轻视。

我们提供的第二张图片是根据一张照片绘制的，再现了几个负责保卫大沽口、天津和北京周边地区的高级军官以及鱼雷艇部队的学生。英国工程师贝兹（J.-A.Betts）先生是这群人中唯一的欧洲人，他组建了鱼雷防御体系。其中的主要人物是右边的这位协同李鸿章镇压太平军的清朝高级将领罗泽南（Lo-yung-kwang），他身旁就座的是军机大臣、专门负责长江北岸防御的左宗棠（Lion-han-fang）。

▼ 检查一艘清朝战船

L'INSPECTION D'UN NAVIRE DE GUERRE CHINOIS

▲ 清朝鱼雷艇部队

LE CORPS DES TORPILLEURS CHINOIS

1885

♦♦♦

LE MONDE ILLUSTRÉ

世界画报

1885 年 1 月 10 日
发行第 29 年 第 1450 期

LE MONDE ILLUSTRÉ

10 · JANVIER · 1885
29ME ANNÉE N°1450

清朝的演员、富人、僧人

TYPES CHINOIS. UN ACTEUR. UN RICHE. UN BONZE

▲ 清朝的演员、富人、僧人。根据照片绘制。

TYPES CHINOIS. UN ACTEUR. UN RICHE. UN BONZE. D'APRÈS
DES PHOTOGRAPHIES.

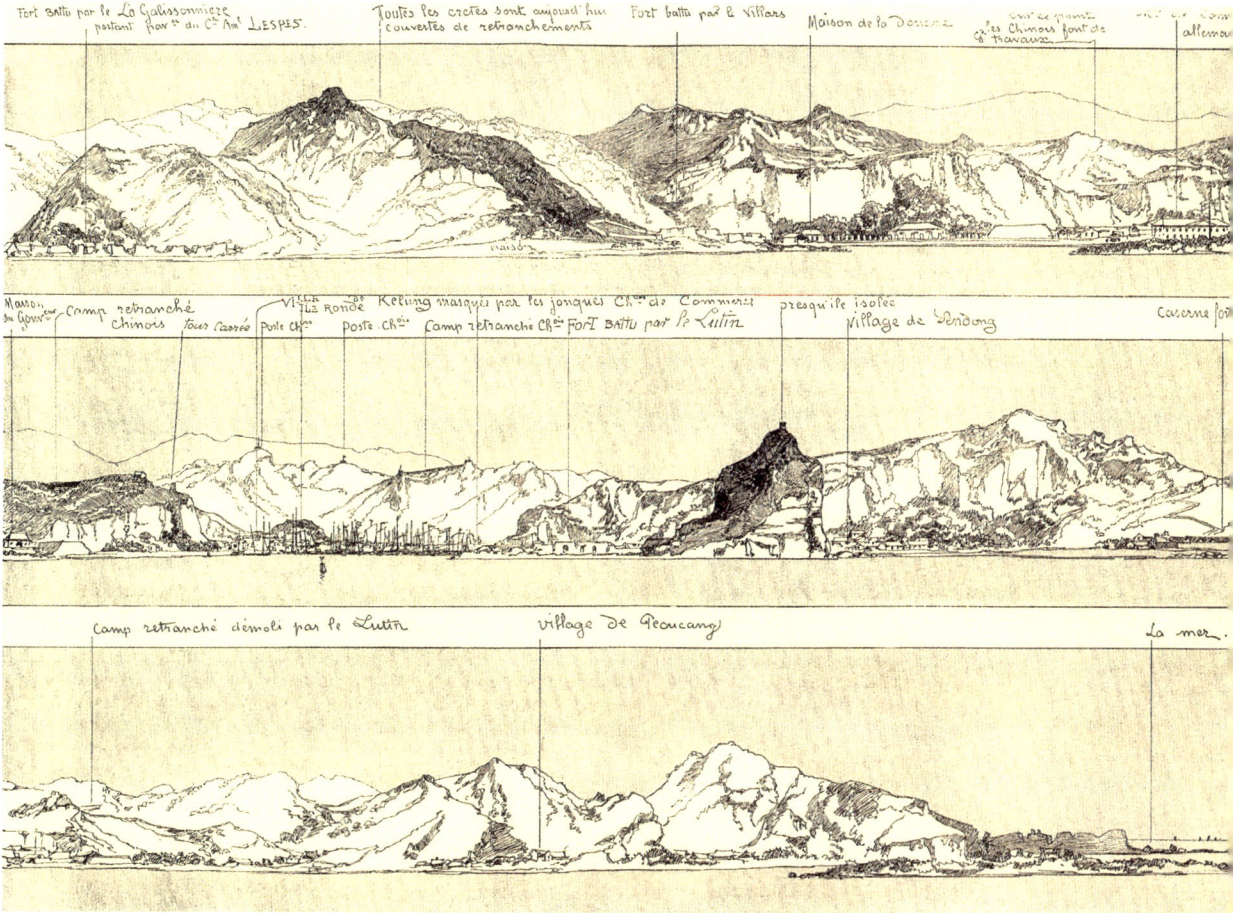

Fort Battu par le *La Galissonnière* portant *pour* du C^t Am^l LESPÈS.
Toutes les crêtes sont aujourd'hui couvertes de retranchements
Fort battu par le *Villars*
Maison de la Douane
sur ce point les Chinois font de travaux
allema...

Maison du Gouv^t
Camp retranché Chinois
Tour carrée
Poste Ch^s
VILLA LA RONDE
Poste Ch^s
de Keling marqué par les jonques
Camp retranché Ch^ns
Ch^t de Commerce
Fort Battu par le *Lutin*
presqu'île isolée
Village de Sendong
Caserne for...

Camp retranché démoli par le *Lutin*
village de Peoucang
La mer.

▲ 基隆的海岸。勒佩尔先生根据莫瑞斯先生的素描绘制。

FORMOSE. LES CÔTES DE KE-LUNG. DESSIN DE M. LEPÈRE, D'APRÈS LES CROQUIS DE M. MAURICE.

世界画报

1885 年 1 月 17 日
发行第 29 年　第 1451 期

LE MONDE ILLUSTRÉ

17 · JANVIER · 1885
29ME ANNÉE　No1451

东京之战

LA GUERRE DU TONKIN

▼ 1884 年 10 月 13 日，布里叶·德·利斯勒将军派遣的特遣队摧毁了清军从楚到白马的堡垒。图中展示了撤离到高地的清军营地、山谷里被击毁的堡垒、在前线帐篷里的布里叶将军和半山腰的一个村子。勒佩尔先生根据 F 先生的素描绘制。

LE 13 OCTOBRE 1884, LE GÉNÉRAL. BRIÈRE DE L'ISLE ENVOIE UNE COLONNE DÉTRUIRE LES FORTS CHINOIS QUI COUVRAIENT LA ROUTE DE CHU À KEP. CAMPS DES CHINOIS EN RETRAITE SUR LES HAUTEURS. FORTS INCENDIÉS DANS LA VALLÉE. TENTE DU GÉNÉRAL BRIÈRE SUR LE PREMIER PLAN. UN VILLAGE ÀMI-CÔTE.
DESSIN DE M. LEPÈRE LEPERE, D'APRÈS LE CROQUIS DE M. F....

LE MONDE ILLUSTRÉ

7 · FÉVRIER · 1885
29ME ANNÉE N°1454

世 界 画 报

1885 年 2 月 7 日
发行第 29 年　第 1454 期

LE MONDE ILLUSTRÉ

法中战争

LA GUERRE AVEC LA CHINE

▼ 淡水港入口一瞥。德雷埃先生绘制。

FORMOSE. ENTRÉE DU PORT DE TAM-SUI. VUE DE LA VILLE
AU FOND DU PORT. DESSINS DE M. DE DRÉE.

L'ILLUST RATION	画刊	L'ILLUSTRATION
	1885 年 2 月 21 日 星期六　第 2191 期	21 · FÉVRIER · 1885 SAMEDI №2191

戈登总督

GORDON - PACHA

　　查理·乔治·戈登，1833 年 1 月 28 日出生于伍尔维奇一个历史悠久、在英国军事史上举足轻重的苏格兰家族。1852 年，从伍尔维奇军事学校毕业，被授予工兵少尉军衔。1854 年，奔赴克里米亚参加对塞瓦斯托波尔的围攻，期间巧妙地取道法国，最终顺利抵达目的地。

　　职业生涯初期，他就已经崭露头角，展现出的各项素质使其在日后大放异彩。他英勇无畏，甚至有点儿鲁莽轻率，同时又能严格遵守军纪，时刻不忘成为部下的行为典范。他一直都在前线战斗，似乎受到上天的特别眷顾，每次都能化险为夷。面对一枚从他头部上方只有两厘米的地方呼啸而过的炮弹，他临危不乱。一颗炸弹在他附近爆炸，很多人一命呜呼，他却毫发无伤。攻坚战时，来自山顶堡垒的巨大落石将其掀翻，他竟平安无事。即使置身枪林弹雨之中，他也能全身而退。

　　在此次颇具意义的攻坚行动中，他一直坚守到了最后一刻。期间他多次与家中姐妹通信，信中满是对异域风情的细腻描写、对联军与俄军战术的细致观察，还掺杂着对宗教思想以及神秘主义的思考。虽说这些信出自一名首次参加战争的年轻人之手，但是它们其实更像是一名经验丰富的老兵对这个光怪陆离的世界进行的思索。当时如此，后来亦是如此，直到生命尽头，宗教对他的影响与日俱增。从某种意义上说，他就是一名基督教布道使徒。与此同时，他在军事上的成就也不可小觑。实际上，自从塞瓦斯托波尔一役之后，这名年轻的工兵已经被视为英国军队中极为优秀的战略家了。

　　塞瓦斯托波尔攻坚战之后，为表彰他在此次战斗中的优异表现，他被授予荣誉勋章。

戈登在克里米亚塞瓦斯托波尔的前线。

GORDON EN CRIMEE. DANS LES TRANCHÉES, DEVANT SÉBASTOPOL.

战争结束以后，他被派往比萨拉比亚，代表英国参与划定俄国与土耳其之间的新国界。后来，他又奔赴亚美尼亚，以特派员身份执行类似命令。之后他在查塔姆逗留了一年时间，最后于 1860 年奔赴清朝，此时英法联军正在向北京挺进。他参与了洗劫圆明园的行动，合约签订后，他又以工程师的身份在天津建造驻军堡垒，四处巡视高墙要塞。他还被任命为一支对抗太平军的清朝军队的指挥官。

一名叫洪秀全的普通农民，自以为像马赫迪一样，身受皇天圣命，在清朝南部地区揭竿起义，试图推翻清朝统治。后来他自称天王，创立太平天国。英法联军攻占北京强迫清朝政府签订和约时，洪秀全则以南京为大本营大肆招兵买马。

摄政的恭亲王与直隶总督李鸿章遂授意美国人华尔和白齐文组建洋枪队对抗太平军。虽然号称"常胜军"，但是这支队伍每次与叛军交战时经常被打得落花流水，无法阻止叛军的攻势。

太平军很快逼近上海，北京也岌岌可危，茶叶贸易自然也受到了影响。开始时，英国对清朝政府的困境坐视不理。后来华尔被击毙，白齐文也被革职，向来纪律松弛的常胜军群龙无首。戈登遂被任命为常胜军的指挥官，那时戈登少校才 30 岁。

与前任指挥不同的是，戈登放弃了防守战略，转而主动展开攻势，大败敌军，把太平军从杭州击退至苏州。人称"东方威尼斯"的苏州，防御工事完备，固若金汤。戈登战术高明，迅速开始攻城，将苏州城周围的防御工事逐一摧毁。

戈登永远冲锋在前，除了一根手杖外并无其他武器傍身，士兵们戏称其为"制胜魔法棒"。他虽然年轻，但是冷静、勇敢，面对危险与死亡毫不畏惧。他对待下属恩威并施，对战俘满怀同情怜悯，不但得到了常胜军士兵的爱戴，就连敌人都对他十分钦佩。他经常在枪林弹雨中穿梭，身处险境，却从未受到丝毫伤害。种种化险为夷的神奇经历在敌我双方阵营中广为流传。据说有一天，他正坐在桥栏杆上抽烟，突然两颗流弹击中了旁边的一块石头，于是他马上离桥上船。刚一上船，桥就坍塌了，一百多人丧命，戈登却毫发无伤。

还有一件趣事发生在力高（Leekou）。那是他亲自指挥军队攻克苏州最后一道防线的前夕，曾被怀疑与叛军勾结的佩里（Perry）上尉正好在他身边。一颗流弹飞来，不偏不倚地击中了佩里的嘴巴，他就这样在戈登的怀中一命呜呼了。

正在指挥进攻苏州的戈登 | GORDON EN CHINE. L'ASSAUT DE SOU-TCHÉOU.

　　清朝人一向迷信，对戈登拥有神奇力量这一点深信不疑。冬天来临，对苏州的围困依旧。戈登率领的军队已经将防御工事拆解得七零八落，于是决定展开进攻。此时，叛军不得不投降，只有一名叛军将领誓死抵抗，后来被杀。就这样，戈登以胜利者的姿态挺进了苏州城。虽然获胜，但是他禁止烧杀抢掠，而且承诺给所有叛军领袖一条活路。然而不幸的是，在李鸿章的授意下，他的亲信程学启将军杀害了所有太平军将领。

　　1864 年 2 月 9 日，戈登再次出击，先后将叛军驱逐出句容（Yesing）和溧阳（Liyang）。在卞廊（Kinlâng）的战斗中，他的腿受了轻伤。在常州，两万多叛军被打得落荒而逃。正当他要一鼓作气攻下南京时，英国政府一纸调令将其调离指挥岗位。不过此时太平天国政权已经垮台，洪秀全也在绝望之中服毒自尽，整个南京门户大开，曾国藩率军轻而易举将其拿下。

　　太平天国叛乱平息之后，戈登在清朝声名鹊起，加官晋爵指日可待。但是戈登拒绝了所有的封赏，只接受了英国政府授予的"清朝的戈登"这一荣誉称号。

　　后来戈登回到英国，重操旧业，在葛文森（Gravesend）担任皇家工兵团指挥官。1865 年至 1871 年，他在葛文森任职的六年期间，给当地人留下了深刻的印象。他从一名英勇无畏的战士成了一名使徒，把所有的薪水和全部的财产都换成了食品和衣物，分发给穷人。他倾其所有，教穷苦人家的孩子读书识字。他把自家房子改造成学校，收留那些无家可归的孩子。他的客厅墙上挂着一大幅世界地图，这就是他向孩子们传授知识的教具。与其说他是孩子们的老师，不如说他更像是仆人，他总是喜欢称呼他们"我的国王们"。1871 年，戈登离开葛文森，代表英国前往加拉茨参加多瑙河委员会。他的死讯传来时，当地颇为震动，人们纷纷缅怀他。

　　1874 年，戈登上校应努巴尔帕夏（Nubar Pacha）邀请，从加拉茨出发，奔赴埃及，代替塞缪尔·贝克（Samuel Baker）担任埃及南部省总督。他从萨瓦金出发，经由柏柏尔人（Berber）生活区域直达喀土穆，在此休整几日之后，又继续赶路到冈多科罗（Gondokoro）。在之后的三年时间里，他不停穿梭于这些不毛之地，有时在尼罗河上行船，有时在沙漠中骑骆驼。他为沙漠旅行队设立驿站，修建防御工事，协助总督治理地方，还沉重打击了为祸一方的奴隶交易。在此期间，跟随他的护卫队只有寥寥数人，周围却到处都是蠢蠢欲动的当地部落。

他兢兢业业，尽忠职守，甚至都不愿意接受总督给予的每年 2.5 万法郎的薪酬。但是埃及政府内部仍然有人处处反对他，最终逼迫他在 1876 年底提出辞职。然而，他对这片沙漠始终怀着深深的感情，于是在 1877 年又以苏丹、达尔富尔以及南部诸省总督的身份重新回到喀土穆，肩负与埃塞俄比亚商讨和平条约的事宜。

1879 年初，他抵达弥赛亚（Massouah），未作停留直接上路。沿途受到热烈欢迎，最终于 5 月 5 日抵达喀土穆，入住总督府。

就在上个月，他走出总督府后，命丧歹人刀下，此乃后话。在任的三年中，他一如既往地四处奔波，平定各省叛乱，打击奴隶贸易。1879 年 4 月，杜菲克帕夏（Tewfick Pacha）即位。戈登与其一起回到开罗受封，然后再度出发，取道莫索（Moussouah），到达埃塞俄比亚。然而经过几轮谈判，事情毫无进展，于是他决定回到埃及，却遭逮捕并被囚禁了起来。

戈登被扭送到国王让（Jean）的面前。面对至高无上的君主，他毫无惧色，侃侃而谈，不但有力地回击了那些居心叵测的言论，并且以其沉着冷静令国王深深叹服，最终重获自由。随后，他回到弥赛亚，因为埃及政府忘恩负义，将其弃置埃塞俄比亚不闻不问，他顿觉心灰意冷，于是递交辞呈，踏上一艘英国军舰黯然离去。

回到英国之后，即将到印度担任总督的里蓬（Ripon）侯爵盛情邀请他任其秘书。但是这种辅助性工作让具有十二分冒险家精神的戈登无法适应，于是在抵达印度几日之后他就提出了辞职。针对阿富汗被废酋长雅各布汗（Yakoub Khan）的问题，他谴责了政府的相关做法。这是他辞职的直接原因。

他似乎拥有无穷的精力，一切跌宕起伏都无法让他停下脚步。他先是回到清朝，协助总理衙门解决了与俄国的纷争。接着又去了毛里求斯，担任当地皇家工兵总指挥；再后来他又被派去好望角，此时他已经晋升为少将了。

终于，他有了休息的机会。1883 年，他在巴勒斯坦的雅法古城待了将近一年时间。但是冒险生活让他魂牵梦绕。他接受了比利时国王的邀请，悄然回到英国，准备前去刚果执行重要任务。不过这次，他未能成行。此时的苏丹战火纷飞，马赫迪的队伍正在向喀土穆挺进。于是戈登向利奥波德一世（Léopold 1er）请辞，转而奔赴喀土穆。

此时，整个苏丹都处在暴动之中。此行之凶险，人尽皆知。1884 年 2 月 14 日，他回到喀土穆，引起了巨大反响。自私自利的英国政府似乎已经遗忘了这个地方，喀土穆被长时间围困，戈登万分焦虑。经过长达几个月的抵抗之后，叛军攻破喀土穆。戈登饮恨黄泉，一切终于尘埃落定。

毫无疑问，戈登将军堪称 19 世纪的传奇人物之一。他的一生跌宕起伏，不枉冒险家的名声。与此同时，他还具备英勇无畏、无可非议的骑士精神，不失为枭雄。戈登将军必能名留青史，日后亦将成为一代传奇。

LE MONDE ILLUSTRÉ

28 · FÉVRIER · 1885
29ME ANNÉE N°1457

世界画报

1885 年 2 月 28 日
发行第 29 年 第 1457 期

LE MONDE ILLUSTRÉ

法中战争

LA GUERRE AVEC LA CHINE

▶ 海军上尉古尔登先生率领的"贝亚德"号铁甲舰派出一艘鱼雷艇向清朝的巡洋舰发射鱼雷。布兰先生绘制。

MARINE. UN CANOT PORTE-TORPILLE DU BYARD, COMMANDÉPAR LE CAPITAINE GOURDON, FAIT SAUTER UN CROISEUR CHINOIS. COMPOSITION DE M. BRUN.

LE MONDE ILLUSTRÉ

世界画报

1885 年 3 月 28 日
发行第 29 年 第 1461 期

LE MONDE ILLUSTRÉ

28·MARS·1885
29ME ANNÉE N°1461

谅山路的卜卜山之战

LA ROUTE DE LANG-SON. LE CHAMP DE BATAILLE DE NUY-BOP

　　我们已经在 1 月 17 日的报纸中刊登了摧毁阻碍谅山路的防御工事楚（Chu）的消息。这仅仅是第一个障碍，因为我军还要翻越图中所示的那座大山。清朝人撤到了这座山上，占领了新的据点，两旁环绕着竹子做的篱笆，构成了他们最后的阵地。要夺取敌军用火炮和精良武器装备防御的众多工事，我军将士无畏的精神和德·尼格里将军的骁勇善战是必不可少的。

　　下面是与此事相关的一些报道，我们展示的东京的战场图是根据实景绘制的。

　　德·尼格里将军在楚东北方彻底打败了一支 6 千人的清军。这次胜利是远征东京的部队刚刚采取的第一次行动。来不及等待昨日刚刚到达东京的第一批增援部队的支援，远征军指挥官决定尽一切可能迅速占领谅山。而负责此事的正是德·尼格里将军。他卓越的战绩我们早已熟知。此次远征军进攻谅山的路线并不是传统的路线，因为那条路早已被清军占领了。

▶ 1 月 3 日至 4 日，在东京谅山路的卜卜山之战中，德·尼格里将军击溃了一支 1.2 万人的清军。图为法军的炮兵部队、清军的营地、卜卜山、德·尼格里将军率领的特遣队突袭的山村。布奈德先生根据一位远征军军官的素描绘制。

TONKIN. LA CHAMP DE BATAILLE DE NUY-BOP, ROUTE DE LANG-SON, OU LE GENERAL DE NEGRIER CULBUTA 12,000 CHINOIS (3 ET 4 JANVIER). NOTRE ARTILLERIE. CAMPS FORTIFIES CHINOIS. MONTAGNE DE NUY-BOP. VILLAGE D'OÙ DÉBOUCHE LA COLONNE NÉGRIER. DESSIN DE M. DE HAENEN, D'APRÈS LE CROQUIS D'UN OFFICIER DU CORPS EXPÉDITIONNAIRE.

▲ 1885 年 1 月去世的拉佩里那上尉和谅山之战中阵亡的布桑中尉

LE CAPITAINE LAPERRINE, MORT EN JANVIER 1885. LE LIEUTENANT BOSSANT, MORT AU COMBAT DE LANG-SON.

在楚的东部经历了第一次失利之后，约1.2万名清军在1月4日天明之前发动了一次进攻。战斗于11点结束，我军乘胜追击夺取了一个营地，里面有8个配备强大火力的堡垒。我军还缴获了大量的武器装备，包括两门克虏伯大炮。在两天的交火中，清军战死600人，我军有19人死亡、63人负伤，有3名军官负轻伤。

以下远征军的官兵被编入了10月2日、6日、8日和10日的战斗：

德·尼格里将军、多尼（Donnier）中校、佛杜勒（Fourtoul）炮兵上尉、伯奇（Berge）中尉。

第23列：高达（Godard）营长、吉纽（Gignaus）上尉、纠塔（Kerdrain）上尉、伯奈克（Berneck）军士、亨利（Henriet）军士长。

第111列：柳吕耶（Duluys）少尉、沙普朗（Chatclain）下士、马耶（Maillet）士兵，

第143列：巴比尔（Barbier）上尉、沃什（Vauchet）士兵、朱舍罗圣丹斯（Juchereau de Saint-Denys）少尉、莒伯尔（Thubert）中士。

阿尔及利亚第三炮兵部队：梅尔西埃（Mercier）上尉军士长。

外国宪兵：伯若（Bolgert）上尉、伊永达（Izombard）上尉、伽通（Carteron）中尉。

东京炮兵队第一团：卜卜（Bataille）中尉。

海军舰队："莫斯盖东"号（Mousqueton）指挥官福汀（Fortin）上尉、"艾什"号（Hache）指挥官莫松（Monceron）上尉、"埃克莱尔"号（Eclair）指挥官莱格（Leygue）上尉、"马苏"号（Massue）二号指挥官拉摩（Lamour）上尉。

河内

1月4日

LE MONDE ILLUSTRÉ

世界画报

1885 年 4 月 25 日

发行第 29 年 第 1465 期

LE MONDE ILLUSTRÉ

25 · AVRIL · 1885

29ME ANNÉE N°1465

法国和清朝

FRANCE ET CHINE

我们还记得在夺取东京之后，当公众听说清军就驻扎在我军眼前时有多么震惊。在那之前，公众认为是法国人的占领妨碍了清朝百姓的盗窃行动，而现在应该改变这种想法了。清朝终于不再隐藏，露出了它的爪牙，公然让军队挡在我军面前。依仗数量优势，清朝军队抵挡住了我们的进攻，给了远征军狠狠的一击，致使我们的内阁倒台。幸好在这次短暂的动荡之后，法兰西又站了起来，手握盾牌、挥舞长剑向伪善的清朝大声喝令："行了！到此为止！"

"我儿用鲜血浇灌的土地是属于我的，如果你不同意和解，那么我将以暴制暴，你的人墙无法阻拦我前进的脚步。"法兰西，你既然如此勇敢却又缺乏远见，为什么不早一点表现出强硬的态度呢？你早就不应该相信所谓的和解，一年前就应该表现得像今天这样强硬。你早就应该用更多的人力物力把这些人赶走，取得这片用我军战士的鲜血换来的土地。今天终于为他们报仇了！

保罗·梅瓦特（Paul Merwart）先生在下页的寓意画里还原了法兰西在与清朝最后一次交战后的自豪神情。我们相信经过长期的报道之后，这将是我们对东京事件的最后一次阐述。

清朝面前的法兰西。保罗·梅瓦特的寓意画。 LA FRANCE DEVANT LA CHINE. ALLÉGORIE DE M. PAUL MERWART.

LE MONDE ILLUSTRÉ

世界画报

1885 年 6 月 27 日
发行第 29 年 第 1474 期

LE MONDE ILLUSTRÉ

27·JUIN·1885
29ME ANNÉE N°1474

法中战争

LA GUERRE AVEC LA CHINE

◀病逝于"贝阿德"号
上的孤拔将军。布兰
先生绘制。

LE BAYARD, A BORD DUQUEL
EST MORT L'AMIRAL COURBET.
DESSIN DE M. BRUN.

▲ 3 月 29 日至 31 日，孤拔将军占领了澎湖列岛。图为澎湖列岛中心马公岛的城市及其防御工事全景图。格兰提供草图，勒佩尔先生绘图。

PANORAMA DES FORTS ET DE LA VILLE DE MAKUNG, CAPITALE DES ILES PESCADORES, PRISES PAR L'AMIRAL COURBET DANS LES JOURNÉES DU 29, 30 ET 31 MARS. DESSIN DE M. LEPÈRE, D'APRÈS LES CROQUIS DE GIA LAM.

▲ 北圻之战胜利者。乌耶尔先生绘图。

NOS HÉROS AU TONKIN. DESSIN DE M. VUILLIER.

3 月 3 日，戴扬上尉阵亡于越南宣光省。
3 月 24 日，布吕内上尉阵亡于越南同登县。
3 月 24 日，莫奈少尉阵亡于越南邦博（Bang Bo）战役中。
2 月 23 日，博尔迪少尉阵亡于清朝镇南关。

▼ 8 月 25 日，波里也将军在河内接待清朝代表团，就和约的签署进行预备性谈判。远征军某军官提供草图，布奈德先生绘制。

HANOI. LE GÉNÉRAL BRIÈRE DE L'ISLE RECEVANT LE 25 AOÛT UNE DÉLÉGATION CHINOISE EN VUE DES PRÉLIMINAIRES DE PAIX. DESSIN DE M. DE HAENEN, D'APRÈS LE CROQUIS D'UN OFFICIER DU CORPS EXPÉDITIONNAIRE.

▲ 宁波海域，清朝巡洋舰和护卫舰被远东舰队的"贝阿德"号和"凯旋"号战舰包围。根据格兰提供的草图绘制。

LES CROISEUERS ET LES AVISOS CHINOIS BLOQUÉS DANS LA RIVIÈRE DE NING-PO PAR DEUX BATIMENTS DE L'ESCADRE DE L'EXTRÈME ORIENT, LE BAYARD ET LA TIOMPHANTE. D'APRÈS LE CROQUIS DE GIA LAM.

L'ILLUSTRATION EUROPÉENE

11·JUILLET·1885
15ME ANNÉE N°39

欧洲画报

1885 年 7 月 11 日
发行第 15 年 第 39 期

L'ILLUS TRATION EUROPÉENE

闲话安特卫普世界博览会

CAUSERIE L'EXPOSITION UNIVERSELLE D'ANVERS

  远东陶瓷的兴起由来已久，近来更是风头日盛。1878 年巴黎世界博览会上的那些陶瓷珍品广受青睐。东印度公司引进的一系列参展产品的制造日期可以追溯到该公司创立伊始的 17 世纪。众所周知，当年路易十四也曾通过东印度公司，订购过许多清朝陶瓷餐具。虽然上面的图案风格怪异，不过色彩非常鲜艳。很遗憾，在安特卫普世界博览会上，基本上不存在这样的珍宝。

  那儿倒是有一家清朝店铺，从里面的产品来看，清朝现在的艺术家还在努力追求以前的陶瓷制品那般的至臻至美，但却始终无法企及。虽然没有经历明显的衰落，但是现代陶瓷产品确实大不如前了，这是不争的事实。为满足日益增长的市场需求，现在的陶瓷产品都是在短时间内加工出来的。与之相比，陶瓷古董要精美得多。如今，很多闻名于世的着色秘诀都已经失传。十七十八世纪的花瓶价格高达 2.5 万法郎，而最漂亮的现代花瓶却非常便宜，其中以普通陶瓷制品的价格最为低廉。在巴黎世界博览会上，清朝使团成员如是说，坦率而不乏真诚。可惜到目前为止，还没有行之有效的方法能够帮助远东现代陶瓷制品走出如今的困境。乾隆盛世的辉煌没有在安特卫普博览会重新上演。只要跟巴黎的隆格佩里·肯瓦（Longpérier-Grimoard）伯爵、德·里斯维耶（De Liesvielle）先生以及罗浮宫清朝馆的藏品比较一下，高下一目了然。

  现代陶瓷制品失去了让人驻足不前、流连忘返的魔力。不过相比以前，这种衰落也是情有可原的。现在它们的价格更加实惠亲民，连小资产阶级家庭也有能力拥有一套真正的清朝陶瓷了。虽然如此，需要重申的是，艺术价值高于一切，希望清朝和日本不要受欧洲风格和样式的影响。幸好清朝的漆器始终保持着一贯的高水准，每次去店里都能看到一两件真正的北京物件儿，不至于让人败兴而归。

既然刚才已经提到了清朝的首都，那我们就通过画面给读者朋友们展示一下北京的风貌。坦率地讲，我们也没到过清朝，但是我们可以保证，这里所讲述的有关清朝和北京的一切都不是凭空想象出来的，而是有依据的。在北京被占领以前，有不少人听信旅行家的玩笑话，并且对他们撰写的天马行空般的游记深信不疑。他们一直坚定地认为，清朝的天空就像是用红色或黑色的漆染出来的一样，上面映衬着各种黄金树和珍禽异兽，并且还有龙在山岭上喷火。清朝人不是人们凭空想象出来的民族，但也不像花瓶或屏风上画的那些人一样。不过，每个清朝人都在幻想能够活得像画中人一样。按照欧洲的审美标准，我们会觉得希腊雕塑非常美，比如米洛的维纳斯是多么令人目眩神迷。但是清朝人对此就不以为然，他们喜欢的女性形象是这样的：

个头不高，眼睛有蒙古褶，嘴唇饱满丰盈，头发乌黑、长至脚踝，身材极为纤细单薄。前面说过，清朝人都希望自己能够活得像画中人一样。的确，在清朝，清瘦的外形最受人青睐。只有在孔夫子的信徒或者佛教徒眼中，那种夸张的丰腴才是最美的。比如欢喜佛布袋和尚看起来就胖胖的，笑起来像个天真的孩童，而且还被奉为陶瓷保护神。这可能是人们看中了他从来都是一副不慌不忙的样子，所以不会摔烂东西吧。生活中的对比无处不在。在清朝也是一样，人们更喜欢阴柔的美，即娇小玲珑的年轻女子。我们来看看诗人谢灵运（Tse-Tié）在《玉书》（Livre de Jade）中对于理想中女性的描述吧：

采一朵桃花，把它送给年轻的姑娘，她的唇比花瓣儿还要娇艳。

捉一只黑燕，把它送给年轻的姑娘，她的眉像极了黑燕的双翼。

再来听听泰奥菲尔·戈蒂耶（Theophile Gautier）是如何赞美清朝年轻女子的：

她的双眸向两鬓翘起，她的玉足只堪盈盈一握，她的容颜光彩赛过明灯，她染红的指甲多么修长。

在安特卫普世界博览会上，清朝店铺的老板的相貌极具清朝特色：黄皮肤，四方脸，辫子像马鬃一样油光水滑，鼻梁虽然不高，但又不像黑人那样扁平。嘴巴不大，不过其中年长的那位嘴还真不算小。他们性格随和，一双丹凤眼透出机敏，彰显着商人的精明。

PEKIN

清朝景象。安特
卫普世界博览会。 | EN CHINE. EXPOSITION
UNIVERSELLE
D'ANVERS.

他们平时穿着长长的袍子，外面再套一件袖子很宽的马褂，看起来不是很华丽。

在清朝，等级制度非常森严，日常穿着也是社会地位的一种体现，只有皇帝及其子孙的衣服上才可以绣上龙。根据惯例，皇帝也可以把他的衣服赐给外国人或者本国要员。阿尔伯特·雅克马特（Albert Jacquemart）说，康熙年间，天主教传道士曾经多次获此殊荣，在各种庆典中身穿皇帝御赐的有祥龙图案的黄马褂。祭祀期间，皇帝所穿衣服上绣的是太阳、月亮和星星图案，彰显其与天齐。大家心里可能都有一个疑问，为什么清朝人脑袋后面会扎一条长长的辫子呢？

自古以来，清朝人就深受各种礼仪规范的约束。古老的法典中，包含了诸多限制奢侈的法律条文。元朝皇帝曾经试图废弃这些法令和旧习俗，但却触犯了众怒，激起强烈的民愤。到了明朝，汉族人重新夺取政权，恢复昔日风俗习惯的法令一经颁布就广受欢迎。不过三百年以后，清朝的奠基者满族人又推翻了明朝以及他们制定的法令，而且还强迫汉族人梳起满族人的发型。这种发型就是把脑门剃得光溜溜的，只在头顶编起长长的辫子。汉族人也曾经试图反抗胜利者带来的习俗，成千上万的汉族人宁愿赴死也不愿意接受外来的服饰和发型。但是，随着时间的推移，汉族人逐渐接受了这种发型，再也没有人认为这是胜利者的统治标志了。

现在只有女人们可以保留汉族人之前的发型。安特卫普世界博览会上没有清朝女人，因为她们走起路来确实太困难。据我们所知，清朝上层社会有一种野蛮的习俗，女人要裹小脚。结果本来正常的脚变得畸形，这让她们行走起来非常困难，可以说步履维艰。我们发现，清朝已婚女子很不喜欢走动，她们的生活方式与欧洲女子完全不同，更像是隐士的生活。

在清朝，人生追求的最高境界就是有学问，受人尊敬仰仗的是学识和智慧。从前，他们还拥有真正的诗人，能够从家庭之爱及对祖先的尊重中获得拯救心灵的品质。不过这些很有名望的清朝文人在西方科学及文学人士面前，显得那么愚昧无知。因循守旧毁掉了他们所有的创造性。

描绘博览会清朝店铺的那幅画准确地展现了清朝商人的住所。整体上给人一种天马行空的感觉，小尖塔和奇怪的外形看起来就像是癫狂的建筑师的杰作。

塔文化深植于中国土壤，数量极为庞大。于（Hue）神父说过，他在清朝的田野和

▶清朝店铺

BOUTIQUE CHINOISE

▶清朝文人

UN LETTRÉ CHINOIS

路边到处都能看到塔。仅在北京，塔就超过了一万座。如果仔细观察北京的全景图，还能看到部分塔尖，尤其是天坛和地坛，非常醒目。在清朝，大部分塔都与佛教相关。塔里供奉的佛陀有着长长的耳垂和修长的手指甲。塔的内部装饰异常丰富，但是鲜有艺术性，对于我们西方人来说更是如此。

透视法是清朝绘画艺术的盲区。相比西方人而言，东方人的对比思维不是很发达。他们的抽象思维非常有限，以至于无法理解一些光学现象，比如说借助透视法在平面上呈现出具有立体感的画面或距离。马瑞亚特（Marryat）先生说过一件事，皇帝的画匠格拉迪尼（Gherardini）是一名意大利人，精通透视法。有一天他给一群清朝人看了一幅建筑图，由于运用了透视技巧，所以里面的柱子看起来延伸了很远。那些清朝人被这幅艺术品惊得目瞪口呆，还以为这位意大利画师使用了魔术才让画面呈现出这样的效果。他们争吵了半天，认为在平面画布上作的画不能产生这样的距离感，因而拒绝接受这幅画。

在清朝，官员们的想法如此可笑，还真是让人匪夷所思。在之前某期杂谈中我们曾经提到过的一件趣事也能够证明此观点。由此可见，清朝艺术停滞不前以及清朝很多的艺术形象都是虚构的怪物就不足为奇了。在清朝，怪物的形象无处不在，俨然已经成为室内外装饰的重要元素了。清朝女子在她们的花样年华里，无法像古希腊女性那样欣赏到任何美好的景象，反而整天面对着一些青面獠牙的怪物。从建筑师到画师，再到陶瓷器师傅、青铜器师傅、绣花师傅，所有室内装饰的工匠都在竞相比拼想象力，追求着最为奇形怪状甚至骇人的作品风格。清朝女子不得不经常看着这些可笑的东西，希望不会在睡觉的时候梦到它们。除非是有严重怪癖的人一时心血来潮，否则每一位受过良好教育的欧洲姑娘都会更希望自己闺房里摆放的是好看的古董雕塑。即便只是仿品，映衬在芬芳的鲜花丛中也不失韵味。假如她喜欢远东艺术品，可能会选择优质的日本铜器。因为日本的雕塑品艺术性更高，无论是面具还是面部表情都具有更加多元的表现力。这样说不是想贬低清朝艺术进而吹捧日本艺术，而是事实确实如此。

一言以蔽之，东方人的艺术的确可以称为人类瑰宝，但是在知识层面，西方人显然更胜一筹。

希尔瓦

L'ILLUSTRATION

8 · AOÛT · 1885
SAMEDI N°2215

画刊

1885 年 8 月 8 日
星期六 第 2215 期

L'ILLUST RATION

清朝驻法国公使许景澄

SHU-KING-CHEN, AMBASSADEUR DE CHINE A PARIS

▶ 清朝驻法国公使许景澄。根据瓦莱瑞先生拍摄的照片绘制。

SHU-KING-CHEN, AMBASSADEUR DE CHINE A PARIS, D'APRÈS LA PHOTOGRAPHIE DE M.WALERY.